U0572192

中國文物研究所
新疆維吾爾自治區博物館
武漢大學歷史系 編
唐長孺 主編

吐魯番出土文書

〔貳〕

文物出版社

目次

阿斯塔那七八號墓文書……三九

阿斯塔那一〇三號墓文書

阿斯塔那一五二號墓文書……一四〇

阿斯塔那一三四號墓文書……二一五

阿斯塔那三三七號墓文書……二二一

阿斯塔那三三八號墓文書

阿斯塔那三二六號墓文書 …… 二四九

阿斯塔那九二號墓文書 …… 二五五

阿斯塔那五〇七號墓文書 …… 二六四

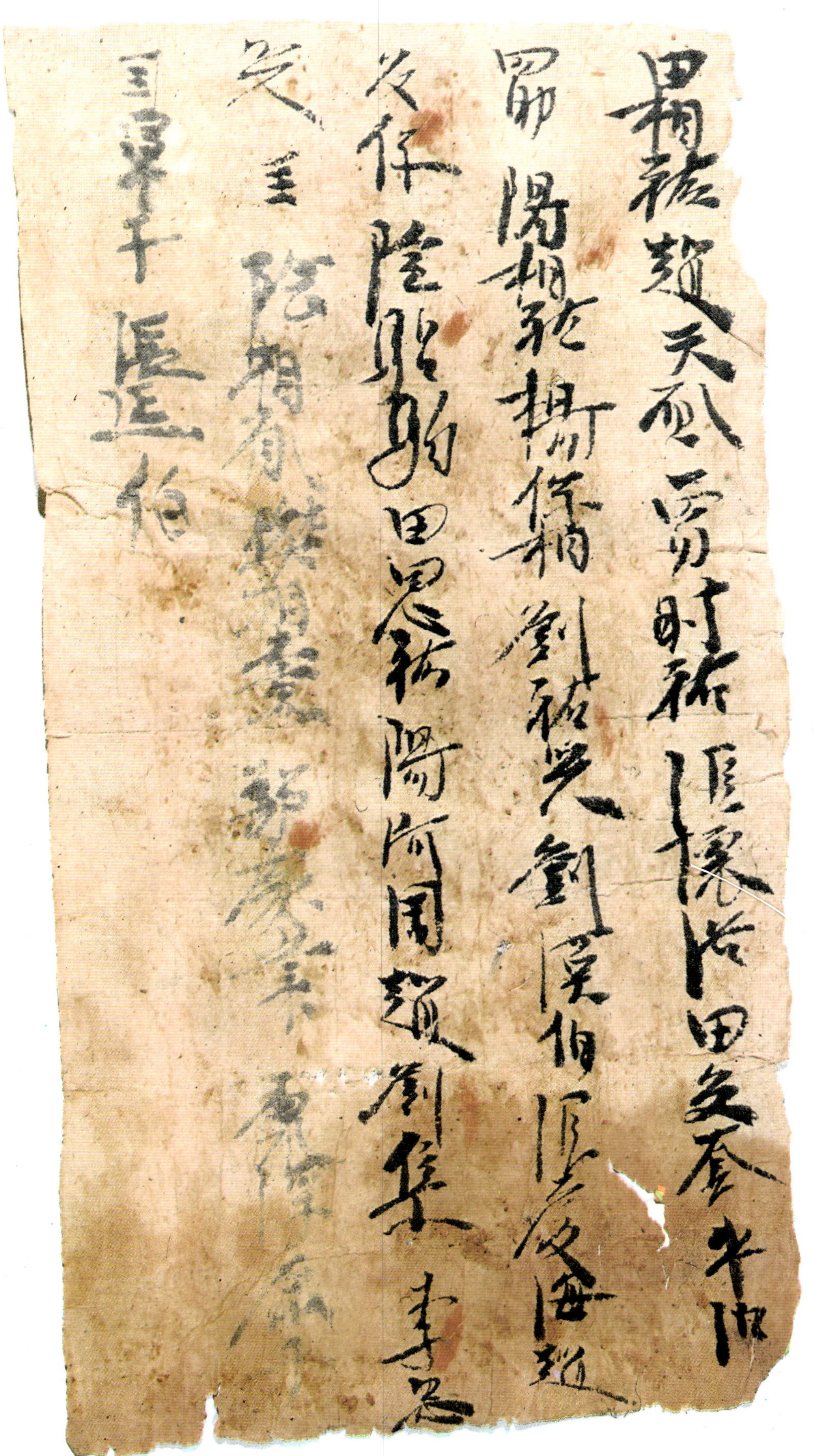

高昌田相祐等名籍

送曹司依例支配應入考者令早裝束令手函使縣……

未申條舉請裁者入考函使准狀下高昌縣速勘申……

者縣已准狀付司戶檢得報依檢案內令注如前者今以狀申……

給事郎行丞　元泰

……文林郎行令　方……

唐高昌縣勘申應入考人狀

阿斯塔那八四號墓文書

本墓出有唐殘墓誌一方。所出紀年文書，依干支推算爲高昌延昌十四年（公元五七四年）。

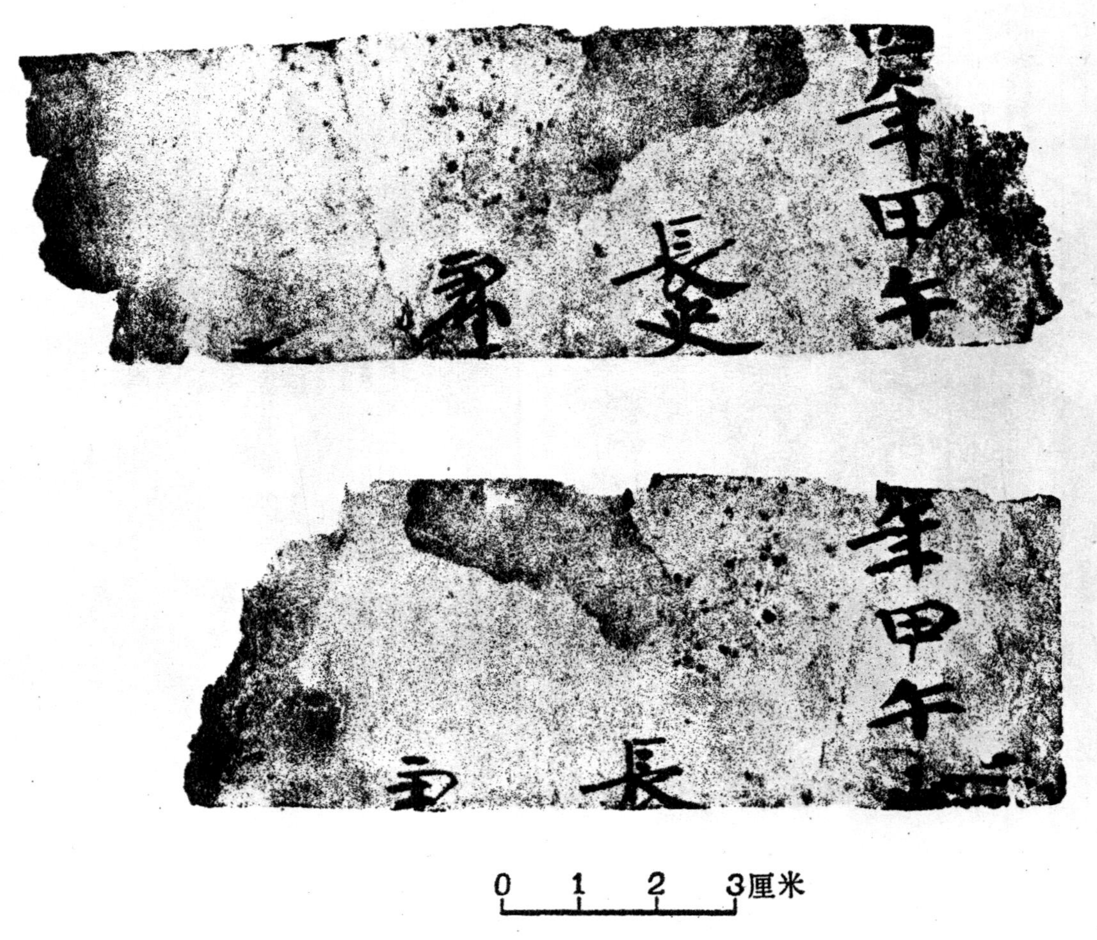

一（上） 高昌延昌十四年（公元五七四年）殘奏一 67TAM84：12/1（a）

二（下） 高昌延昌十四年（公元五七四年）殘奏二 67TAM84：12/2（a）

一　高昌延昌十四年（公元五七四年）殘奏一

本件紀年年號已殘，年數僅存「四」字，干支「甲午」，據干支推定爲延昌十四年。

1 □□□四年甲午
2 長史
3 虎牙

二　高昌延昌十四年（公元五七四年）殘奏二

本件背面有「暄」字僉署殘文。

1 □□□□年甲午歲
2 長
3 虎

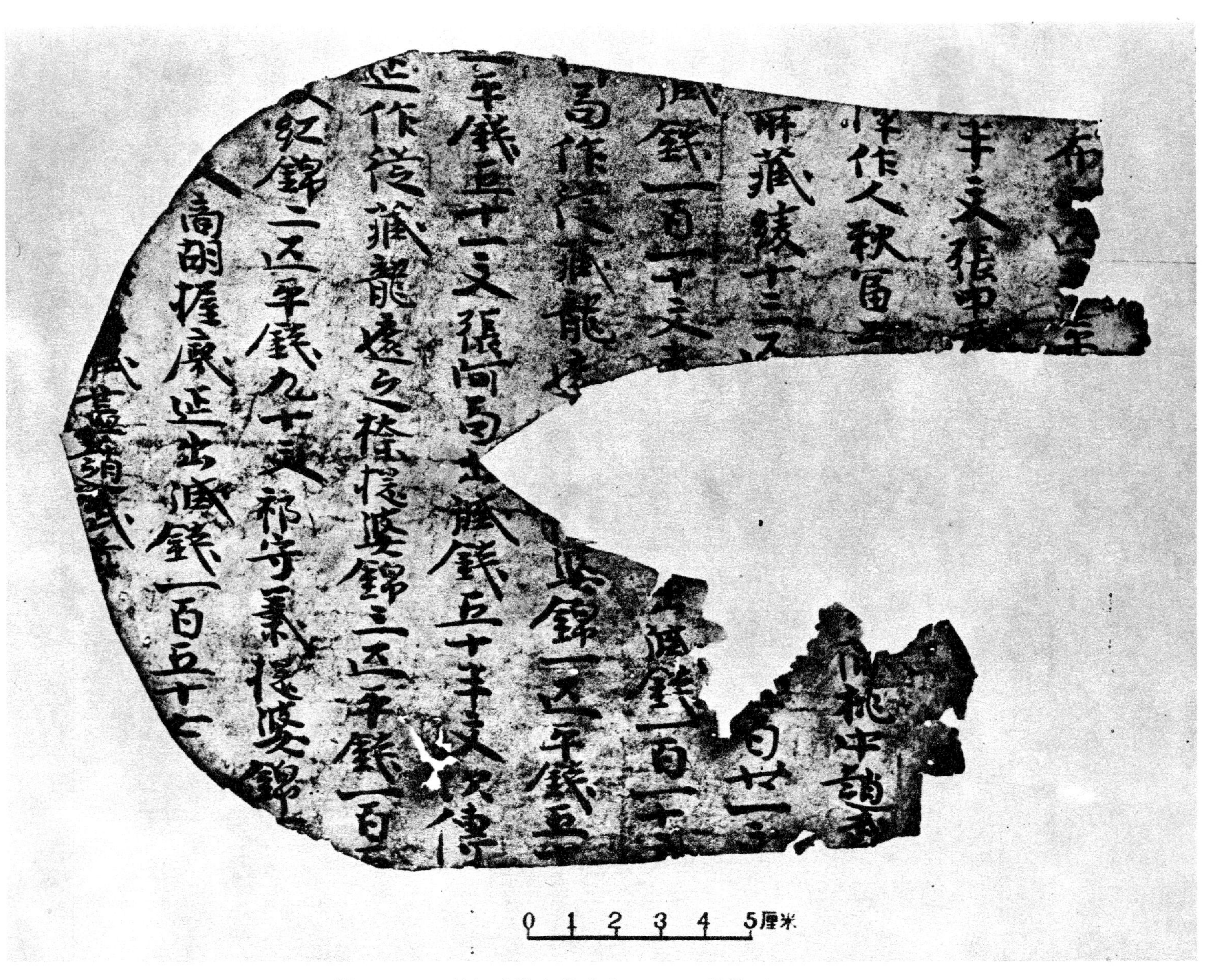

三　高昌條列出藏錢文數殘奏　67TAM84:20

三　高昌條列出藏錢文數殘奏

1 □布二匹半平，□
2 □半文。張申武□[百][文]□
3 □[洋]作人秋富二□蒲桃中趙武□
4 □所藏綾十三匹□一百廿一[文]□
5 □[藏]錢一百一十文[半]。□出藏錢一百一十[文]，□
6 □[阿]苟作從藏龍遮□□[提]婆錦一匹，平錢五十
7 □[匹]，平錢五十一文。張阿苟出藏錢五十半文。次傳
8 □[延]作從藏龍遮之捺提婆錦三匹，平錢一百[五]
9 □紅錦二匹，平錢九十文。祁守義提婆錦[二]□
10 □[文]。商胡握廣延出藏錢一百五十七[文]，
11 □藏盡。趙武[尊]□

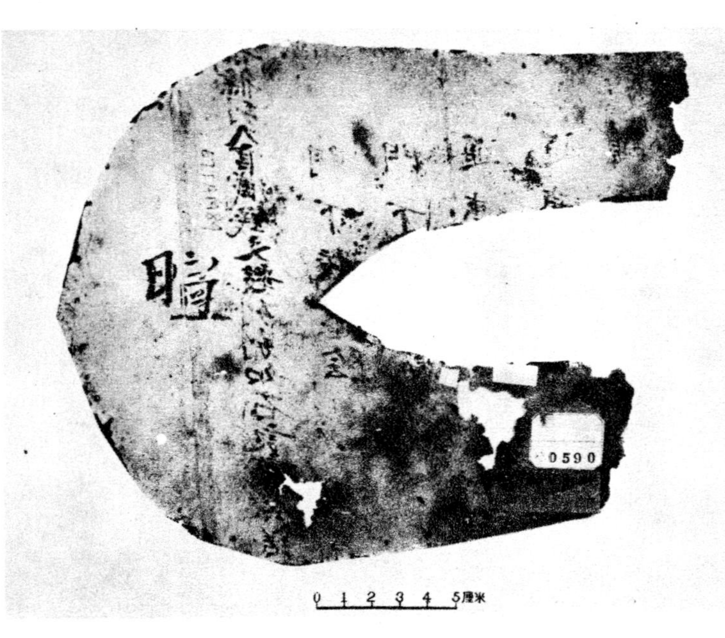

四　高昌條列入官臧錢文數殘奏　67TAM84:21(b)

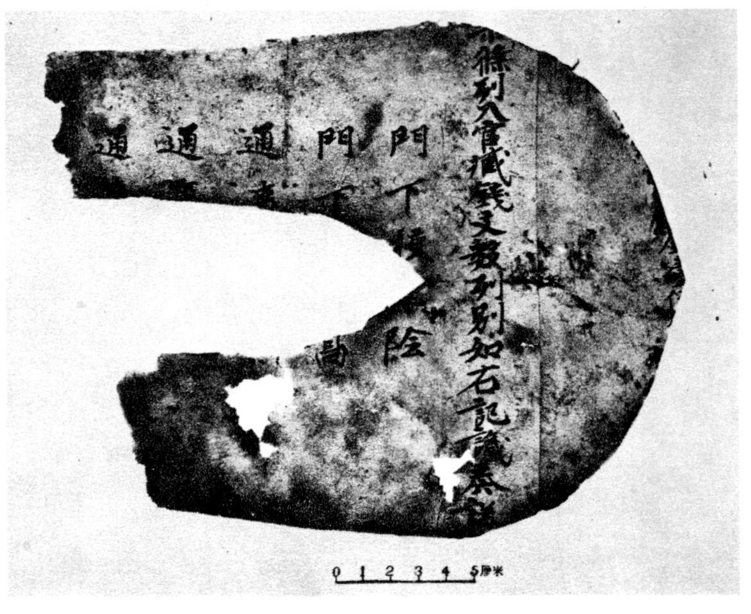

四　高昌條列入官臧錢文數殘奏　67TAM84:21(a)

四　高昌條列入官臧錢文數殘奏

本件第一行與第二行之間為款縫，款縫背面有「暄」字簽署。

1　□錢壹[佰]□

2　□[案]條列入官臧錢文數列別如右記識奏諾[奉]□

3　門下校[郎]陰□

4　門下□□高□

5　通事□□[索]□

6　通[事]□□□□

7　通[事]□□□□

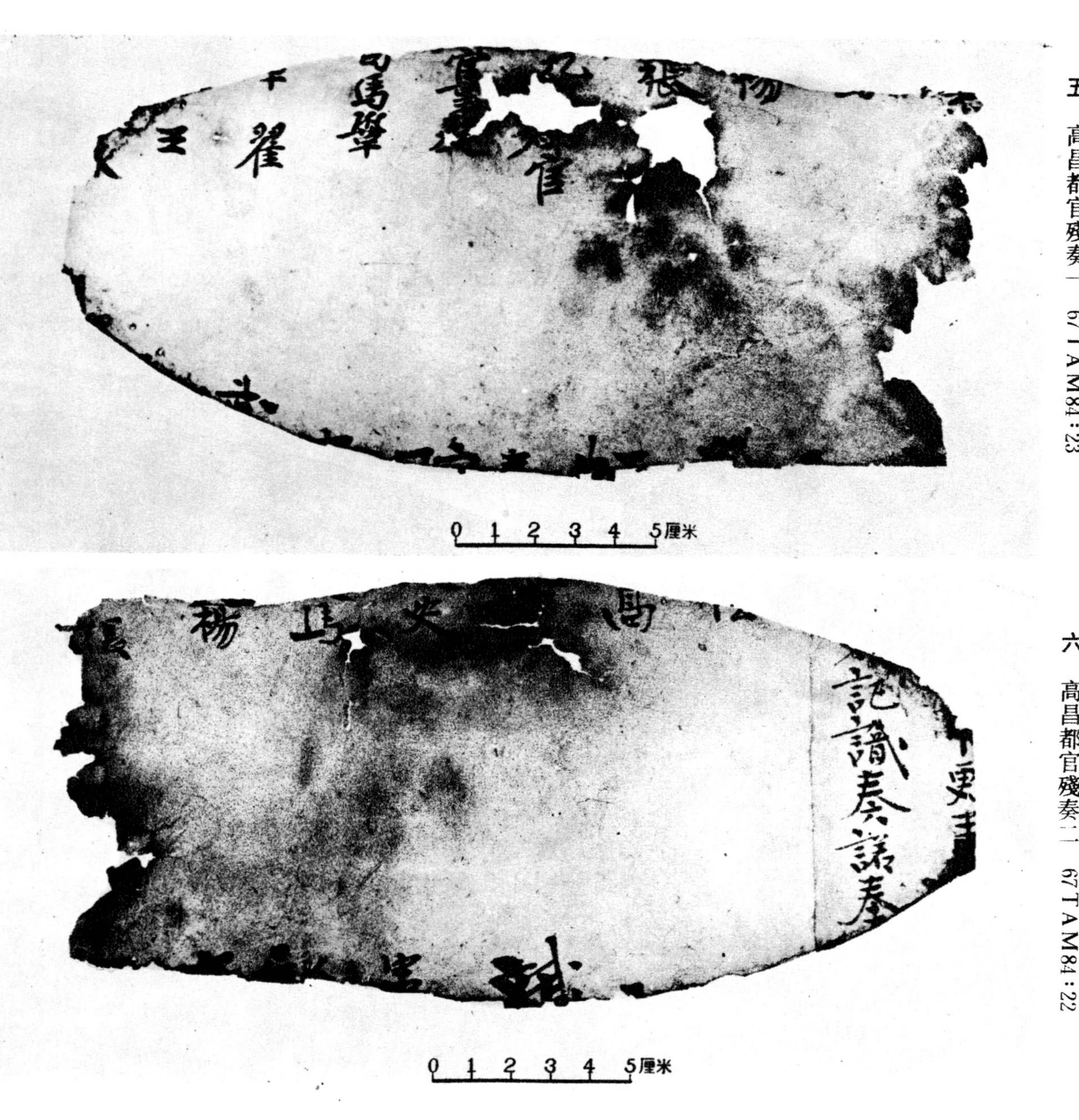

五　高昌都官殘奏一　67TAM84:23

六　高昌都官殘奏二　67TAM84:22

五　高昌都官殘奏一

1 ……[索]……[斌]
2 ……[馬]……□
3 ……[楊]……□
4 ……張……□
5 ……九[日]都官……[奏]
6 ……[都]官事麹……暄
7 ……[司]馬鞏……□
8 ……翟……[武]
9 ……王……□

六　高昌都官殘奏二

本件與上四件拆自同一紙鞋，字跡亦同，簽署人與上《高昌都官殘奏一》略同，今推定亦是都官所上奏文。

1 ……吏半[文]……
2 ……[右]記識奏諾奉……□
3 ……[陰]……□
4 ……高……□
5 ……[吏]索……斌
6 ……[吏]史……[患]
7 ……[吏]馬……□
8 ……楊……□
9 ……張……□

哈拉和卓一號墓文書

本墓經盜擾，無衣物疏，亦無墓誌。所出文書兼有麴氏高昌及唐代。其有紀年者，最早爲高昌延壽十六年（公元六三九年），最晚爲唐貞觀十四年（公元六四〇年）。

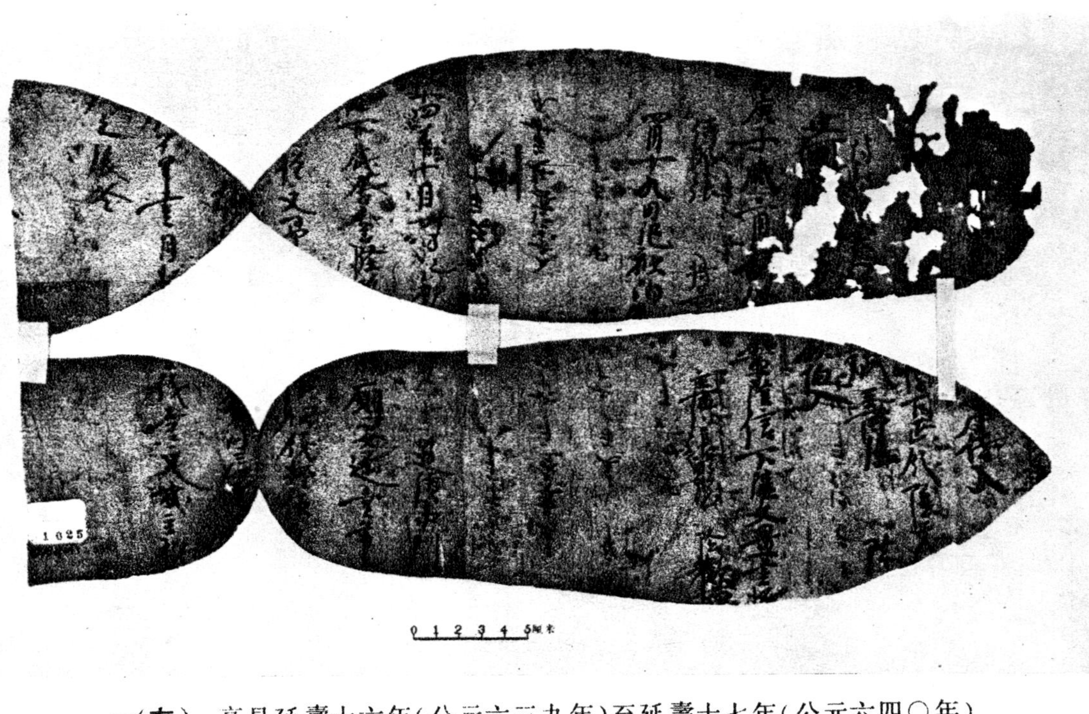

一（右）　高昌延壽十六年（公元六三九年）至延壽十七年（公元六四〇年）虎保等入劑俗錢疊條記　64TKM1:34(a)

二（左）　唐貞觀十四年（公元六四〇年）氾歡□賃舍契　64TKM1:33(a)

一　高昌延壽十六年（公元六三九年）至延壽十七年（公元六四〇年）虎保等入劑俗錢疊條記

本件無紀年，唯有干支「己亥」、「庚子」。同墓出唐貞觀十四年（公元六四〇年）文書，上距最近之「己亥」爲高昌延壽十六年，「庚子」爲延壽十七年。

1 □孟幢海己亥歲□虎保入。
2 □昌己亥歲二月劑俗□信下，疋錢陸文
□
3 □侍郎張寡嘉□斌　主簿張
陰□
4 史何徵□歡伯入。
5 □昌庚子歲二月劑俗□參軍隆信下，疋錢陸文，
疊壹疋□
6 侍郎張　將孟□　主簿張衆護陰
歡懷□
四月十九日氾歡伯□

三　唐西州殘手實（一）　64TKM1:38/1（a）

三　唐西州殘手實（二）　64TKM1:38/2（a）

二　唐貞觀十四年（公元六四〇年）汜歡□賃舍契

本件第一行原留空白，未來寫完，當是草稿。

1 □[觀]十四年十月廿日，汜歡□□　邊賃中門[　　]
2 [　　]下底舍壹坒，[　　]俞。要逕（經）壹年[　　]
3 [　　]拾文即[　　][價]銀錢拾伍文[　　]
4 [　　]滿[須][　　][合]得戶內[　　]
5 [　　]不畢，壹月[拾]□□[生]錢壹文。貳主和[同][　　]
6 [　　]之後各

三　唐西州殘手實

（一）

1 [　　]渠田壹畝半
2 [　　]東渠田壹畝

（二）

1 [　　]及田畝數具[狀][　　]

四　唐西州某鄉户口帳（一）　64TKM1:28(a)、31(a)、37/2(a)

四　唐西州某鄉户口帳（一）

人□
合當鄉歸朝總□
六人並□
四人男□
二人婦女
合當鄉良賤總四百廿七
四百廿七　良
一百六十九　男夫
二百五十八　婦女
□　□　人賤〔一〕
□當鄉白丁衛士三百卌五人〔二〕
□　十七人　衛士隊□
□　人　校尉旅帥隊副已上
四人　侍丁
六十人　見在
二百六十八人　白丁
○○雜任〔三〕
二人醫學生
七　□州學生

20 □[人]縣□生
21 □人□士
22 [　　　]白直
23 [　　　]人□衣
24 [　　]五十四人見在

注釋

〔一〕此行與第七行均以較淡墨色補寫於夾行中。上記「當鄉良賤總四百廿七」下列良口男婦正合此數，可知當鄉無賤口。此行第一字似是「無」字，第二字不清，但其意當是指當鄉無賤口。

〔二〕此處云白丁衛士共三百卌五人，然前8行云男夫總一百六十九人，二者必有一誤待考。

〔三〕此行原用淡墨補寫於夾行中，上兩字已用濃墨塗删，作廢當是人數。

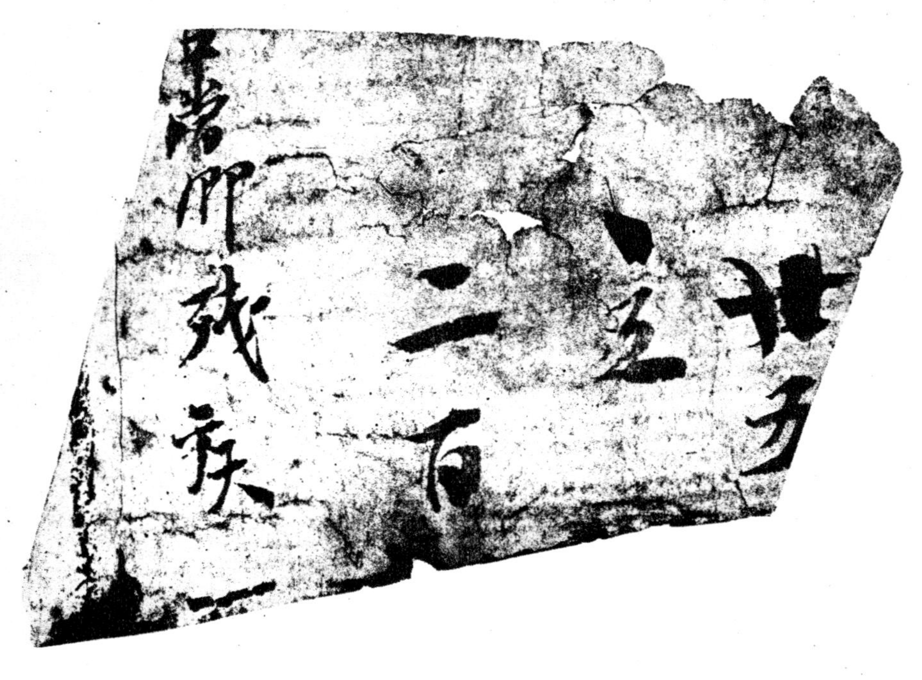

四　唐西州某鄉户口帳(二)　64TKM1:37/1

(二)

1 廿五[　　]
2 五[　　]
3 二百[　　]
4 [合]當鄉残疾一[　　]

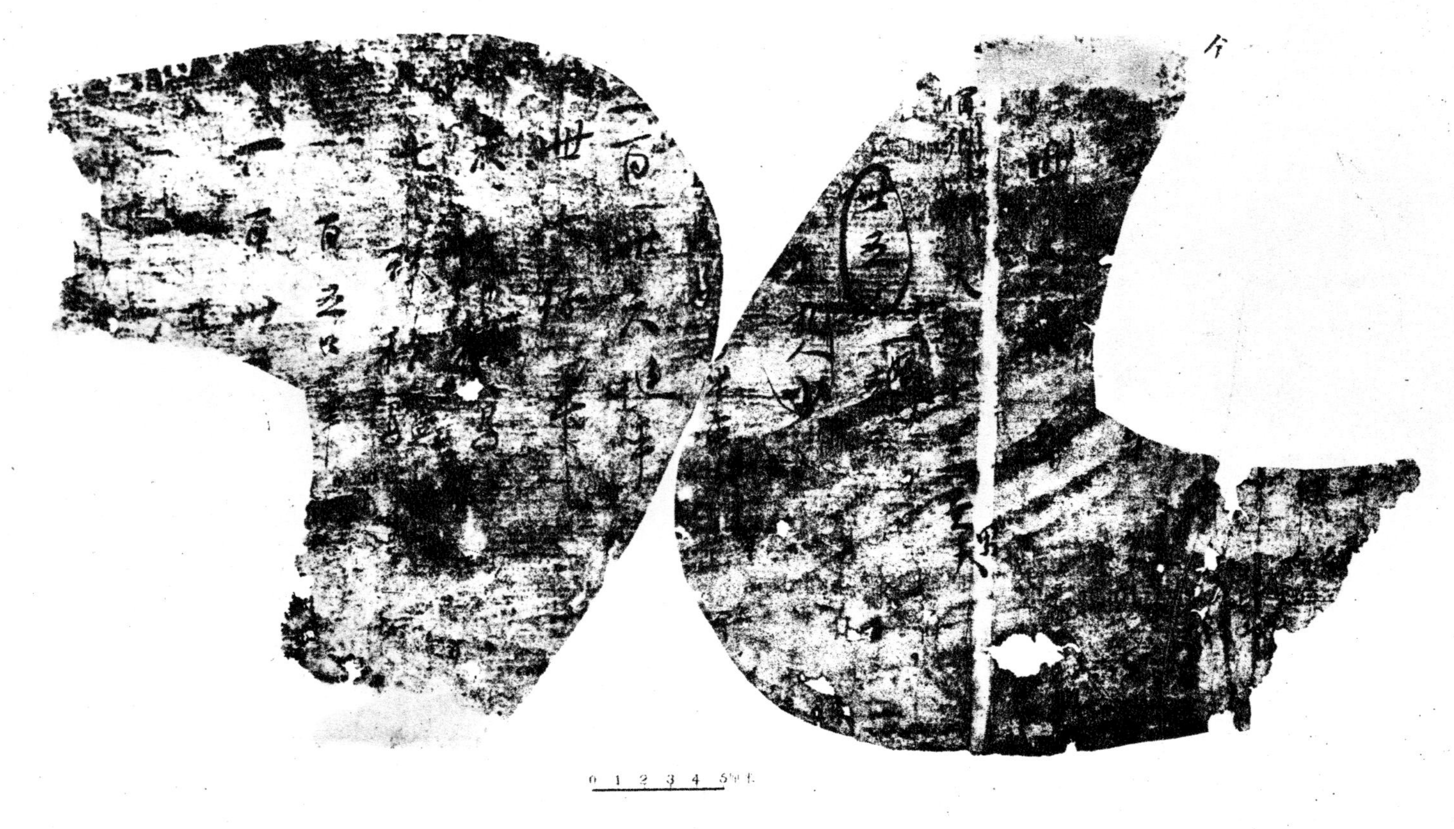

四　唐西州某鄉户口帳(三)　　64TKM1:29(a)、30(a)

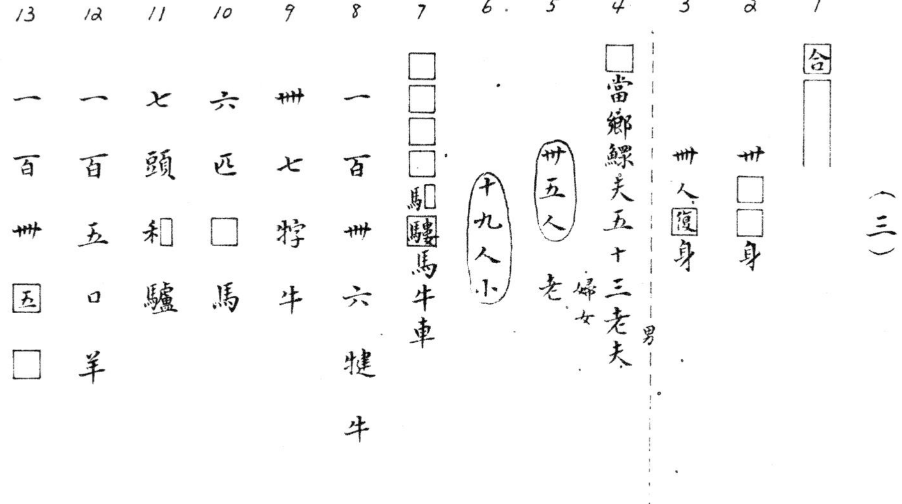

（三）

1 合□
2 卌□□身
3 卌人復身
4 □當鄉𦂳夫五十三老夫 男
5 卌五人 老 婦女
6 十九人小
7 □□□□馬□驢馬牛車
8 一百卌六犍牛
9 卌七牸牛
10 六匹□馬
11 七頭和□驢
12 一百五口羊
13 一百卌五□

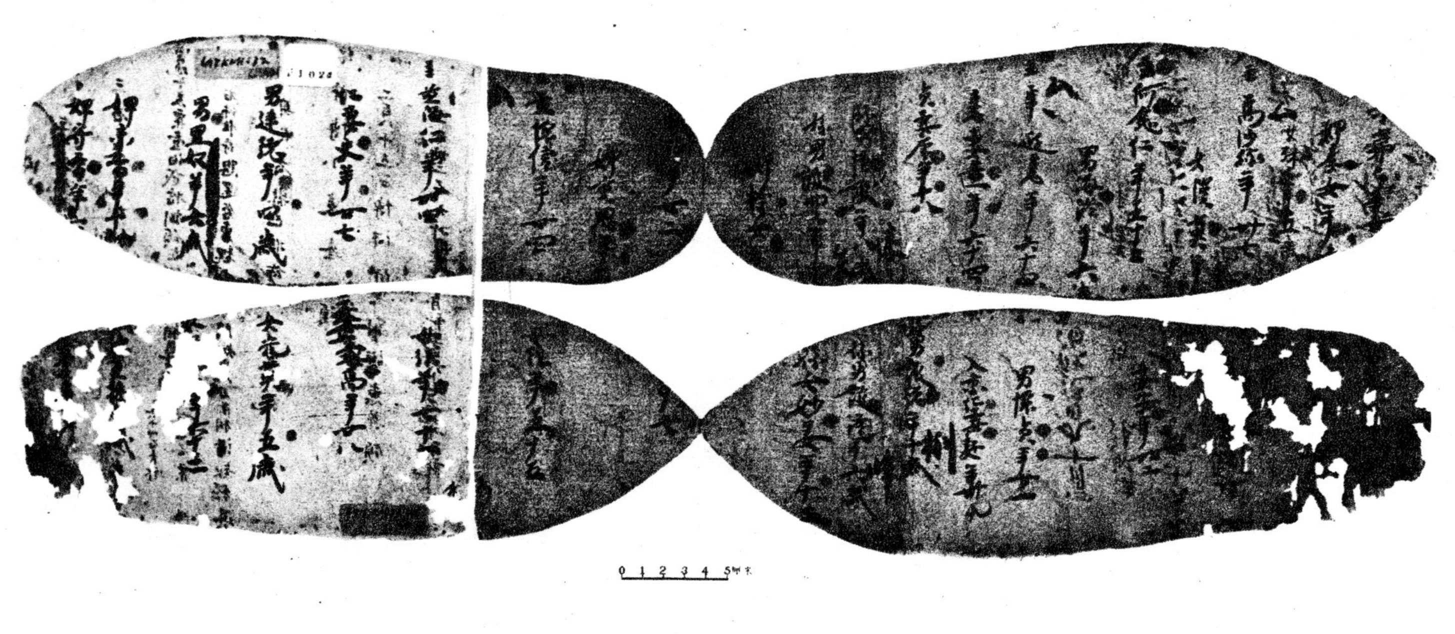

五　唐西州高沙彌等户家口籍　　64TKM1:33(b)、34(b)、32(b)、36(b)

五　唐西州高沙彌等户家口籍

本件有朱墨點記多處。

□第〻年廿□[旨]是[年]十二
婢孝女年□[凬]□[史]□廿一
ム(二)女殊〻、(三)年五歲
[户]主高沙弥年卅七　□来年[廿]二
ム(三)、(四)女漢英、(五)年□[歲]
[户]主何兔仁年五十五　妻安年卌二
男海隆年六[歲]
ム(六)、(七)□主辛延熹年六十四　男懷貞、(八)年廿一
熹妻孟年六十四　入京仁妻麴年卌九
貞妻康年十八　孫男護德年十歲　捌
孫男幢護年八歲　柒　孫男護隆年六歲　肆　約
孫男護豐年四□　叁　孫女妙姜年十二
婢捺女年□
□武仕年廿二　□年七□
婢寅思年[五]□
□[主]孟懷信(九)年廿四　母張年五十五
□主孟海(十)仁年卌四　縣史　母張年七十一　約
仁妻史年廿七　妾〔妻〕高年廿八
男建德年四歲　女光英年五歲
男黑奴年六歲　[奴]□□年六十[三]
婢末香年十八　□一[頭]黃犍□歲[連]□[一]□

六　唐何好忍等匠人名籍　64TKM1:28(b)、31(b)、37/2(b)

22 婢守香年六[　　]

注釋

〔一〕、〔三〕、〔六〕 此三處爲墨勾。

〔二〕、〔四〕 此二處爲朱墨二色點。

〔五〕、〔七〕、〔八〕、〔九〕、〔十〕 此五處爲墨點。

六　唐何好忍等匠人名籍

1 [　　]　□延海　白祐仁

2 □□一人縫匠

3 [　　]了　曹阿乞　曹提拖　曹□□

4 □□龍　何好忍　康失延

5 右件　人韋匠

6 焦守相　翟守仁

7 右件人皮　匠

8 陽貲胡　陽海隆　嚴處歡

9 右件　人木匠

10 石□才　康毛兒　索善守

11 右件　人畫匠

12 令狐特利

13 右件人油匠

14 姜海相　姜尾[　　]

15 右件　人殺猪匠

16 郭海相

17 右件　人景匠

18 □智人

七　唐西州高昌縣順義等鄉勘田簿（一）　64TKM1: 48

七　唐西州高昌縣順義等鄉勘田簿

（一）

1 （前缺）令狐延相

2 □□舉田四畝東至〔一〕　西張海（？）伯　南□□　北闞守弟

3 孫安相田東佃〔二〕　西渠　南大女和□□　北渠　合三畝半

4 嚴懷保田東渠　西嚴侯歡　南渠　北毛慶隆　合田六畝

5 毛慶隆田東渠　西道　南嚴懷保　北翟慶會三畝十二步

6 翟慶會田東渠　西道　南毛慶隆　北道　合田六畝

7 □□□田二畝　東道　西姜阿父師　□□舉搥北王惠吝

8 鄧女憙田東渠　西道　南何祐所延　北道　合田一畝半

9 何祐所延田東渠　西道　南□□□　北鄧女憙合田一畝

10 鄧是是田四畝　東渠　西道　南張雛子　北陽亥亥

11 焦智向田二畝半東令狐伯憙　西白地　南白地　北令狐

□相

注　釋

〔一〕東至：「至」下有奪文。

〔二〕東佃：「東」字原件是補文，「佃」上疑奪一「自」字，當作「東自佃」。

七　唐西州高昌縣順義等鄉勘田簿（二）　64TKM1:49、59

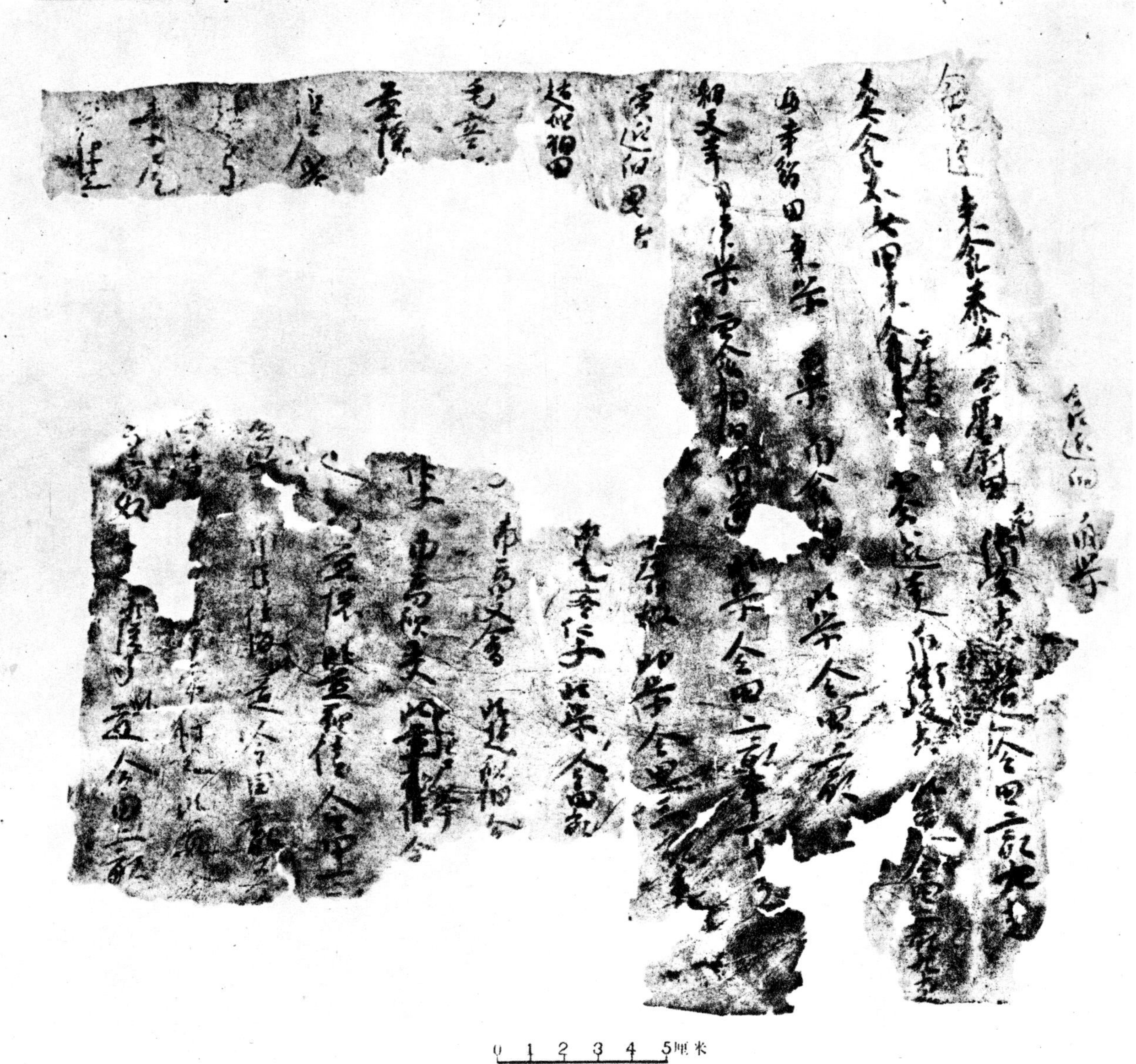

0 1 2 3 4 5厘米

（二）

1 □令狐延伯　南渠　□
2 令狐延達東令狐泰女　西縣尉田　南衛峻貞　北道
合田二畝九步
3 大女令狐太女田東戶曹　西令狐延達　南衛峻貞
北道　合田二畝九步
4 馬幸智田東渠　西渠　南令狐相伯　北渠　合田二
畝
5 和文幸田東渠　西令狐相伯　南道　北渠　合田二
畝半六十步
6 賈延伯田□盲奴　北渠
合田三畝半
7 趙歡相田□　南毛客仁子　北渠
合田四畝
8 毛客□　南高文會　北趙歡相
合□
9 孟懷□仁子　南高歡受　北張戶舉
合□
10 張戶舉□　南孟懷　北孟歡信
合田一畝
11 趙□　西渠　南馬注海　北道　合田
二畝五□

七　唐西州高昌縣順義等鄉勘田簿（四）　64TKM1:54

七　唐西州高昌縣順義等鄉勘田簿（三）
64TKM1:50

12 索尾□　西趙□□　南□柱々　北道
合□
13 □楚□盲奴　南永隆寺　北道　合田
二畝

（三）

1 田阿父師田東渠　西大女田衆暉　南張海子
北范明歡　合田四畝半
2 □東渠　西大女田衆暉　南道　北
田阿父師

（四）

1 順義□
2 南渠□
3 張海□
4 南□

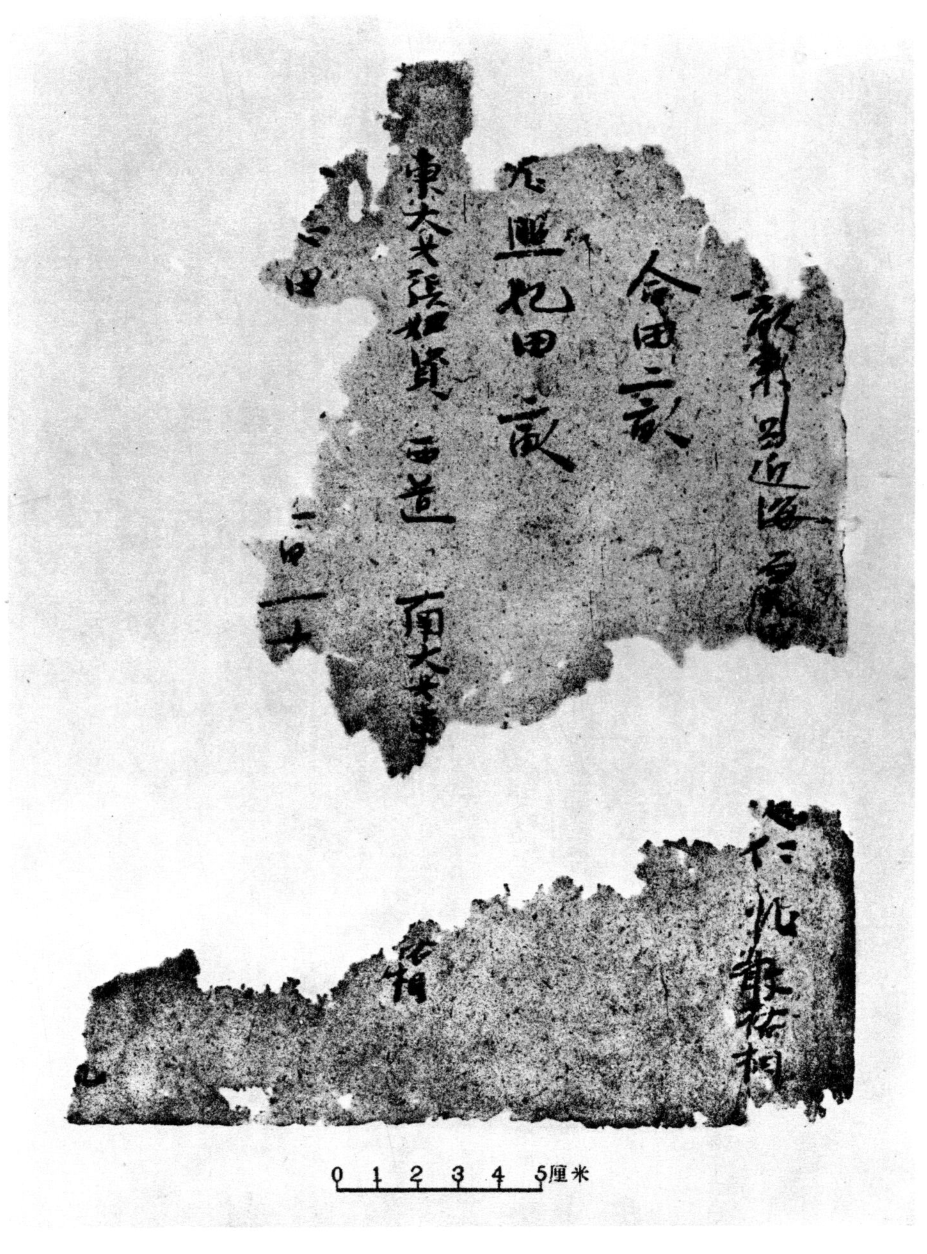

八　唐西州左照妃等勘田簿（一）　64TKM1:42，47

八　唐西州左照妃等勘田簿

（一）

1 □[三]畝東呂延海　西左照□仁　北嚴祐相

2 　合田二畝

3 左照妃田二畝

4 東大女張如資　西道　南大女車□祐相

5 □田□　合一十□

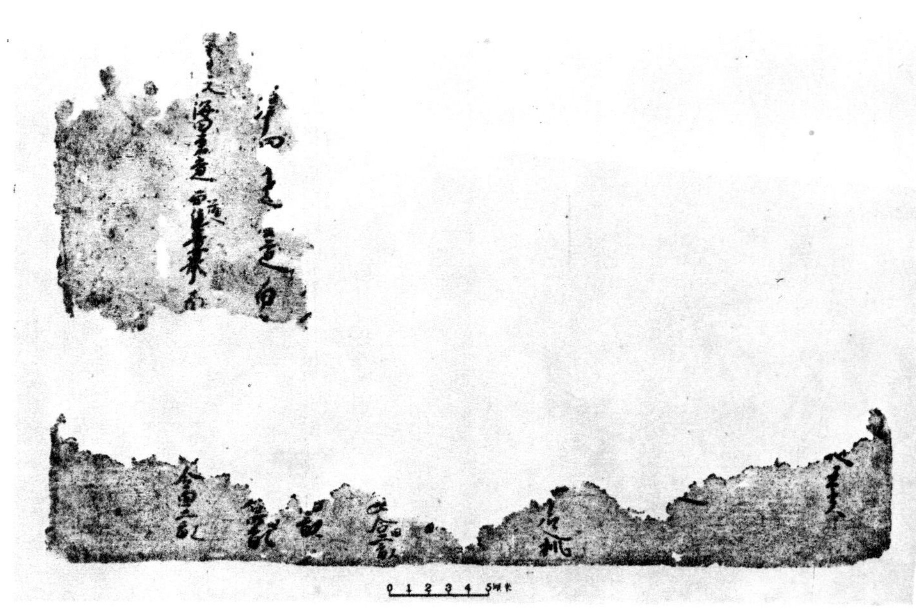

八　唐西州左照妃等勘田簿（二）

64TKM1:45、41

九　唐西州趙相憙等勘田簿

64TKM1:44、43、46

（二）

1 [　　　]五步
2 [　　　]延桃
3 [　　　]合田二畝
4 [　　　]四畝
5 □□師田東道　西道　南[　　]合田四畝
6 □□海田東道　西道　南[　　]合田二畝

九　唐西州趙相憙等勘田簿

1 [　　　]東趙相[　　]
2 [　　]渠十[　　]北渠十[　　]
3 [　　]趙相憙田四畝　東渠五十一[　　]
4 [　　]十九步　北渠十九步[　　]
5 [　　]道　西道　南道[　　]
6 [　　]田東剋幢遠　西康波[　　]
7 [　　]自桃田半畝
8 [　　]孫大牙田東康嘿仁[　　]
9 [　　　]合田四畝二步

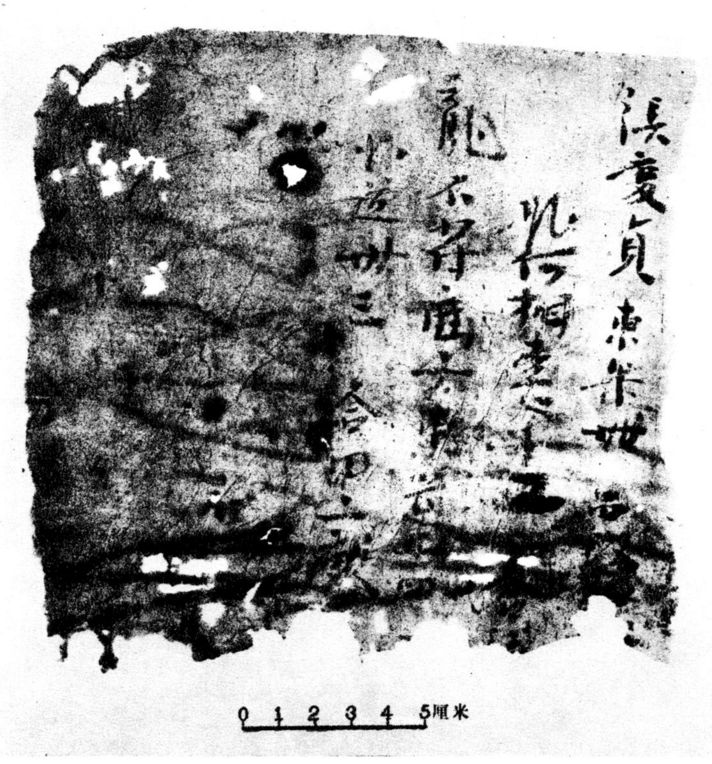

一〇　唐西州張慶貞等勘田簿（一）　64TKM1:51

一〇　唐西州張慶貞等勘田簿（二）　64TKM1:53

一〇　唐西州張慶貞等勘田簿

（一）

1 ［　］張慶貞　東渠卌　西段〔田〕［　］

2 北何相惠十二　合田［　］

3 ［　］龍不苻麻子東道十四［　］

4 北道卌三　合田二畝

（二）

1 ［　］城西一里　東［　］文通卌三　西渠［　］

2 ［　］畝半

3 ［　］〔東〕左安受十一　西渠十一［　］

4 ［　］祐海卌四　一畝半［　］

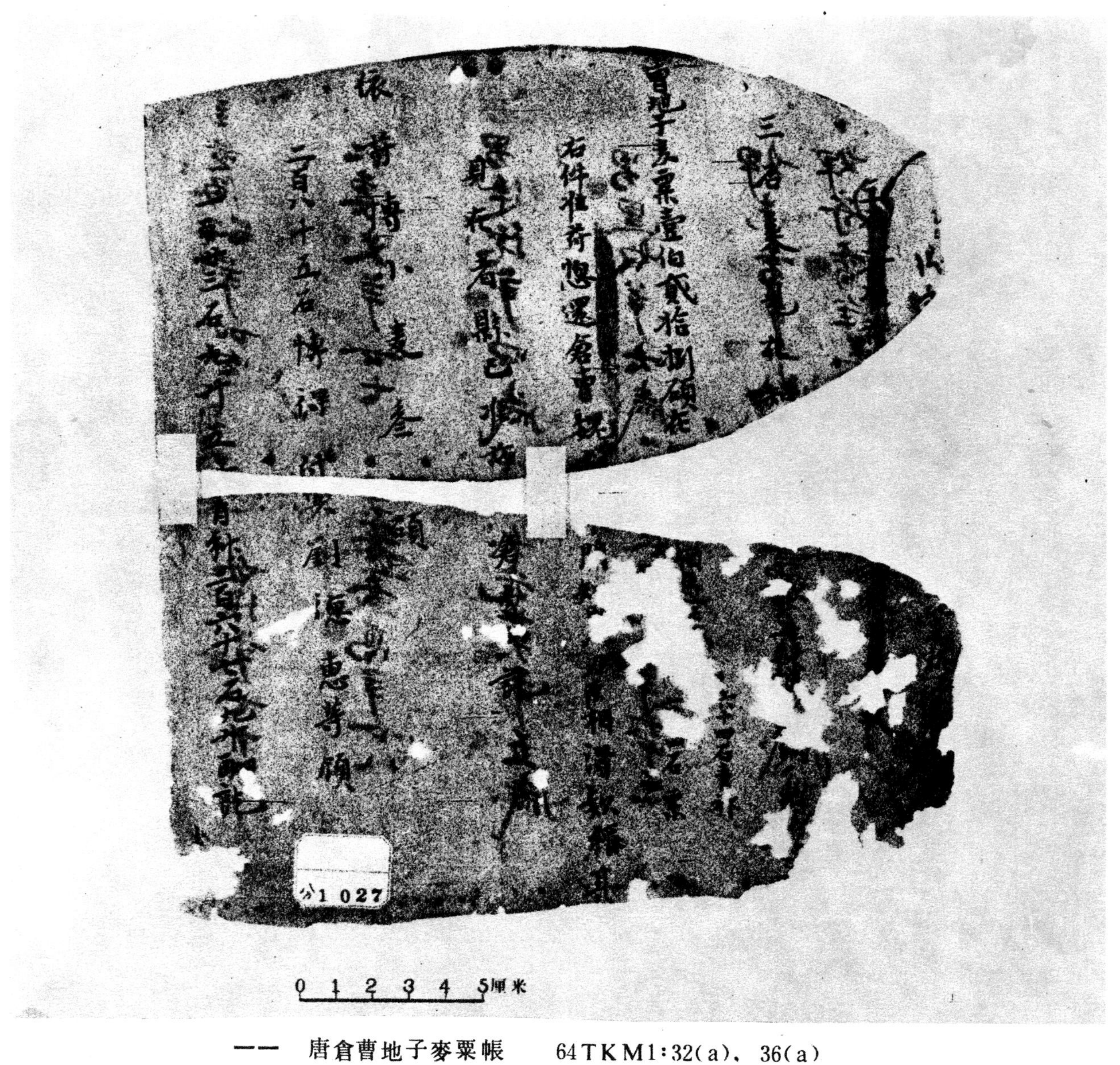

一一　唐倉曹地子麥粟帳　64TKM1:32(a)、36(a)

一一　唐倉曹地子麥粟帳

1 張□□□□比來就一
□□不領取
2 三石二升推符□□□□[數]秋子[不][收]
3 三石粟見在知□□□□歡等邊□
[納]
4 [倉]曹地子麥粟壹伯貳拾捌碩，在[知]□□相[邊]。□
六十四石青科。
六□四石粟。
5 右件准符總還倉曹魏□□[問][知][田][人]刀
臣相得款，稱其
6 見在者，縣已准符□□倉曹　訖。
7 依符博小麥叁□碩，
8 二百八十五石博得付□[典]劉德惠等領。
9 一百卌三石九斗五□，青科二百六十七
石九斗[酬]訖。

一四　文書殘片　　64TKM1:38/3

一三　文書殘片
64TKM1:38/2（b）

一二　文書殘片　　64TKM1:38/1（b）

一五　文書殘片　　64TKM1:38/4

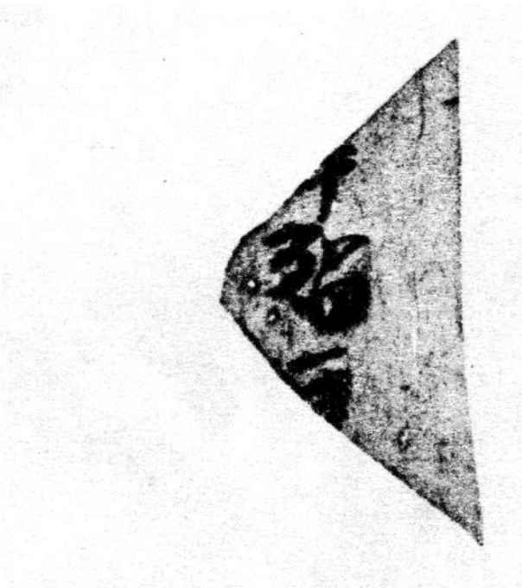

一六　文書殘片　　64TKM1:38/5

阿斯塔那一五號墓文書

本墓爲夫婦合葬墓，盜擾嚴重。出丁酉歲唐幢海妻墓牌一方，另出闕名衣物疏一件，考證應屬唐幢海。屍上所出紀年文書，最早爲高昌延壽十三年（公元六三六年），最晚爲唐貞觀十五年（公元六四一年），知唐幢海必葬於貞觀十五年之後。幢海妻墓牌僅有干支丁酉，距貞觀最近之丁酉，爲唐貞觀十一年（公元六三七年），即高昌延壽十四年。

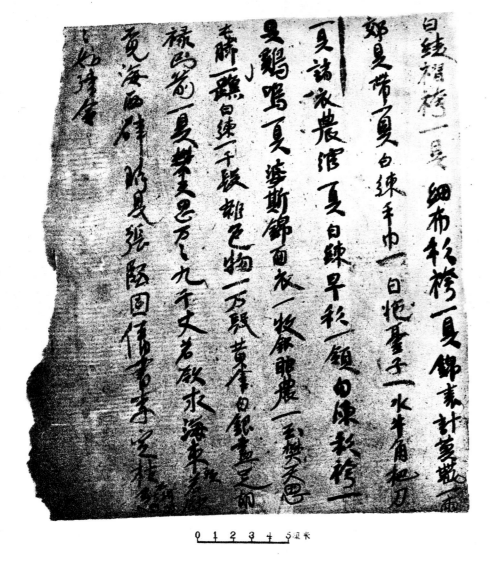

0 1 2 3 4 5厘米

一　唐唐幢海隨葬衣物疏　64TAM15:6

一　唐唐幢海隨葬衣物疏

本件無紀年及疏主名。同墓出丁酉歲唐幢海妻墓牌一方，疏中無女性用品，而有胡祿弓箭之屬，則此疏當屬唐幢海。同墓所出紀年文書最晚爲貞觀十五年（公元六四一年），知唐幢海必葬於是年之後。

1 白綾褶袴一具，細布衫袴一具，錦表計(吉)莫鞾(靴)一兩，
2 郊具帶一具，白練手巾一，白絁疊子一，水牛角把刀
3 一具，諸(朱)衣農(籠)綰(冠)一具，白練早衫〔一〕一領，白練衫袴一
4 具，雞鳴〔二〕一具，婆(波)斯錦面衣一枚，銀眼農(籠)一，玉樊(攀)天思(絲)
5 七脚一躡，白練一千段，雜色物一萬段，黃金白銀盡足，胡
6 祿弓箭一具，攀天思(絲)万〻九千丈。若欲求海東頭，若欲
7 覓海西辟(壁)。時見張堅固，倩書李定杜。不得留亭(停)急
8 〻如律令！

注釋

〔一〕早衫：「早」疑是「旱」（汗）之誤。

〔二〕雞鳴：「鳴」下當脫一「枕」字。

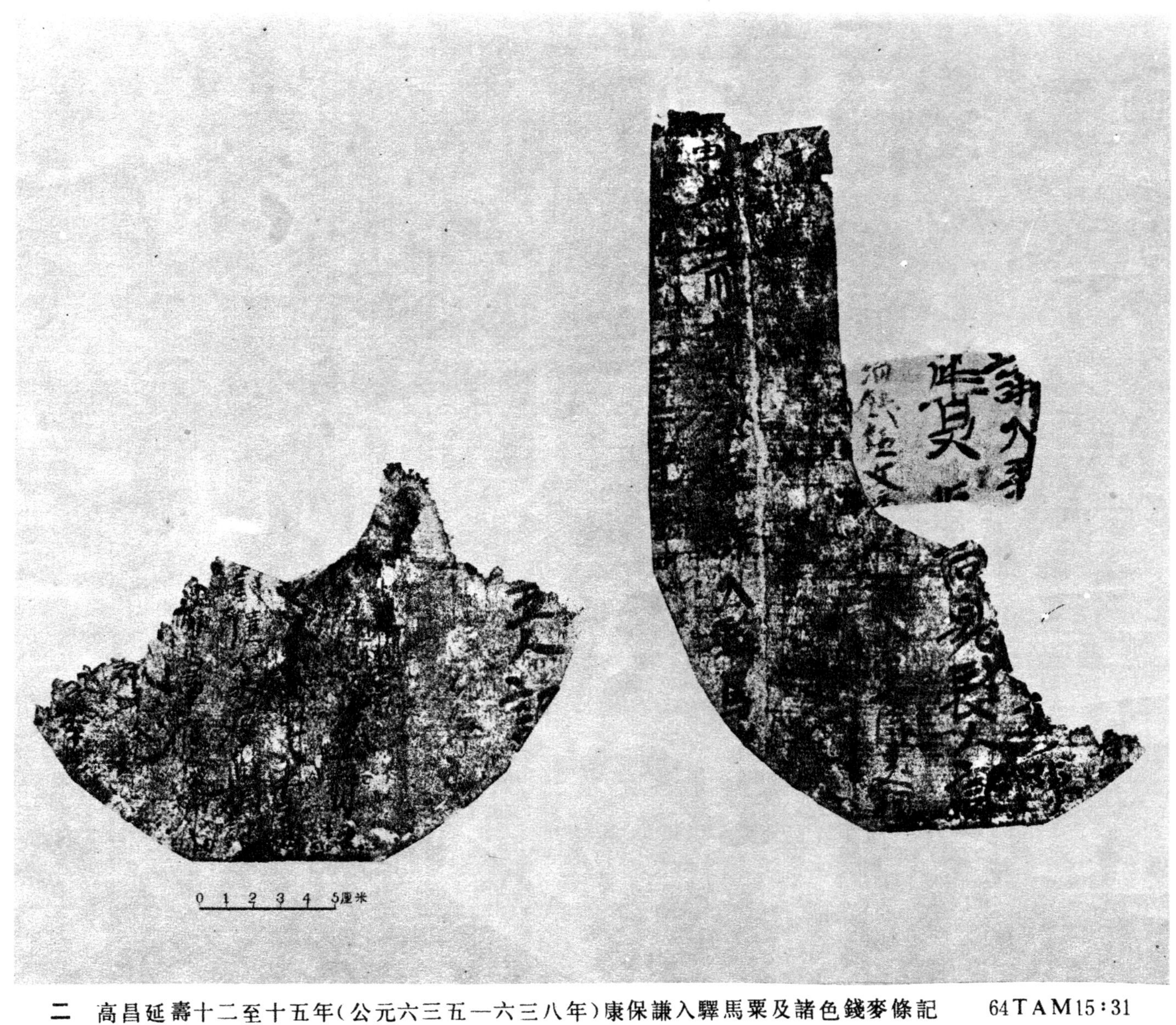

二　高昌延壽十二至十五年（公元六三五—六三八年）康保謙入驛馬粟及諸色錢麥條記　64TAM15:31

二　高昌延壽十二至十五年（公元六三五—六三八年）康保謙入驛馬粟及諸色錢麥條記

1 ［　　］謙入［　　］主　簿
2 ［　　］延昊、張阿臭肆人記。
3 ［　　］絹錢伍文，康保謙入。主簿憙相
4 記。

5 丙申歲十一月十日，康保謙入驛馬□□
6 □□□劉　主簿善□［　　］
7 ［　　］五人記
8 ［　　］□□□□
9 ［　　］康保謙丙申歲十二月日，
10 ［　　］匹，平錢肆文半，康
11 ［　　］錢陸个半。唐伯相記。
12 ［　　］日，入驛馬粟陸兜（斗），康保
13 ［　　］鼠子記。
14 ［　　］參軍張□□□

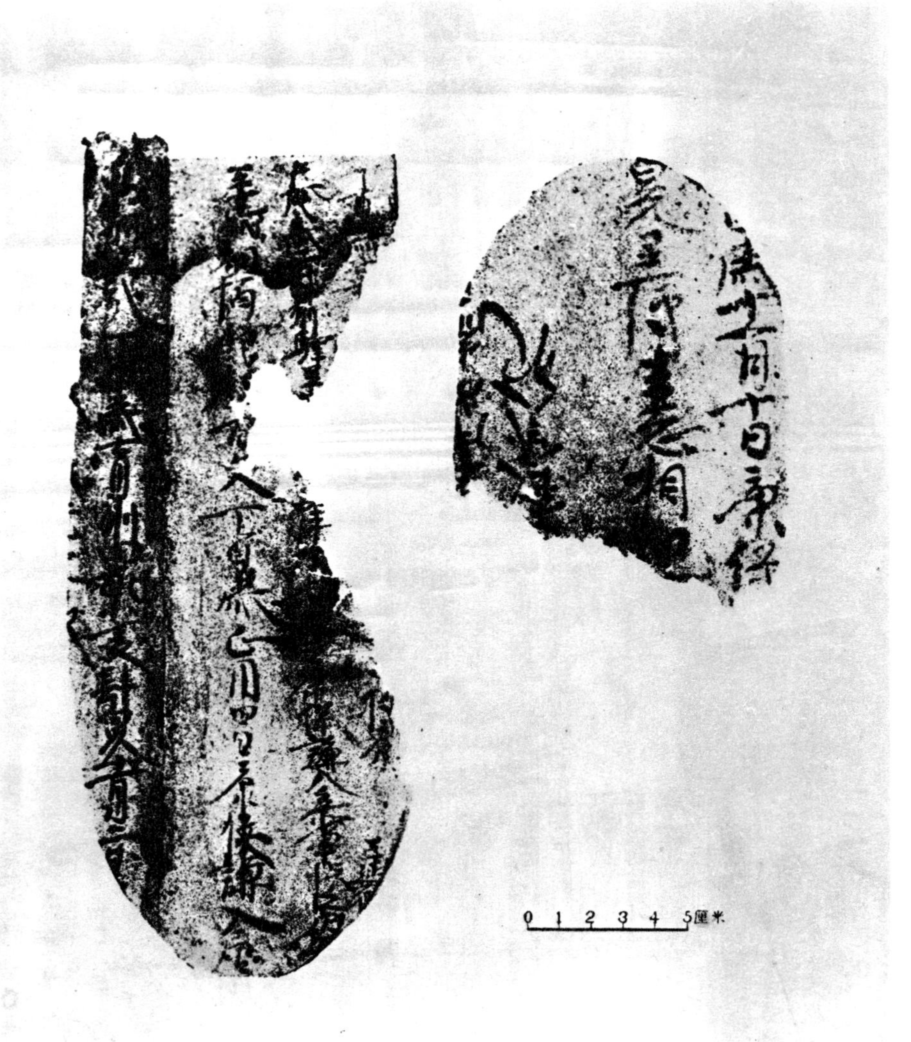

二　高昌延壽十二至十五年（公元六三五—六三八年）康保謙入驛馬粟及諸色錢麥條記　64TAM15:31, 32/4, 30, 32/1, 28/1, 28/2

15 □酉歲十一月十日，康保〔一〕□

16 （斗）兜。主簿憙相記。〔三〕

17 □[illegible]貳入記。

18 □羊戌歲□

19 丁酉歲十二□　康王

延歡。

20 戊戌歲二月劑驛羊□文半，十月十五日康保謙入，

參軍張阿□。

21 乙未歲租酒銀錢貳文，丁酉歲正月四日康保謙入，唐

22 伯相記。丁酉歲七月劑田畝小麥肆（斗）兜，十一月二日□□

注釋

〔一〕康保：據本件「三」「五」「九」等行，「保」下當缺一「謙」字。

〔二〕左二行係倒書。

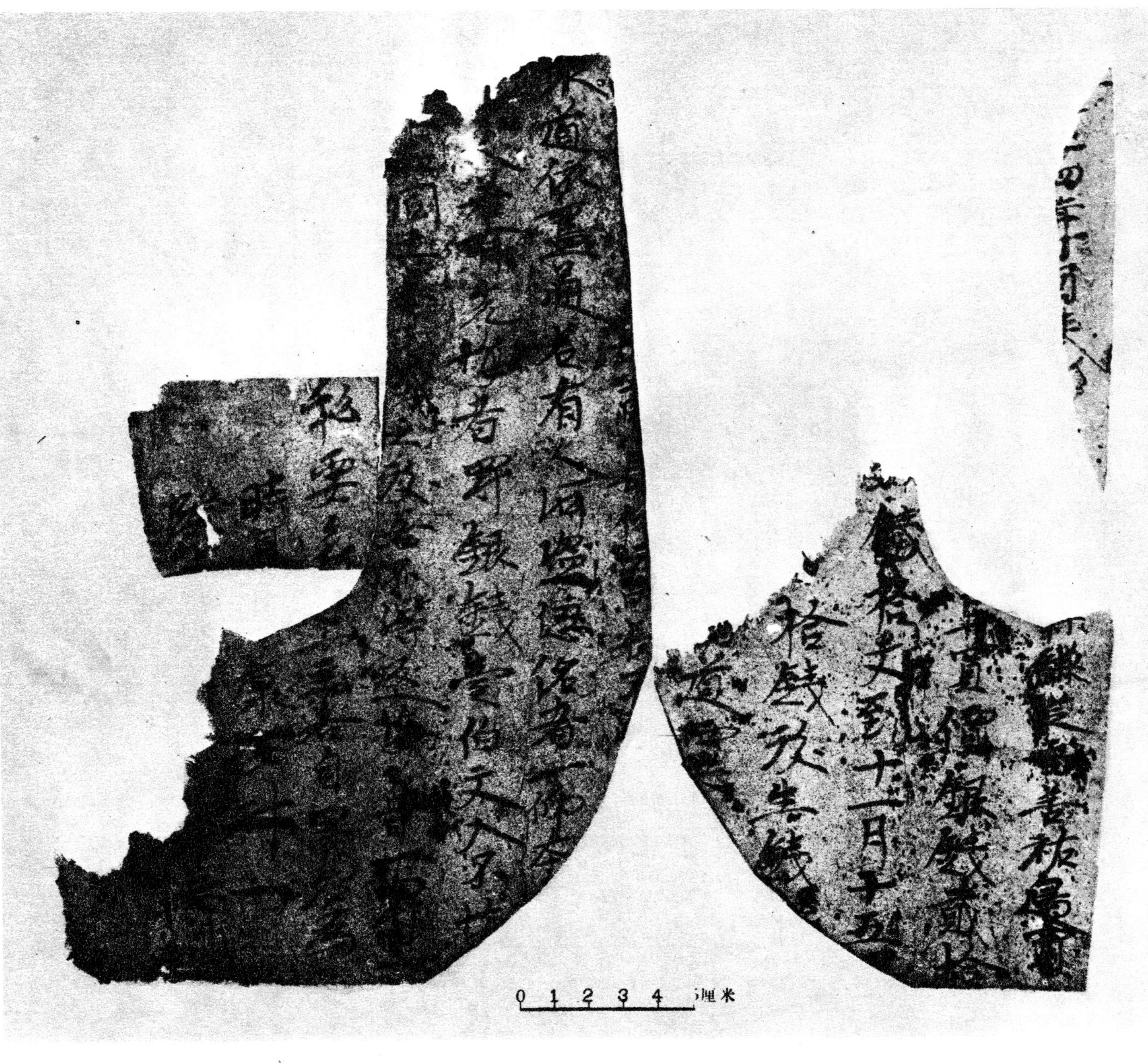

三　高昌延壽十四年（公元六三七年）康保謙買園券

64TAM15:29/2

本件年號殘，唯剩「十四年丁酉」。據《中國歷史紀年》，麴氏諸王建元有十四年，其干支又適為丁酉者，唯麴文泰之延壽十四年。本券買主姓氏殘，據上下件推知為康保謙。

□□[十]四年丁[酉][歲][　　][保]謙從雷善祐邊買
[　　]与買價銀錢貳拾
[　　]錢拾文，到十一月十五[日]
[　　]拾錢後生錢□□
[　　][詣]道，西共[　　]
[　　][分][垣]。[園][肆][在]之內，長不[　　]
水道依舊通。若有人河（訶）盜偲（認）佲（名）者，一仰本[主]□
□人□若有先悔者，罰銀錢壹伯（百）文，入不悔□
□□和同立卷（券），卷（券）成之後，各不得返悔，悔者一罰二，
[　　]私要，要行二主，各自署名為
□　時見康□叔
臨坐□張姚

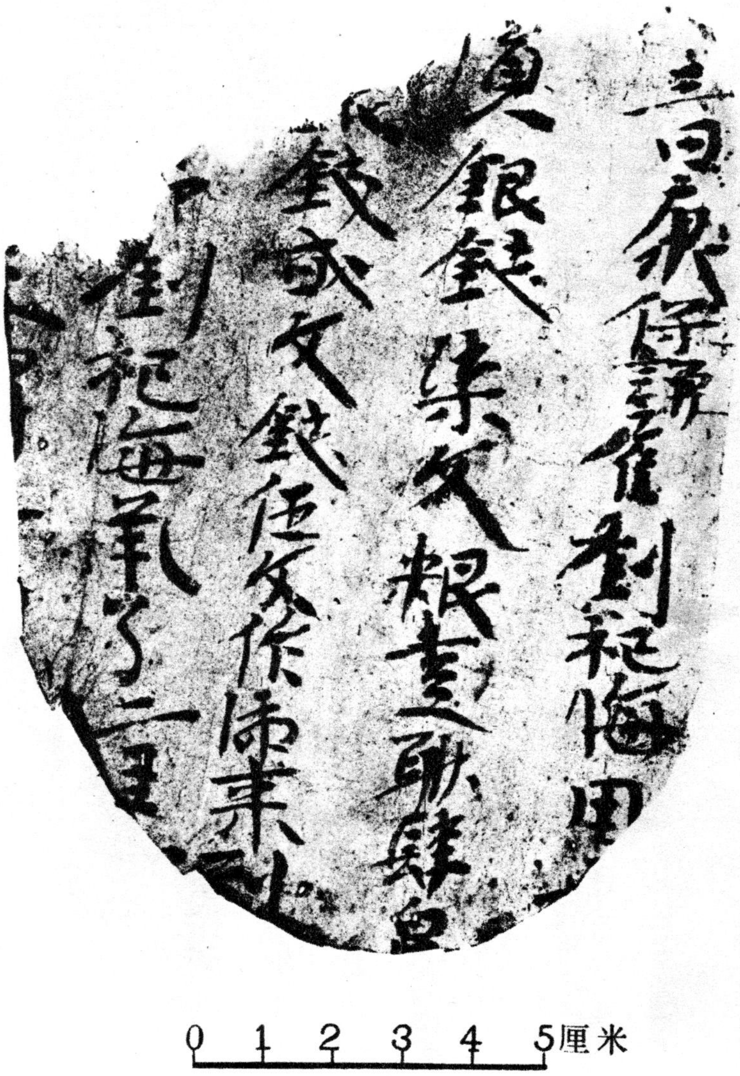

四　高昌康保謙雇劉祀海券　64TAM15:29/1

0 1 2 3 4 5厘米

四　高昌康保謙雇劉祀海券

本件紀年干支俱缺，與前《高昌延壽十四年（公元六三七年）康保謙買園券》拆自同一紙鞋，券中二主名亦同，字迹似出同一手筆，故年代應亦相近。

1 ［　］三日，康保謙雇劉祀海用［　］

2 ［　］［賈］銀錢柒文，粮壹酙（斛）肆［兜］（斗）［　］

3 ［　］［銀］錢貳文。錢伍文作滿來［到］［　］

4 ［　］［仰］劉祀海承了。二主［　］

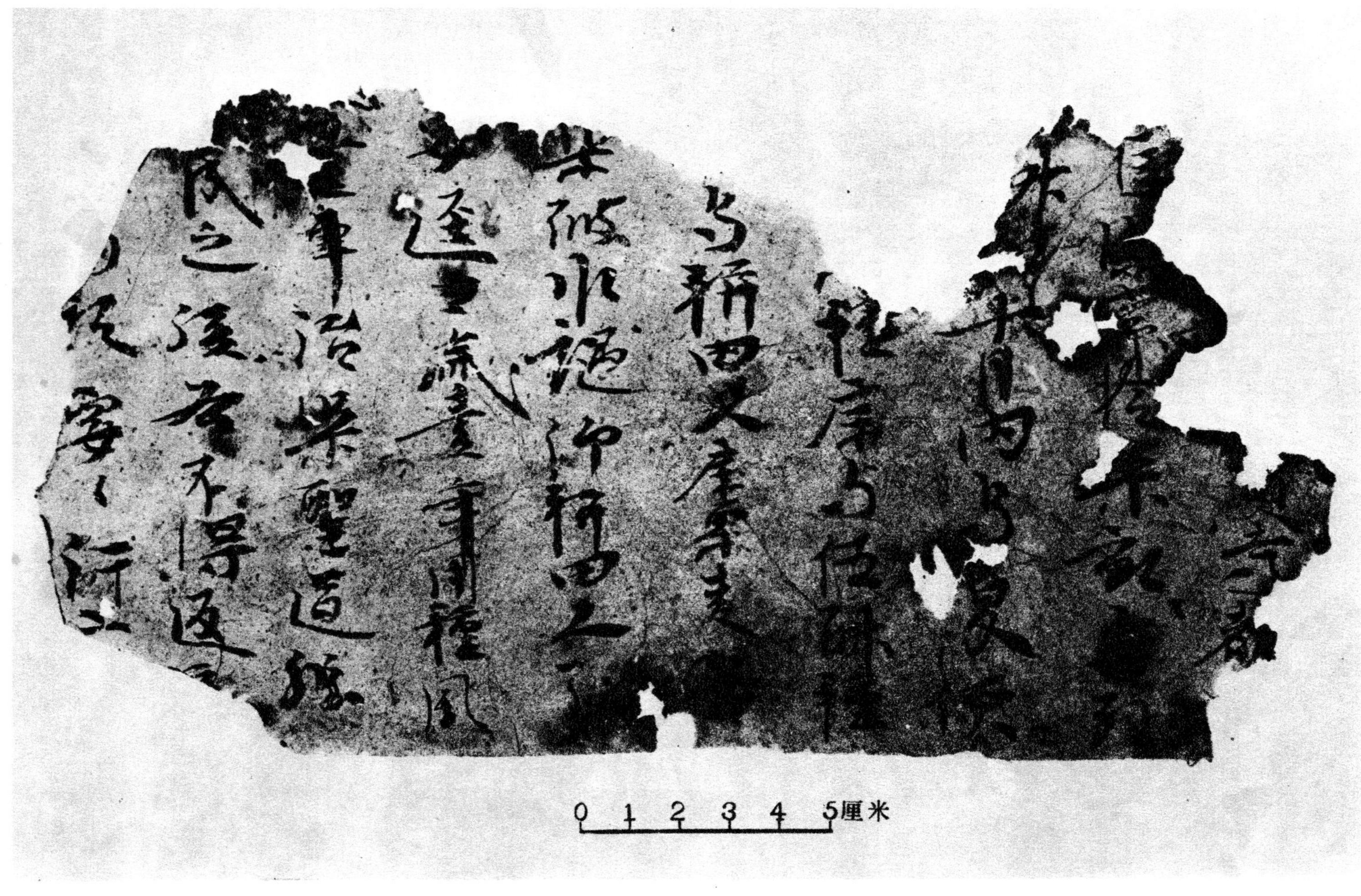

五　唐貞觀十四年（公元六四〇年）張某夏田契　　64TAM15：23

五　唐貞觀十四年（公元六四〇年）張某夏田契

本件紀年已缺。共出文書有貞觀十五年趙相□佃田契（見後）。貞觀十五年爲辛丑。本件契文中「要逕丑歲壹年用種」，應即指貞觀十五年。根據其他内容完整的租佃契，立契時間通常在佃種年限的前一、二年，所以我們把這件定爲貞觀十四年所立。

1 （前缺）寶寺都□

2 （前缺）匡渠常田拾柒畝，々与别〔一〕

3 （前缺）斛（斛），到十月内与夏價

4 （前缺）種床，与伍斛（斛）種

5 （前缺）与耕田人。床、粟、麥要

6 （前缺）渠破水讁，仰耕田人承了。

7 （前缺）要逕（經）丑歲壹年用種。風

8 （前缺）壹車治渠聖道張

9 （前缺）成之後，各不得返□

10 （前缺）私要，々々行二□，

注釋

〔一〕畝与别：疑倒，應作「畝别与」。

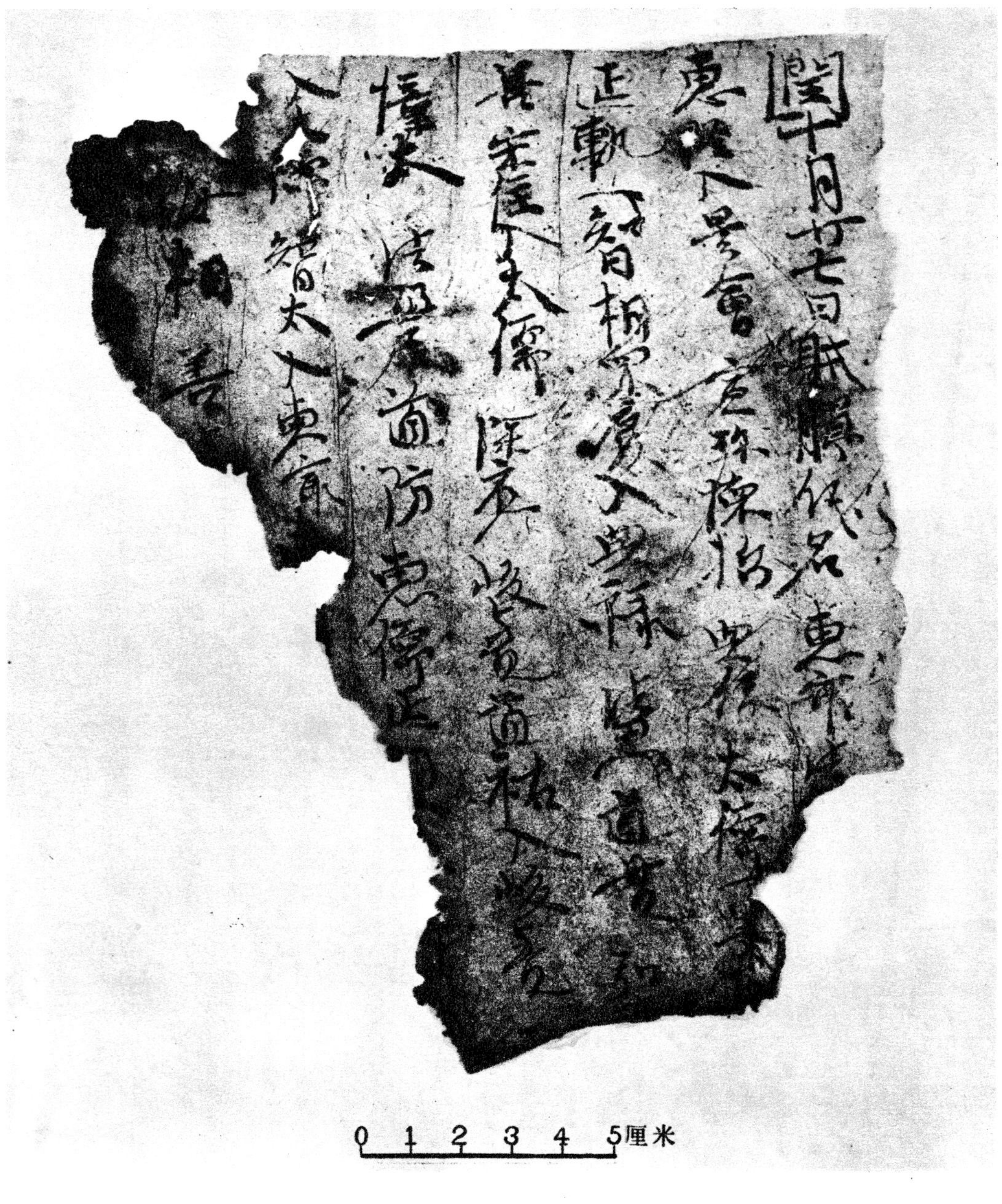

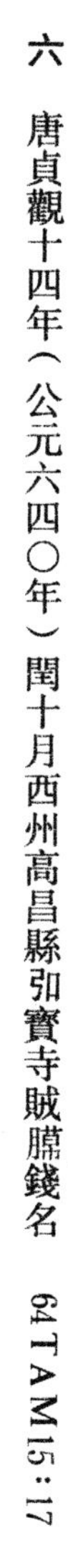
六 唐貞觀十四年（公元六四〇年）閏十月西州高昌縣弘寶寺賊臘錢名 64TAM15:17

六 唐貞觀十四年（公元六四〇年）閏十月西州高昌縣弘寶寺賊臘錢名

本件紀年殘缺，唯剩「閏十月」。高昌曆法不明，然據出土文書自延壽後置閏大抵同於唐，又同墓出有《貞觀十四年弘寶寺主法紹辭》，檢《廿史朔閏表》，貞觀十四年閏十月，故以本件屬此年。

1 閏十月廿七日賊臘錢名　惠宗（㝡）　法□

2 惠隆入曇會　宣珎　懷哲　典信　太儒（儒）一　義□□

3 延軌一智相　衆慶入典祿　法忍　道貫　弘□

4 善　宋住入太儒　深亥（應）　峻覺（覺）　道祐入峻覺　延

□

5 □法望　道防　惠儒　延明入太儒　□

6 □□智太入惠宗　惠□

7 □海相　善□

8 □惠□

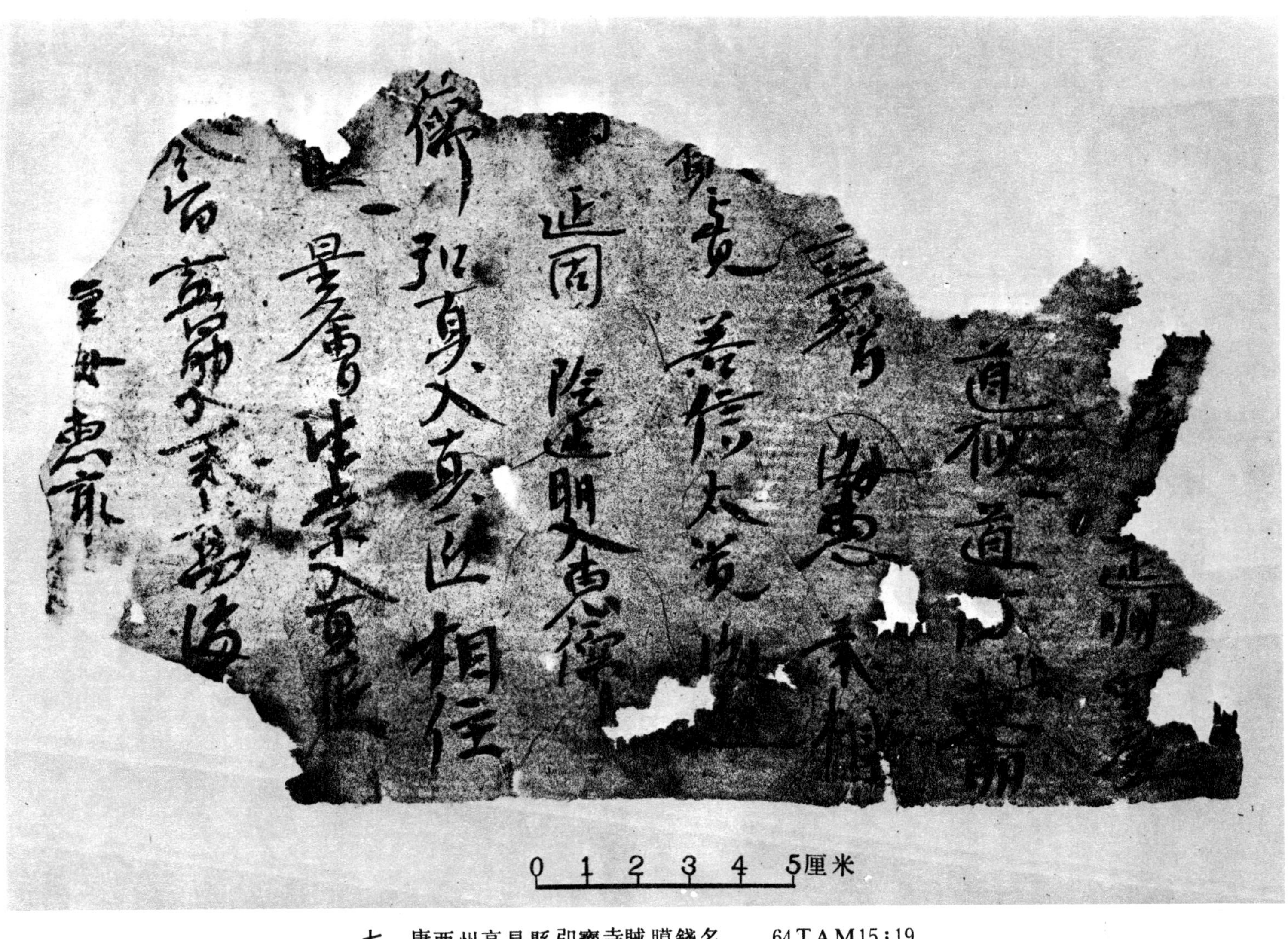

七　唐西州高昌縣弘寶寺賊臈錢名　　64TAM15:19

七　唐西州高昌縣弘寶寺賊臈錢名

本件字迹及內容與前件貞觀十四年弘寶寺賊臈錢名相同，僧名亦有互見，但墨色此濃彼淡，字則上件似略小。故列爲二件。

1　曇隆　□延明　衆慶

2　道視(覿)一　道防　張惠(恵)明

3　窓(靈)智　海惠　義相

4　彭覚　善信　太覚　海近

5　延固　陰延明入惠儒

6　儒　弘真入真匠　相住

7　一　曇(曇)會　法崇入真匠

8　令富　孟勖入戒(戒)嵩　海

9　惠宂

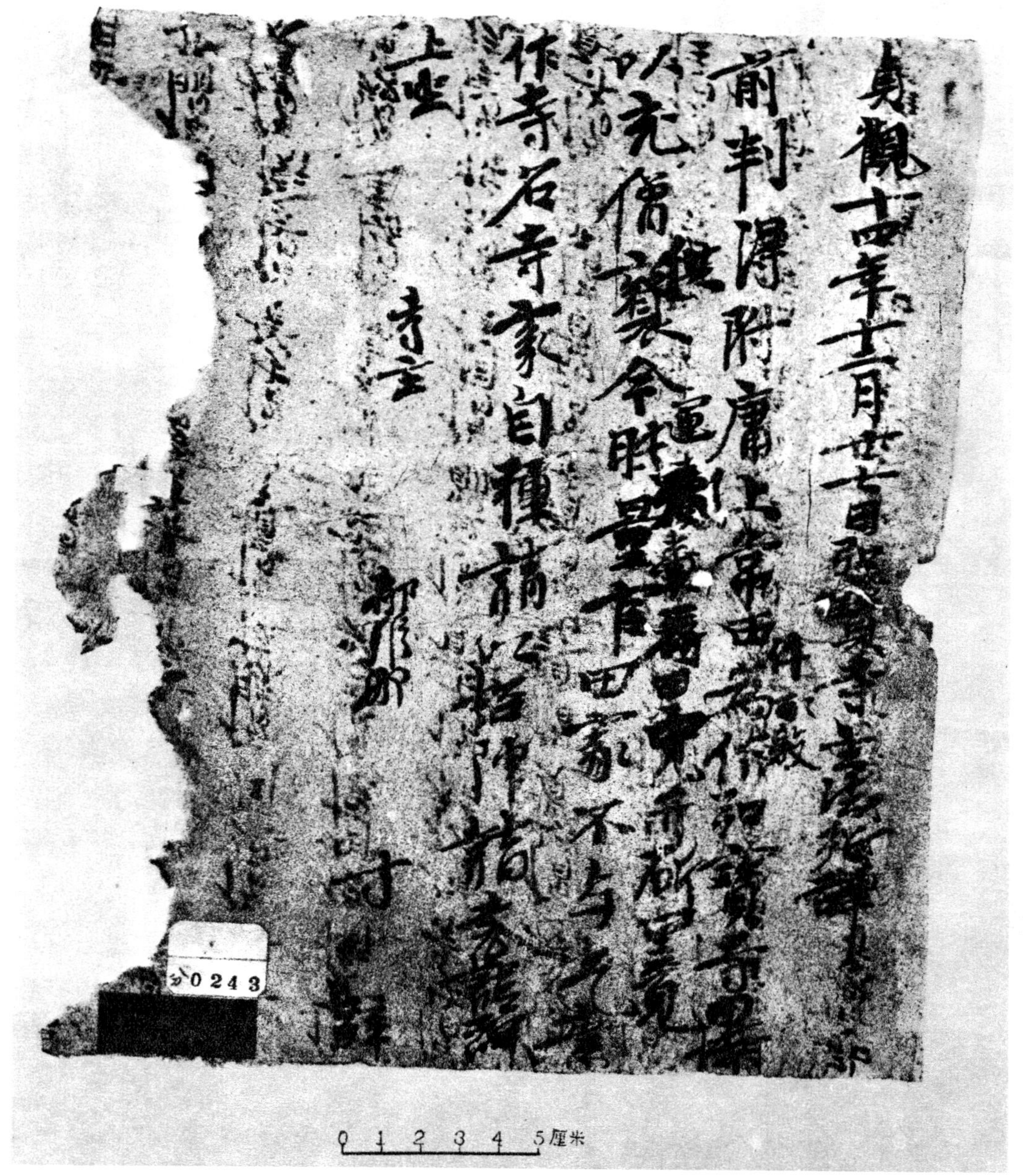

八　唐貞觀十四年（公元六四〇年）西州高昌縣弘寶寺主法紹辭稿爲請自種判給常田事

64TAM15:15(a)

八　唐貞觀十四年（公元六四〇年）西州高昌縣弘寶寺主法紹辭稿爲請自種判給常田事

貞觀十四年十二月廿七日弘寶寺主法紹辭

前判得附庸上常田，件畝數爲作弘寶寺田墣（業），

運糞着田中，并斫田竟。

以充僧供養。今時量官田家不与。乞索

作寺名，寺家自種。請以諮陳，請裁，謹辭。

上坐　　寺主　　都維那　　寸　辭

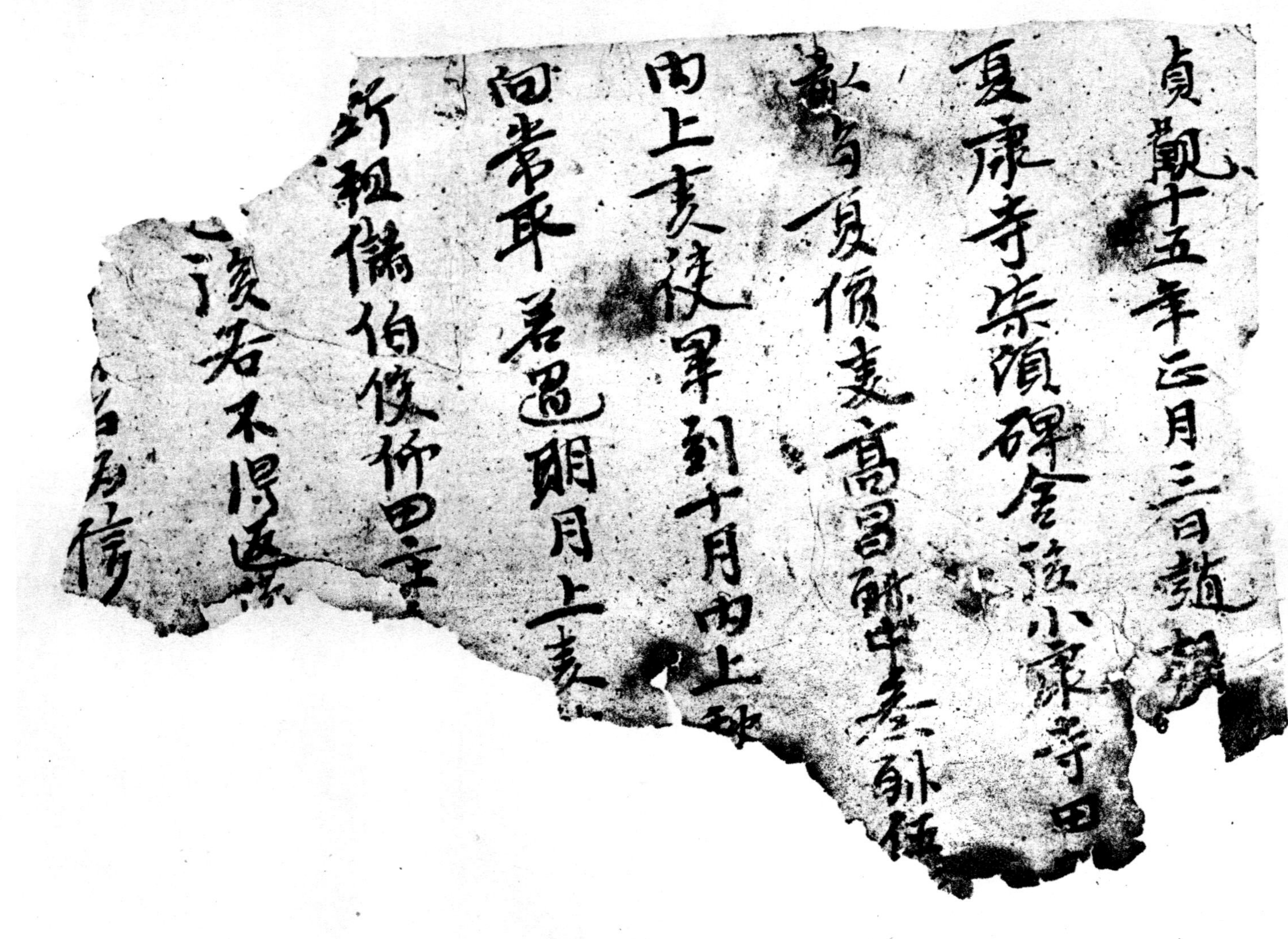

0 1 2 3 4 5厘米

九　唐貞觀十五年（公元六四一年）西州高昌縣趙相□夏田契　64TAM15:16

九　唐貞觀十五年（公元六四一年）西州高昌縣趙相□夏田契

貞觀十五年正月三日，趙相□［　　］
夏康寺桀頃碑舍後小康寺田［　　］
畝与夏價麥高昌斛（斛）中叁斛伍［　　］
内上麥使畢；到十月内上秋［　　］
向常取。若過期月上麥［　　］
䜣。租儲佰役，仰田主［　　］
□□［之］後，各不得返［悔］。［　　］
［　　］［指］［爲］信。

一〇　唐西州高昌縣弘寶寺僧及奴婢名籍一　64TAM15:15(b)

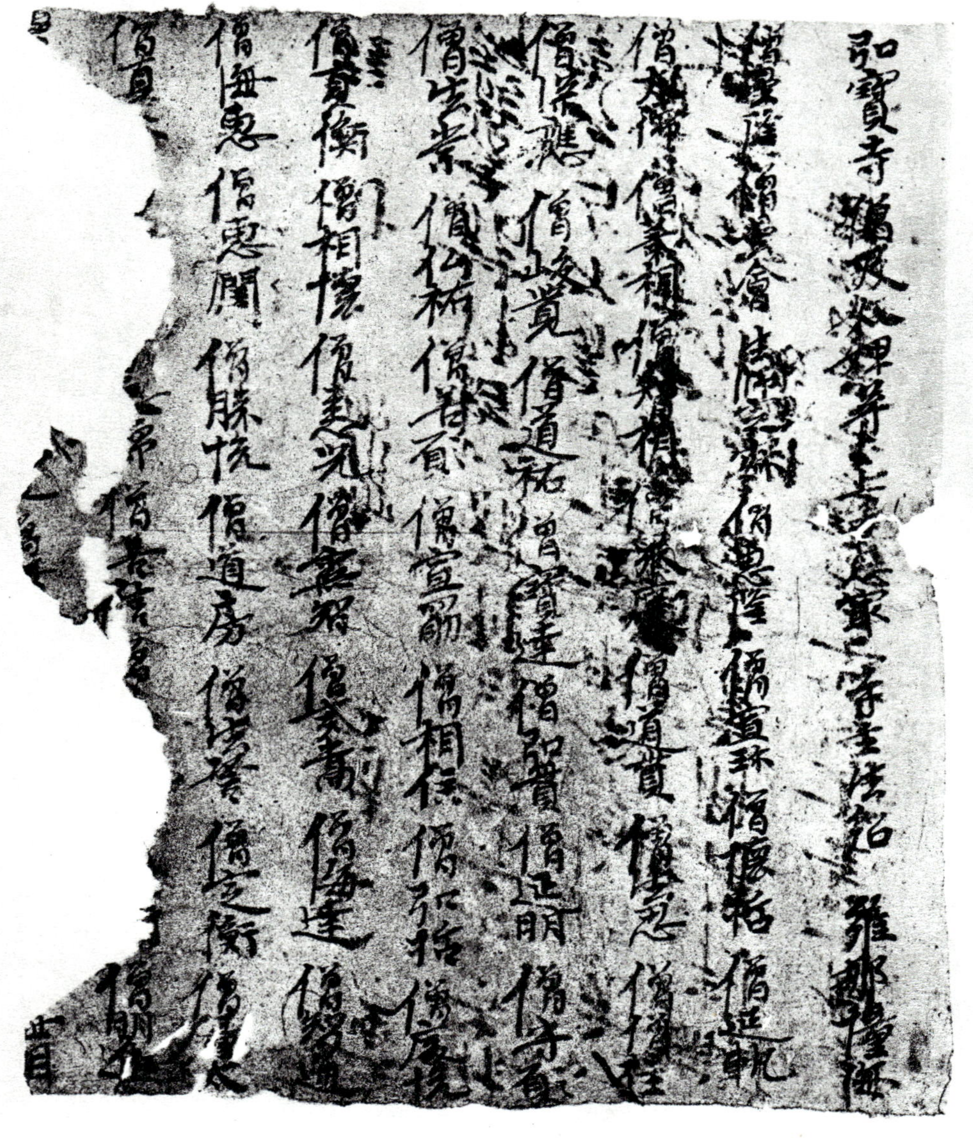

0 1 2 3 4 5厘米

一〇　唐西州高昌縣弘寶寺僧及奴婢名籍一

本件紀年殘缺，正面爲貞觀十四年十二月文書，則本件當在此年後。

1 弘寶寺僧及奴婢等　上□惠家（寂）　寺主法紹　維那幢海
2 僧曇隆　僧曇會　法師定寀　僧惠隆　僧宣琮（珍）　僧懷
哲（哲）　僧延軌
3 僧太儒（孺）　僧義相　僧智相　僧永慶　僧道貫　僧法忍
僧僧住
4 僧深應　僧峻覺　僧道祐　僧寶達　僧弘貫　僧延明
僧守彰（願）
5 僧法崇　僧仙祐　僧善願　僧宣勵　僧相住　僧弘哲
僧慶抁（悦）
6 僧真衡　僧相懷　僧惠光　僧靈智　僧戒嵩　僧海達
僧智通
7 僧海惠　僧惠潤　僧勝悦　僧道房　僧法謽　僧定衡
僧幢太
8 僧真□　□□□　□□儒　僧善信　僧□□　□□□
僧明進
9 僧□□　□□□　□□□　僧□□　□□□　□□□
□海相

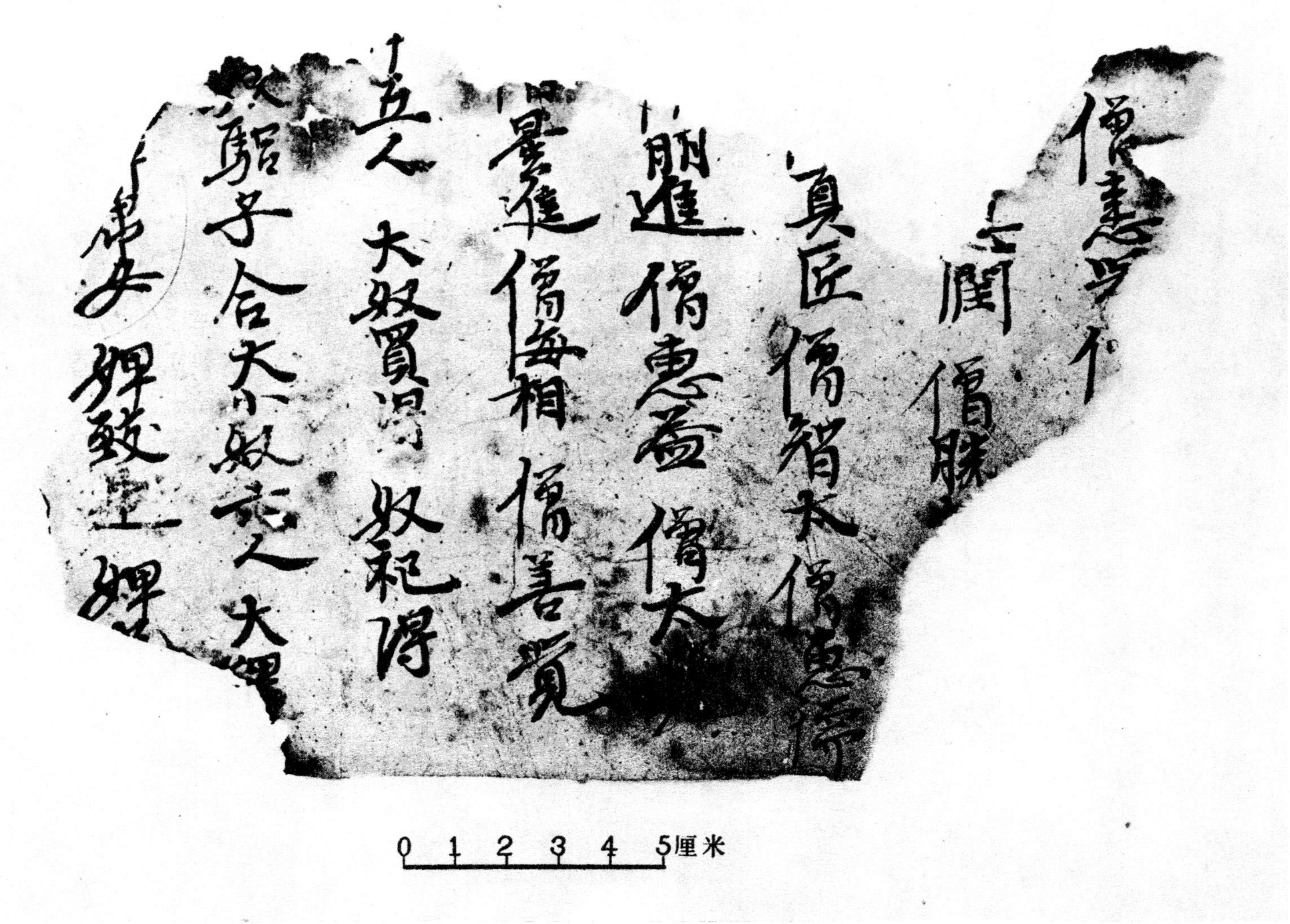

一一　唐西州高昌縣弘寶寺僧及奴婢名籍二　64TAM15：21

一一　唐西州高昌縣弘寶寺僧及奴婢名籍二

本件寺名殘，然内僧明進、海相等見於前件，故亦應是弘寶寺名籍。

（前缺）

僧憙□　[僧]
[惠]潤　僧勝
真匠　僧智太　僧惠儒
明進　僧惠益　僧太覺
[僧]曇進　僧海相　僧善覺
十五人　大奴買得　奴祀得
奴駋子合大小奴六人　大[婢]□
婢虎女　婢致是　婢□□

（後缺）

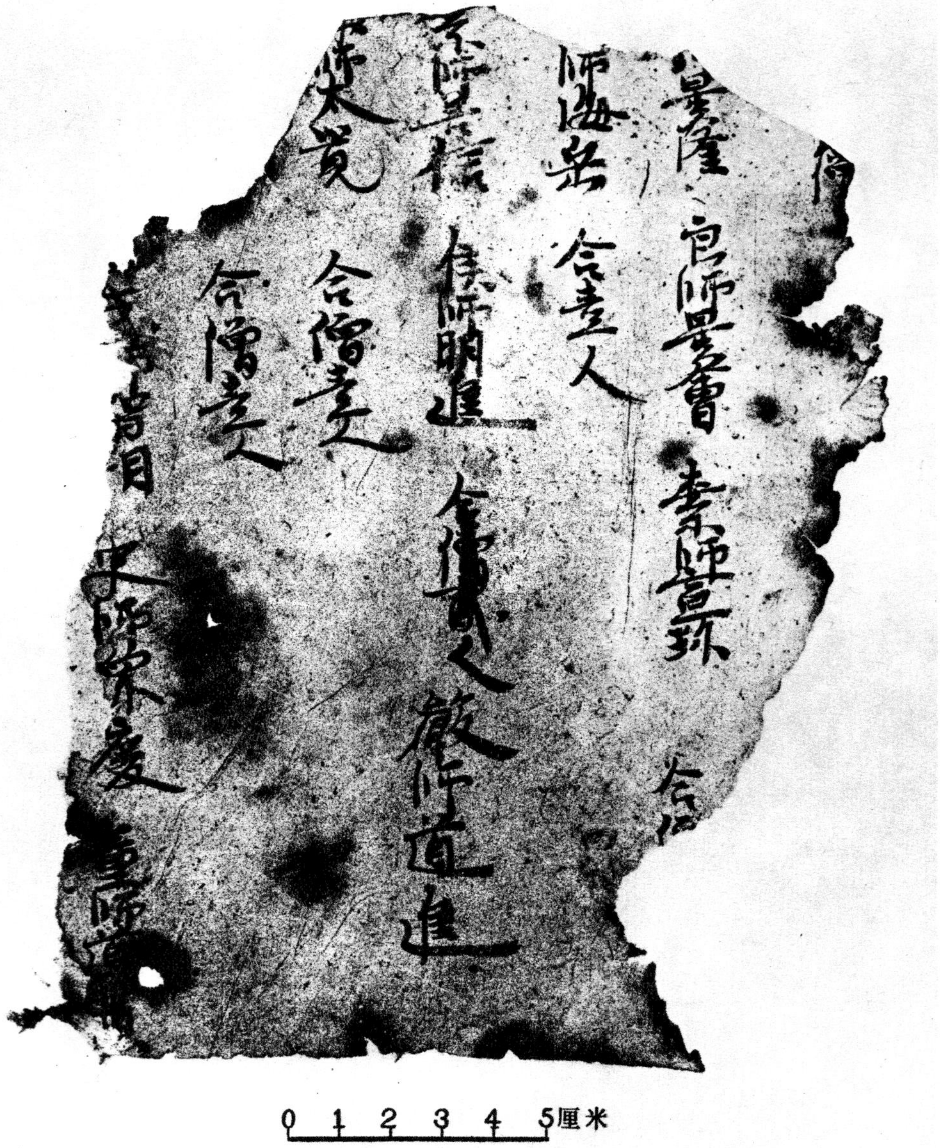

一二　唐西州高昌縣弘寶寺僧曇隆等名籍　64TAM15:20

0 1 2 3 4 5厘米

一二　唐西州高昌縣弘寶寺僧曇隆等名籍

本件寺名殘缺，名籍内曇隆、曇會、宣㳟等僧名又見於前《唐西州高昌縣弘寶寺僧及奴婢名籍（一）》中，故亦應是弘寶寺名籍。

1 ［　　］僧［　　］
2 □□曇隆　良師曇會　桒師宣㳟　合僧［　　］
3 □師海岳　合壹人
4 索師善信　侯師明進　合僧貳人　嚴師道進
5 □師太覺　合僧壹人
6 ［　　］合僧壹人
7 ［　　］□師智相　史師衆慶　董師道貫

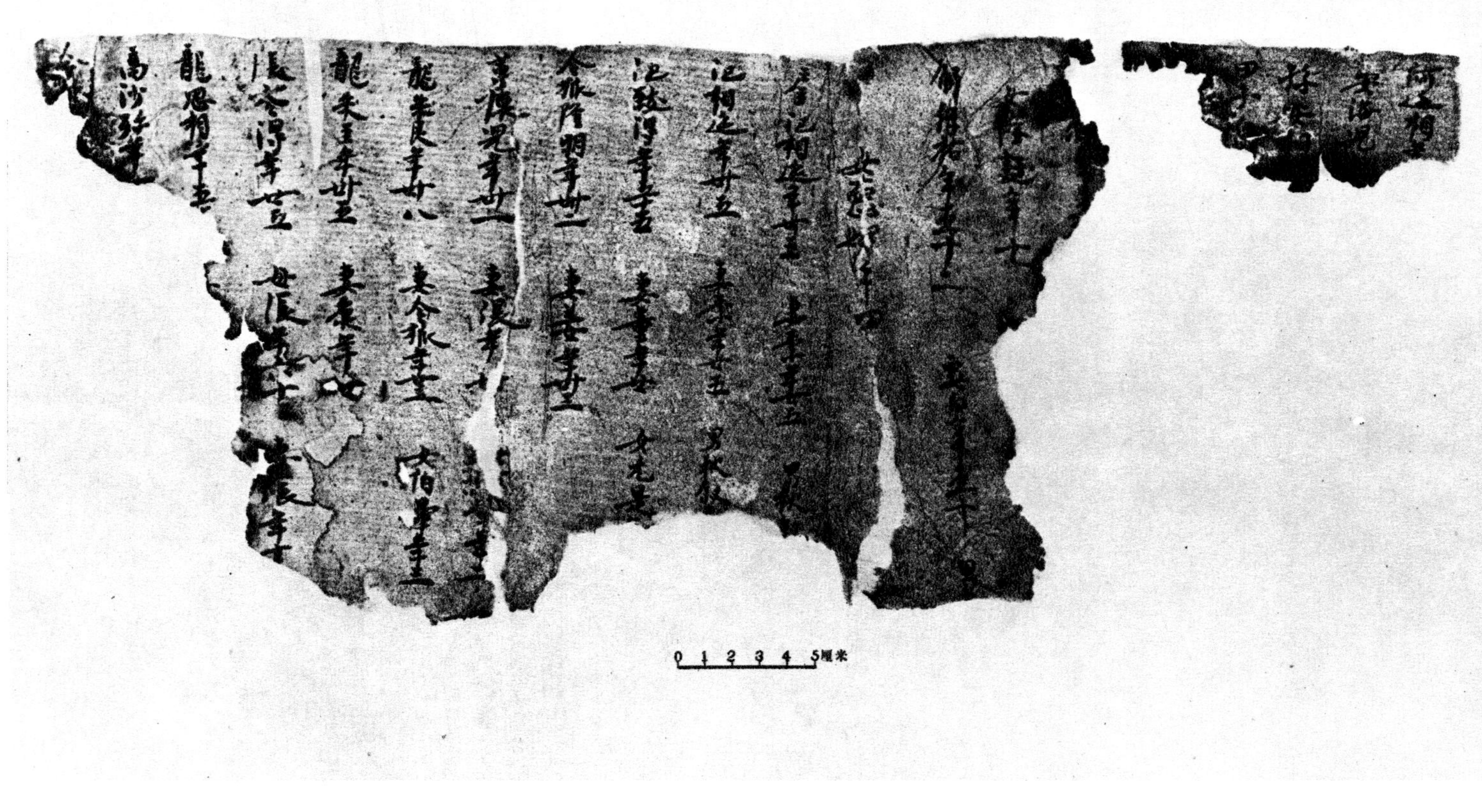

一三　唐何延相等户家口籍（一）　64TAM15:24

一三　唐何延相等户家口籍

（一）

何延相[年]□
安海兒年□
孫安相年□
田子伯□
□年五□
女隆䞘年七
解保祐年五十二　妻白年五十　男□
女憙婢年四
户主氾相延年卌五　妻索年廿五　男秋叙□
氾相延年卌五　妻索年廿五　男秋叙[年]□〔一〕
氾致得年五十五　妻董年廿　女元是□
令狐隆明年卌二　妻姜年卌三
尊懷兒年卌一　妻張年[廿]□年二□
龍未艮年卌八　妻令狐年廿三　女伯暈年三
龍未主年卌五　妻康年廿
張容得年廿五　母張年六十　妻張年[十]□
龍思相年五□（下殘）
高沙弥年□
令[狐]□

注釋

〔一〕以上兩行原件如此，疑誤衍一行。

一三　唐何延相等户家口籍（二）　64TAM15:25

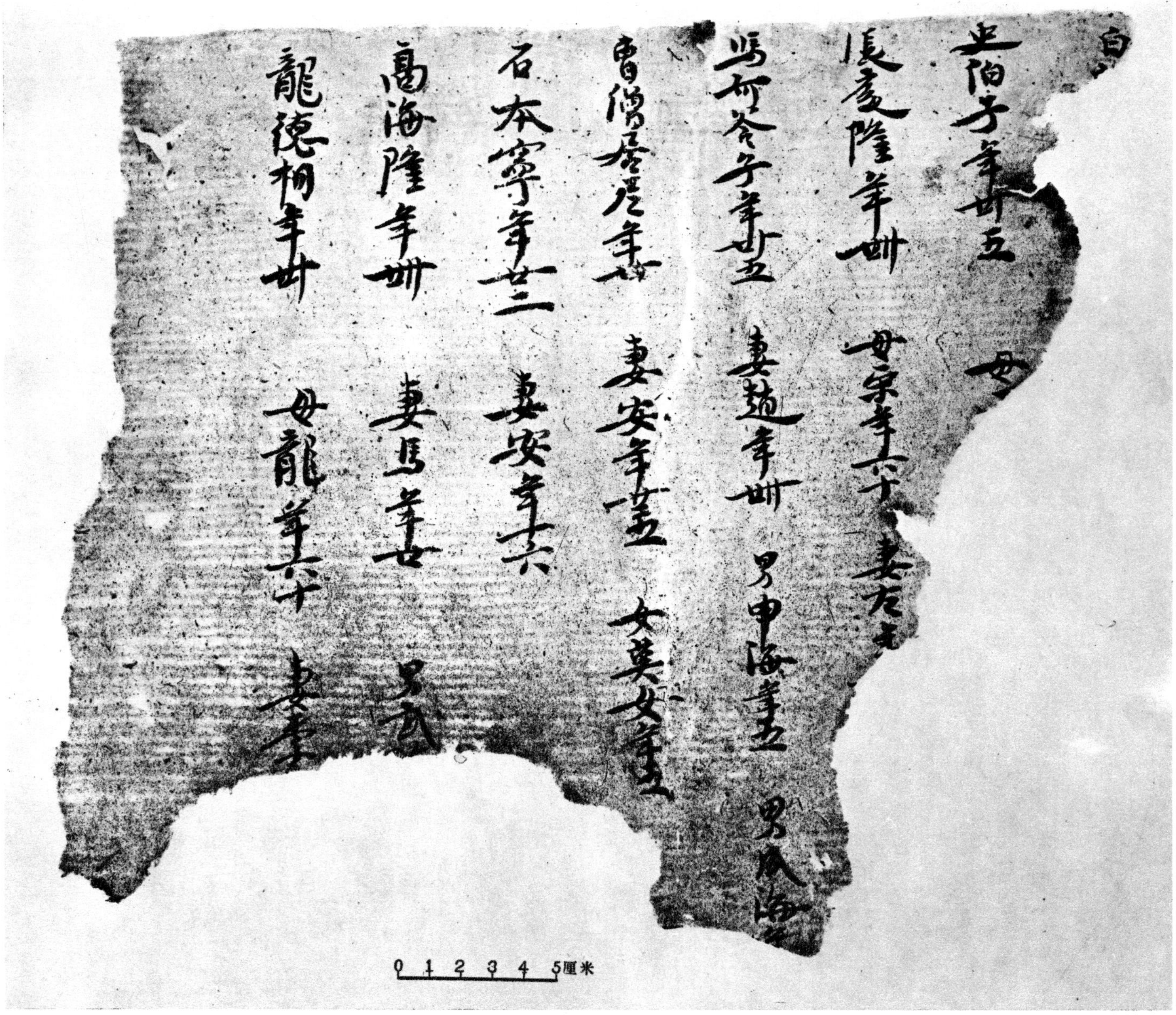

（二）

白□

史伯子年卅五　母□

張慶隆年卌　母宋年六十　妻左年□

馮阿谷子年卅五　妻趙年卌　男申海年五　男成海

年□

曹僧居尼年卅　妻安年廿五　女英女年五

石本寧年廿二　妻安年十六

高海隆年卌　妻馬年廿　男武□

龍德相年卅　母龍年六十　妻索□

一三　唐何延相等户家口籍(三)　64TAM15:26

（三）

1 [ ]年卌二[ ]年二
2 [ ][年]卌八　妻索年卌　男葉若年三　男衆〻年二
3 [ ]五十　妻田年卌五　女寶娖年五
4 □□[護]年廿　母黨年五十　弟雙護年四　妻黨年十二
5 □□攀年卌　妻曹年十七
6 [ ][年]卌七　妻索年卌　男安海年十六　男治洛年四
7 [ ]年六
8 [ ][妻]隗年卌　男禿〻年十八　女古榴女
年四
9 張祐相年[卌]八　妻[ ]年十四
10 [ ]男得[ ]

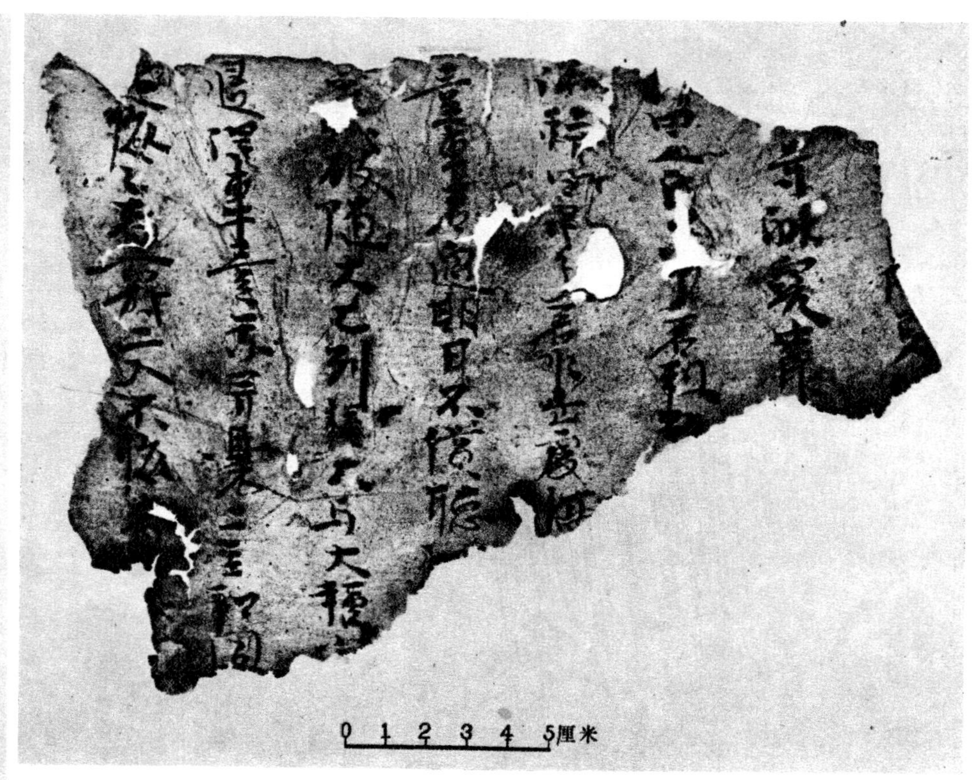

一四　唐某人夏田契　64TAM15：22

一五　唐權僧奴佃田契　64TAM15：27

一四　唐某人夏田契

［　　］夏價［　　］
□□寺斛(斛)兜(斗)中取。［　　］
䎘(耕)田人自承了。若租殊(輸)［　　］
仰䎘田承了。若水出處稿(稾)［　　］
壹車。若過期月不償，聽抴［　　］
虫䖸破，隨大已列。種大与大種，小［　　］
邊得車牛壹乘并囊。二主和同［　　］
返悔。悔者一罰二，入不悔者。［　　］

一五　唐權僧奴佃田契

［　　］僧奴［　　］
南渠常田壹分；次薄田壹分。貳分田中壟(糞)塲土，仰
權僧奴使足。□□田主以〔一〕田中耕牛、人力、麥子、粟子仰
僧奴承了。田［　　］少，貳人塲上亭分。田中糞土不
遭好［　　］佰役，仰田［　　］

注釋

〔一〕□□田主以：從上下文義看，此句疑有衍脫。

一六　唐雜物牲畜帳　64TAM15:18

0 1 2 3 4 5厘米

一六　唐雜物牲畜帳

1 □參瓶子壹口。破同(銅)石□

2 [伍]兕(斗)盛伯師壹。捌[兕](斗)盛[破]□

3 又一破景鉼鍮鉼壹。龍頭同(銅)鉼壹。參□

4 [大]鑊拾壹口，大破鑊貳，中鑊參，小鑊[陸]，□小鑊壹。錫拾

貳大[斤]，□

5 貳，中鏊壹，小鏊肆。打磨槌壹。切刀參。鎌參拾參个。犁肆具。

馬銜壹具。

6 大小斧肆。大鋸壹，中鋸貳，小鋸肆。中□鬧剪鐵箭柒。同(銅)匕

拾捌个，中[壹]

7 破。小同(銅)盂子陸，中壹破。同(銅)盛參。刀錯貳。鐵鉗貳。羊欵壹。同(銅)

鐵拾□

8 斤半。頭鑽壹，次鑽鐵參个，如鑽貳。槳田(臼)壹，口上破幷杆具。

藥稱壹。

9 鍮石調量麻布稱壹。鐵調量麵稱壹。量餅稱壹。鐵燈壹。大

頭釧貳。

10 水磨釧壹。大銅槃壹，上有納。中銅槃壹。酒甕貳拾貳。小甕

子貳。千盛

11 甕參拾參。(?)瓦貳拾伍个。菜甕柒。甑貳。大咸貳。雜色物壹車。

石押油槃壹。

12 水磨壹合。中磨貳合。大牛捌頭。在外大牛壹頭。帘馬參疋。

草騾(驢)參頭。父駝(驢)

13 壹頭。騍騾(驢)子(駒)壹頭。大草牛拾伍頭。持牸捌頭，貳歲草牸陸

頭。犢子柒

14 頭。女犢子參頭。羺[羯]貳拾，羖羊拾肆，䍧究，母□

□[苟]羔子

15 拾參。[壹]□相長參□

16 壹□[叁]□

0 1 2 3 4 5厘米

一七　文書殘片　　64TAM15：32/2

一八　文書殘片　　64TAM15：33

阿斯塔那七八號墓文書

本墓係夫婦合葬墓，出有唐貞觀十六年（公元六四二年）嚴懷保妻左氏墓誌一方。女屍在內，當係先葬。其紙鞋拆出文書編爲二四至三二號。據墓誌，後葬的男屍當爲嚴懷保。其紙鞋拆出文書編爲三三至五二號。其餘散見於二屍之間的文書，亦分屬麴氏高昌及唐代。其中一七至一九號三片與二八號可拼合爲一件。此項散見文書當是隨女屍入葬。

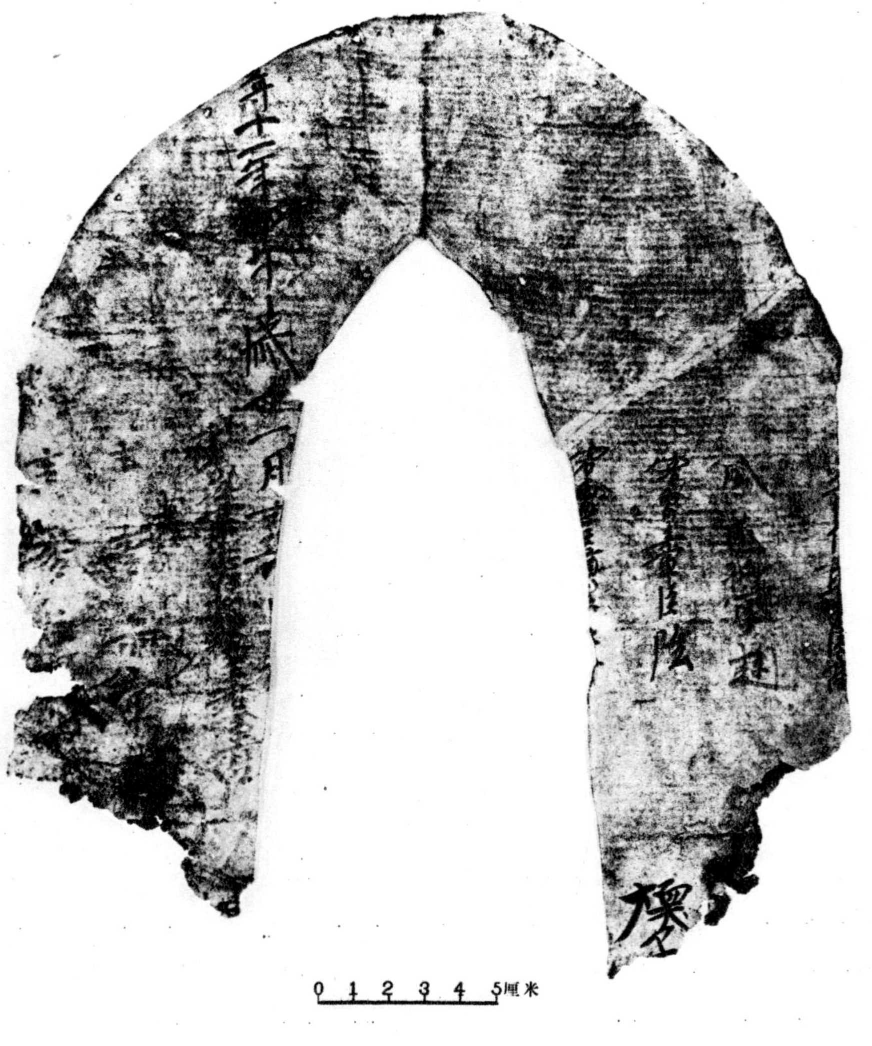

一　高昌延壽十一年（公元六三四年）主客殘奏　　67TAM78:25(a)

一　高昌延壽十一年（公元六三四年）主客殘奏

本件第五、六行上有朱文印半方，殘存「奏信」二字。

1 □□□□左親侍散望　臣高　□

2 威遠將軍麴　□

3 客曹參軍臣陰　煥子

4 客曹主簿臣□　□

5 □壽十一年甲午歲十一月廿五日□□　□

6 虎牙將軍中兵校郎領主客事高　□

7 主客參軍孟　□

8 主客主簿□　□

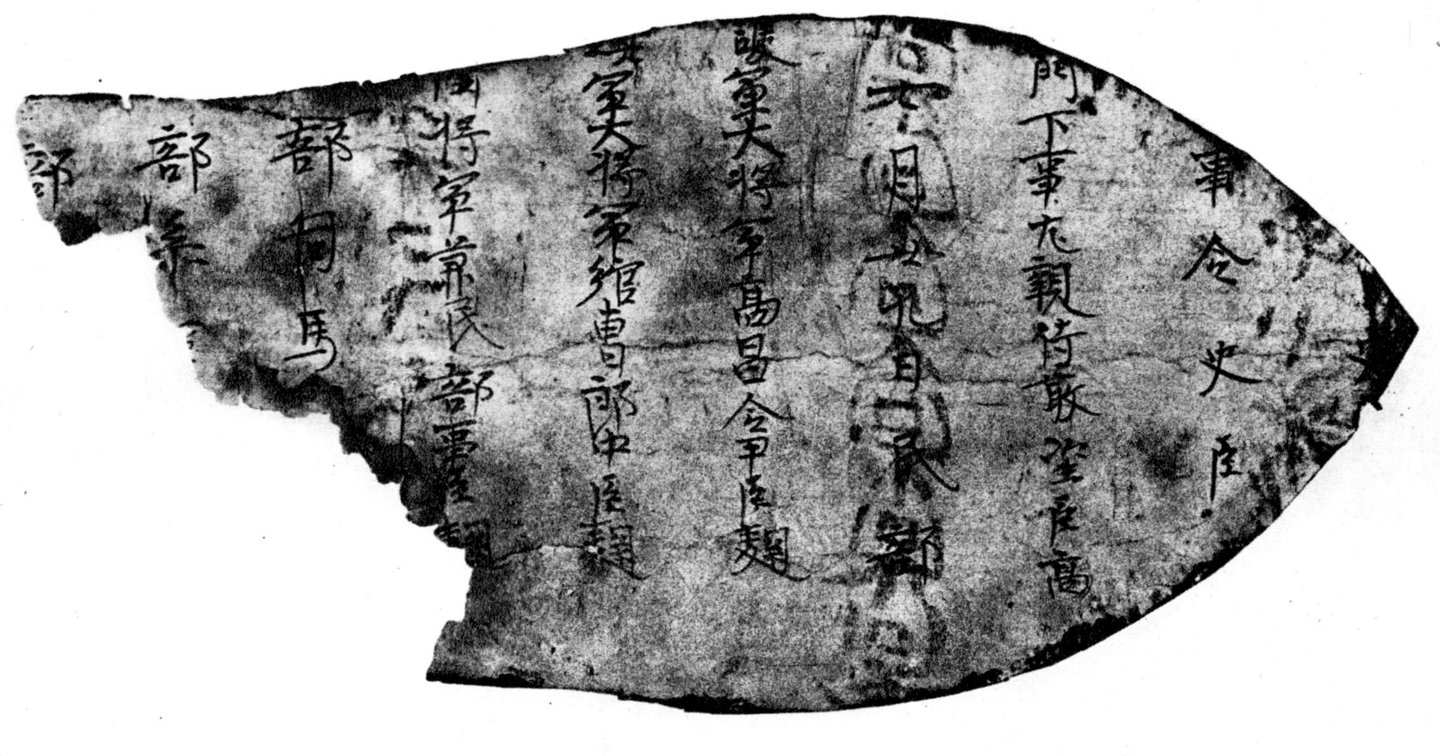

二　高昌民部殘奏　　67TAM78:24(a)

二

高昌民部殘奏

□□[令]史　　□□　　□□

□事令史　臣[史]　　□□

□門下事左親侍散望臣高　　□□

[歲]七月廿九日民部　　□

[護]軍大將軍高昌令尹臣麹　　□□

[鎮]軍大將軍綰曹郎中臣麹　　□□

□[衛]將軍兼民部事臣麹　　□□

□部司馬

□部參[軍]

□部

0 1 2 3 4 5厘米

三　高昌傳用西北坊鄯海悅等刺薪帳　67TAM78:20(a)

三　高昌傳用西北坊鄯海悅等刺薪帳

本件上有塗抹字跡。

〔　　〕貳人傳用西北坊鄯海悅刺薪壹車，

〔　　〕保壹車，劉阿尊壹車，劉濟伯壹車，

〔　　〕車，劉善慶壹車，左養胡壹車，賈法相[壹]

〔　　〕青守壹車，龍德相壹〔　　〕

〔　　〕相壹車，呂嘿兒壹車，令〔　　〕

〔　　〕□兒壹〔　　〕

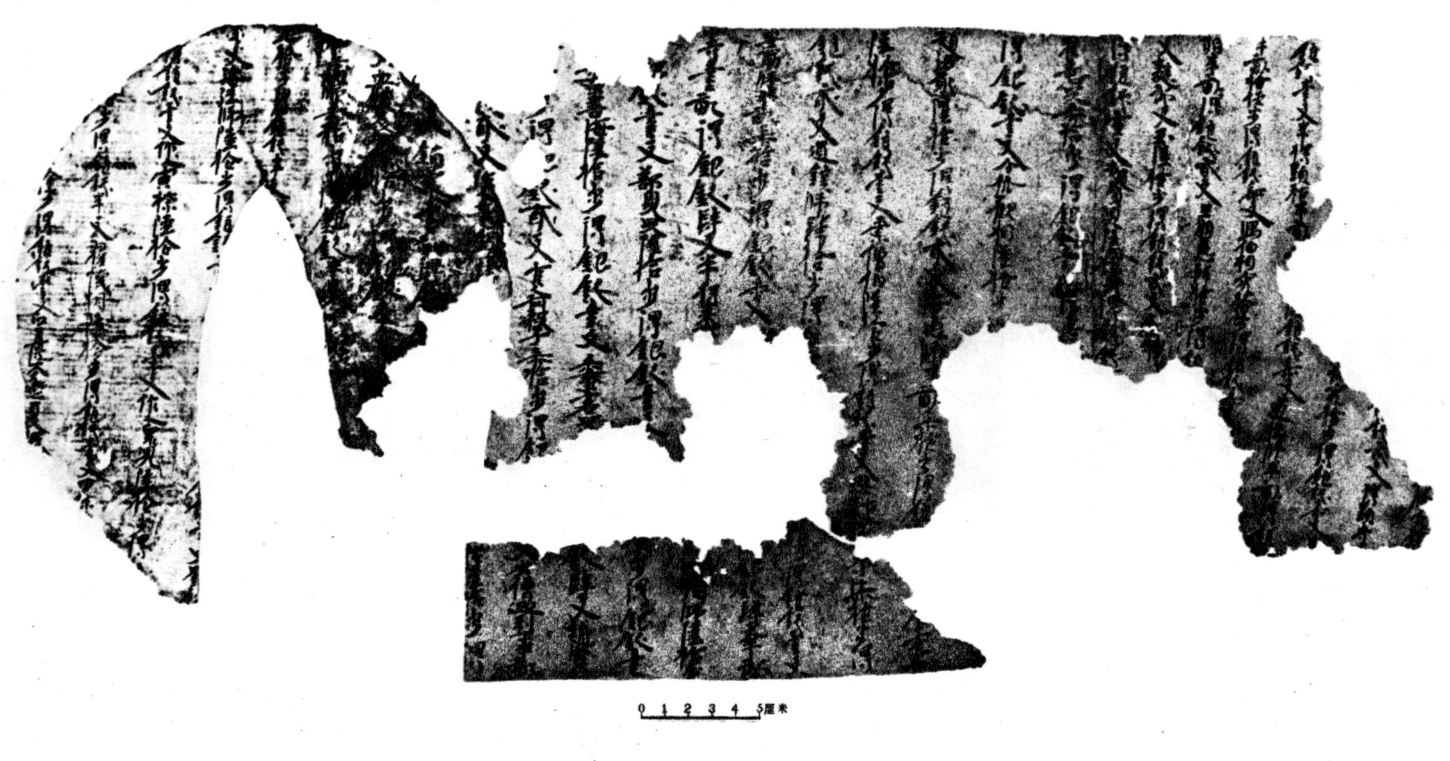

四　高昌將顯守等田畝得銀錢帳　67TAM78：17(a)～19(a).28(a)

四　高昌將顯守等田畝得銀錢帳

本件蓋有朱印四處，印文爲「奏聞奉信」。第八行與第九行款縫背面處有簽署「世規」和「文」三字，見本墓第六件附圖。

1 ［　　］師究（玖）拾[步]［　　］
2 ［　　］[銀]錢貳文；將顯（顯）守［　　］
3 ［　　］□究（玖）拾步，得銀錢叁文；［　　］
4 銀錢壹文半；將顯（顯）祐半畝[叁]□□[得]銀錢叁文；道法師半畝，得銀錢［　　］
5 半畝拾伍步，得銀錢叁文；馮伯相究（玖）拾步，得銀錢叁文；［　　］
6 相半畝，得銀錢貳文；王明憙肆拾步，得銀［　　］
7 文；麴郎文玉陸拾步，得銀錢貳文；康犢［　　］
8 得銀錢壹文；趙賢兒陸拾步，得銀錢[壹]［　　］
9 翟憙兒叁拾步，得銀錢壹文；趙信惠［　　］
10 得銀錢壹文；令狐歡相陸拾步，[得]［　　］
11 趙洛願陸拾步，得銀錢貳文；海惠師半畝叁拾步，得銀［　　］究居
12 陸拾步，得銀錢壹文；索僧伯陸拾步，得銀錢壹文；思魏□[寺]柒拾步，得
13 銀錢貳文；道鎧師肆拾步，得[銀][錢]［　　］拾步，得銀錢壹文；
14 曇暠師半畝叁拾步，得銀錢叁文；［　　］[得]銀錢肆文半；郎
15 中寺壹畝，得銀錢肆文半；將來［　　］海相師陸拾步，
16 □[銀][錢]壹文；鄯臭兒陸拾步，得銀錢壹文；［　　］拾步，得銀錢壹
17 □；[參]軍善海陸拾步，得銀錢壹文；參軍客兒［　　］錢肆文；趙賢
18 □□□[步]，得[銀]錢貳文；官人何祝子叁拾步，得銀□□文；安僧迦梨半畝，
19 □□[錢]貳文；作人憙相陸[拾]［　　］[祐]陸拾步，[得]
20 ［　　］[壹]文；鎮家壹畝，得[銀][錢]［　　］
21 □[文]；典錄慶峻陸拾步，得銀錢壹文；［　　］
22 □嵩師叁拾步，得銀錢半文；[丁]紹[祐]［　　］
23 叁拾步，得銀錢半文；［　　］
24 半文；海法師陸拾步，得銀錢［　　］[銀][錢][壹][文]；[劉]［　　］
25 □[得]銀錢壹文；作人寅椽陸拾步，得銀錢壹文；作人衆兒陸拾步，得［　　］
26 ［　　］步，得銀錢半文；翟懷相陸拾步，得銀錢壹文；申保［　　］
27 ［　　］[拾]步，得銀錢壹文。次主簿大憙夏□［　　］

五　唐貞觀十四年（公元六四〇年）西州高昌縣李石住等户手實（一）　67TAM78:16(a)

五　唐貞觀十四年（公元六四〇年）西州高昌縣李石住等户手實

本件一、二段紀年完整，三段紀年僅缺一「貞」字，四段殘存「年九月」三字，可證爲同時申報。六、七、八段紀年已殘，但據字迹，並是一人所書，當原是某里各户手實黏寫成卷。二、四兩段内猶有黏接縫可證。

（一）

1 □年卅七　丁男
2 □年肆拾　丁妻
3 □安海年拾伍　中男
4 □肆　黄男
5 □　□女
6 □□□八十畝未受
7 牒被責當户手實，具注如前，更加減。〔一〕若後虚妄，
8 求受罪，謹牒。
9 貞觀十四年九月　日户主李石住牒

注釋

〔一〕更加減：據本件第四段，「更」下當脱一「無」字。

五　唐貞觀十四年（公元六四〇年）西州高昌縣李石住等户手實（三）
67TAM78：32

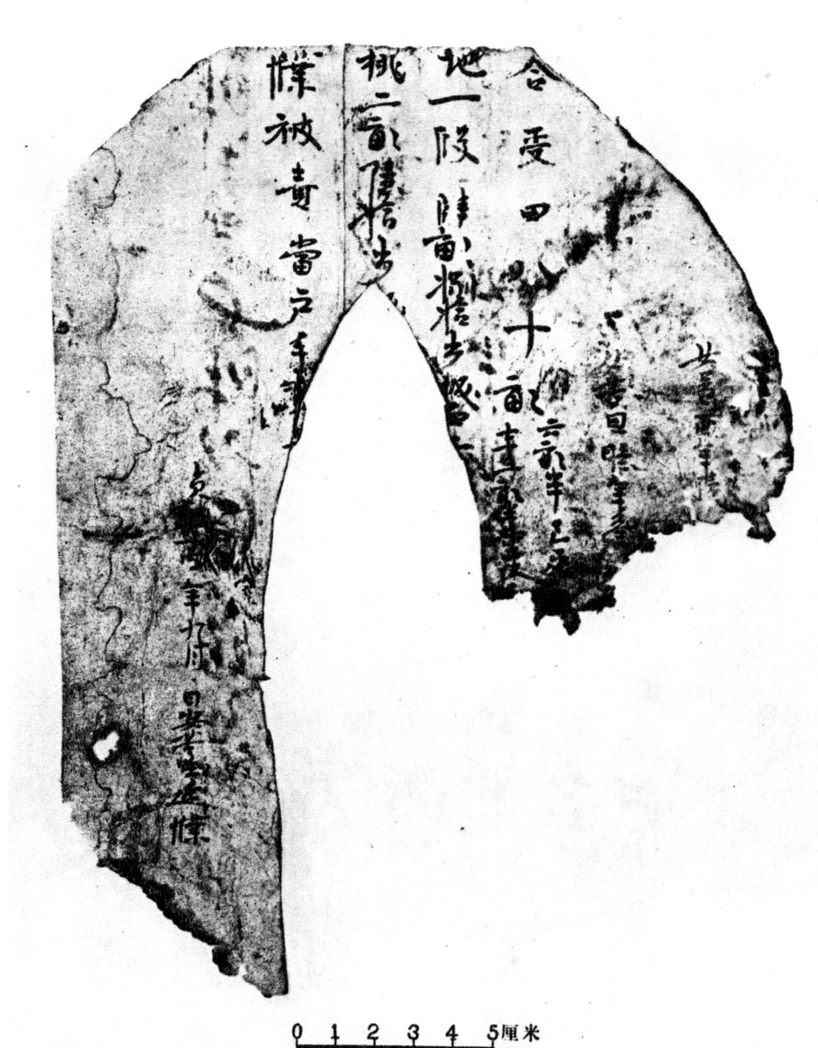

五　唐貞觀十四年（公元六四〇年）西州高昌縣李石住等户手實（二）
67TAM78：29（a）

（二）

女善面年陸[ ]
2 女苦旦睦年叁[ ]
3 合受田八十畝　六畝半已受　七十三畝半未受
4 地一段肆畝捌拾步城西二[ ]
5 桃二畝陸拾步[ ]
6 牒被責當户手實[具][ ]
7 貞觀十四年九月　日安苦咖延牒
[十][ ]〔一〕

注釋

〔一〕此處有硃書剩一「十」字，以下殘缺。

（三）

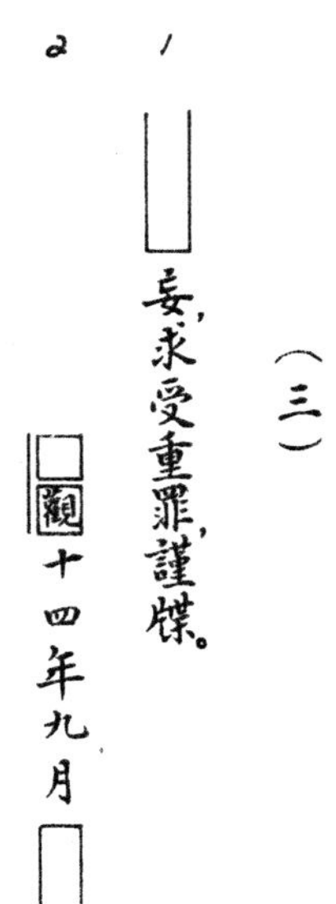

1 [ ]妄，求受重罪，謹牒。
2 [ ][觀]十四年九月[ ]

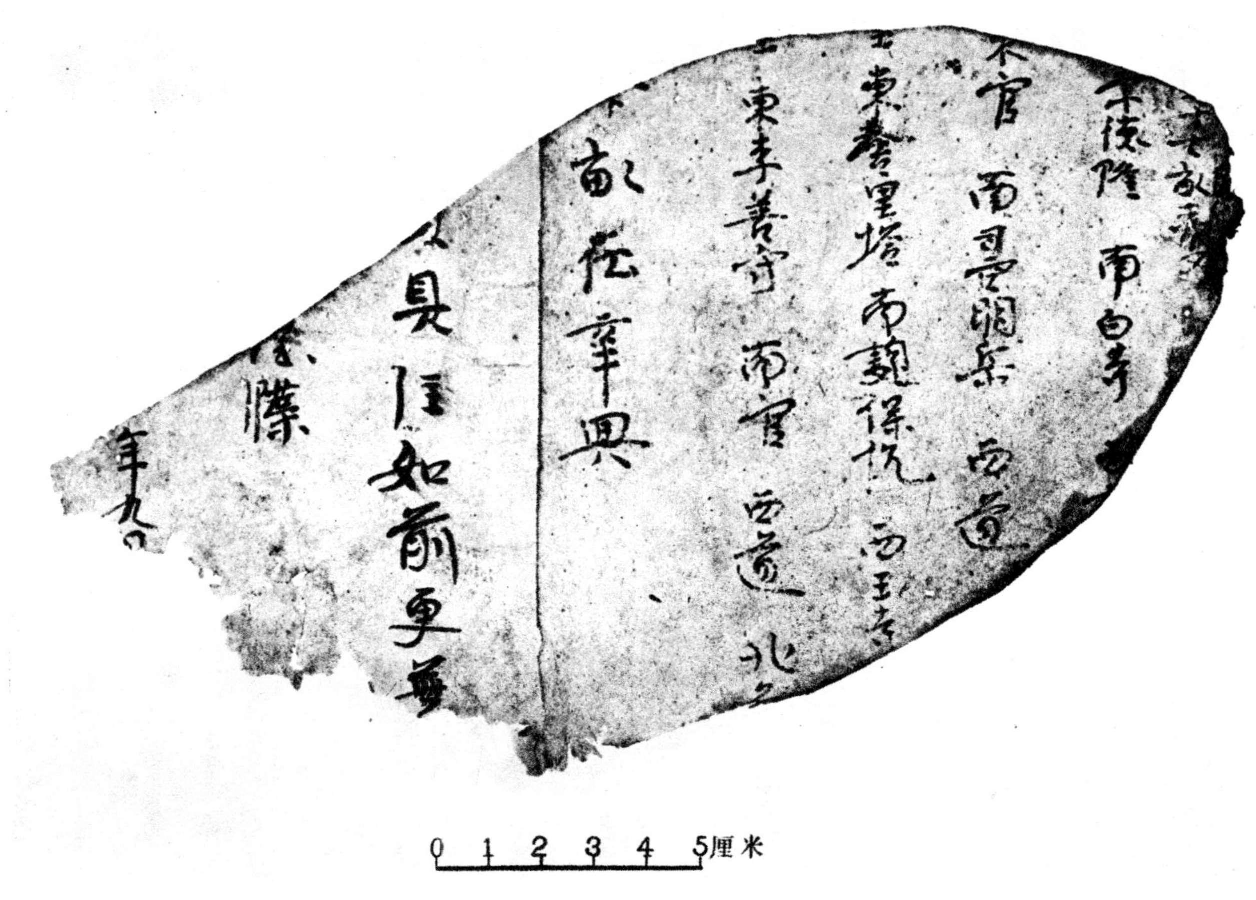

0 1 2 3 4 5厘米

五　唐貞觀十四年(公元六四〇年)西州高昌縣李石住等户手實(四)　67TAM78:30

(四)

1 　十七畝未受
2 　索德隆　南白寺　西
3 　東宮　南司空明岳　西道
4 　東舍里塔　南趙保悦　西王寺
5 　東李善守　南宮　西道　北
6 　畝在辛興　(新)
7 　具注如前，更無
8 　謹牒
9 　年九月

五　唐貞觀十四年（公元六四〇年）西州高昌縣李石住等户手實（五）

67TAM78:21(a)、22(a)

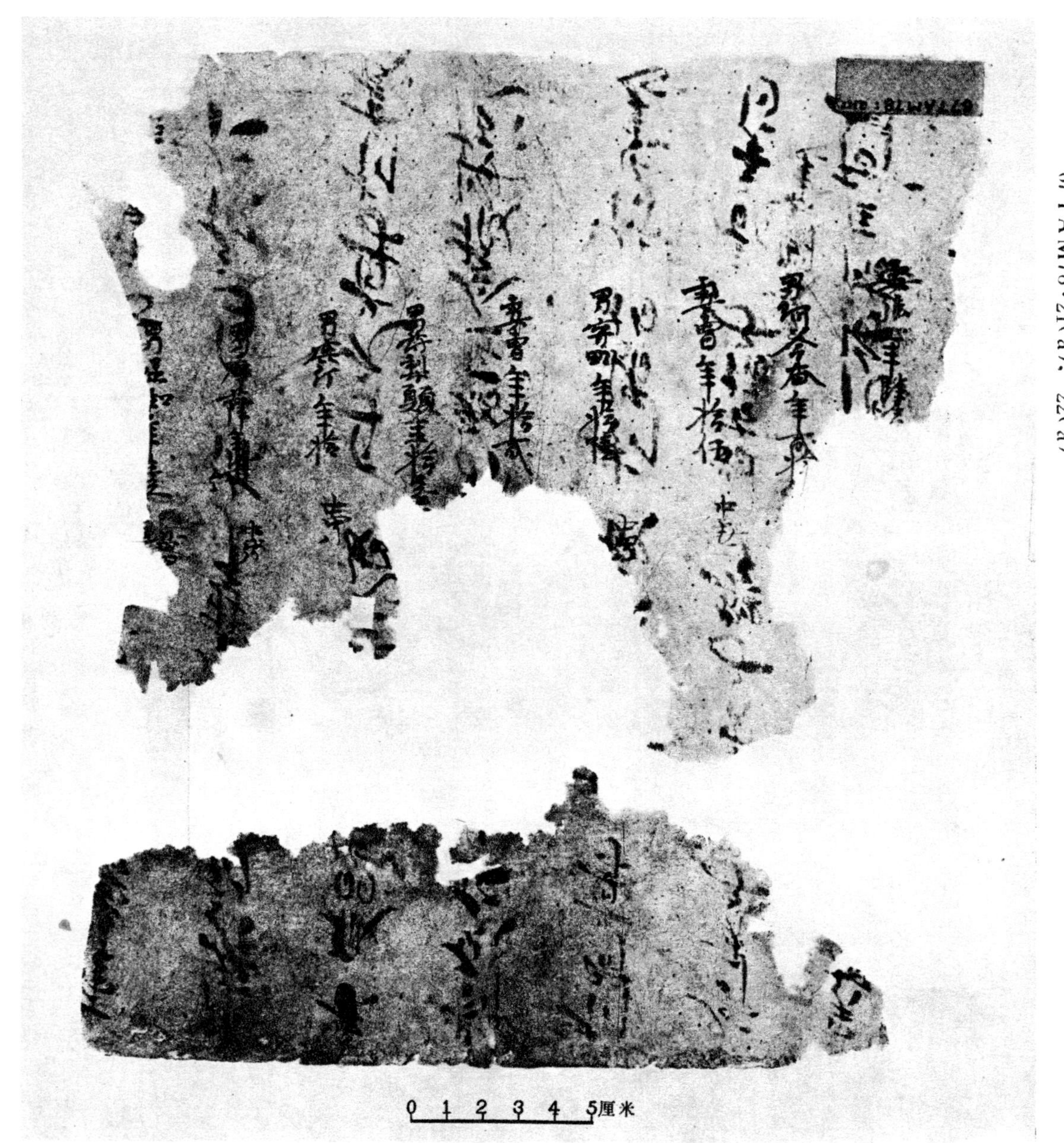

（五）

1 妻張年肆拾　□□
2 男阿咎奋年貳拾　[　　]
3 妻曹年拾伍　中女
4 男寅毗年拾陸　中男
5 妻曹年拾貳　□□
6 男蒔梨頭年拾叁　□□
7 男庶斤年拾　中男
8 男摩薩年柒　小男
9 男屈知年壹　黄[男]

五　唐貞觀十四年（公元六四〇年）西州高昌縣李石住等户手實（六）　67TAM78:26

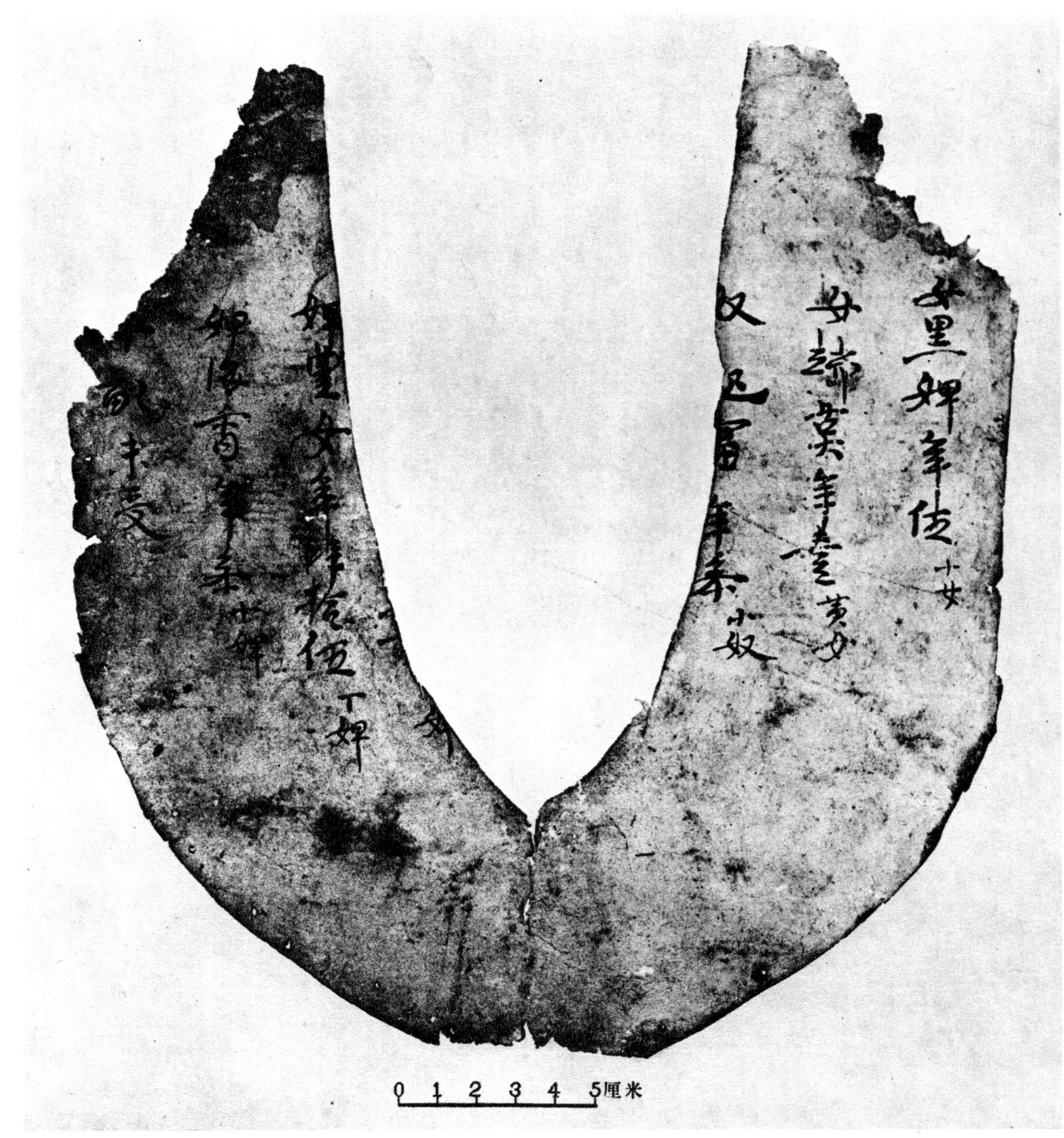

（六）

1 女黑婢年伍　小女
2 女端莫年壹　黄女
3 奴□富年叁　小奴
4 （前缺）□婢
5 婢豐女年肆拾伍　丁婢
6 婢海香年叁　小婢
7 （前缺）十　畝　未　受

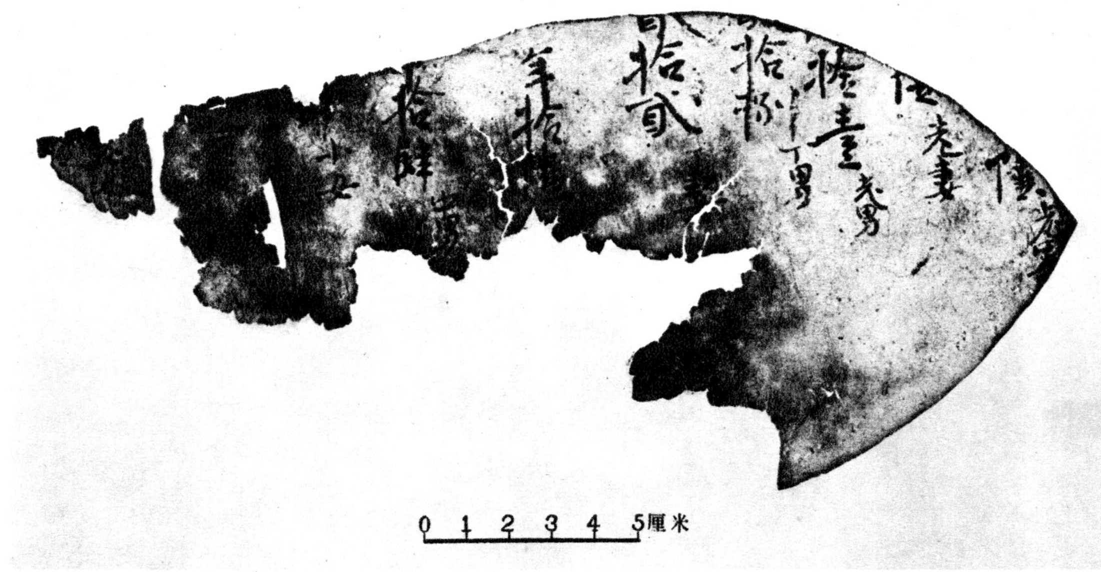

五　唐貞觀十四年（公元六四〇年）西州高昌縣李石住等户手實（七）
67TAM78：31

五　唐貞觀十四年（公元六四〇年）西州高昌縣李石住等户手實（八）
67TAM78：13

（七）

□陸　老男
□伍　老妻
□拾壹　老男
□拾捌　丁男
□[貳]拾貳　丁妻
□年拾陸　中□
□拾肆　中男
□小女
□黃女
□老奴

（八）

□肆　中男
□丁寡（寡）
□拾貳　丁奴
□拾捌　丁奴
□[伍]拾　丁婢
□拾壹　丁婢
□拾叁　丁婢
□伍拾柒　丁婢
□伍　丁婢

六　唐貞觀某年孫承等户家口籍　　67TAM78:17(b)，18(b)，19(b)，28(b)

六　唐貞觀某年孫承等户家口籍

本件紀年殘缺，但其(正)面與女屍紙鞋中拆出之二八號已拼合爲《高昌將顯守等田畝得銀錢帳》，該女屍據墓誌知葬於唐貞觀十六年（公元六四二年）。又本件中之「丁」、「黄」、「老」、「寡」及「官口」皆唐制，故知本件時代當在貞觀十四年至十六年間。圖左「世䞉」和「文」三字爲本墓第四件簽署。

1 ［　　］

2 ［　　］

3 ［　　］

4 ［　　］

5 ［　　］

6 □□孫承［　　］〔一〕

7 ［　　］黄男　寡妻

8 □破延老　丁男一　老妻一

9 寡妻　宋資臺

10 索居勝〔二〕　官口

注釋

〔一〕自此以前，因塗墨，字多不可辨識。又騎縫上押署爲(正)面。

〔二〕「索居勝」名上有墨塗痕迹。

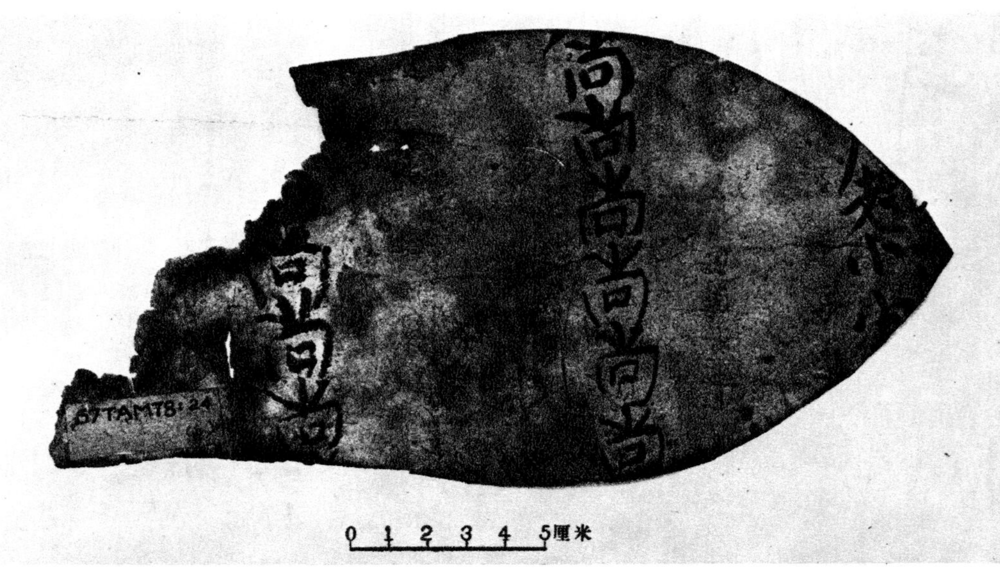

七　唐貞觀某年某鄉老、小、寡户計數帳草
67TAM78：24(b)

八　唐西州高昌縣順義鄉户別計數帳
67TAM78：4

七　唐貞觀某年某鄉老、小、寡户計數帳草

本件拆自女屍紙鞋，紀年殘缺。據墓誌知女屍葬於貞觀十六年，文文中之「老」、「小」、「寡」及以「尚」字計籌，皆唐制，故本件時間當在貞觀十四年至十六年間。

1　□老、小、寡□
2　□尚尚尚尚尚□
3　□尚尚尚尚□

八　唐西州高昌縣順義鄉户別計數帳

按順義、和平、禮讓等並是順義鄉所屬里名。

1　順□
2　老□
3　次户□
4　小户□〔一〕
5　和平
6　老户尚　　寡户丨
7　丁户尚尚尚尚尚尚尚　小户业
8　次户丨
9　禮讓　老尚
10　□□尚尚尚尚尚尚业　寡业
11　小尚

注　釋

〔一〕业：這是「尚」的頭三筆。唐代以畫「尚」字點數。「尚」字十筆（丁作二筆），每筆代表一個相等的數量，畫十筆相當於下一籌碼。

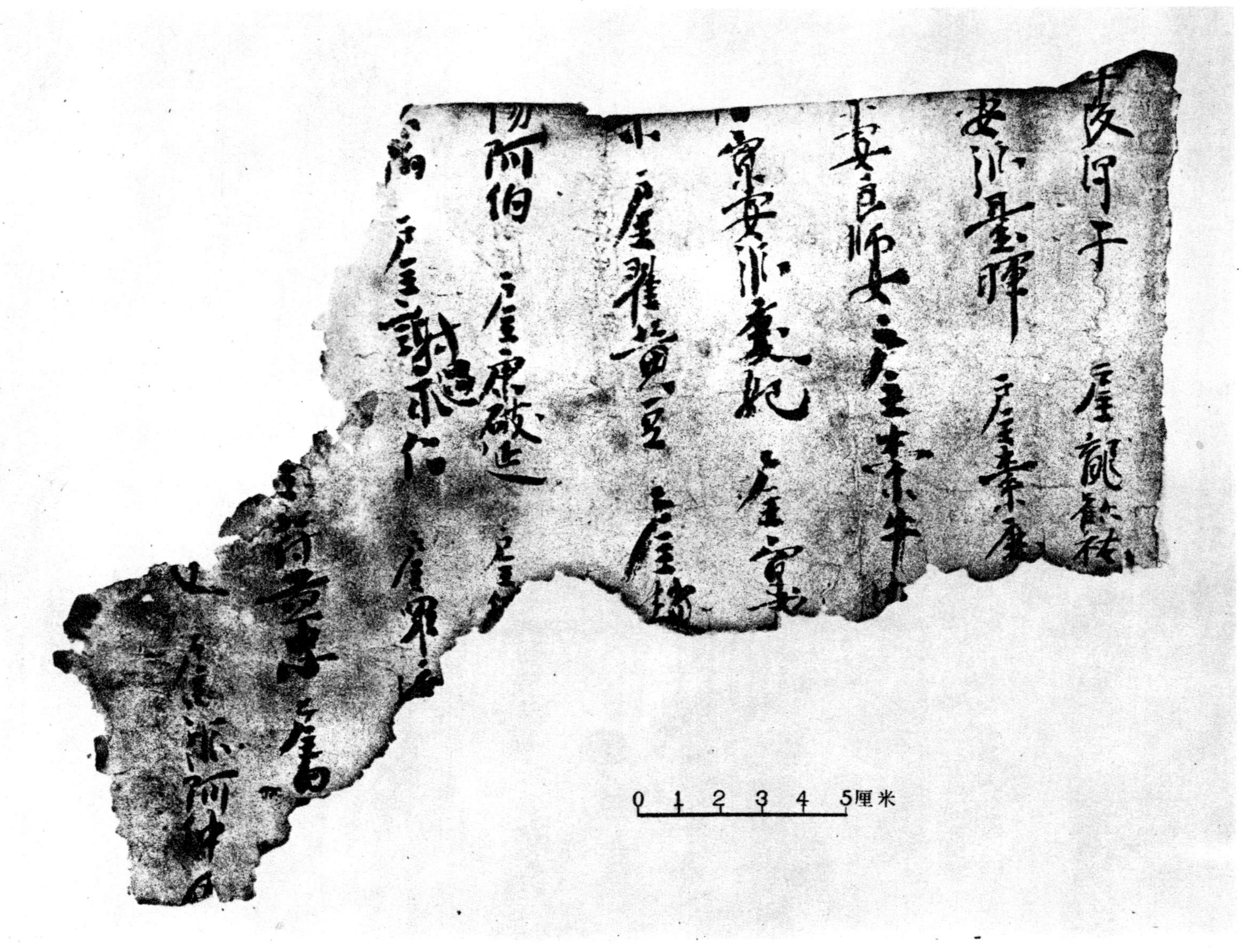

九　唐李悅得子等戶主名籍　　67TAM78:20(b)

九

唐李悅得子等戶主名籍

[李]悅得子　戶主龍歡祐
妻張臺暉　戶主索慶
妻良師女　戶主索牛
寘(寡)妻張慶妃　戶主寘(寡)[妻]
戶主翟黃豆　戶主趙
阿伯　戶主康破延　戶主
戶主謝永(過)仁　戶主羅[遮]
主苻孟忠　戶主白
戶主張阿仲

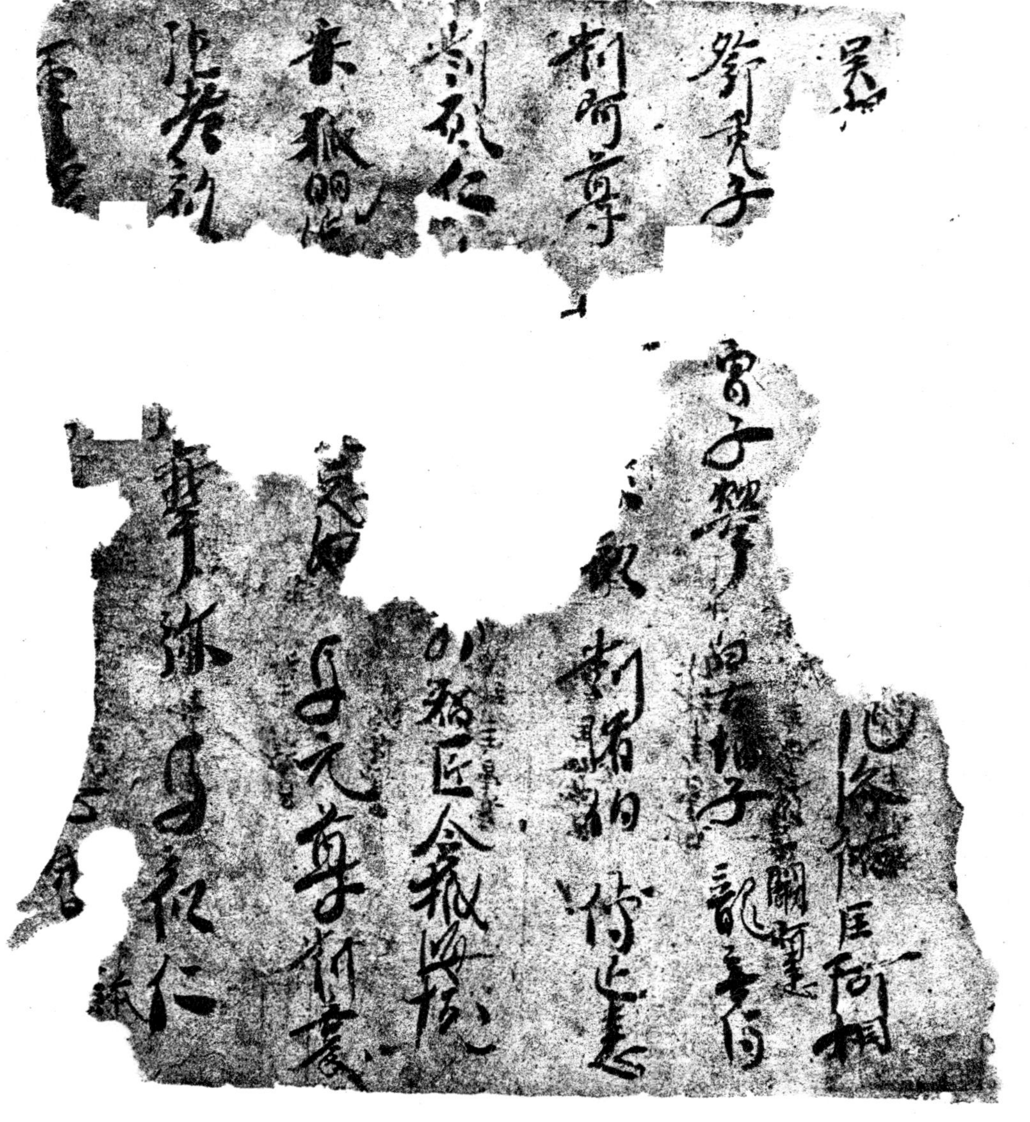

一〇 唐吴相□等名籍（一） 67TAM78:22(b)、21(b)

一〇 唐吴相□等名籍

本件紀年殘，但片（二）另面爲貞觀十四年安苦咖延手實，片（三）爲貞觀十四年李石住手實。故本件必作於此後。

（一）

1 吴相□ □ 氾海祐 匡阿相（寡妻闞阿憙）
2 鄧秃子 曹子犖 白古福子 龍善得
3 劉阿尊 □□歡 劉濟伯 傅延憙
4 劉彪仁 □郭智匠 令狐海悦
5 ○狐〔一〕明延 □惡奴 馬元尊 劉容慶
6 張老歡 □摩弥 馬歡仁
7 □□德 □宋□絳

注釋

〔一〕此字改寫，不能確識，疑當作「令」字。

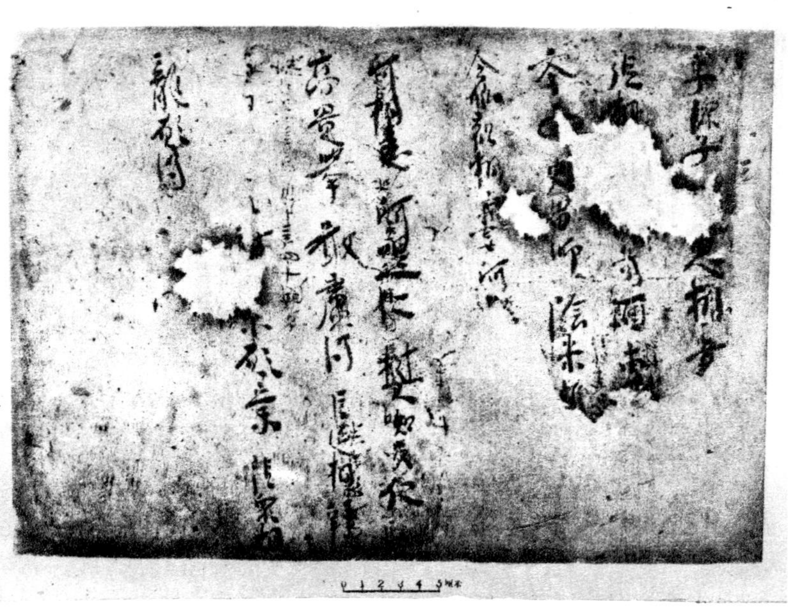

一〇 唐吳相□等名籍（三） 67TAM78:16(b)

一〇 唐吳相□等名籍（二） 67TAM78:29(b)

（二）

1 [ ]明憙[ ]
2 [ ]棗盲奴
3 [ ]文相 曹破延 高明海
4 [ ]憙奴
[令狐[ ]]
5 [ ]胡 蘊元顒 馮阿相子 賈法相

（三）

1 李衆子 □思相 肯（骨）[ ]
2 張相[ ]奇酉 曹[ ]
3 容子 史留师 陰米[ ]
4 令狐歡相 寡妻何[ ]
5 何相憙 何嘿仁 樊蚰員仁
6 高豊舉 嚴盧得 匡延相 韓
7 [ ]頤崇 張衆相
8 龍頤得

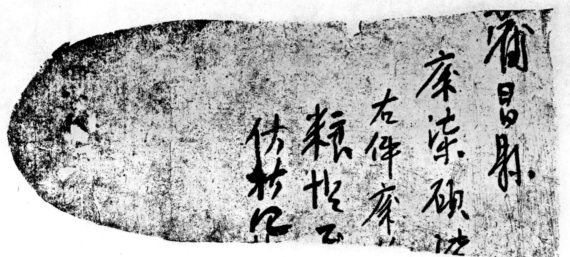

一一 唐西州蒲昌縣糧帖一
67TAM78：48/1

一二 唐西州蒲昌縣糧帖二
67TAM78：41

一一 唐西州蒲昌縣糧帖一

本件蓋有「蒲昌縣之印」一方。

蒲昌縣 〔下殘〕
康陸踈陸□
右件康□
糧。帖□
佐杜□

一二 唐西州蒲昌縣糧帖二

蒲昌縣
康柒碩柒□
右件康□
糧。帖至□
佐杜汜□

一三　唐西州蒲昌縣糧帖三　67TAM78：35

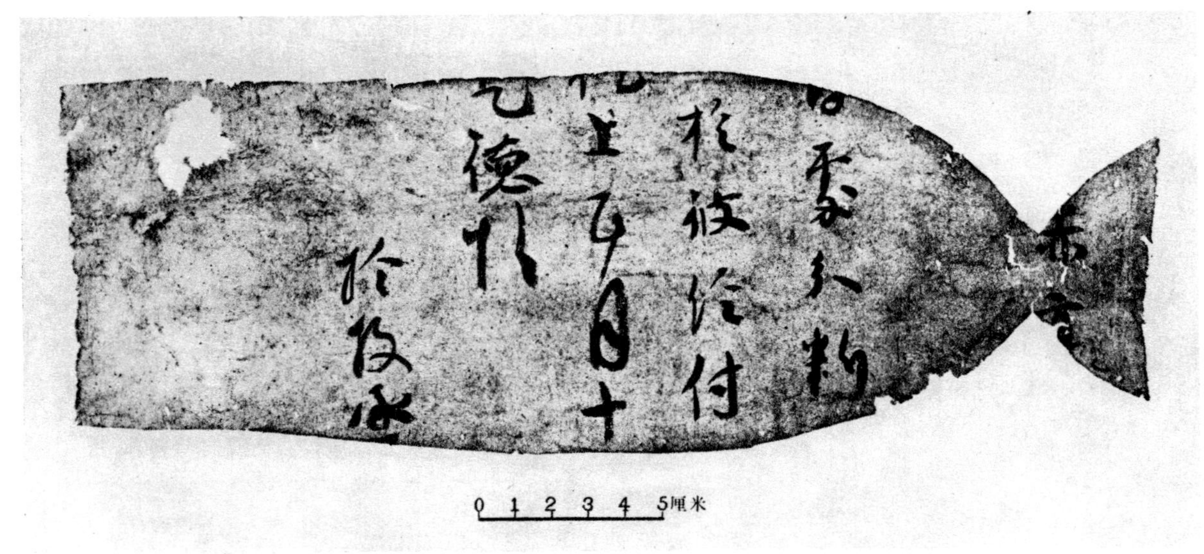

一四　唐西州蒲昌縣下赤亭烽帖一　67TAM78：36

一三　唐西州蒲昌縣糧帖三

本件蓋有「蒲昌縣之印」一方。

1 康拾[ ]
2 右[準][ ]
3 康[ ]
4 式[給][ ]
5 史[鄭][ ]

一四　唐西州蒲昌縣下赤亭烽帖一

本件蓋有「蒲昌縣之印」。

1 [ ]赤亭[ ]
2 [ ]處分料[ ]
3 [ ]於彼給付[ ]
4 [ ][記]上正月十[ ]
5 [ ]乞德帖
6 撿校丞[ ]

一五　唐西州蒲昌縣下赤亭烽帖二
67TAM78:38

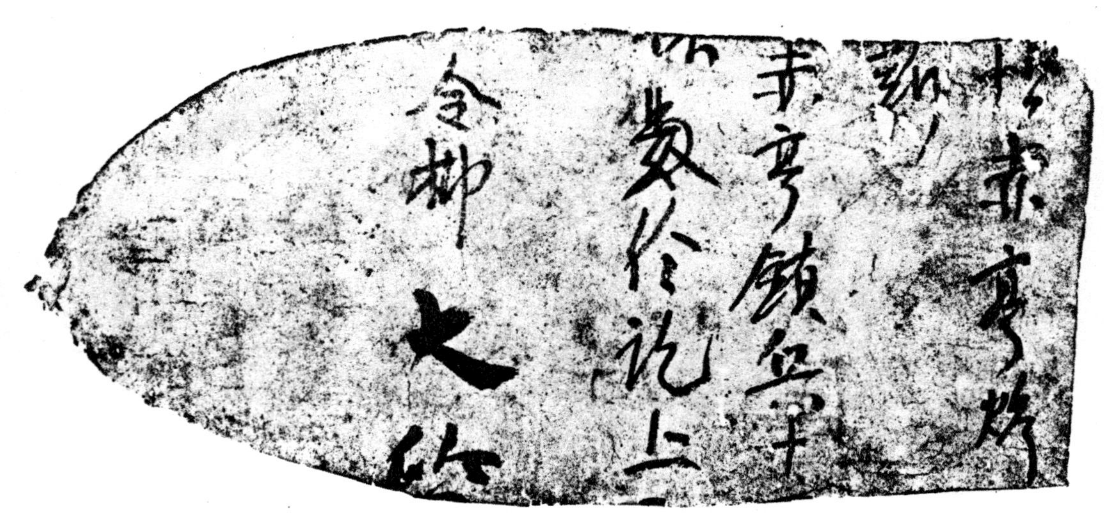

一六　唐西州蒲昌縣下赤亭烽帖爲鎮兵糧事
67TAM78:37

一五　唐西州蒲昌縣下赤亭烽帖二

本件蓋有「蒲昌縣之印」二處。

[　]［帖］赤亭烽
[　]［隆］合 ｜
[　]［隊］正趙[　]
[　]分［付］[　]
尉楊瓚[　]

一六　唐西州蒲昌縣下赤亭烽帖爲鎮兵糧事

本件蓋有「蒲昌縣之印」。

[　]帖赤亭烽
[　]所
[　]赤亭鎮兵十[　]
[　]［依］數給訖上[　]
[　]令柳 大 ［瓚］[　]

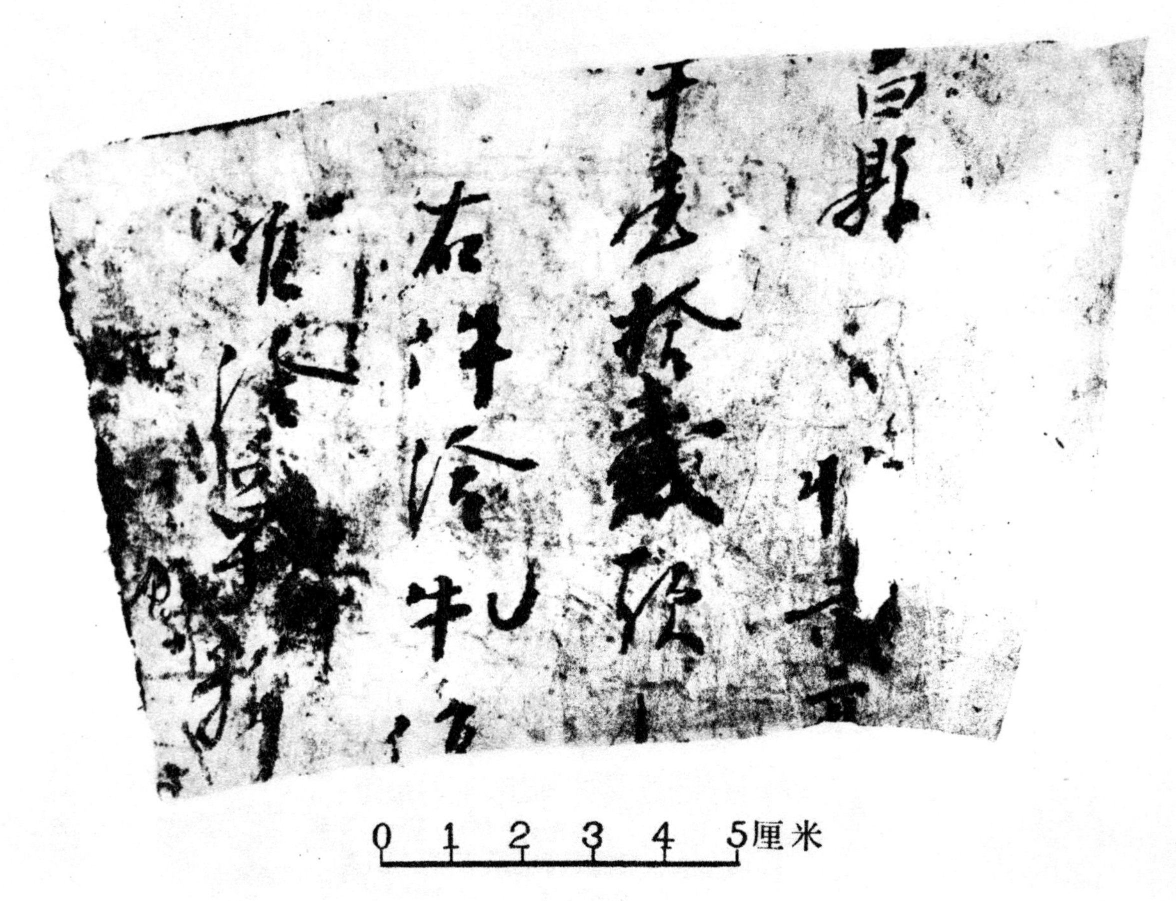

一七　唐西州蒲昌縣下赤亭烽帖爲牛草料事　　67TAM78:45(a)

一七　唐西州蒲昌縣下赤亭烽帖爲牛草料事

本件蓋有「蒲昌縣之印」。

1 □昌縣　帖赤亭

2 牛壹拾貳頭

3 右件給牛

4 准給草料

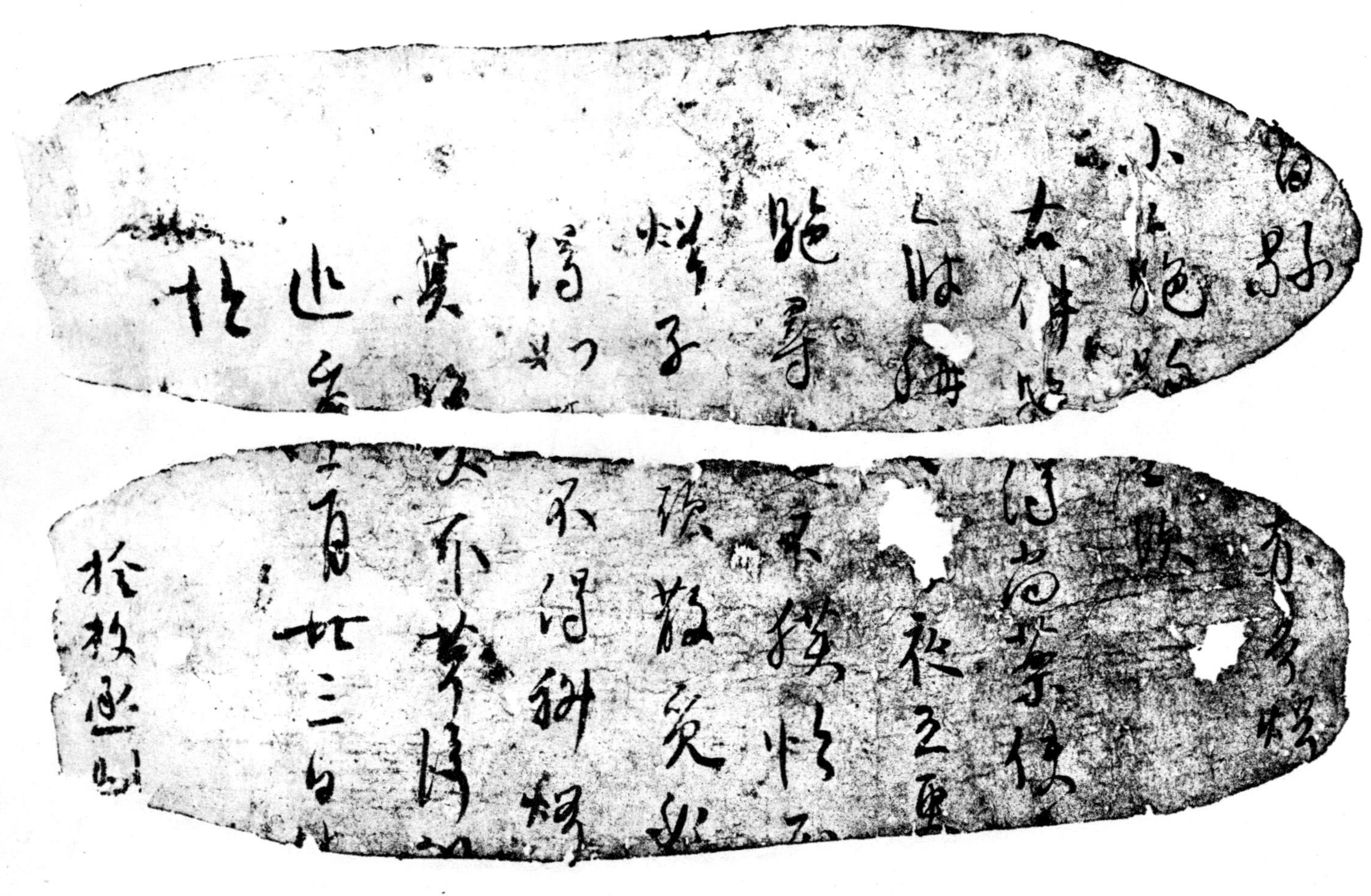

0 1 2 3 4 5厘米

一八　唐西州蒲昌縣下赤亭烽帖爲覓失駝駒事　　67TAM78:34

一八　唐西州蒲昌縣下赤亭烽帖爲覓失駝駒事

本件縣名只存「昌」字，據前件知是蒲昌縣帖。

□昌縣□　赤亭烽
小□駝駒壹頭
右件駝得尚藥使□
□牒稱□□夜五更□
駝尋□不獲，帖□
烽子□頭散覓，必□
得。如□不得，科烽□
其駝□取草澤□
追覓十二月廿三日
帖
檢校丞判
□

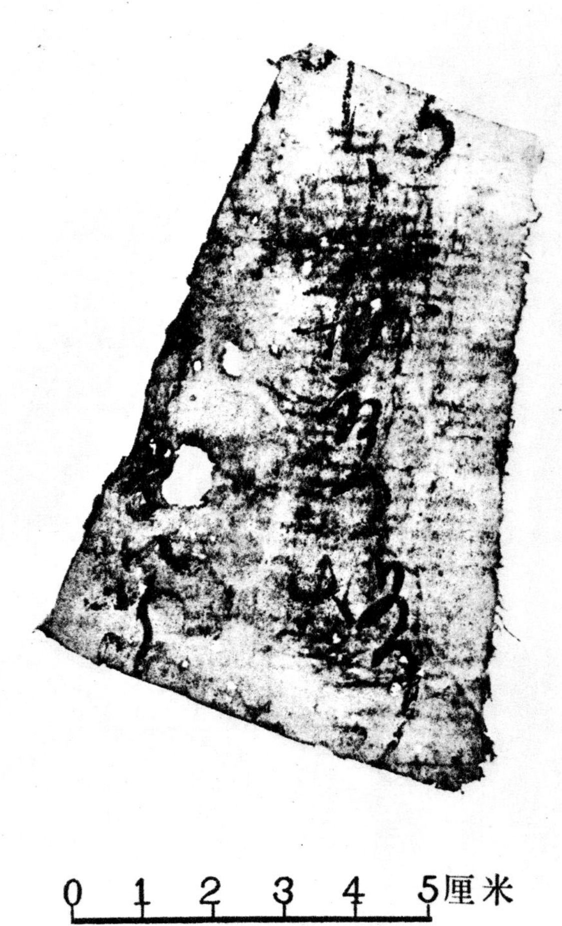

一九　唐西州蒲昌縣下赤亭烽殘帖　67TAM78:51/1

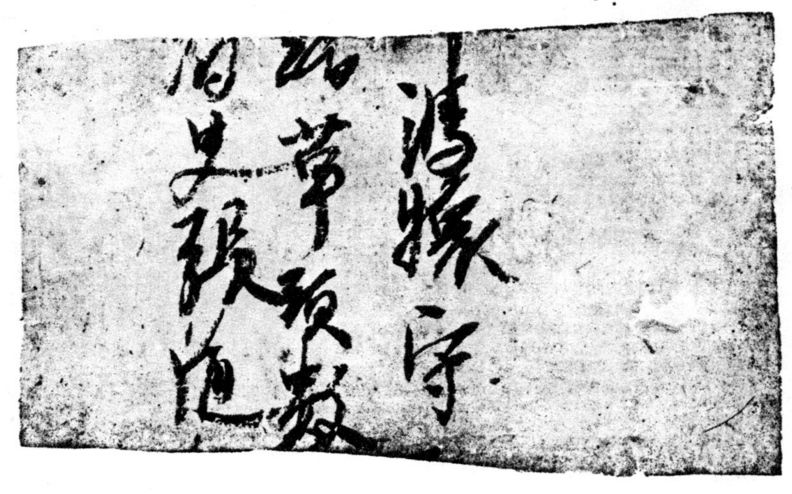

二〇　唐某年二月府史張道龕領受馬料抄　67TAM78:42

一九　唐西州蒲昌縣下赤亭烽殘帖

本件縣名殘，據前件知是蒲昌縣帖。

1 □帖　赤亭烽

二〇　唐某年二月府史張道龕領受馬料抄

1 □赤亭烽帥馮懷守□

2 □承使馬料䠶草頭數□

3 □係二月廿一日府史張道[一]□

注釋

[一]據本墓二一號《唐某年九月府史張道龕領受馬䠶抄》，知此件「道」下缺「龕」字。

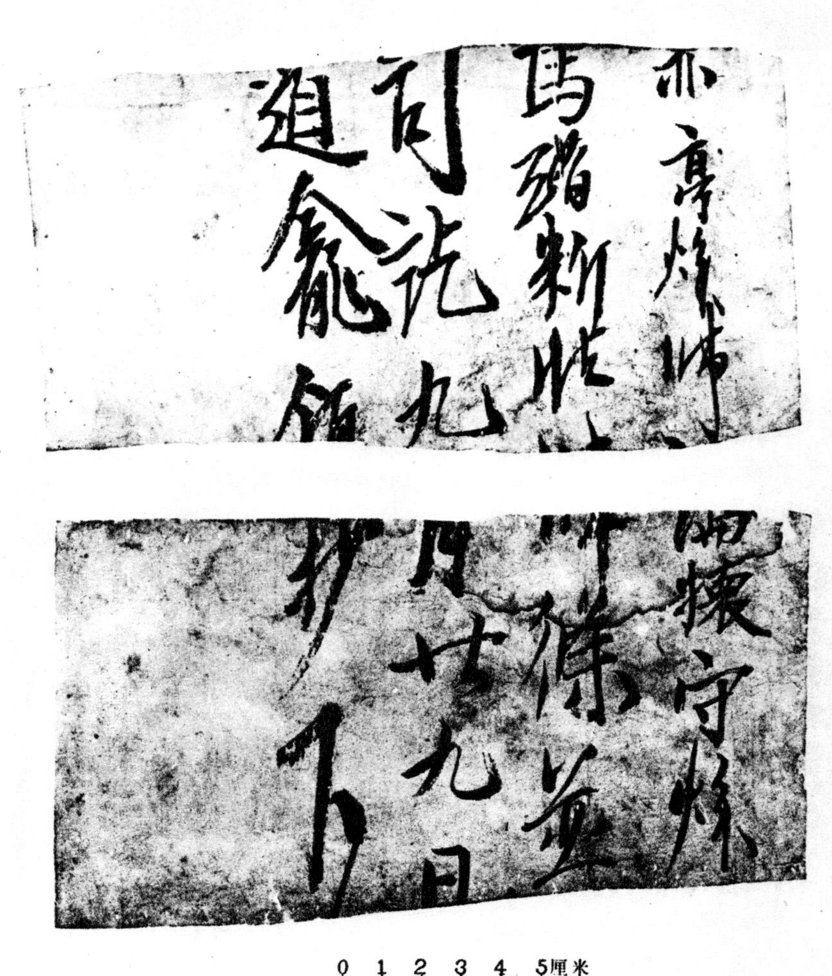

二一　唐某年九月府史張道龕領受馬踖抄　67TAM78：33

二二　唐某年十月府史張道龕領馬踖抄
67TAM78：47/1

二一　唐某年九月府史張道龕領受馬踖抄

1 ［　］[赤]亭烽帥[馮]懷守烽［　］
2 ［　］馬踖新帖[肆]條並［　］
3 ［　］司訖九月廿九日［　］
4 ［　］[道]龕〔一〕[領]抄下

注釋

〔一〕據本墓二〇號《唐某年二月府史張道龕領受馬料抄》，知「道龕」上缺「張」字。

二二　唐某年十月府史張道龕領馬踖抄

1 ［　］赤亭烽[帥][馮]懷守烽所［　］
2 ［　］使馬踖新［　］［　］條十月廿［　］
3 ［　］[張]龕〔一〕［　］［　］［　］

注釋

〔一〕據本墓二〇《唐某年二月府史張道龕領受馬料抄》及二一《唐某年九月府史張道龕領受馬踖抄》，知即張道龕。雙名單稱。下件同。

0 1 2 3 4 5厘米

二三　唐某年月廿五日府史張道龕領馬料抄
67TAM78：47/2

0 1 2 3 4 5厘米

二四　唐某年六月闕名領受馬踖抄
67TAM78：48 2

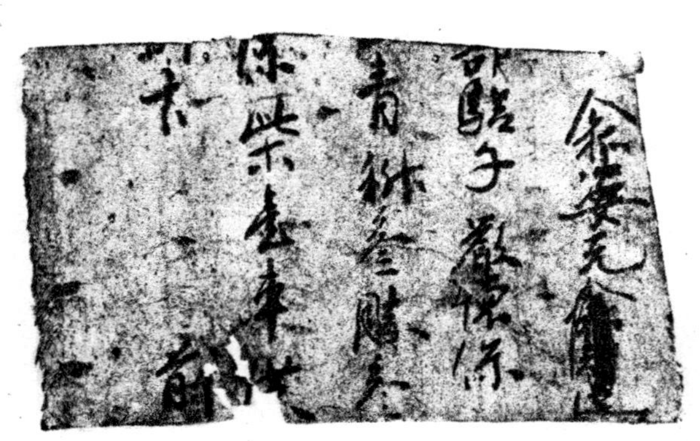

0 1 2 3 4 5厘米

二五　唐令狐婆元等十一家買柴供冰井抄
67TAM78：44(a)

二三　唐某年月廿五日府史張道龕領馬料抄

1 [　]赤亭烽帥馮懷守烽所給[　]
2 [　]新[　]兩條[　]馬牒壹總帖[　]
3 [　]廿五日[　]張龕領[　]

二四　唐某年六月闕名領受馬踖抄

1 [　]踖帖叁條[　]
2 [　]六月十[　]

二五　唐令狐婆元等十一家買柴供冰井抄

1 [　]令狐婆元　令
2 狐智達　□貞護　孫安相　令狐[　]騍子（騍）　嚴懷保
3 右件十一家[　]青科叁勝叁
4 叁合〔一〕　用賣〔二〕[　]保柴壹車，供
5 冰井上〔中殘〕前官　前
6 官張

注釋

〔一〕叁叁合：當誤衍一「叁」字。
〔二〕用賣：「賣」當是「買」字之誤。

二六　唐殘帖　67TAM78：48/3

二七　唐馬善行殘文書　67TAM78：49/2

二六　唐殘帖

1 盡未［　　］

2 ［　　］去，帖［至］［　　］

3 ［　　］行人並［　　］

4 ［　　］迺。牒至［　　］

二七　唐馬善行殘文書

1 ［　　］仁所至烽［　　］

2 ［　　］月六日送使至［　　］

3 ［　　］馬善行三人［　　］

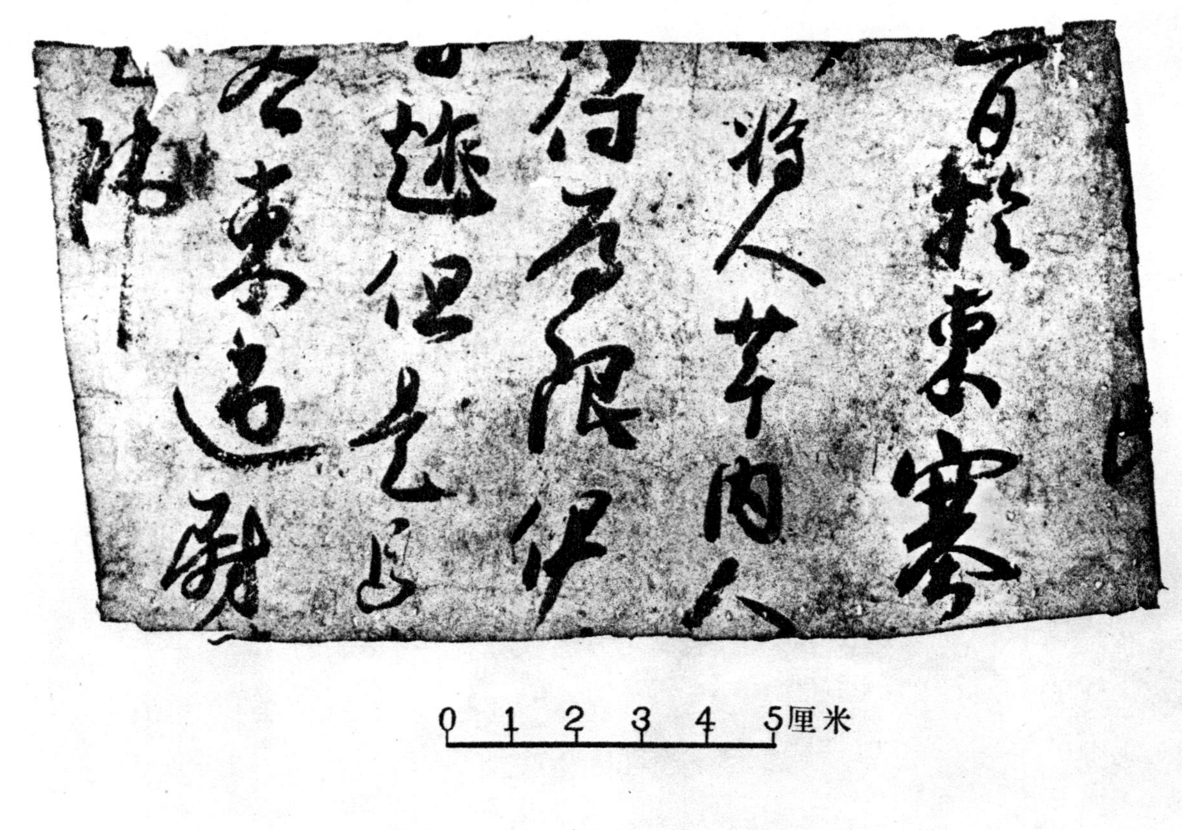

二八　唐東塞殘文書　67TAM78：43

二八　唐東塞殘文書

1 □一日於東塞□
2 □將人草內人□
3 □得爲限，伊□
4 □趂，但是馬□
5 □若東遇尉□
6 □帥

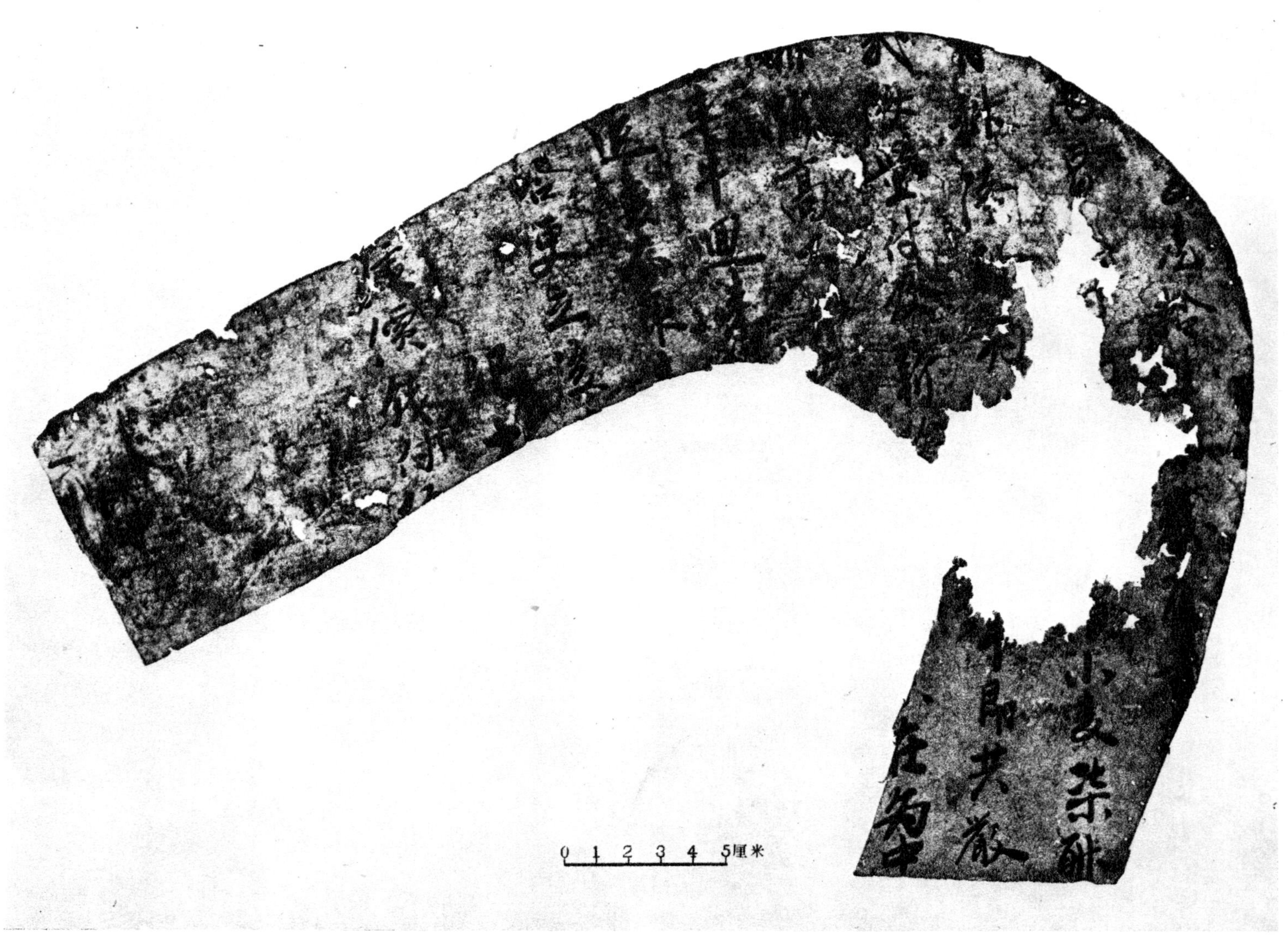

二九　唐西州量付小麥、青稞殘文書　　67TAM78:52

二九　唐西州量付小麥、青稞殘文書

1 ……[麥]壹拾[肆][㪷]（斛）(殘)(有)(貳)(㪷)□□
2 ……[高]昌……小麥柒㪷
3 ……[青]科（稞）陸㪷為……[牛]即共嚴
4 ……洄（海）量付及新……在為中
5 ……[㪷]斫高下即[共]……
6 ……車牛迴來……
7 ……追嗅（喚）不取……
8 ……谷吏立後……
9 ……氾……
10 ……債價錢付[給]……

三一　唐殘文書二(一)　67TAM78:50/1

三〇　唐殘文書一　67TAM78:45(b)

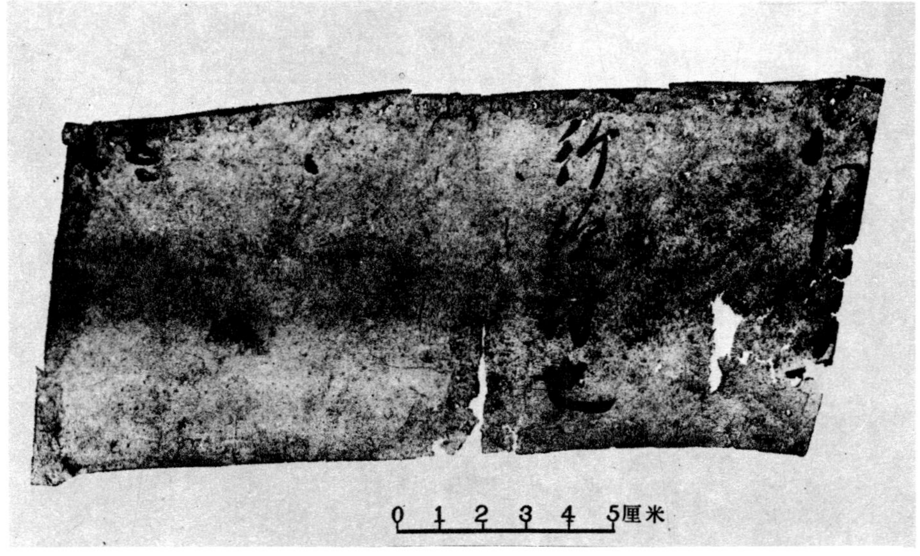

三一　唐殘文書二(三)　67TAM78:50/3

三一　唐殘文書二(二)　67TAM78:50/2

三〇　唐殘文書一

1 [　　]不可，柳遣[　　]

三一　唐殘文書二

（一）

1 [　　][年]九月廿四日嚴協[　　]

2 [　　]□左明海[　　]

（二）

1 [　　]□漆(柒)文四年四[月][　　]

（三）

1 [　　]□八月五[　　]

2 [　　]行領付也

三二　唐西州高昌縣寧戎鄉鄧明□夏田契
67TAM78：46

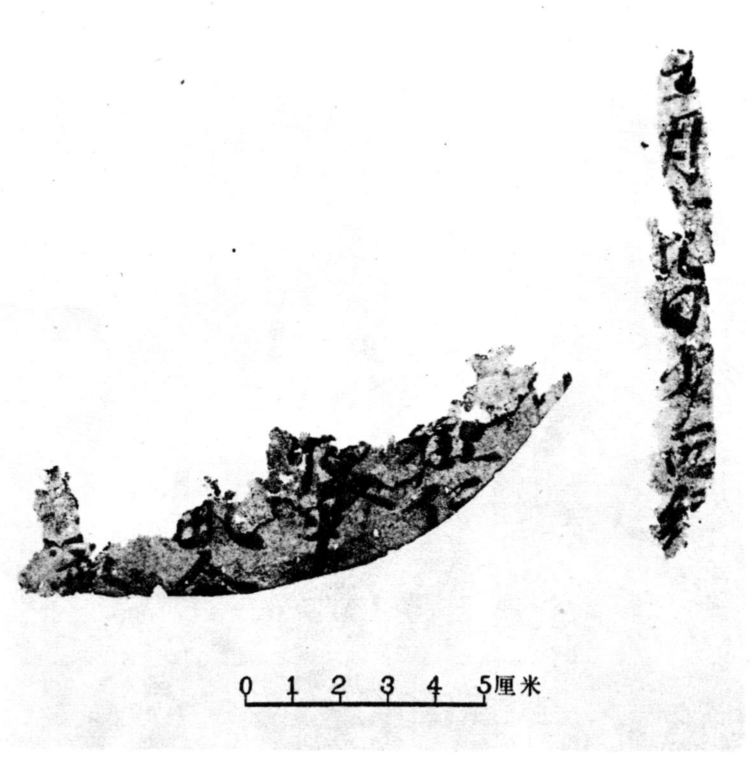

三三　唐西州高昌縣安西鄉某人佃田契（？）
67TAM78：51/3

三二　唐西州高昌縣寧戎鄉鄧明□夏田契

1 ［　］寧戎鄉人鄧明□［　］
2 ［　］夏新興、璅邊［　］
3 ［　］夏價［　］
4 ［　］内上［　］

三三　唐西州高昌縣安西鄉某人佃田契（？）

1 ［　］五月十九日，安西鄉［　］
2 ［　］歡仁［　］
3 ［　］懷半［　］
4 ［　］畝［　］
5 ［　］畝［　］

三四　唐佃田殘契
64TAM78:51/2

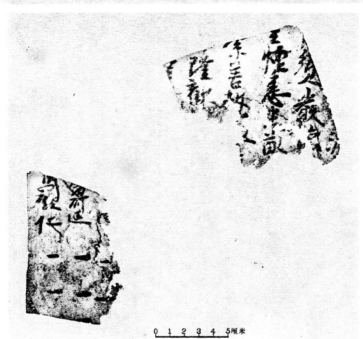

三五　唐王幢憙佃田殘契
67TAM78:49/3，49/4

三四　唐佃田殘契

1 □佃田人□
2 □兩和□
3 □一
4 □節一爲明

三五　唐王幢憙佃田殘契

1 □鄉人嚴□
2 □王幢憙半畝□
3 □□善□
4 □隆歡□
5 □一一□
6 □阿延一一一
7 □馬歡仁一一□

三六 唐趙□憙舉麥契 67TAM78：39

三七 唐西州交河縣嚴某受雇上烽契 67TAM78：40

三六 唐趙□憙舉麥契

1 ［ ］本利總計［ ］

2 □和可，畫指爲信。

3 ［ ］

4 舉麥人趙□憙

5 保人 趙奴悪

6 保人□□□□

7 □人□□言［ ］

8 □人左海明

三七 唐西州交河縣嚴某受雇上烽契

1 □錢伍文，雇交河□□□鄉嚴［ ］

2 交河縣［ ］知有道［ ］

3 罪，及巡點［ ］當嚴［ ］

4 ［ ］人 嚴秋隆

5 知見人 郭河緒

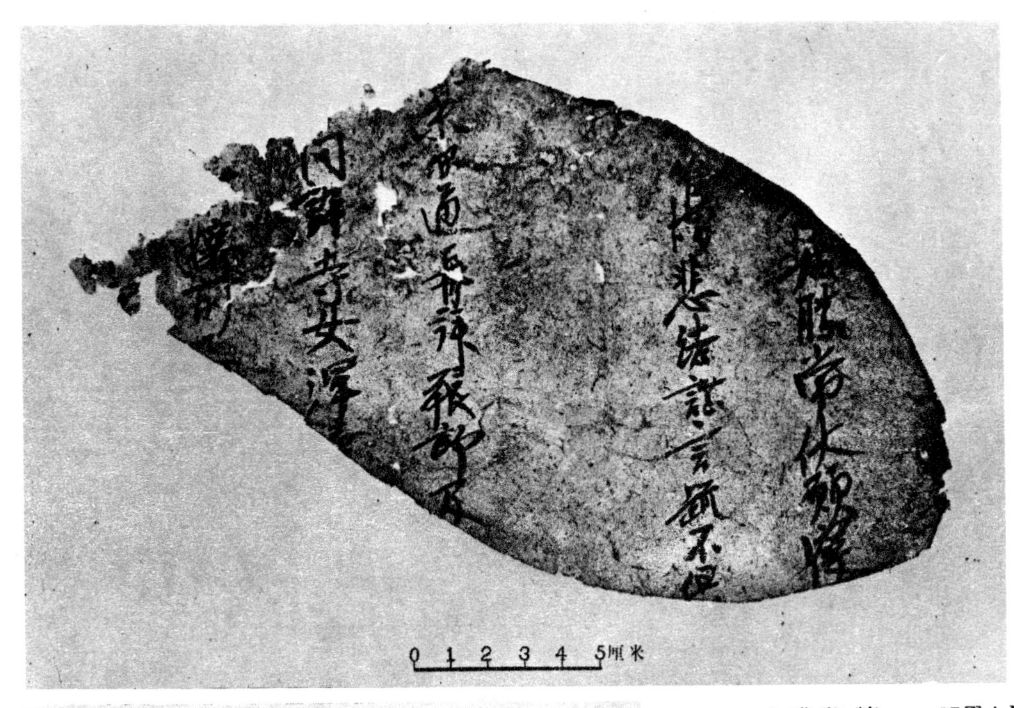

三八　唐殘書牘　　67TAM78:27

三九　唐食粟殘帳　　67TAM78:49/1

三八　唐殘書牘

1 □起居勝常，伏願寢□

2 □唯增悲結，謹言疏不俱，□

3 □未亦通再拜張郎及□

4 □問訊寺女渾□

5 □孃前〻□

三九　唐食粟殘帳

1 □食粟二□

2 □碩伍㪷肆勝

3 □捌碩伍㪷肆勝

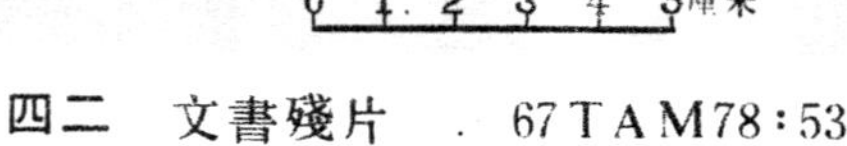

四二　文書殘片　67TAM78:53

四〇　文書殘片　67TAM78:23

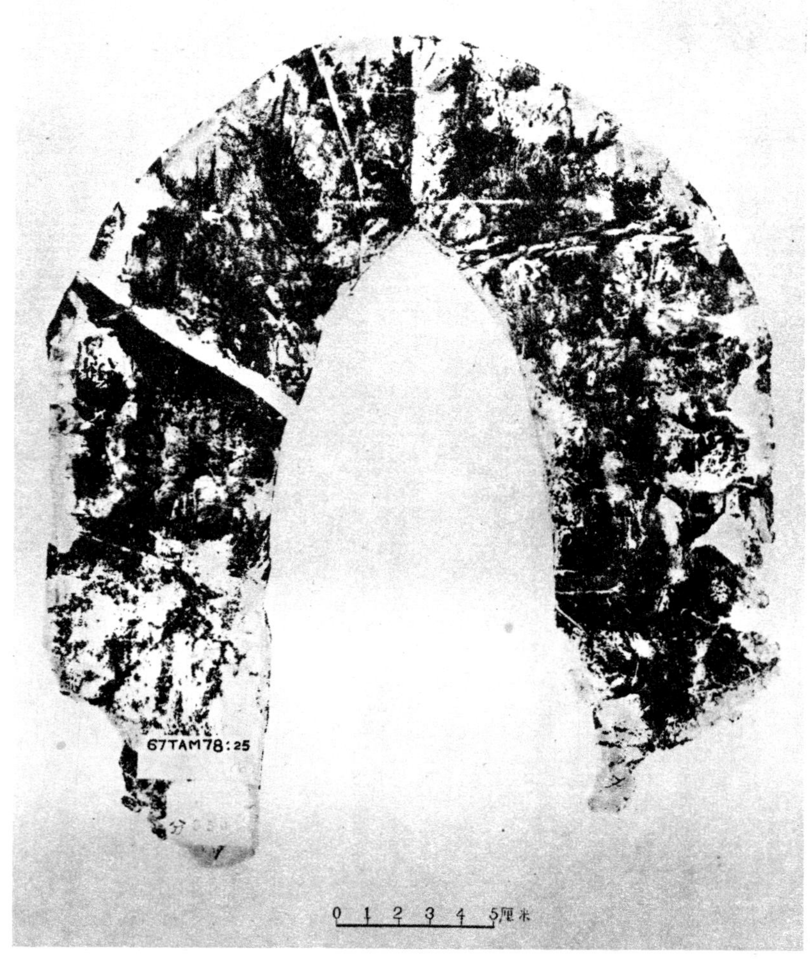

四三　文書殘片　67TAM78:25(b)

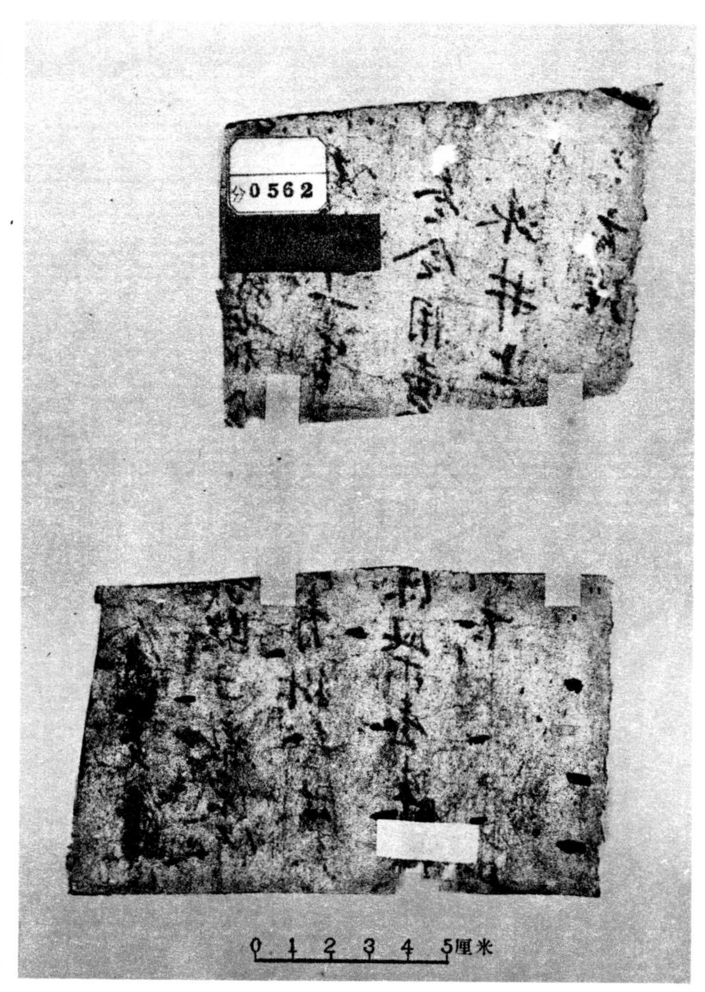

四一　文書殘片　67TAM78:44(b)

阿斯塔那五一九號墓文書

本墓出有唐貞觀十六年（公元六四二年）張隆悅妻麴氏墓誌。所出紀年文書爲高昌延壽十七年（公元六四〇年）。

一　高昌延壽十七年（公元六四〇年）屯田下交河郡、南平郡及永安等縣符爲遣麴文玉等勘青苗事　73TAM519:19/2-1

0 1 2 3 4 5厘米

一　高昌延壽十七年（公元六四〇年）屯田下交河郡、南平郡及永安等縣符爲遣麴文玉等勘青苗事

本件蓋有朱印四處，印文爲「奏聞奉信」。

1 令　勑交河郡、南平郡、永安縣、安樂縣、洿林縣、龍泉縣、安
昌縣□□□□
2 昌縣、郡縣司馬主者：彼郡縣，今遣麴郎文玉、高
3 青苗去，符到奉　□。
4 　　　　　　威遠將軍門下校郎麴
□□
5 延壽十七年庚子歲四月九日　起
6 　　　　　　虎賁將軍屯田□□高
□□
7 　　　　　　屯　田　司　馬司空
□□
8 　　　　　　虎賁將軍中兵校郎張
世隆

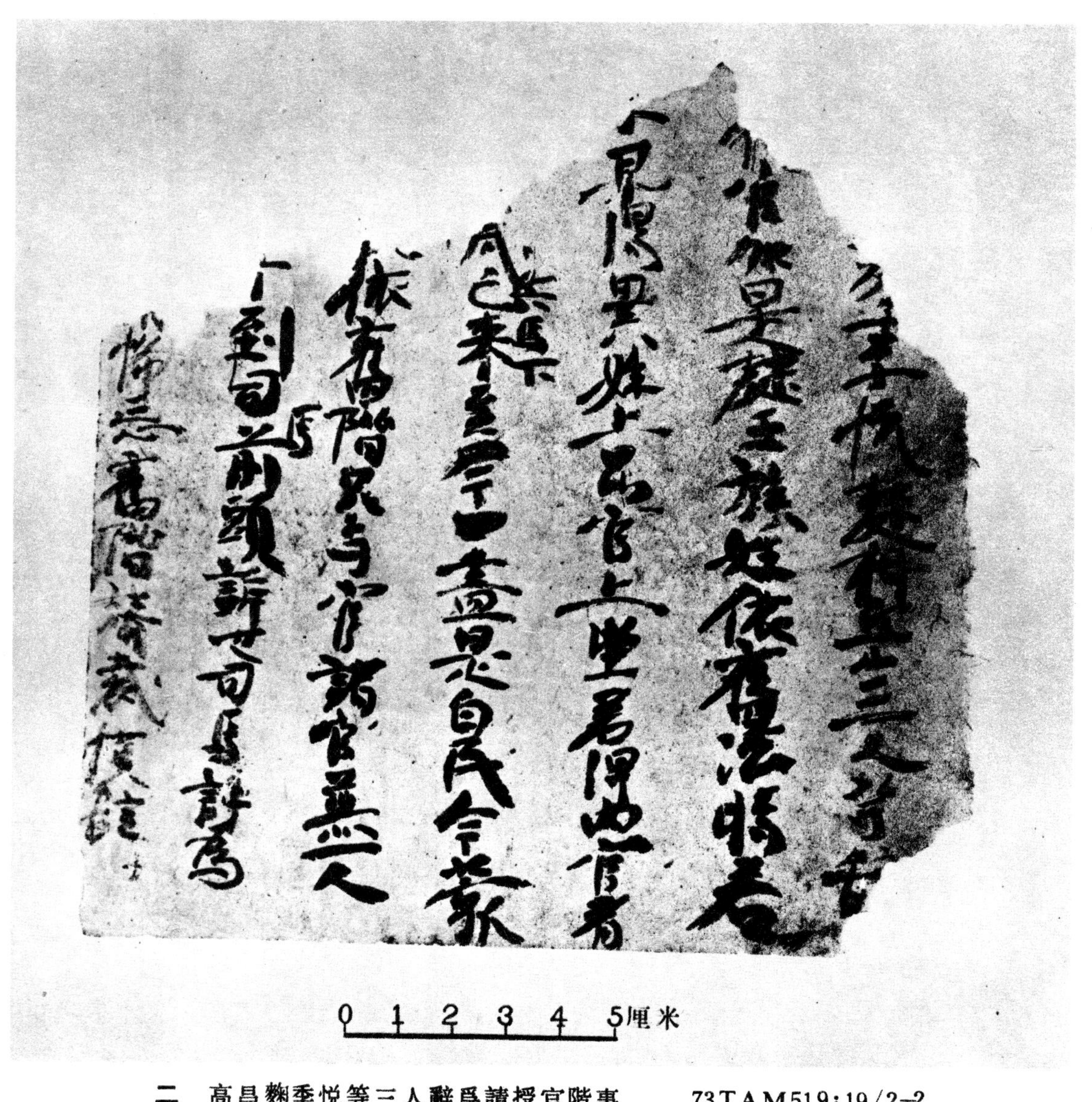

二　高昌麴季悅等三人辭爲請授官階事　　73TAM519:19/2-2

二　高昌麴季悅等三人辭爲請授官階事

［缺］[麴]季悅、麴相岳三人等[辭]
［缺］官，加是麴王族姓，依舊法時，若
［缺］即得異姓上品官上坐，若得内官者
［缺］[歲]已〔兵馬下〕來至今盡是白民。今蒙
［缺］依舊階品与官。諸官無一人
［缺］到司馬前頭訴已，司馬許爲
［缺］悕（懇？）民舊階。請裁。謹辭。

阿斯塔那一七一號墓文書

本墓出有唐貞觀十六年（公元六四二年）麴氏墓誌。所出文書均屬高昌晚期，其有紀年者爲高昌延壽十四年（公元六三七年）。

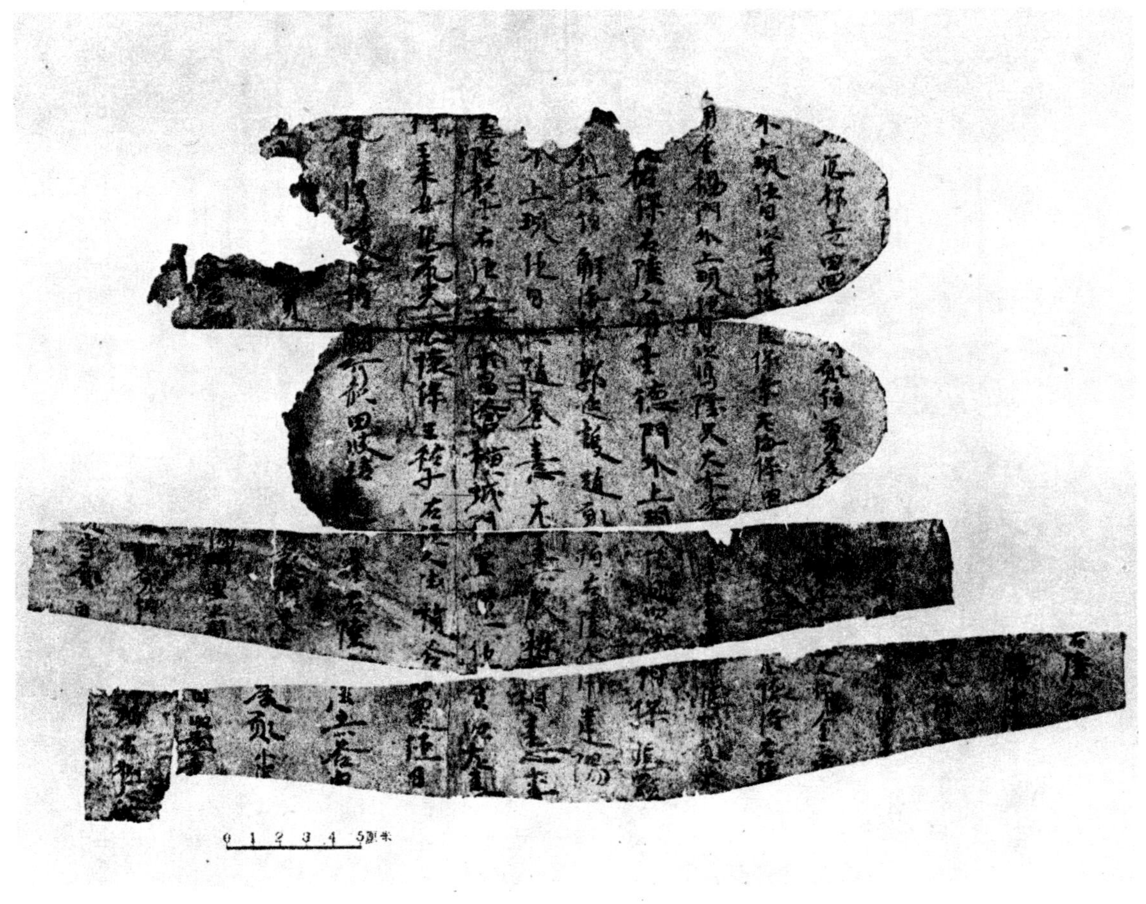

一　高昌延壽十四年(公元六三七年)兵部差人往青陽門等處上現文書
72TAM171:19(a)、9(a)、8(a)、11(a)

一　高昌延壽十四年（公元六三七年）兵部差人往青陽門等處上現文書

本件原已被剪成四片，現併合復原。本件末片與下件第一片黏聯，本件紀年已缺，月日簽署人均與下件同，下件紀年爲延壽十四年，本件應同。第一一與一二行間有款縫，款縫背面有「文畐」二字簽署。本件上蓋有朱印多處，印文爲「奏聞奉信」。

1　［　　　］右陸人，供□
2　［　　　］闞海隆、□
3　［　　　］日。次良□□、翟元保、賈
4　［　　］仰阝［　　］青陽門外□現伍日。次
辛
5　□□、張祁善、田迴□□、□顧伯、賈慶□、孫禿子，右陸人，用金章
6　□外上現伍日。次馮師保、匡保崇、左海保、田老師、馬憙□、張
懷洛，右陸
7　人，用金福門外上現伍日。次馮隆兒、大宋客兒子、索波□、張
相顧、史
8　□□、左祐保，右陸人，用玄德門外上現伍日。次陽相保、張顯
9　□、劉漢伯、解海祐、郭延護、趙顧伯，右陸人，用建陽
10　□外上現伍日。次趙養憙、左憙兒、樊相憙、李
11　□憙、陰歡子，右伍人，往永昌谷中横城門里還伍日。次左憙

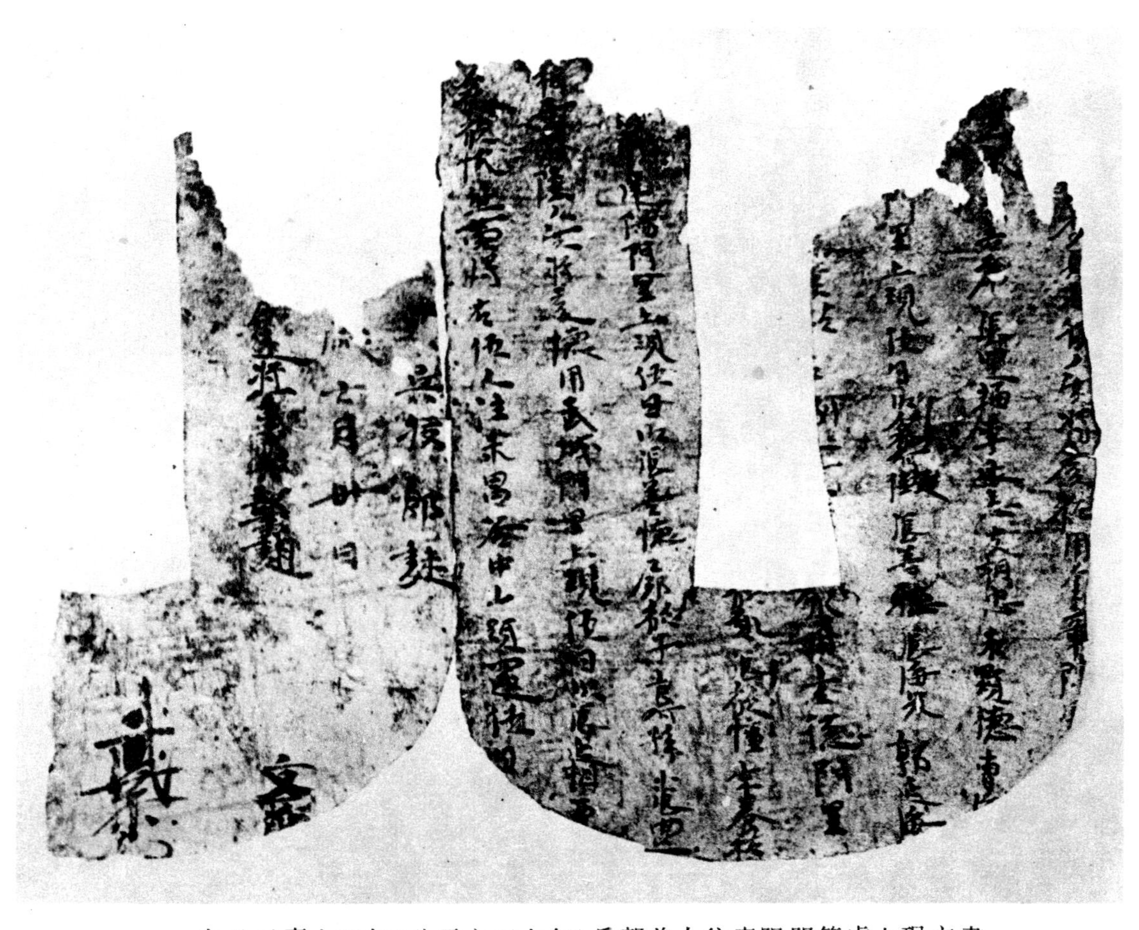

一　高昌延壽十四年（公元六三七年）兵部差人往青陽門等處上現文書

72TAM171:19(a)、9(a)、8(a)、11(a)

相、王來女、張罴兒、張懷保、王祐子，右伍人，往楨谷中還伍日。□

趙羊得、趙海伯、闞阿歡、田波結、白阿举，右陸人，往赤谷中□

伍日。□□□□、馬買[ ]令狐相兒、張慶顏、小張□

[ ]尭子右捌[ ]陽門里上現□日。次孟康□、

[ ]張顏伯、□□塯，右捌人，供

[ ]守顏、白[ ]

[ ]右捌人，供將慶祐，用金章門里□□

□

[ ]疊举、王善虎、張豐塯、李延憙、支　相忠、袁顯德、曹

海□

[ ]門里上現伍日。次令狐阿徵、張善聽、張海兒、郭

延海、

[ ]祐，右捌人，□□□顏，用玄德門

里

[ ]歡顏、張歡幢、

宋養祐、

[ ]用建陽門里上現伍日。次張善懷、邵歡子、良阿

孫、小張豐

[ ]相子，右陸人，供將慶懷，用武城門里上現伍日。次張延

相、賈

[ ]令狐歡悅、笁園得，右伍人，往永昌谷中山頭還伍日。

中兵校郎趙□□

[ ]歲七月卅日

威遠將軍兼兵部事趙　文勗

武恭□

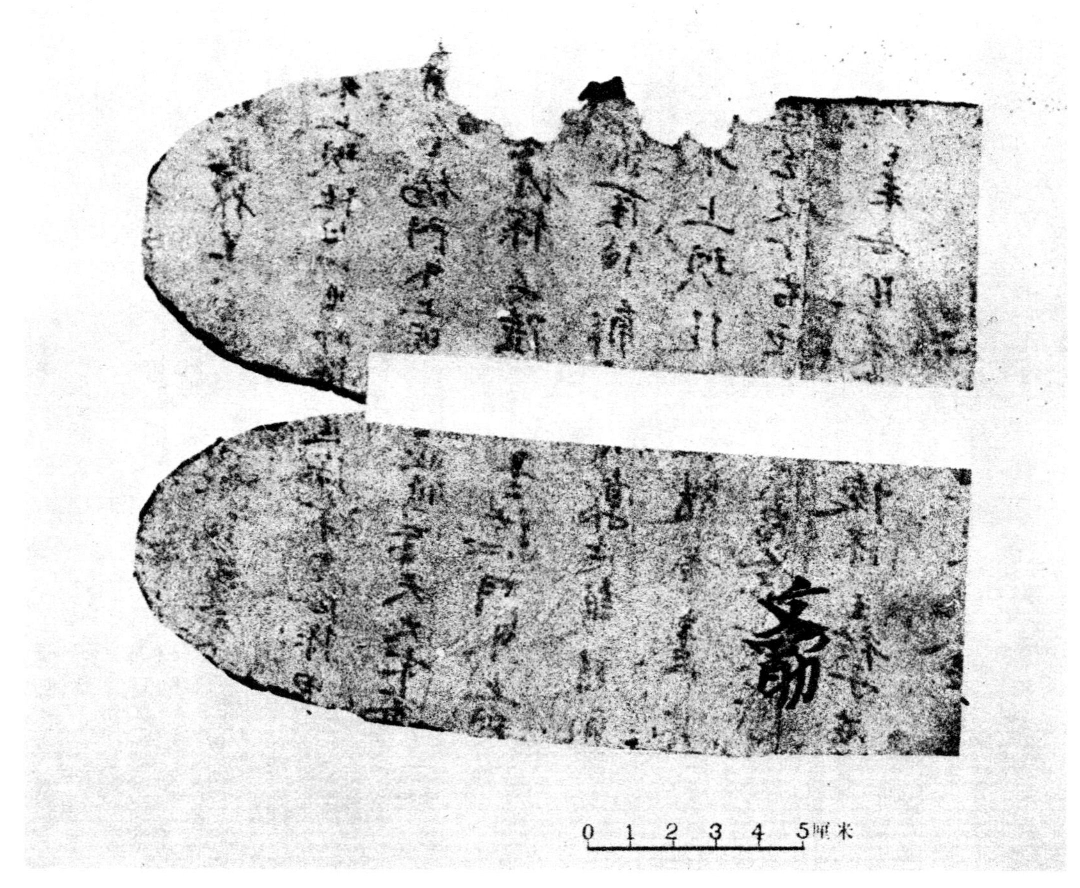

0 1 2 3 4 5厘米

一　高昌延壽十四年(公元六三七年)兵部差人往青陽門等處上現文書　　72TAM171:19(b)

二　高昌延壽十四年（公元六三七年）兵部差人看客館客使文書
72TAM171:12(a)、17(a)、15(a)、16(a)、13(a)、14(a)

二　高昌延壽十四年（公元六三七年）兵部差人看客館客使文書

本件原已被剪為八片，現拼合復原。其第一片與上件末片黏聯，但本件第一行前應有缺行，當係剪鞋時棄去。第六行與第七行間有款縫，款縫背面有「文勗」二字簽署。本件上蓋有朱印多處，印文為「奏聞奉信」。

1　（前缺）[次]羈人趙頭六〻、王歡兒貳人，付寗僧護，用看[珂]

（前缺）

2　（前缺）[慰]、蘇弩胡鹿大官、公主時健大官、（後缺）

3　（前缺）[付][毛][海][隆]，[用][看]毗伽公主[寒]□□

4　婦兒伍日。次辛歆鹿、張㥪相貳[人]，[付]魯阿衆，用看摩奋提

5　慰婦兒、阿賴闐拵婦兒、阿□□□□□[伍][日]。[次]□□□

6　鄭海兒貳人，付參軍海相，用看客館伍日。次良朱識，付畦

7　亥生，用看漢客張小㥪。次汜勝歡，付曹[破][延]，[用]□□

8　真朱人貪旱大官、好延祐臈振摩珂賴使金穆烏

9　[紇][大][官][伍]日。次小張海[住]，付康善財，用看塢耆來射卑

10　婦兒伍日。令狐資弥胡，付王善祐子，用看尸不還祾旱大官

11　[伍]日。次廿日，康阿父師、白𡊳子貳人，付寗僧護，用看珂寒蔔

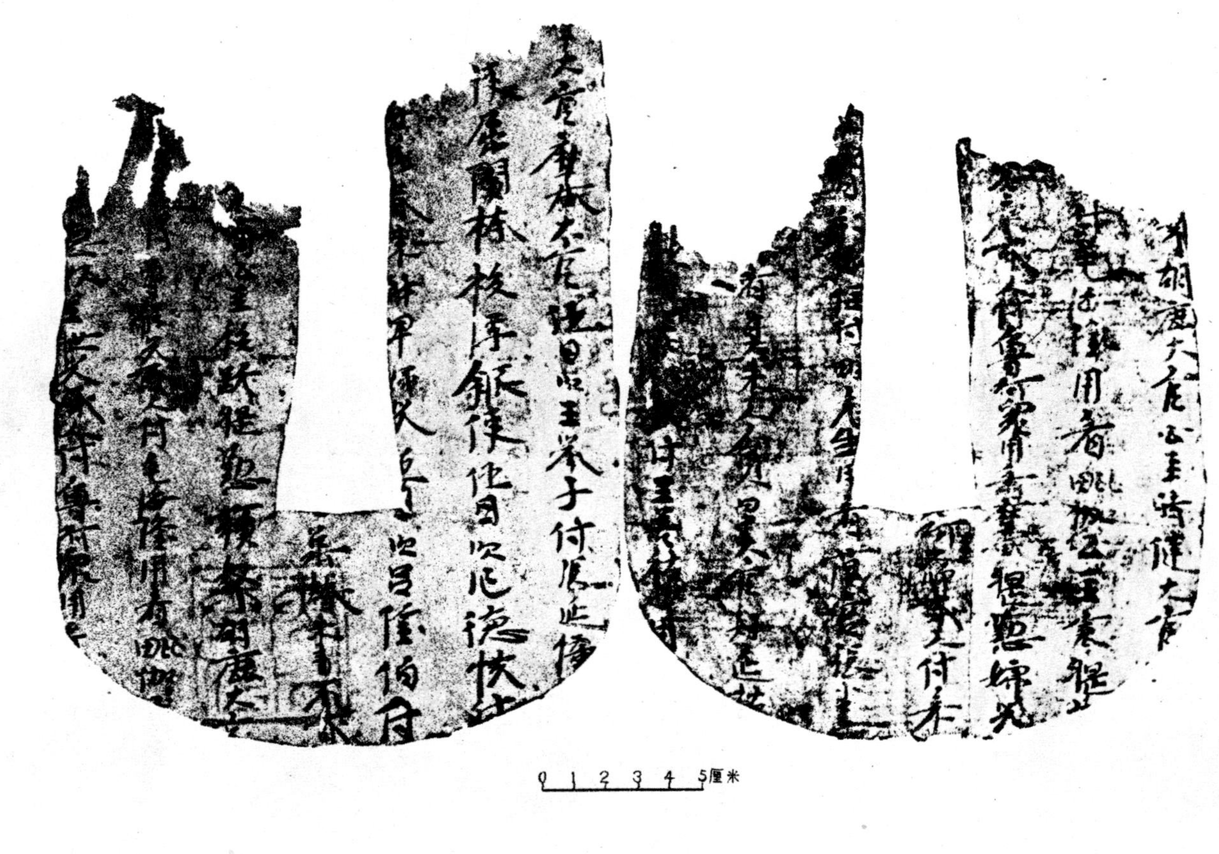

二　高昌延壽十四年（公元六三七年）兵部差人看客館客使文書

72TAM171：12（a）、17（a）、15（a）、16（a）、13（a）、14（a）15（b）

□□……弩胡鹿大官、公主時健大官、
……付毛海隆，用看毗伽公主寒提懃
婦兒，……令康貳人，付魯阿衆，用看摩奋提懃
……阿父師貳
人，付參
熹……伍日。彭海住，付畦亥生，用看漢客張小
……看真朱人貪旱大官、好延祐
□□……伍日。次左祀歡，付王善祐子，用
……旱大官、摩奋大官伍日。次王举子，付張延
憧，□……使屈闐柃祓浮鯀使伍日。次氾德悅，付
付……看鴣耆來射卑婦兒伍日。次呂隆伯，
……呂阿識、朱青
舉貳……寒菊公主祓跋提懃、厭弩胡鹿大官
公……日。次呂□得曹歡兒貳人，付毛海隆，用看毗伽
……次馮德奴、王拙兒貳人，付魯阿衆，用看□

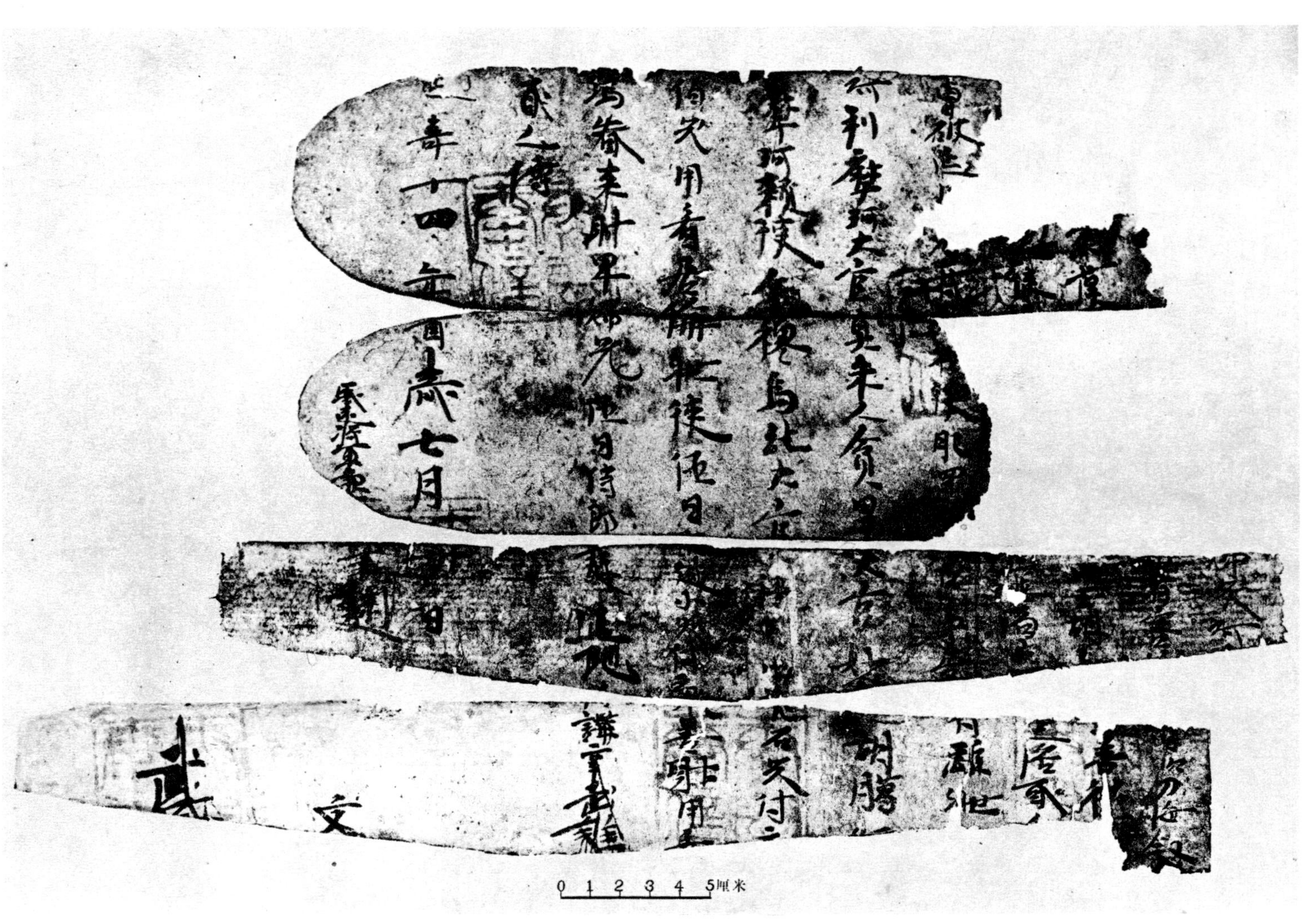

二　高昌延壽十四年（公元六三七年）兵部差人看客館客使文書　72TAM171:10(a)、18(a)

[　　　　][婦]兒、阿[　　　]
[　　　　　][用]看客[館]□日。次刀海敍
[　　][看]漢[　　]次王胡[子]、□[王]善祐[子]、
[　　][懃]使[　　]次張菂子、□□洛貳[人]、□
曹破延、[用][看][苻][離][抴]使肥還[大]ヽ口寧受□[苻]離抴
阿利摩珂大官、真朱人貪旱大官、好[延]胡臈[振]
摩珂賴使金穆烏紇大官伍日。次[范]石兒、付[辛]
伯兒、用看居侮抴使伍日。次趙小兒、付[康]善財、用[看]
塢耆來射卑婦兒伍日。侍郎麹**延陁**、[侍]講辛**武護**
貳人傳。
延壽十四年酉歲七月卅日
威遠將軍兼[兵][部]事麹　　文□
武[恭]□

三　高昌私馬、長生馬、行馬、亭馬、拾騎馬、駝、驢帳　72TAM171:5

三　高昌私馬、長生馬、行馬、亭馬、拾騎馬、駝、驢帳

本件無紀年，從文書内容看，屬高昌時代。今將本件列在延壽十四年順序之後。

1 □□□生、行馬、亭馬、［　　］

2 □私馬壹匹，駝肆頭，［　　］

3 楊仕峻長生馬壹匹，［　　］

4 馬壹匹；韓宣志長生馬壹匹，騂［　　］長生馬壹匹，□壹頭；□□□□

5 生馬壹匹，私馬壹匹，騂叁頭；楊仕□□□□壹匹；周懷滿長生馬壹匹；

6 侯阿奴長生馬壹匹，騂壹頭；楊友□□□馬壹匹；馮𢦏縱長□

7 壹匹；陰善懷長生馬壹匹，韓歡伯長□□壹匹；潘仲悦［　　］

8 趙善歸長生馬壹匹；孫阿相長□□□；張歡兒長生［　　］

9 儁友長生馬壹□；□□頭長生馬壹匹；□□□

10 長生馬壹匹；衛阿桑胡長生馬壹匹；張武歡長生馬壹匹；張建□長

11 生馬壹匹；張保憙長生馬壹匹；陰裨住長生馬壹匹；趙歡歸長生

12 馬壹匹；韓明伯長生馬壹匹；隗居巷長□□壹匹；張智德長生

13 馬壹匹；辛海隆長生馬壹匹；侯車利長生馬壹匹；周阿□子長生

14 馬壹匹，騂壹頭；馮元悦長生馬壹匹；隗延懷長生馬□匹；侯海憙

15 長生馬壹匹；楊隆峻長生馬壹匹；楊□友長生馬壹匹；周□崇

16 私馬壹匹，拾騎馬壹匹，騂柒頭；周海崇私馬壹匹，拾騎［　　］

四　文書殘片　72TAM171：20

阿斯塔那三〇一號墓文書

本墓葬屍一具。無墓誌。出衣物疏一件，紀年已殘，據考爲唐代。所出文書兼有麴氏高昌及唐代，有紀年者爲唐貞觀十七年（公元六四三年）。

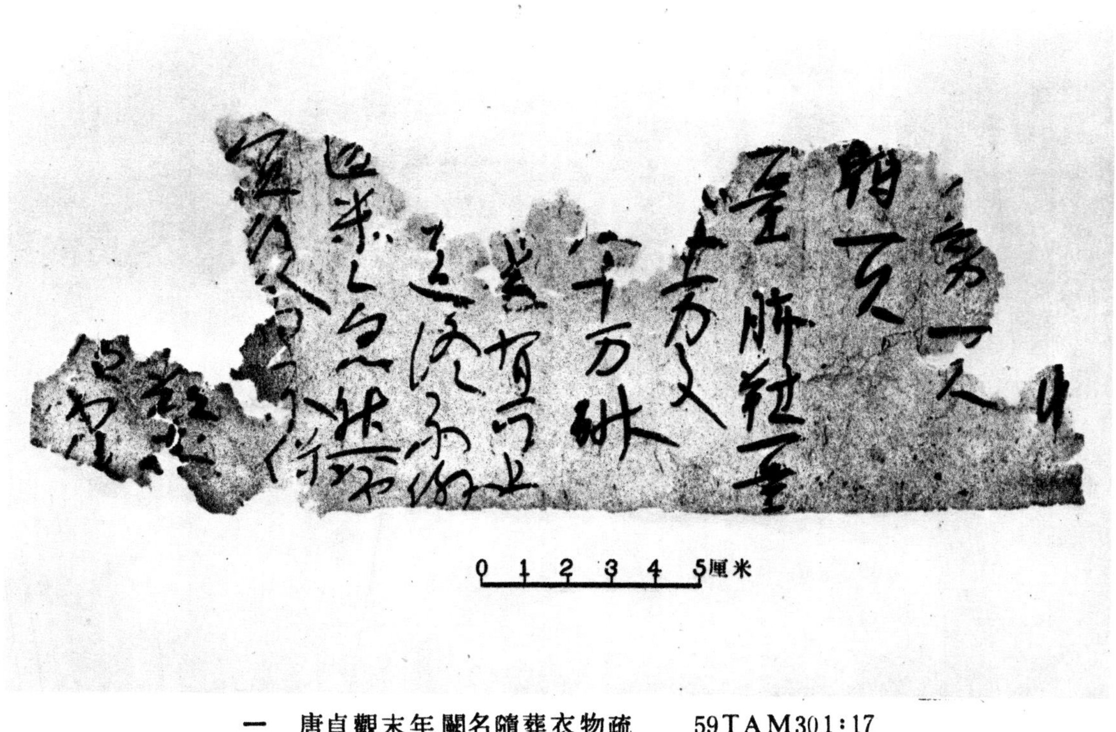

一　唐貞觀末年闕名隨葬衣物疏　　59TAM301：17

一　唐貞觀末年闕名隨葬衣物疏

本件殘甚，紀年不可見。然該墓僅葬屍一具，又墓中出有貞觀十七年文書，故本件當在唐代。

（前缺）

剪一具
韀一具
一量　脚鞋一量
十万文
十万斛（斛）
□有所上
道終不謝
□米゛忽然命
宜□命不保
欲覔
急゛如律

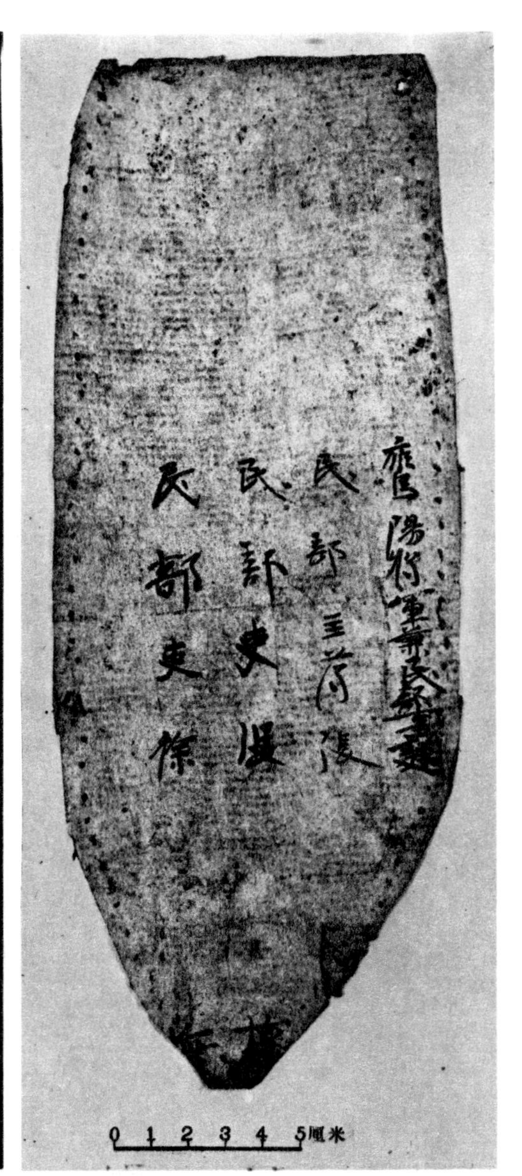

二　高昌民部殘奏行文書

59TAM301:15/4-4(a)

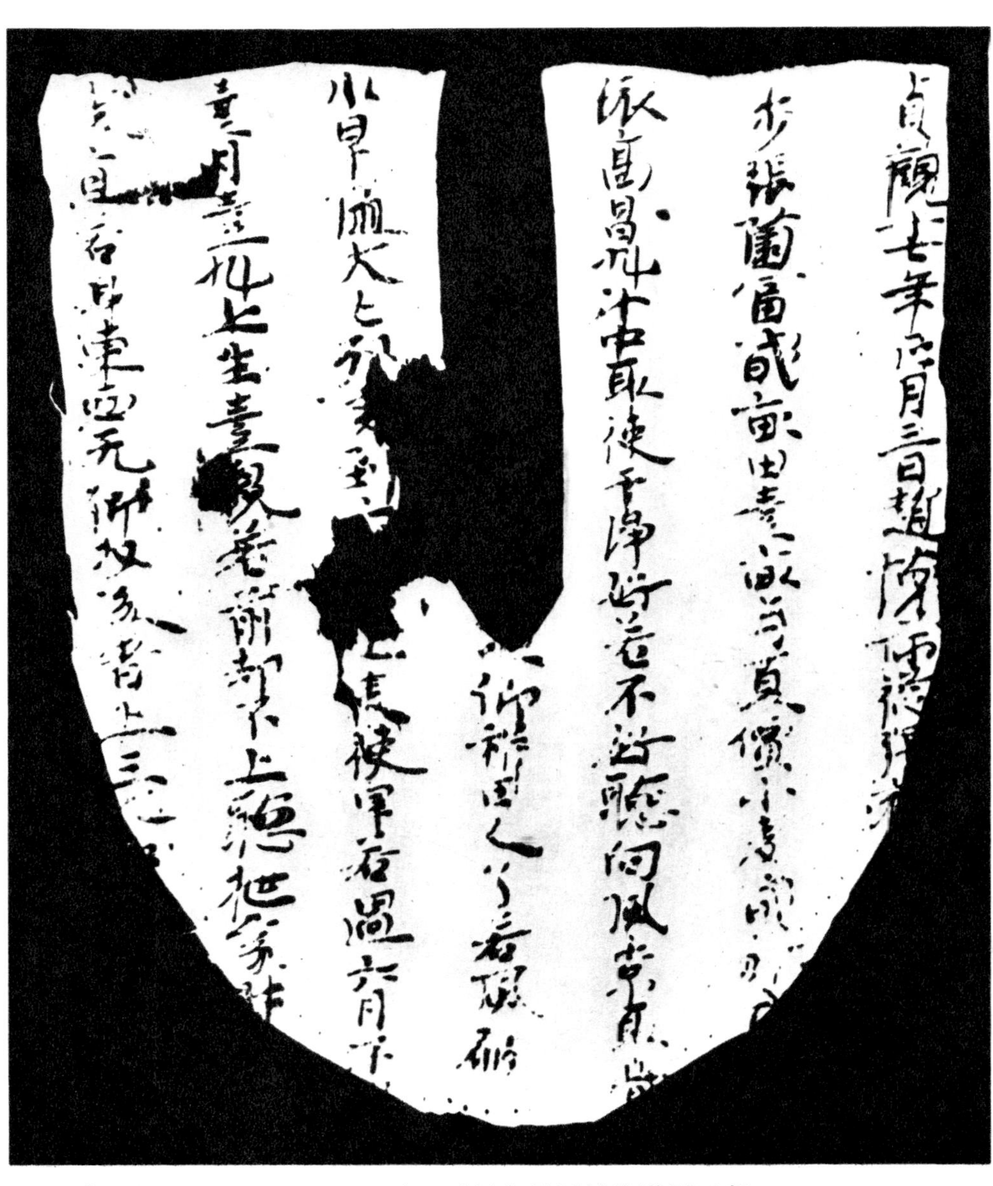

三　唐貞觀十七年（公元六四三年）西州高昌縣趙懷滿夏田契

59TAM301:15/4-1、15/4-2

二　高昌民部殘奏行文書

1 鷹陽(揚)將軍兼民部事麴□□

2 民　部　主　薄(簿)張□

3 民　部　吏　張懷德

4 民　部　吏　徐□□

三　唐貞觀十七年（公元六四三年）西州高昌縣趙懷滿夏田契

1 貞觀十七年正月三日，趙懷滿從[張][歡]□

2 步；張蘭富貳畝。田壹畝，与夏價小麥貳𣁾

3 依高昌𣁾(斛)斗中取。使干淨好；若不好，聽向風常取。[貲]

4 ，仰耕田人了。若風破

5 水旱，隨大巳[到]。□到[六]□□上麥使畢。若過六月不□

6 壹月壹𣁾(斛)上生壹兜(斗)。若前却不上，聽抴家財□□

7 麥直。若身東西无，仰收後者上。三人

8 田主　張歡仁　一　一　一
9 田主　張薗富　一　一　一
10 耕田人趙懷滿　一　一　一
11 倩書氾延守　一　一
12 知見　□□□　一　一

四　唐□□保夏田契　59TAM301:14/2-2

四　唐□□保夏田契

本件紀年已缺，屬麴氏高昌或屬唐代，不明，今姑置於唐代。下件同。

1 夏田人□一□保
2 田主趙　　一黑子一
3 智(知)見張延取一

五　唐西州高昌縣趙懷願買舍券　59TAM301：15/4-3

0 1 2 3 4 5厘米

六　唐西州高昌縣趙某雇人契
59TAM301：14/2-1(a)

五　唐西州高昌縣趙懷願買舍券

1 □日趙懷願從田劉通息阿豐邊買東南
2 □舍貳堀，即交与買價銀錢拾文。錢即畢，舍即付。舍
容
3 □天下至皇（黄）泉，舍中伏藏、役使，即日盡隨舍行。舍東共張
4 □舉寺分垣，南共趙懷滿分垣，西詣道，北詣道。舍肆在之内，長
不
5 還，短（足）不促，車行人道依舊。□
6 了。貳主和同立券。券成之後，各□ □〔一〕者壹罰貳入
7 □悔者。民有私要，要行□ □署名為信。　一以（息）阿豐手　以至節為明
不解書
8 倩書　張　武
9 時見　劉　德
10 臨坐 □

注釋

〔一〕□□者：據文義及契券格式，重文號上當殘一「悔」字。

六　唐西州高昌縣趙某雇人契

1 □更上范□
2 □自當罪承了，趙悉不知。若来到武城過
3 □壹日四錢上生錢半文入范。二主和可

阿斯塔那一五一號墓文書

本墓係合葬墓，出有高昌重光元年（公元六二〇年）二月氾法濟墓表及重光元年二月隨葬衣物疏。男屍先葬，右腿殘肢用紙包紮，從中拆出一三至一六、五〇至六五號文書；從其紙鞋拆出九四至一〇七號文書。文書中有紀年者，起高昌延和八年（公元六〇九年），止高昌義和五年（公元六一八年）。女屍後葬，在其紙冠上拆出九號文書，紙鞋上拆出六八至八三號文書。

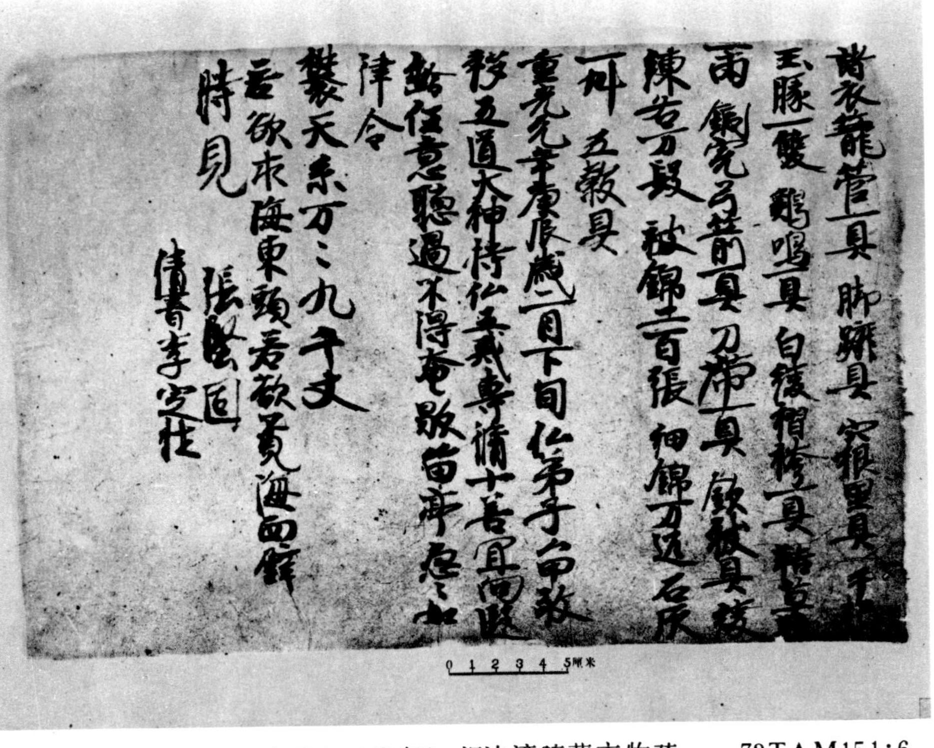

一　高昌重光元年（公元六二〇年）氾法濟隨葬衣物疏　72TAM151:6

一　高昌重光元年（公元六二〇年）氾法濟隨葬衣物疏

本件所記年月與氾法濟墓表同，因知是他的隨葬衣物疏。原件未寫其名，但書「厶甲」，當是因循樣文未改。5行末三字淡墨補寫。

諸(朱)衣蘢管(冠)一具　脚躡具　穴跟里(履)具　手把
玉豚一雙　鷄鳴〔一〕一具　白綾褶袴一具　鞋草鞾
一兩　銅完(碗)弓箭一具　刀帶一具　欽被具　綾
練各万段　被錦二百張　細錦万匹　石灰
一九(斛)　五穀具
重光元年庚辰歲二月下旬，仏(佛)弟子厶(某)甲敬
移五道大神，持仏五戒，專修十善，宜向(享)遐
齡〔二〕，任意聽過，不得奄歇留亭(停)。急〻如
律令。
攀天糸万〻九千丈

二　高昌延和八年（公元六〇九年）七月至延和九年（公元六一〇年）六月錢糧帳

72TAM151:95

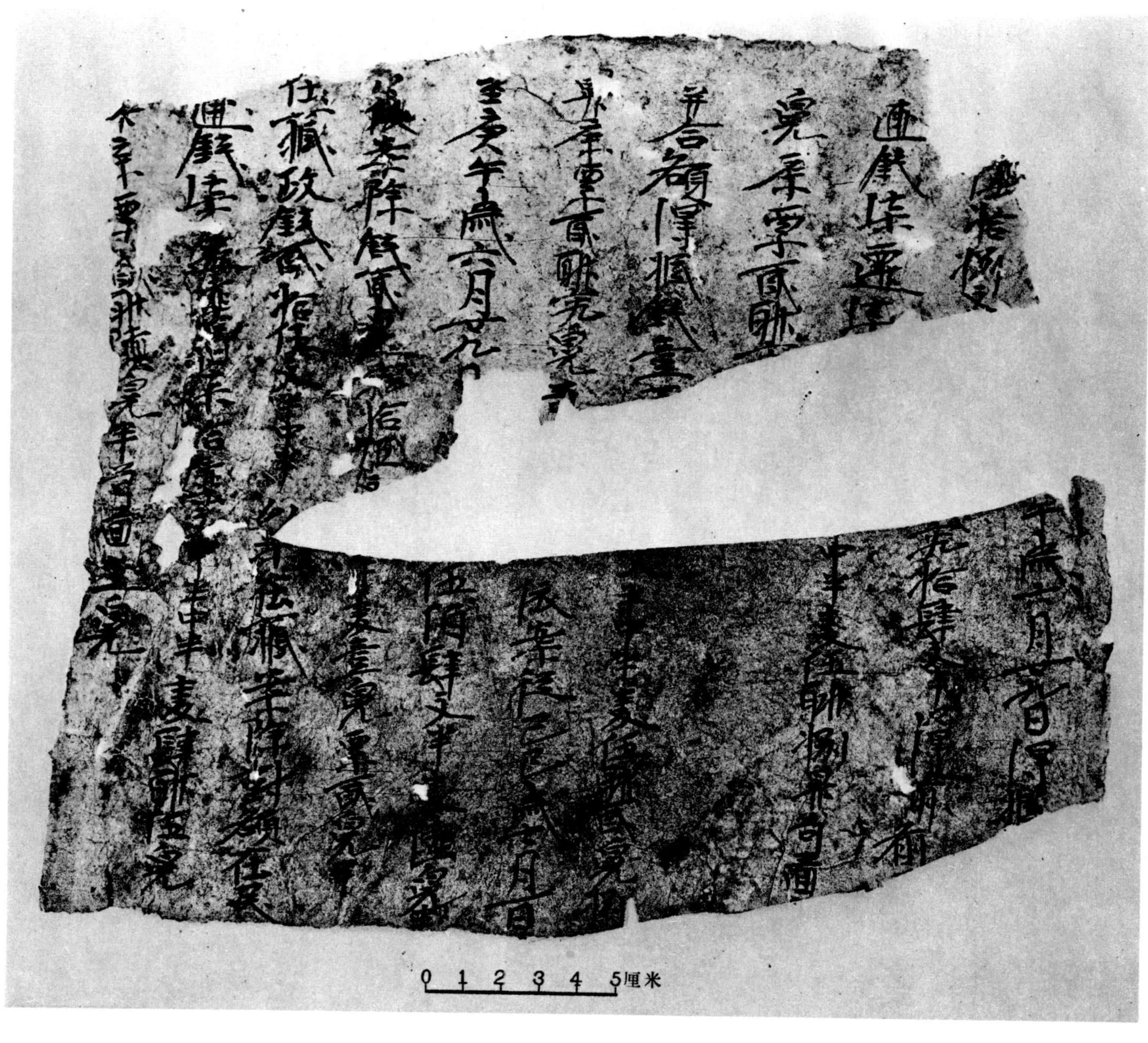

11 若欲求海東頭，若欲覓海西壁，

12 時見　張堅固

13 　　倩書李定杜

注　釋

〔一〕鷄鳴：下缺一「枕」字。

〔二〕宜享遐齡：以下當有缺漏。

二　高昌延和八年（公元六〇九年）七月至延和九年（公元六一〇年）六月錢糧帳

本件只有干支，據墓表及隨葬衣物疏推定本件中的「己巳」、「庚午」歲分别爲延和八年、九年。

1 ［　　　　］午歲六月廿九日，得臧□□

2 □陸拾捌文［　　　　］錢究(九)拾肆文半。次得前劑□

3 浦錢柒遷(千)柒［　　　　］中半，麦伍酙(斛)捌(斗)，昇茍畫壹

4 兜(斗)，床粟貳酙(斛)究(九)［　　］

5 并合額得臧錢壹萬［　　　　］文半，中半，麦伍酙(斛)貳兜(斗)捌

6 昇(升)，昇床粟貳酙(斛)究(九)兜(斗)，茍［　　　］次依案，從己巳歲七月一日

7 至庚午歲六月廿九日［　　　］伍佰肆文半，麦陸兜(斗)半。

8 次依案除錢貳遷(千)究(九)拾伍文□□半，麦壹兜(斗)，粟貳兜半，

9 在藏。政錢貳拾伍文半中半，以案在藏，案除對額在民

10 浦錢柒遷(千)陸佰柒拾陸文半，中半，麦肆酙(斛)伍兜(斗)

11 □昇(升)。床粟貳酙(斛)陸兜(斗)半，茍畫壹兜(斗)。

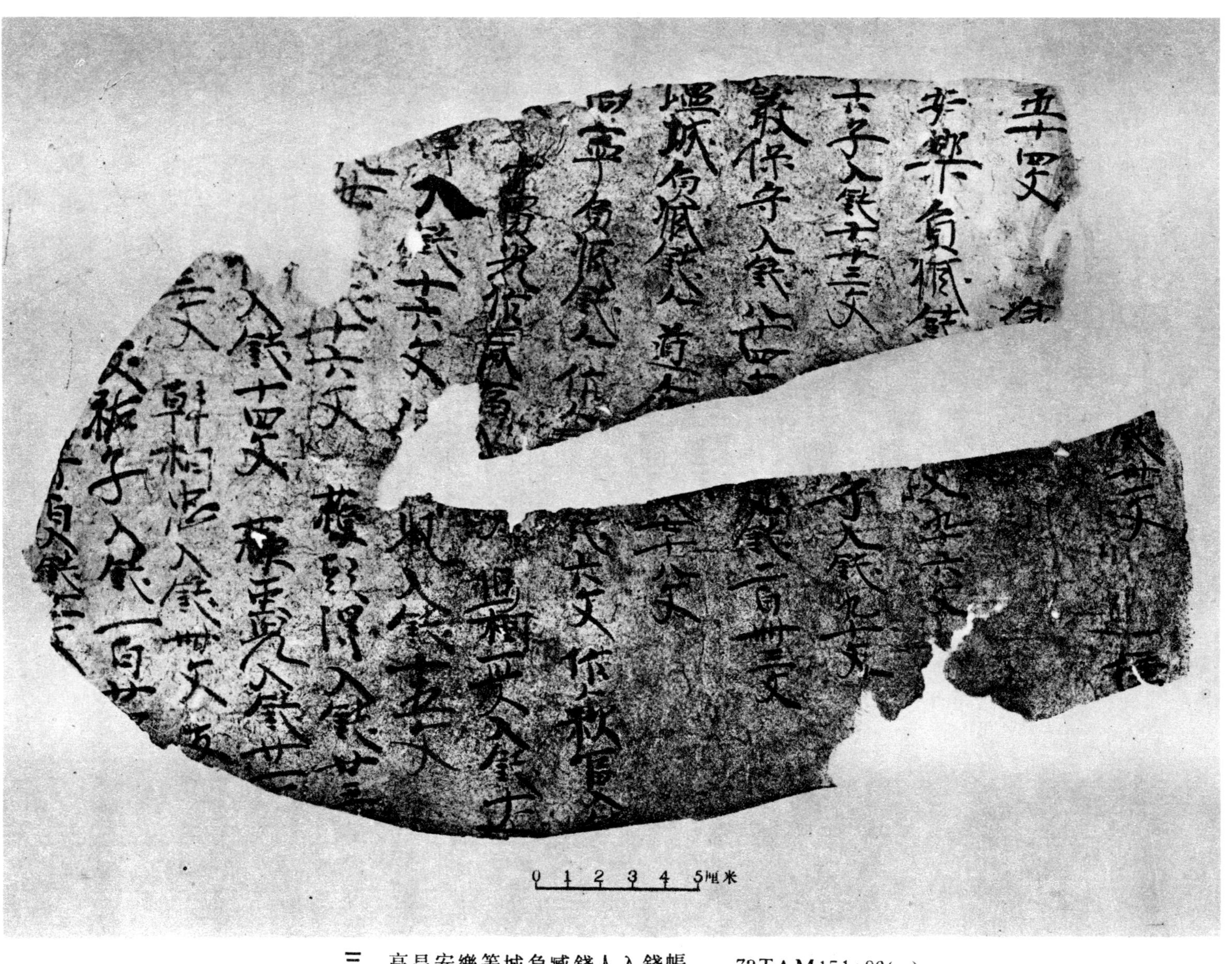

三　高昌安樂等城負臧錢人入錢帳　72TAM151:96(a)

三　高昌安樂等城負臧錢人入錢帳

本件與上件内容關係密切，今附列於上件之後。

[　　]錢卌一文，任[　　]
五十四文。合[　　]
安樂負臧錢[　　]入九十六文，
六子入錢七十三文，□□守入錢九十文，
嚴保守入錢八十四文。[合]入錢二白(百)卌三文。
鹽城負臧錢人：道人□□□錢七十八文。
高寧負臧錢人：作人□□□錢六文，作人秋富入[錢]□
文，肯買兒作[一]春[富]入□文，馮相受入錢十文，□
□入錢十六文，[張]□奴入錢十五文，
□□□[錢]十六文，蘇頭得入錢廿三[文]，
□□□入錢十四文，蘇亜兒入錢廿一[文]，
□□□□□三文，韓相忠入錢卌文，支□
[　　]祐子入錢一白(百)廿[四]□
[　　][佰]入錢[十][一][文]

注釋

〔一〕作：「作」下脫一「人」字。

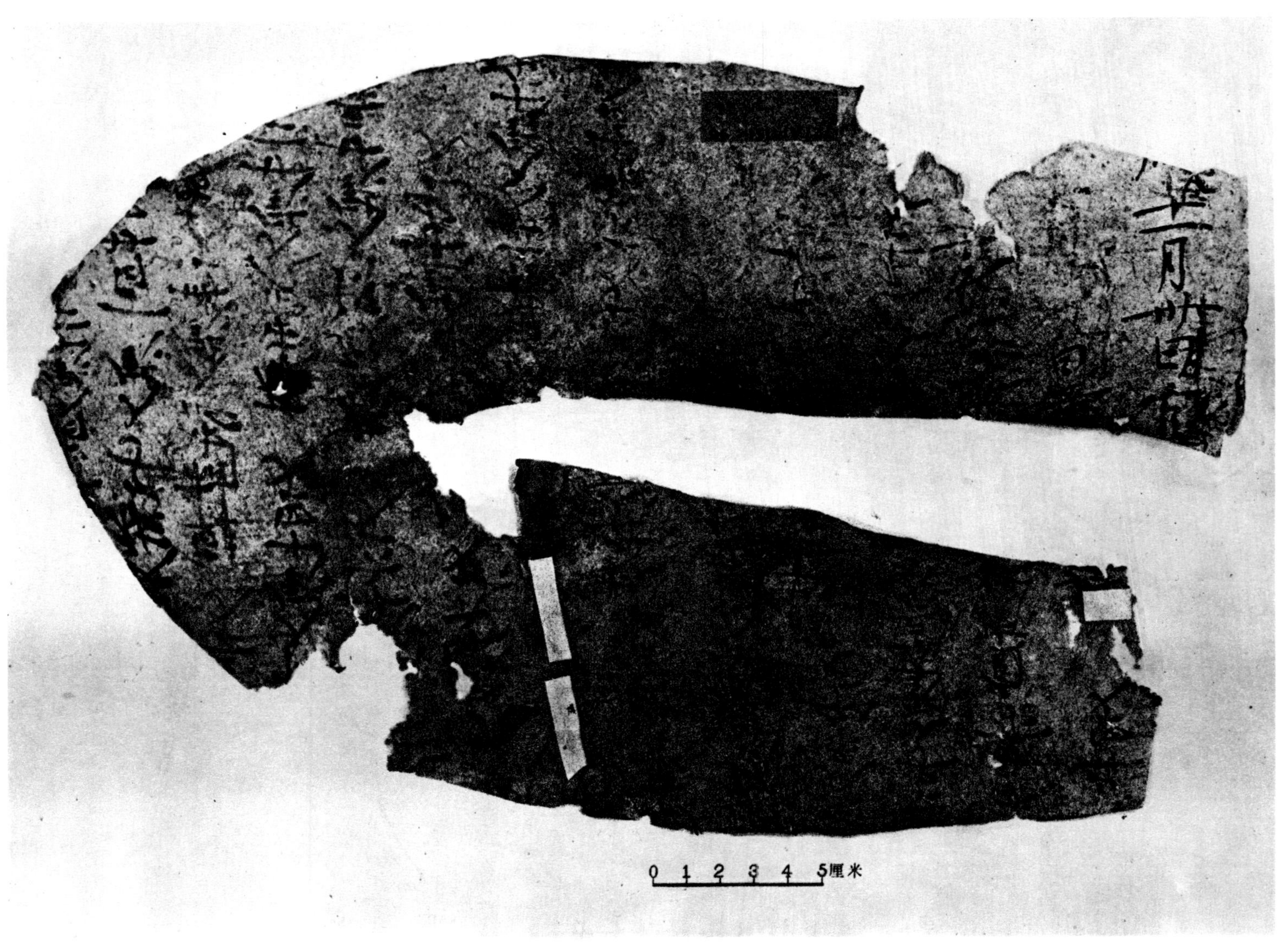

四　高昌殘帳　72TAM151:96(b)

四　高昌殘帳

本件紀年殘缺，書寫於前件背面，故列於前件之後。

1 □十一月卅日官□
2 □月十九日並□
3 □廿五日取□

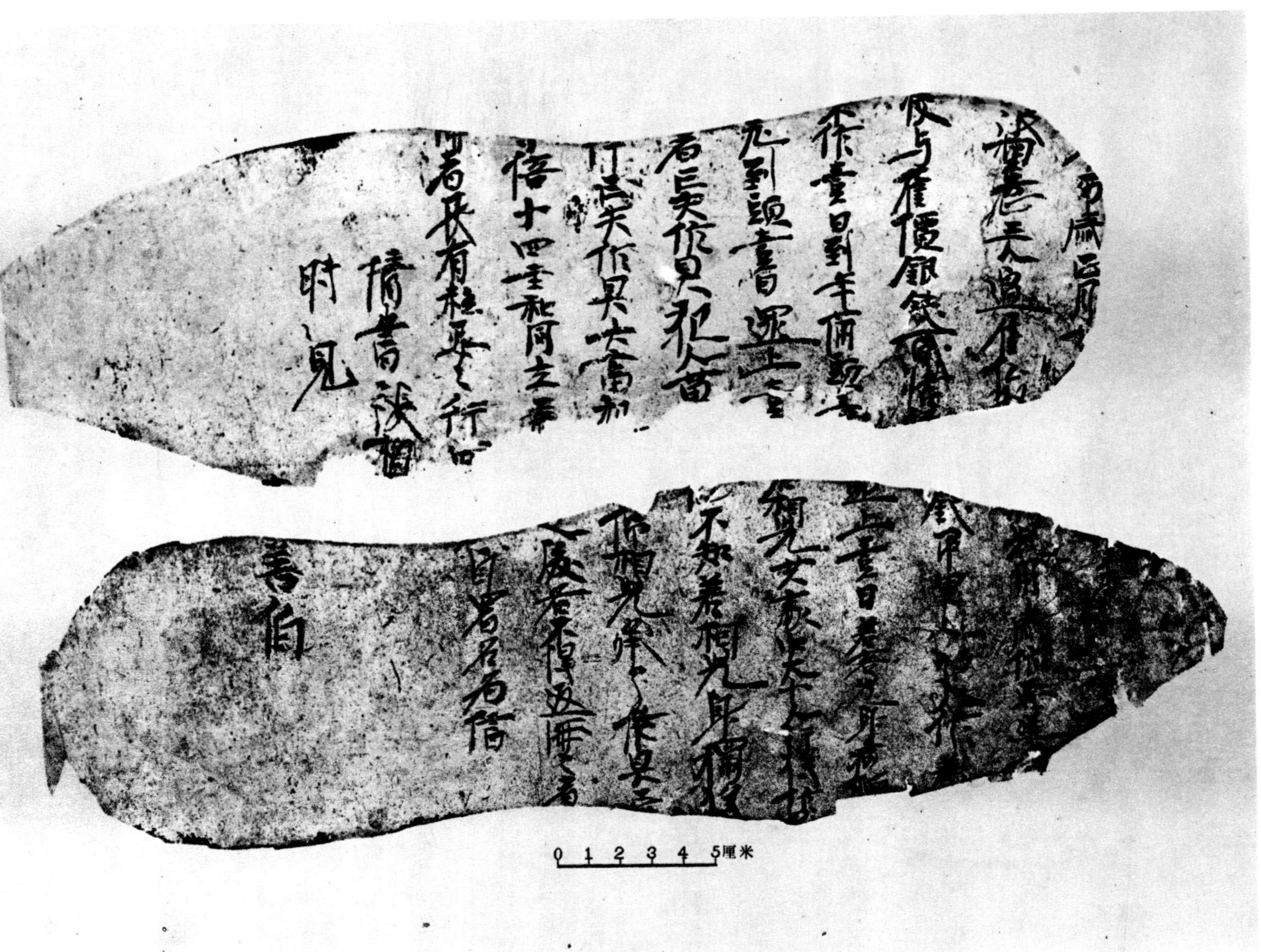

五　高昌延和十二年（公元六一三年）某人從張相憙等三人邊雇人歲作券　　72TAM151：104

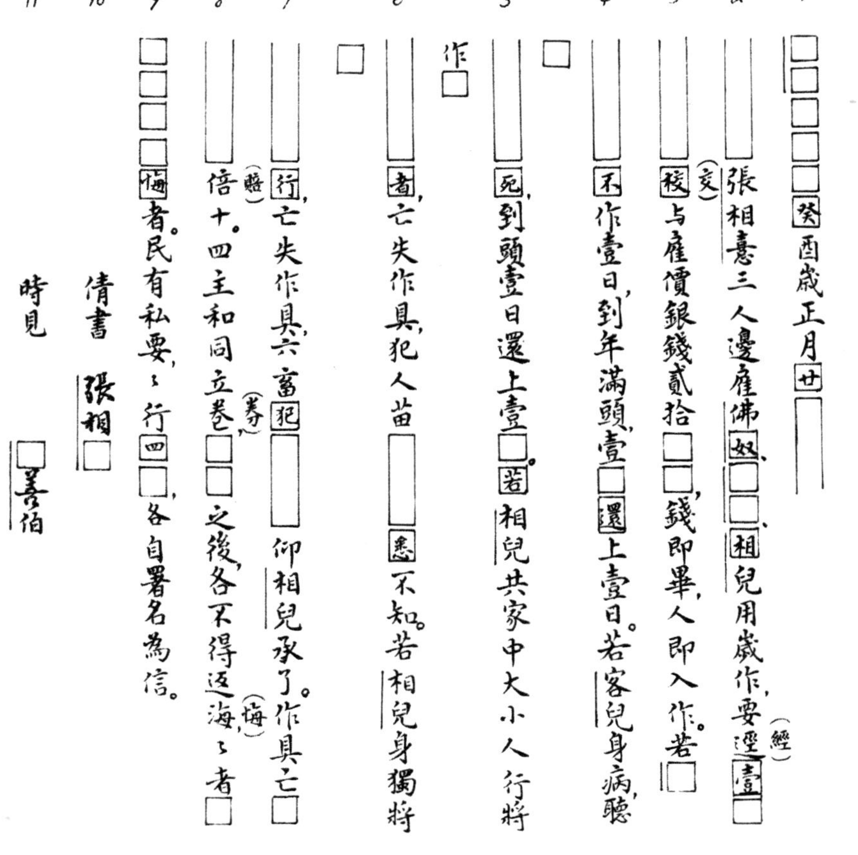

五　高昌延和十二年（公元六一三年）某人從張相憙等三人邊雇人歲作券

1 □□□□□[癸]酉歲正月[廿]……

2 ……張相憙三人邊雇佛[奴]、□□、[相]兒用歲作，要逕（經）[壹]□

3 ……[校]（交）与雇價銀錢貳拾□□，錢即畢，人即入作。若□

□

4 ……[不]作壹日，到年滿頭，壹□[還]上壹日。若客兒身病，聽

□

5 ……[死]，到頭壹日還上壹□。[若]相兒共家中大小人行將

作□

6 ……[者]，亡失作具，犯人苗……[悉]不知。若相兒身獨將

□

7 ……[行]，亡失作具、六畜[犯]……仰相兒承了。作具亡□

8 ……倍（賠）十。四主和同立卷（券），□□之後，各不得返海（悔），ミ者□

9 □□□□[悔]者。民有私要，ミ行[四]□，各自署名為信。

10 倩書　張相□

11 時見　□善伯

六　高昌義和元年（公元六一四年）高懷孺物名條疏　72TAM151:14

六　高昌義和元年（公元六一四年）高懷孺物名條疏

本件第一行僅有一「延」字，與下文不連屬。

1 延

2 義和元年甲戌歲十一月十九日高懷孺物名：緋練柒

3 段，青練壹段，白練叁拾段，紫綾壹領，黃練裹，黃綾

4 壹，白練裹，文紼褶壹，元腰。

七　高昌義和二年（公元六一五年）七月馬帳（一）　72TAM151:58

七　高昌義和二年（公元六一五年）七月馬帳

（一）

1 義和二年乙亥歲七月十六日，范寺思惠赤馬，卜寺赤馬，武
2 衛寺赤馬，丁谷寺瓜馬，田地公寺余馬，追世寺騧馬，北許寺
赤馬，
3 韓統寺青馬，竺惠兒黃馬，氾延熹青馬，政明寺青馬，參軍
4 雅珍吐旱馬，建武留馬，和長史洛馬，小威遠駿馬，西主寺赤
馬，王寺弘慈余
5 馬，將阿婆奴赤馬，侍郎嚴歡岳青馬，諫議令護白馬，史令寺
赤馬，寧遠
6 阿都莫赤馬，常侍安居留馬，威遠孟悦吐旱馬，張寺法朗白
馬，
7 康寺赤紫馬，弘光赤馬，楊太伯瓜馬，宣威忠宣青馬，東許寺
赤馬。
8 合　馬卌匹　付氾　次十八日，麴
伯養黃馬，
9 張歡悦瓜馬，右衛寺赤騧馬，外啒青馬，永安公主寺赤馬，馮
明老
10 留馬，嚴馬寺吐旱黑馬，將智勇赤馬，康相宗留馬，員寺黑馬，
11 虎牙康師兒赤馬，參軍元珍黃馬，趙寺法瑜赤馬，外伍塔青馬，
12 侍郎懷珍赤馬，張阿遵青毛騧馬，氾都寺赤馬，中郎顯仁瓜馬，
13 大司馬寺留馬，明威慶武赤馬，虎牙康相祐留馬，康永兒留馬，
虎威子伯赤紫馬，
14 馬郎中赤馬，竺相伯赤馬，侍郎慶哲黃馬，明威懷滿瓜馬，振武
白額赤
15 馬，麴郎歡悦黃馬，左寺瓜馬，校郎延護留馬。

八　高昌某年衛延紹等馬帳　72TAM151:97

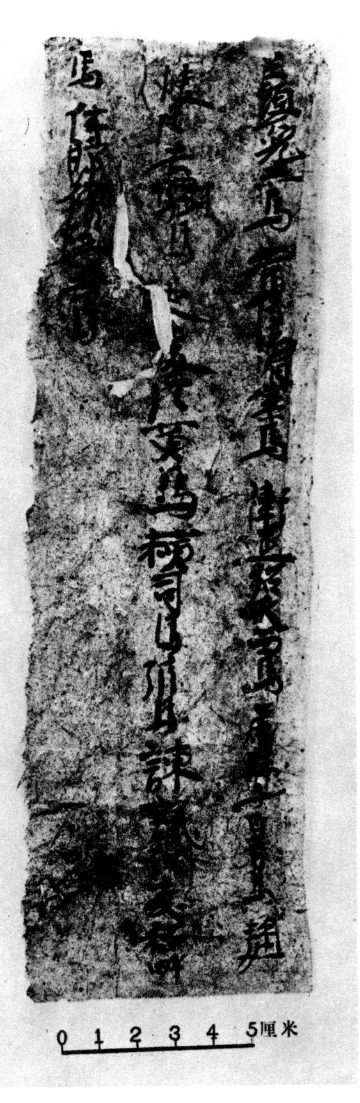

七　高昌義和二年（公元六一五年）七月馬帳（二）　72TAM151:60

（二）

1 王頭六兒赤馬，常侍法濟紫馬，衛延紹瓜留馬，康師子白青馬，麴

2 淩江赤騆馬，[史][淩]江黄馬，蘇司馬騅馬，諫議弘慶移畔

3 馬，侍郎曾懸赤馬。

八　高昌某年衛延紹等馬帳

本件無紀年，内姓名多見於上件《高昌義和二年七月馬帳》，今列於上件之後。

1 □昌任行〔　　〕馬，衛延紹馬，竺〔　　〕

2 中郎師[當][馬]，將阿[婆]〔　　〕[寺]馬，竺惠兒馬，侍[郎]〔　　〕

3 馬，卜寺馬，　范寺〔　　〕統寺馬，東許寺馬，〔　　〕

4 □許寺馬，外伍塔馬，〔　　〕[馬]，左衛寺馬，中郎顯仁〔　　〕

5 威遠孟悦馬，侍郎慶[岳]〔　　〕馬，西主寺馬，諫議令[護]〔　　〕

6 [馬]，左桃和馬，張[寺]法朗馬，〔　　〕馬，員寺馬，杜由天馬，〔　　〕

7 □馬，張智勇馬，明威佛救[馬]，〔　　〕□[住]馬，田[衆]歡馬，康衆〔　　〕

8 □□元岳馬，明威慶武馬，田地公寺馬，左寺馬，楊太伯[馬]

9 〔　　〕馬，和長史馬，寧遠阿都莫馬，丁谷寺馬〔　　〕

10 〔　　〕匹

11 〔　　〕馬，　王寺馬〔　　〕

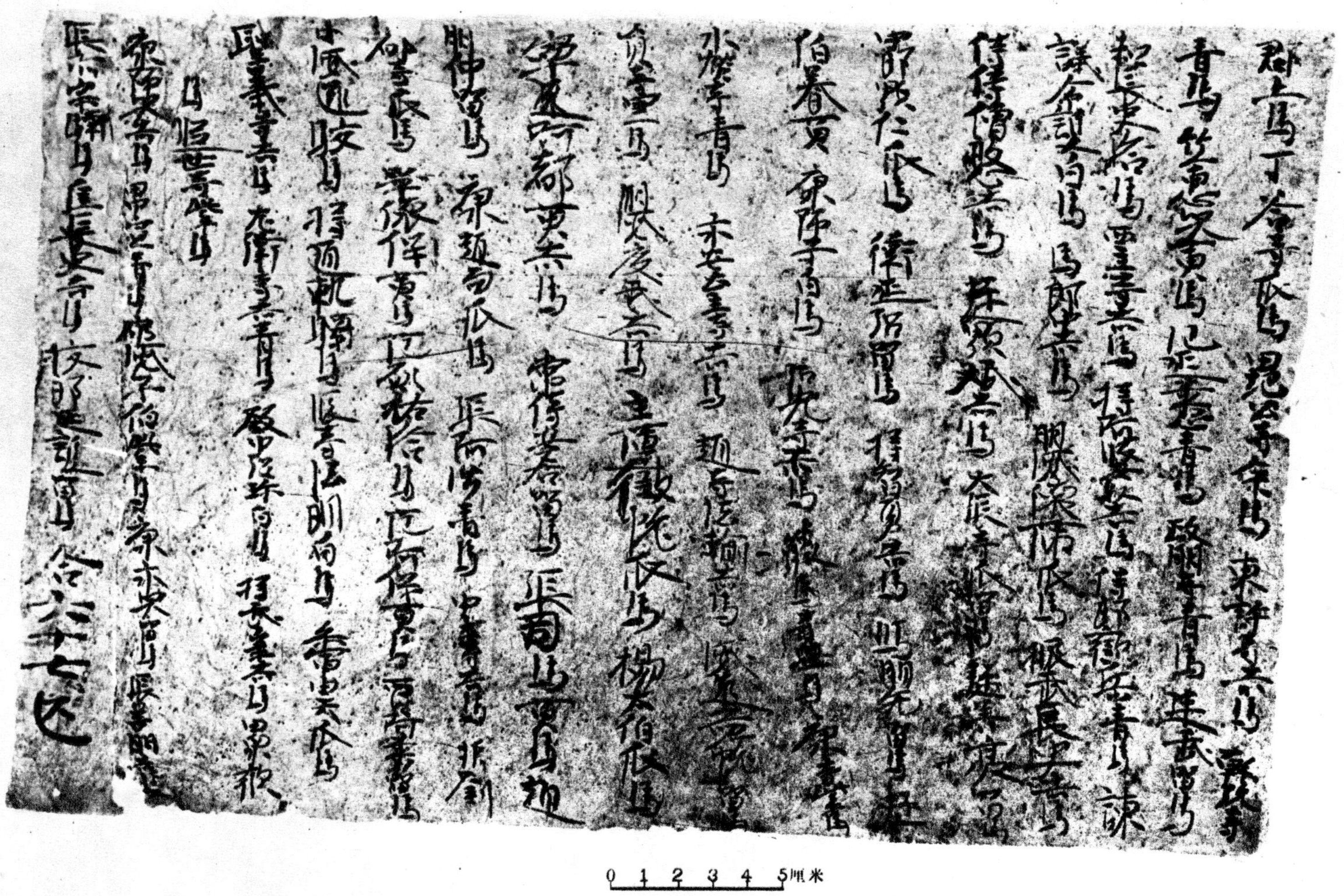

九　高昌某年郡上馬帳　72TAM151:59、61

九　高昌某年郡上馬帳

本件年代順序同上件。

1 郡上馬：丁谷寺厶馬、田地公寺余馬、東許寺赤馬、韓統寺
2 青馬、竺惠兒黄馬、氾延憙青馬、政明寺青馬、建武留馬、
3 和長史洛馬、西主寺赤馬、將阿婆奴赤馬、侍郎歡悦青馬、諫
4 議令護白馬、馬郎中赤馬、明威懷滿厶馬、振武長史赤馬、
5 侍侍〔一〕僧懸赤馬、麴顕斌赤馬、大張寺厶留馬、麴善亮留馬、
6 中郎顕仁厶馬、衛延紹留馬、將智勇赤馬、馮明老留馬、麴
7 伯養黄〔二〕康師子白馬、弘光寺赤馬、嚴馬寺黑馬、康寺紫馬、
8 水候寺青馬、永安公主寺赤馬、趙寺法瑜赤馬、威遠孟悦留馬、
9 員寺黑馬、明威慶武赤馬、主簿歡悦厶馬、楊太伯厶馬、
10 寧遠阿都黄赤馬、常侍安居留馬、張司馬黄馬、趙
11 明仲留馬、康趙茍厶馬、張阿涉青馬、中主寺赤馬、北劉
12 都寺厶馬、翟懷保黄馬、范顧祐洛馬、范阿保黄馬、賈阿憙留馬、
13 小威遠駿馬、將道軌騮馬、張寺法明白馬、參軍由天厶馬、
14 聖義寺赤馬、左衛寺赤青馬、殿中紹珍白馬、將武崇赤馬、田衆
歡
15 馬〔三〕追世寺紫馬。
16 康師兒赤馬、田忠宣青馬、虎威子伯紫馬、康永兒留馬、張善明
赤馬、
17 張阿宗騮馬、焦長史赤馬、校郎延護留馬，合六十七匹。

注釋

〔一〕侍侍：下一侍字係「郎」字誤。下件《高昌合計馬額帳》有「侍郎僧懸」。

〔二〕黄：下疑脱一「馬」字。

〔三〕馬：上空一格，疑漏寫一字。

一〇　高昌合計馬額帳（一）　72TAM151:99、100

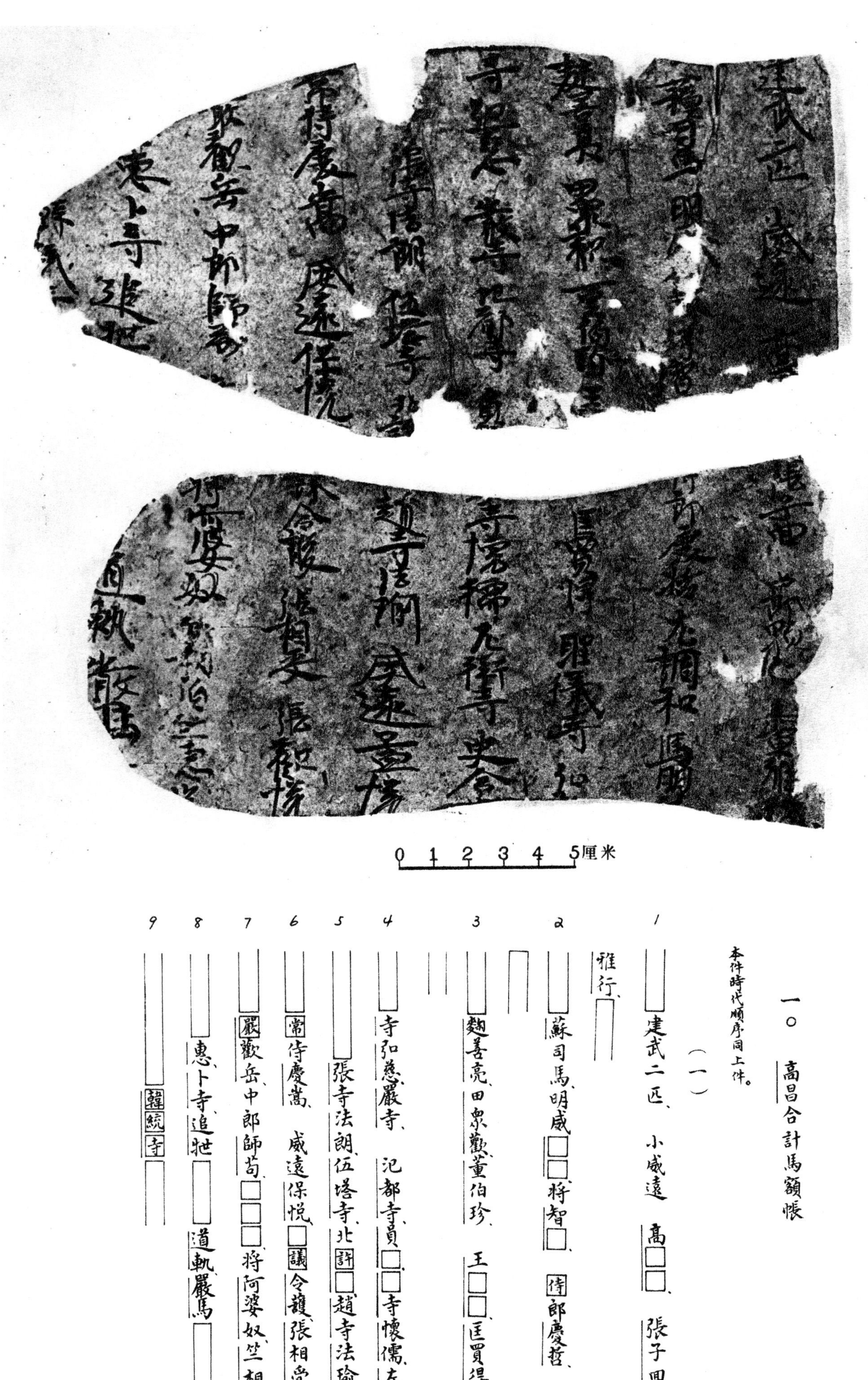

一〇　高昌合計馬額帳

本件時代順序同上件。

（一）

1 ［　　］建武二匹、　小威遠　［　］高□□、　［　］張子回、中郎顯［　］仁參軍

［　］雅行、［　］

2 ［　　］蘇司馬、明威□□、將智□、　[侍]郎慶哲、　左調和　馮明

［　　］

3 ［　　］麴善亮、田衆歡、董伯珍、　王□□、匡買得、聖儀寺弘光、［　］

［　　］

4 ［　　］寺弘慈、嚴寺、　氾都寺、員□□、□寺懷儒、左衛寺、史令［　］

5 ［　　］張寺法朗、伍塔寺、北[許]□、趙寺法瑜、威遠孟悅、［　］

6 ［　　］[常]侍慶嵩、　威遠保悅、□[議]令護、張相受、張歡悅、［　］

7 ［　　］[嚴]歡岳、中郎師苟、□□□、將阿婆奴、竺相伯、竺惠[兕]、

8 ［　　］惠、卜寺追𤚥［　］道軌、嚴馬［　］

9 ［　　］[韓][統][寺]［　］

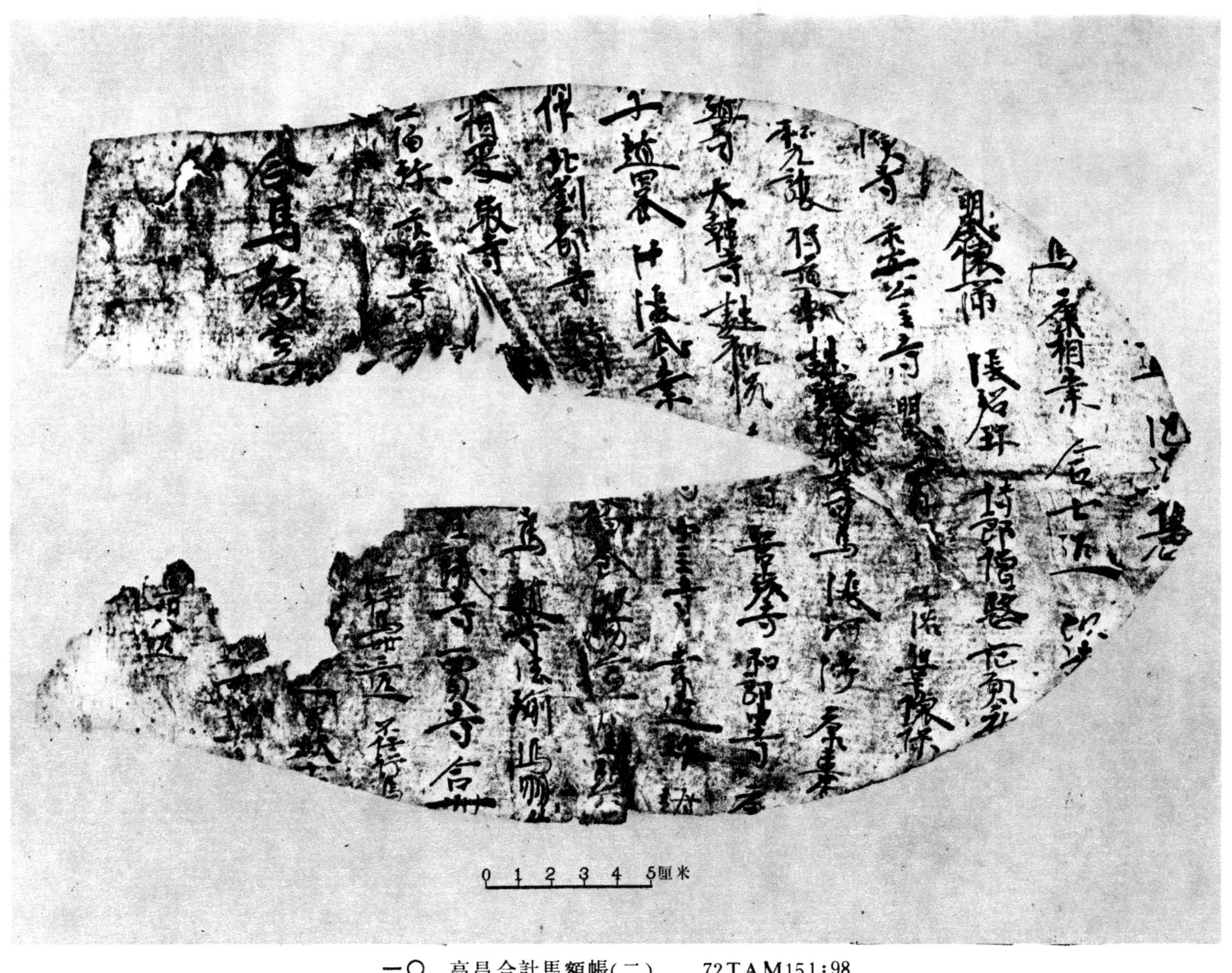

一〇　高昌合計馬額帳（二）　72TAM151:98

（二）

[ ]〔匹〕、氾〔延〕憙[ ]
[ ]馬、康相崇合七匹。次[ ]
[ ]明威懷滿、張紹珍、侍郎僧愍、范顧〔祐〕、[ ]
[ ]〔演〕寺、永安公主寺、明威桑苟、□□子洛、翟懷保[ ]
[ ]和元護、將道軌、麴顯斌、翟司馬、張阿涉、康憙[ ]
[ ]趙苟、大韓寺、麴歡悅、□□寺、翟紘寺、和郎中寺、〔康〕[ ]
[ ]子、趙田養○張武崇、□□〔寺〕、中主寺、常延珍、趙[ ]
□仲、北劉都寺、侍郎[ ]〔麴〕伯養、笙幼宣、　王頭六〔兒〕
[ ]
〔張〕相受、嚴寺、弘[ ]馬、趙寺法瑜、馮明[ ]
□伯珍、永隆寺、〔常〕[ ]〔聖〕議寺、賈寺、合卅[ ]
[ ]
任行馬卅三匹，　不任行馬
[ ]合馬額壹〔佰〕[ ]匹，買馱
七[ ]
十[ ][ ]匹，死〔馬〕
匹。[ ]馬卅八

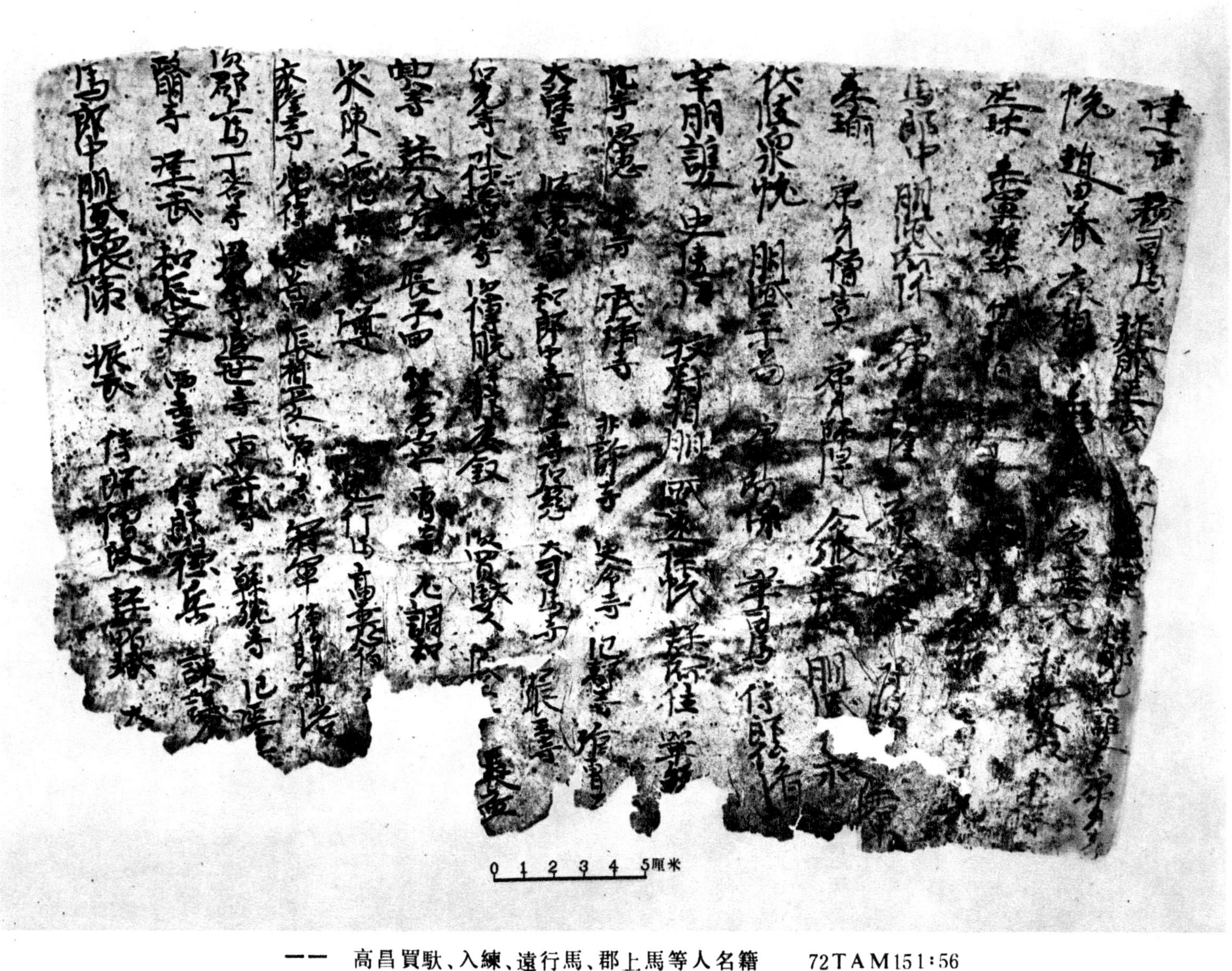

一一　高昌買馱、入練、遠行馬、郡上馬等人名籍　　72TAM151:56

一一　高昌買馱、入練、遠行馬、郡上馬等人名籍

本件年代順序同上件。

1 建武、藕司馬、麴郎延武、麴郎歡悅、侍郎元護、虎牙孝

2 悅、趙田養、康相崇、參軍元珍、康憙兒、將阿婆奴、常侍

3 延珍、參軍維珍、竺相伯、麴司馬、侍郎慶哲、[康][永]兒、

4 馬郎中、明威阿弥、虎牙叔隆、康善憙、將伯瑜、參軍

5 孝瑜、虎牙僧寘、虎牙師得、令狐延幢、明威[佛]救、

6 伏波衆悅、明威桑苟、虎牙阿保、翟司馬、侍郎佛濟、

7 辛明護、史淩江、校尉相明、威遠保悅、麴阿住、翟□、

8 范寺、思惠、卜寺、武衛寺、北許寺、史令寺、氾都寺、綰曹[寺]

9 大韓寺、波寅寺、和郎中寺、王寺、弘慈、大司馬寺、□張[一]王寺

10 弘光寺、外伍塔、左寺。次傳脫侍郎慶叙。　次買馱人：成□□、

張孟

11 典寺、麴元岳、張子囬、竺幼宣、曹寺、左調和、□

12 次入練人：成伯延、和元遵。　次遠行馬：高憙伯、□

13 永隆寺、常侍慶嵩、張相受、賈寺、冠軍、侍郎子洛。

14 次郡上馬：丁谷寺、田地公寺、追世寺、東許寺、韓統寺、氾延憙、

15 政明寺、建武、和長史、西主寺、侍郎歡岳、諫議[令]□、

16 馬郎中、明威懷滿、　振武　侍郎僧懸、麴顯斌、大□□、

注　釋

〔一〕「張」下疑脱一「寺」字。

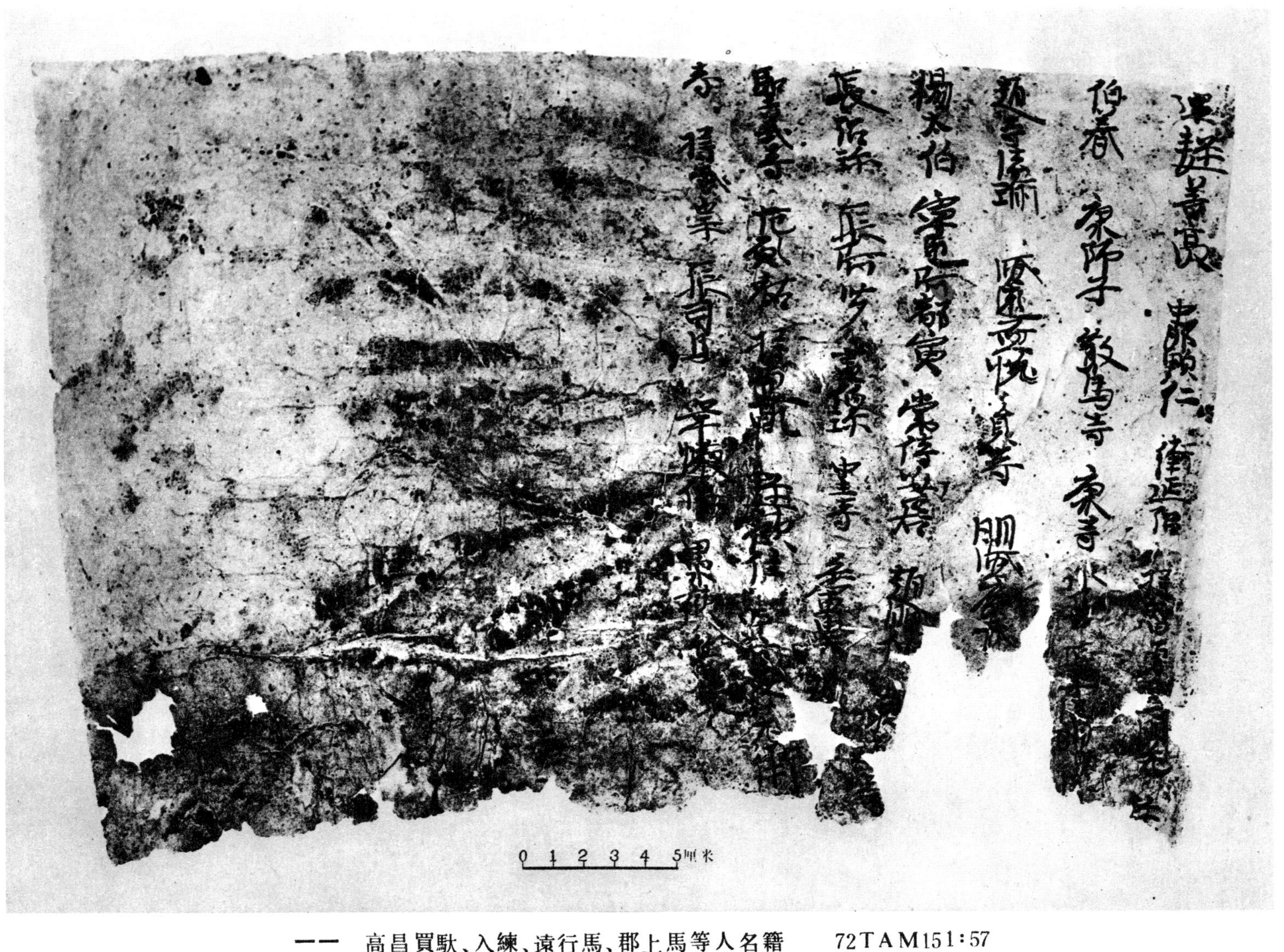

一一　高昌買馱、入練、遠行馬、郡上馬等人名籍　72TAM151:57

17 ○麴善亮、中郎顯仁、衛延紹、將智勇、馮明老、　麴
18 伯養、康師子、嚴馬寺、康寺。　外屈張寺法朗、□□、
19 趙寺法瑜、威遠孟悅、員寺、明威慶武、□
20 楊太伯、寧遠阿都寅、常侍安居、趙明仲、康[趙]苟、
21 張紹珍、張阿渉、董伯珍、中主寺、參軍由天、北[劉]□□、
22 聖議寺、范顧祐、將道軌、麴歡、住賈阿憙、左衛
23 寺、將武崇、張司馬、畢懷保、田衆歡、竺惠兒。

一二　高昌義和二年（公元六一五年）都官下始昌縣司馬主者符爲遣弓師侯尾相等詣府事

72TAM151:15

一二　高昌義和二年（公元六一五年）都官下始昌縣司馬主者符爲遣弓師侯尾相等詣府事

本件第三行「此月九日」中「九」字墨色淡，後填寫；第五行下端「工相兒侯阿伯」及另一人名三字墨色亦淡，係後來簽寫；另一人姓名因墨色太淡，字迹已無從辨認。

1 令　吴善熹傳

2 敕始昌縣司馬主者：彼縣今須弓師侯尾相、侯

3 元相二人，符到，作具粮食自隨，期此月九日來詣府，

4 不得違失。承　旨　奉　行。

5 義和二年乙亥歲十月　日起　工相兒　侯阿伯　□□□

6 凌江將軍兼都官事史　洪信

一三　高昌義和二年（公元六一五年）參軍慶岳等條列高昌馬鞍韉帳　　72TAM151:62

一三　高昌義和二年（公元六一五年）參軍慶岳等條列高昌馬鞍韉帳

高昌馬案（鞍韉）爲壹劑，將延興下左渉涼壹具，將伯瑜
下左渉涼壹具，將阿婆奴下自壹具，將佛保下馮衆德
壹具，將道軌□□□目受壹具，將佛茍下白弟弟壹具，
將智勇下趙□□□壹具，□□□□翟伯兒壹具，將
保謙下氾延虎壹具，虎牙□壹具，將詠
幼下李元保壹具，將□將慶
嵩下孟龍海壹具，將元祐下王□□壹具，
虎牙悅相下孫相祐壹具，諫議元海下康師子壹具，
將僧顯下趙祐兒壹具，將願得下潙文歡壹具，
將頭尊下祁顯明壹具，明威慶武下建武壹具，將
阿伯下同孟□懷壹具，將武崇下田□子壹具。
都合馬案（鞍韉）爲貳拾貳具
義和二年乙亥歲十二月九日參軍慶岳主簿□兒范馮
四人條

一四　高昌義和三年（公元六一六年）張相憙夏床田券　72TAM151:94

一四　高昌義和三年（公元六一六年）張相憙夏床田券

1 [義]和三年丙子歲四月廿……，張相憙從左祐子邊

2 [夏]部床田壹畝，到十月內……酙(斛)，床依官酙(斛)(斗)皃中取。[床]

3 [使]干淨好，若淨好聽(一)□□□□。[相]殊(輸)伯(百)役，仰田主了；渠[破]

4 [水]讁，仰耕田人了。二主和[同]□□□，□□□[後]，各不得返悔，悔者

一罰二入[不]

5 □者。民有私要，要行二[主]，□□□□為信。風破水旱，隨大□□。

6 倩書　翟懷願　□□　□衆德

7 □月二日，取善保田壹畝，[罰]……巻(券)同。張相執書。即[日]□□

8 □顧邊夏宣威忠……畝，罰部皃酙(斛)(斗)(倍)……

9 ……[馮]衆[德]

注釋

〔一〕若淨好：「若」下當脫一「不」字。

一五　高昌義和三年（公元六一六年）氾馬兒夏田券　72TAM151:13

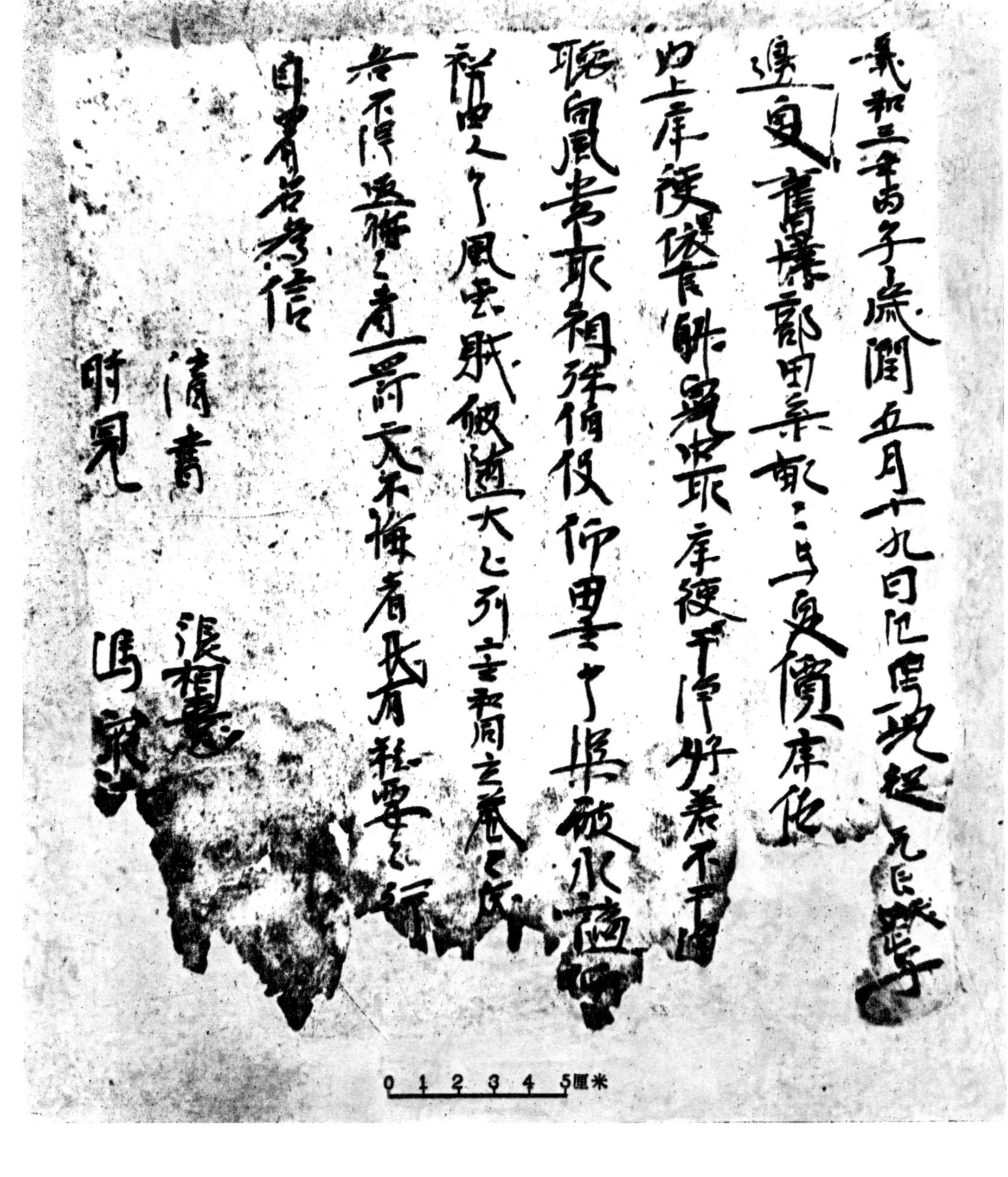

一五　高昌義和三年（公元六一六年）氾馬兒夏田券

義和三年丙子歲潤(閏)五月十九日，氾馬兒從无良跋子[一]
邊夏(賃)舊壊(業)部田叁畝，〻与夏價床伍□
内上床使畢，依官斛(斛)兜(斗)中取。床使畢干淨好，若不干淨，□
聽向風常取。祖(租)殊(輸)伯(百)役，仰田主了；渠破水讁，仰
耕田人了。风虫賊破，隨大巳列(例)。二主和同立卷(券)，〻成□□，
各不得返悔，〻者一罰二入不悔者。民有私要，〻行□□。
自署名為信。

倩書　張相憙
時見　馮衆德

注釋

[一]「跋」為无良跋子押署。

一六 高昌義和四年（公元六一七年）役課條 72TAM151:16

一七 高昌丑歲兵額文書 72TAM151:50

一六 高昌義和四年（公元六一七年）役課條

1 將阿奴下翟黃頭爲趙歡[悅]□[共]人，次將

2 保謙下趙顧伯入田地。

3 義和四年丁丑歲十月十六日二人條

一七 高昌丑歲兵額文書

本件文書内題「丑歲」，按重光元年前最近之「丑歲」爲義和四年丁丑（公元六一七年）。

1 丑歲兵額：交(河)付康阿陁兒，永昌付主簿阿那寧戎付吏青

2 守，永安付參軍懷萬，威神付主簿延海，田地付參軍天護，

3 黃截(横)付參軍天養，林川付主簿横之。

一八　高昌義和五年（公元六一八年）阿願殘文書　72TAM151:105

一九　高昌某歲二月九日補人文書　72TAM151:53(b)

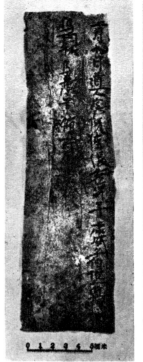

二〇　高昌某歲供作文書　72TAM151:106/1、106/2

一八　高昌義和五年（公元六一八年）阿願殘文書

1　義和五年戊寅歲［　　］
2　□阿願［　　］

一九　高昌某歲二月九日補人文書

本件乙面下端橫列「張」「筆」「趙」三字，當係另一文書末尾的聯署。

1　二月九日，道人慈悅捕(補)張客兒子，虎威子伯作人道得捕
2　馮相祐、馬憙崇捕符用筆。

二〇　高昌某歲供作文書

1　［　　］共趙郎［　　］
2　［　　］惠奴共趙
3　［　　］懷明作供□□
4　［　　］作壹年，索［　　］

二一　高昌某歲承役文書　72TAM151:106/3

二二　高昌條列用驛人上現殘文書　72TAM151:72

二一　高昌某歲承役文書

1 ☐延住、明威懷養

2 ☐亡去到苻閭徐保祐

3 ☐〔錢〕一百卌，依舊承役

二二　高昌條列用驛人上現殘文書

1 ☐護☐

2 ☐延伯☐

3 ☐旧門頭上現伍肆日。

4 ☐〔案〕條列用驛☐

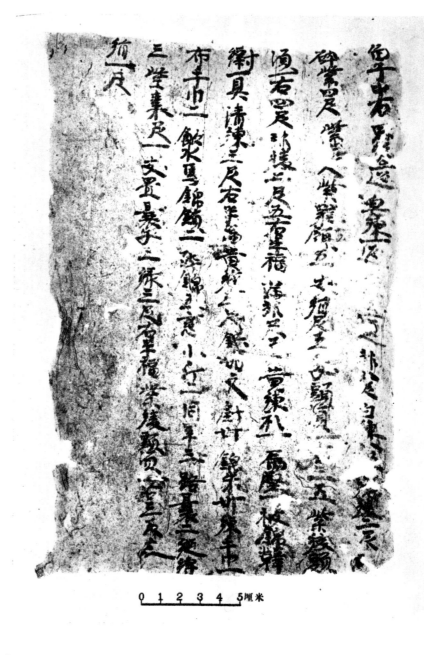

二三　高昌甶子中布帛雜物名條疏　72TAM151:51

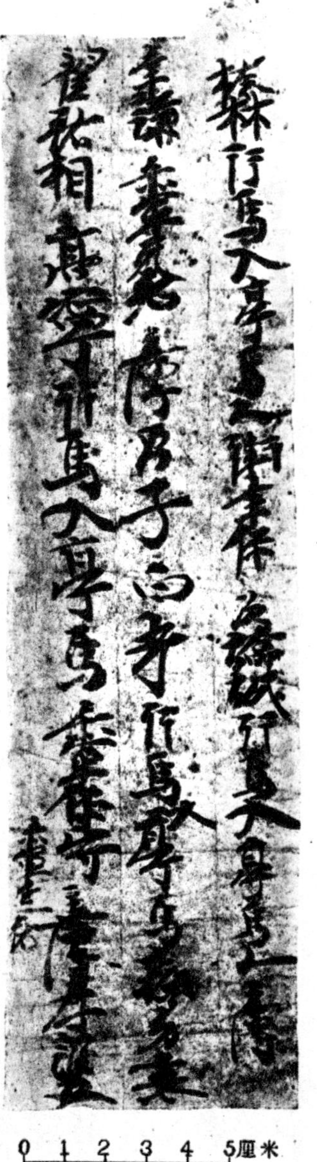

二四　高昌洿林等行馬入亭馬人名籍　72TAM151:54

0 1 2 3 4 5厘米

二三　高昌甶子中布帛雜物名條疏

本件紀年已缺，取自墓主人氾法濟右腿殘肢上。其書寫年月，當不晚於本墓衣物疏之紀年（重光元年二月）。

1 甶子中右疊(有)一疋，皂練一疋，白綾一疋，非(緋)八尺，白練八尺，絲綾二尺□□

2 碎紫四尺，紫三尺，紫羅領五，支(文)絹尺五，支頭須一，右(文)三五，紫綾頭

3 須一，右四尺；非(緋)綾二尺五，右(文)半福(幅)；滿非(緋)尺五；黃練衫一；扁堅一，被錦韡

4 縹一具，清(青)練三尺，右(文)半福(幅)，黃練三尺，錢卌，文針卄，綿朱卅，練手巾一，

5 布手巾二；飲水馬錦鎮(枕)二，碎錦五戀，小斤二，同(銅)早三，路囊(囊)二，綖縛

6 三，紫㯺尺一，支(鬟)疊(囊)囊子二，綠三尺，右(文)、半福(幅)紫綾頭須一，右三尺，赤

7 絹一尺。

二四　高昌洿林等行馬入亭馬人名籍

1 洿林行馬入亭馬人：衛余保。次鹽城行馬入亭馬人：主薄

2 辛謙、參軍元幼、主薄男子。白艻行馬入亭馬蘇幼惠、[一]

3 翟祐相。高寧行馬入亭馬[二]參軍保守、參軍延祐、主薄孝護。

注　釋

〔一〕馬：下疑缺一「人」字。

〔二〕同上。

二五　高昌逋人史延明等名籍　　72TAM151:52

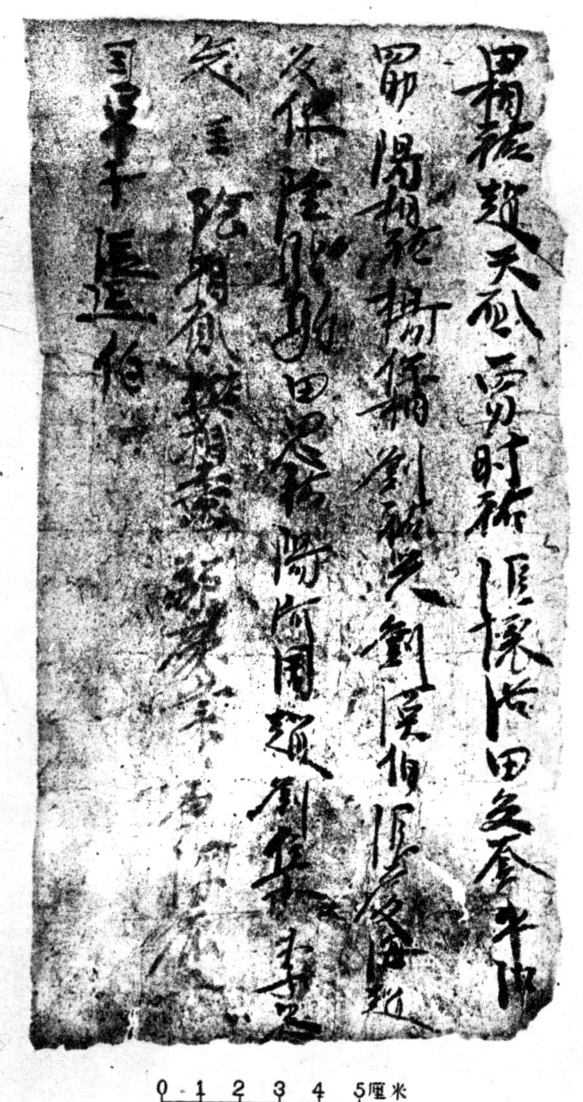

二六　高昌田相祐等名籍　　72TAM151:55

二五　高昌逋人史延明等名籍

1 九日逋人：史延明、北聽幹竺伯子、曲尺寶惡奴、王慶濟。
2 廿四日逋人：孟慶嵩、王歡岳；北聽幹程阿慶、康善祐、白保祐、
3 令狐伯兒、氾顯真、王保謙；曲尺苻元祐、良□祐；鹿門趙善[憙]、
4 諸善憙、宋延佑；碑堂趙師得；相（廂）上張□□、兵人宋保得、
5 宋客兒子、陽保相、張黑奴、張慶祐、袁□□、紙師隗頭六奴；
6 北許寺豐得。

二六　高昌田相祐等名籍

本件第四行「陰」字以下為淡墨書寫。陽相祐、劉祐兒、陰騧駒、趙劉集、李忠兒、鄭慶宗人名右側加紅點。

1 田相祐、趙天願、賈時祐、張懷洛、田多套、牛弘
2 蜀、陽相祐、楊保相、劉祐兒、劉漢伯、張慶海、趙
3 多保、陰騧駒、田思祐、陽阿周、趙劉集、李忠
4 兒。王陰相願、樊相憙、鄭慶宗、康深鹿子、
5 匡鼻子、張延佾。

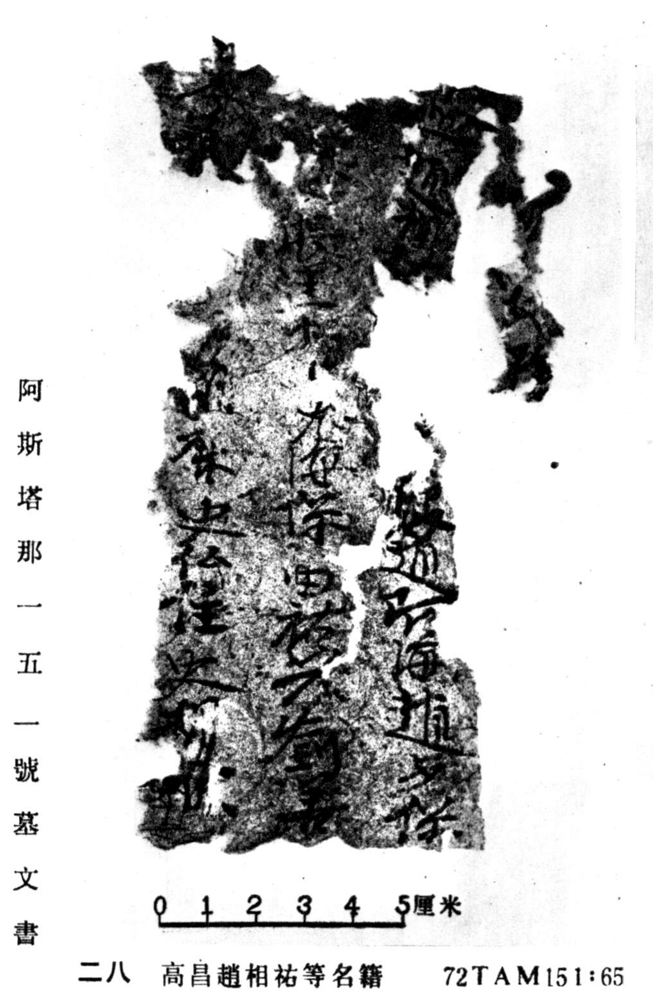

二八　高昌趙相祐等名籍　72TAM151:65

二七　高昌陰騮居子等名籍　72TAM151:63/1

二七　高昌陰騮居子等名籍

1 「[陰][騮]居子、袁」
2 「[陽]相祐子、寅善憙、趙」
3 「□屘□子、張善憙」
4 「賈慶祐、劉祐兒、□□」
5 「劉容兒、樊何伯、劉」

二八　高昌趙相祐等名籍

1 」陰「
2 」趙相祐「」奴、趙阿海、趙多保、
3 」張里□、左海保、田祐兒、劉善「
4 」孝養、□胡麻、史仏（佛）住、史相[歡]、「

二九　高昌傳錢買鑊鐵、調鐵供用帳　72TAM151:101

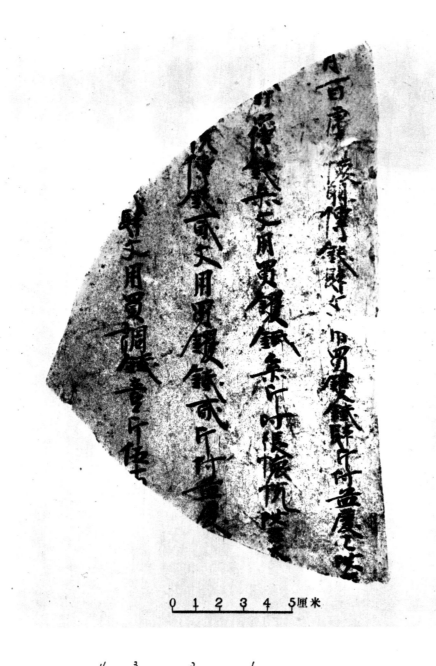

二九　高昌傳錢買鑊鐵、調鐵供用帳

本件拆自汜法濟紙鞋，與前件時間相同，故列在重光元年（公元六二〇年）之前。以下諸件同此。

1 ［　　］月一日，虎牙懷明傳錢肆文，用買鑊鐵肆斤，付孟慶々，
供［　　］

2 ［　　］剗次傳錢叁文，用買鑊鐵叁斤，付張懷悦，供王大［　　］

3 ［　　］悦傳錢貳文，用買鑊鐵貳斤，付孟慶［　　］

4 ［　　］錢肆文，用買調鐵壹斤伍兩［　　］

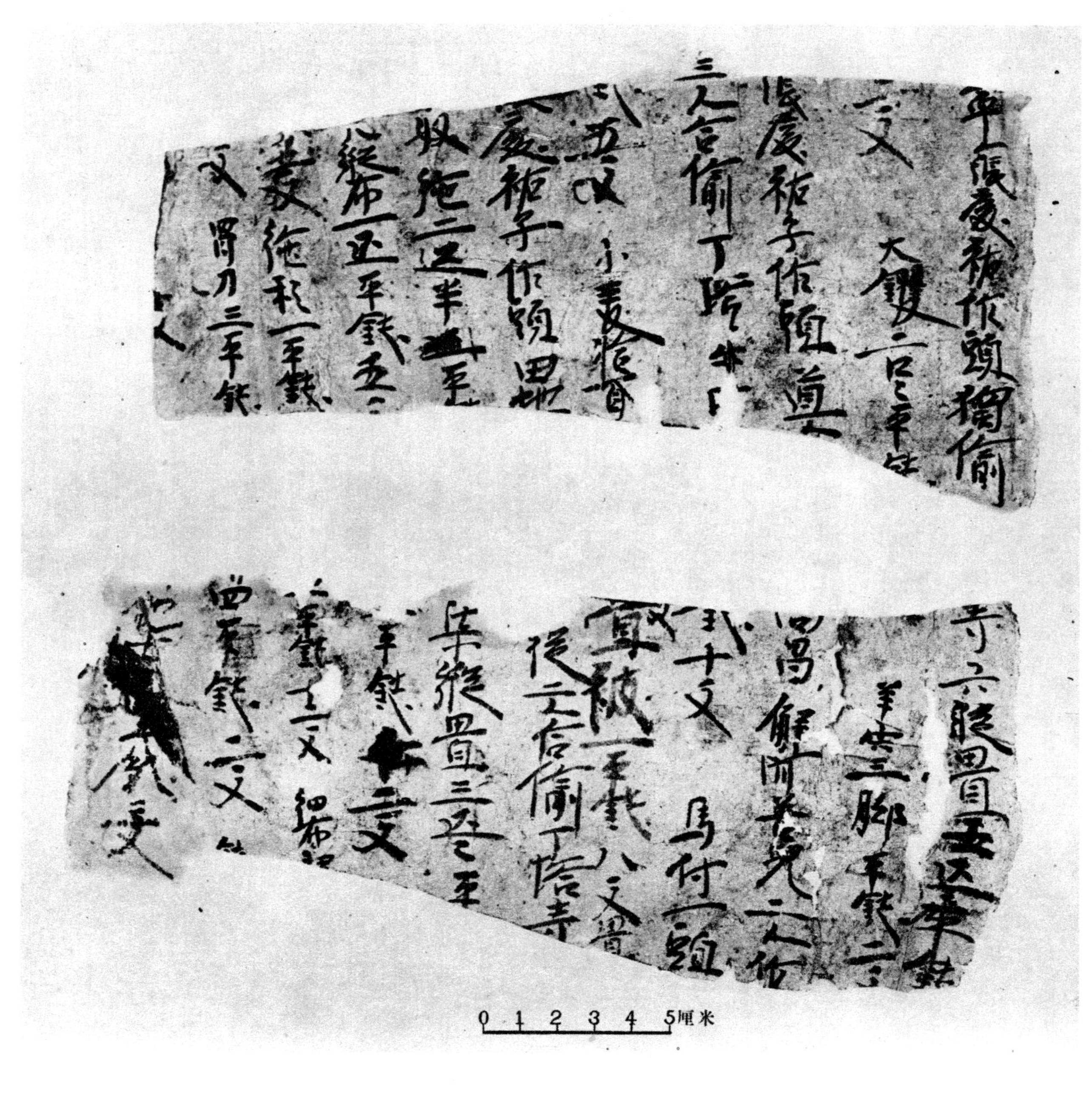

三〇　高昌作頭張慶祐等偷丁谷寺物平錢帳

□寧人張慶祐作頭，獨偷□□寺六縱疊五疋，〻平錢
□二文；大钁二口，〻平[錢]□□；羊宍(肉)三脚，平錢二[文]。
□張慶祐子作頭，道人□□，[高]昌解阿善兒二人作
□，三人合偷丁塔(谷)牛□□，□[錢]十文；馬付一頭，
□[錢]五文；小麦拾貳□疊被一，平錢八文。疊
□[張]慶祐子作頭，田地□從，二人合偷丁塔寺
□□奴絁二匹半，(匹)平[錢]□□；柒縱疊三疋，〻平□
□□；八縱布一匹，平錢五[文]；□[匹]平錢〇十二文；
□五文；絁衫一，平錢□平錢十二文；細布[裙]
□文；胃(腰)刀三，平錢□四，平錢二文；□
□[絁]七匹，〻平錢二文；

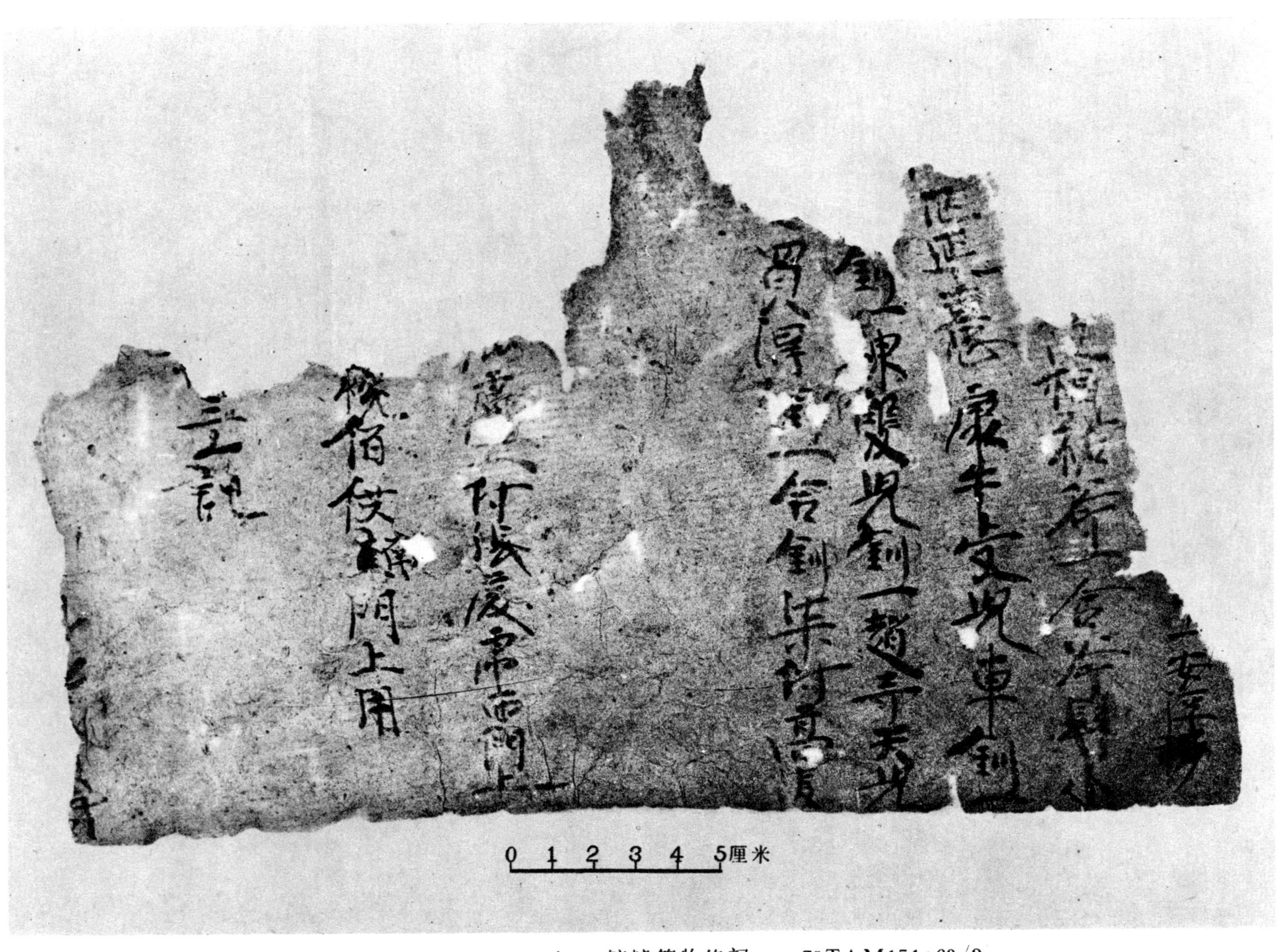

三一　高昌供用斧、車釧、轆轤等物條記　　72TAM151:63/2

三一　高昌供用斧、車釧、轆轤等物條記

［　　　　］［一］，安浮(移)
［　　　　］相祐斧一，合斧肆。小
［　　］汜延憙、康牛安兒車釧一，
［　　］釧一、□柬雙兒釧一，趙寺天兒
［　　］買得［釧］一，合釧柒，付高淩
［　　］［鹿］盧（轆轤）一，付張慶虎西門上
［　　］悅佰供〇（南）門上用。
［　　］三人記。

三二　高昌供用杈、欃等物條記　72TAM151:64

三三（上）唐貞觀十八年（公元六四四年）殘文書　72TAM151:74(b)之一

三三（下）唐貞觀十八年（公元六四四年）殘文書　72TAM151:74(b)之二

三二　高昌供用杈、欃等物條記

1 脩康奴得鹿脩、李
2 南劉都寺杈、車婆這杈、
3 脩、大黨六、欃二、杈四，付成
4 用。
5 記。康元訓梯。

三三　唐貞觀十八年（公元六四四年）殘文書

本件草書於本墓七四號文書之背面，書寫未竟，四行下之「南南」爲戲書。

1 貞觀十八年九月　日
2 縣汚午以貧極
3 不充七戈
4 等白南南

三四　古寫本《晉陽秋》(?)殘卷　72TAM151:74(a)之一

三四　古寫本《晉陽秋》（？）殘卷

本卷書法古樸，頗寓隸意，時代較早。文中「忠良」未避隋文帝父楊忠諱；「白虎幡」、「師昺」未避唐高祖之祖李虎、父李昞諱，可證此卷非隋唐時物。本卷背面有唐「貞觀十八年九月」等字跡（參見前件），顯係後人擬契券稿時所爲。孫盛《晉陽秋》早亡佚，然《世說新語》注文、《三國志》裴注等古籍仍存《晉陽秋》一些條文，其中涉及本卷內容者，其行文用語與體例均相合，姑暫定本殘卷爲《晉陽秋》（？）殘卷。本卷每行上下左右均作烏絲欄格。

1　廢天□爲之[憤]［　　］

2　壁中□兵中郎濟［　　］

3　還宣□子与王妃[書]［　　］心趣雅[説]曰秀中

4　宮𡚾[妒]無道与[賈]［　　］[太]□今國□儲副社稷

5　將危大□□起事［　　］[事]中宮与[賈]郭親善太子

6　之廢□云与知一[旦]［　　］[必]豫及□先[謀][之]□於倫

7　々納[馬]□告通事[令]［　　］省事張衡兼壁中□[御]史

8　殷渾□[衛]司馬督□□等皆以爲[然]林常山人張□□

9　之曾[孫][安]東騎主□□衛趙王在鄴以舒利□[務]［　　］

10　善始[路][蓄]之弟子□□赴期而秀等以太子［　　］

11　得志□[不]即決[謀]□泄初秀陰謀逆乱［　　］

12　賈后□□增疾□□[故]構□成[太]子罪今［　　］

13　則天下□怨毒以（已）□倫乘此釁得舊其[詐]［　　］

14　除執□□後濟□□慕時[后]屢遣宮［　　］

15　市道[聽]察群言□[妹][午]及[趙][粲]亦數［　　］

16　人以參[審]風說秀[知]其然乃使其私豎［　　］

17　說皇[后][姤]而太子[非][皇]后所生憂怖不自［　　］

18　后午[粲]及諸宮人[聞]之還白后々既聞［　　］

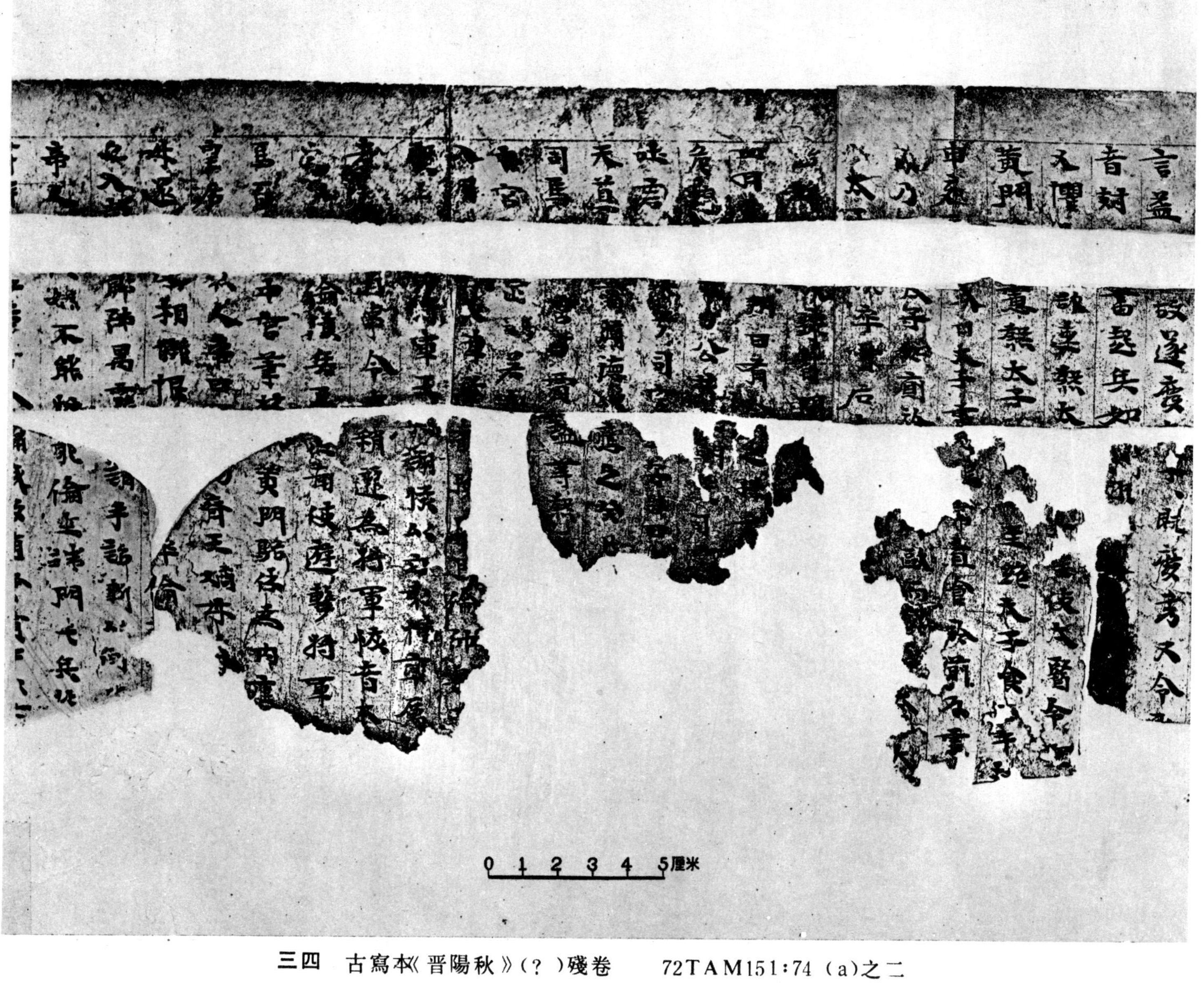

三四　古寫本《晉陽秋》（？）殘卷　72TAM151:74（a）之二

言益□故遂廢[太][子]　既廢秀又令□
者封□當起兵如[許]逆□或未兵杖□
又懼□欲速煞太□[衆]望使太醫令[程]□
黄門[孫]慮煞太子□□慮至絶太子食□午□□
申庭(慮)□[或]曰太子慮[見][鳩]常煮食於前及慮□
□乃□太子如廁[於]□□[杵]毆而煞之太子大□
□太[子][既]卒賈后[表]□
[路]始[右]□次歸(飛)晉閭[和]□
四月辛□朔日有食之孫秀□
危趙□[欲]与公共[匡]朝廷司空□
吐言□此乎司空□子韙曰[中]□
天道[玄]□當脩德以應之癸巳□
司馬[日][中]宫与賈謐等煞吾□
中宫□□定[賜]若[爵]□
入因□□吏車肇[截][闕][開][門]倫帥[梁][王]□
壁上□[兵]将軍王□謝悏以白虎幡率厲[将]□
孝廉□通事令史稍遷為将軍悏者本□
[之][孫]□倫陳兵馬[道]南使遊擊将軍□□
馬百□中宫華林[令]黄門駱休為内應□
皇后□[庶]人帝曰□□齊王嫡母□□
母還□[反]相讎恨□[厈]倫□
之入[尚]□郎陑(師)曷露□[請]手詔斬以徇□
帝人□□婦不能[救][耶]倫坐端門弋(也)兵[北]□

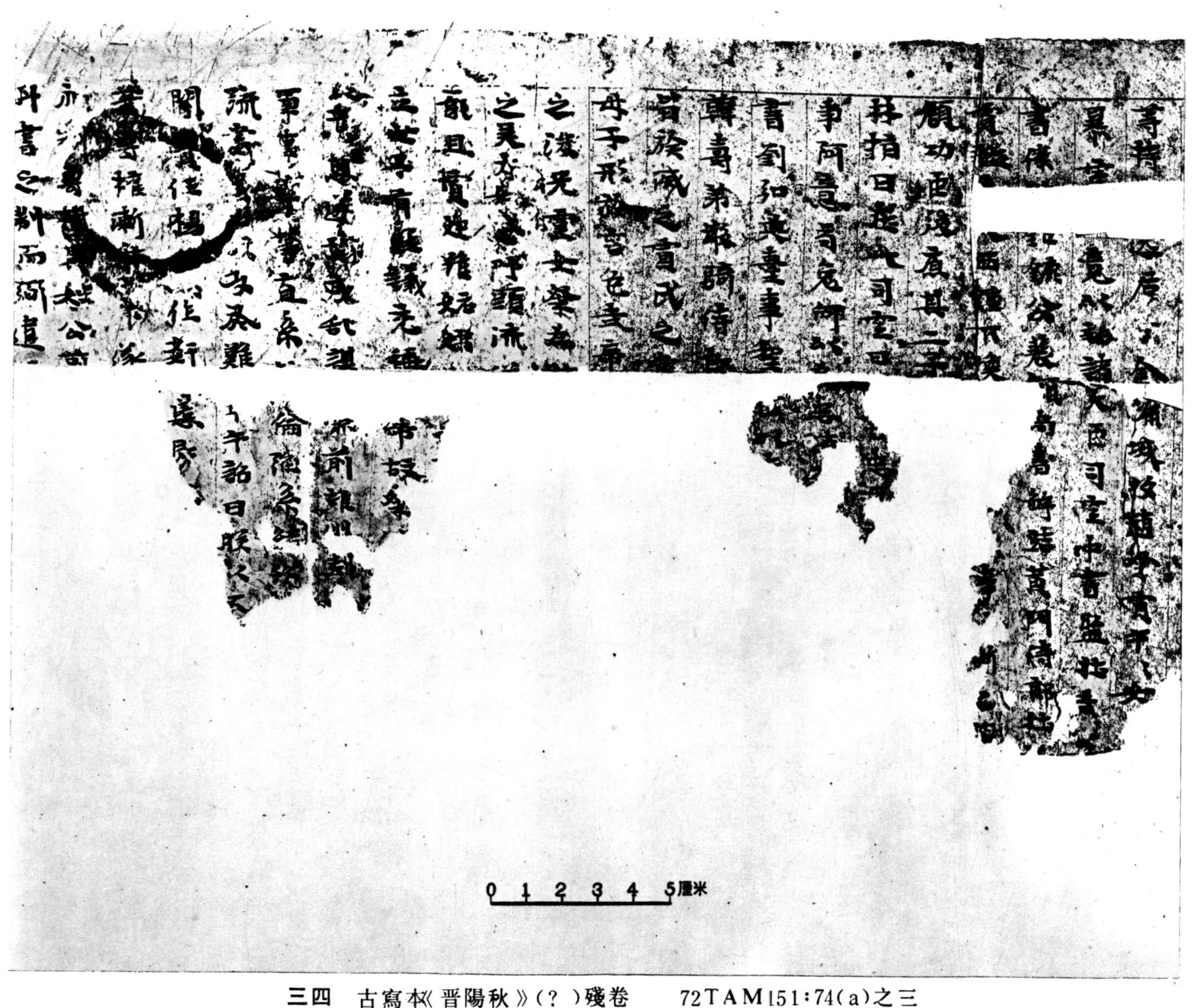

三四　古寫本《晋陽秋》(?)殘卷　　72TAM151:74(a)之三

等持□送后于金墉城收趙粲賈午ミ女□
暴室□竟以詔諸大臣司空中書監壯武公□
書僕[射][鉅]鹿公裴[頠]尚書解結黄門侍郎杜[斌]□
賈謐[走][入]西鐘下喚□□幸(牽)□[斬][之][皆]□
頠功臣後原其二子□
林指曰在此司空曰□[害]忠[良]□
争阿意苟勉何以[爲]忠□
書劉弘典臺事程□以□
韓壽弟散騎侍郎□
皆族滅之賈氏之[黨]□
母子形於言色武帝□
之後兄虞女粲爲□
之吴太[妃]□叩頭流[涕]□
耶且賈妃雖妬婦□
立世子有疑議充稱□帝〔一〕故桀□
以舊恩遂豫成乱謀□煞前雍州刺史
軍事華等直系□倫謟系結以□
疏當[遣]出故及於難甲午詔曰朕以不德□
閻實任楊□ミ作舒蘧既□
華專權漸再□□遂□
永制專樹異姓公[前]□
丹書之制而彌違□

注　釋

〔一〕疑此處有訛脱。

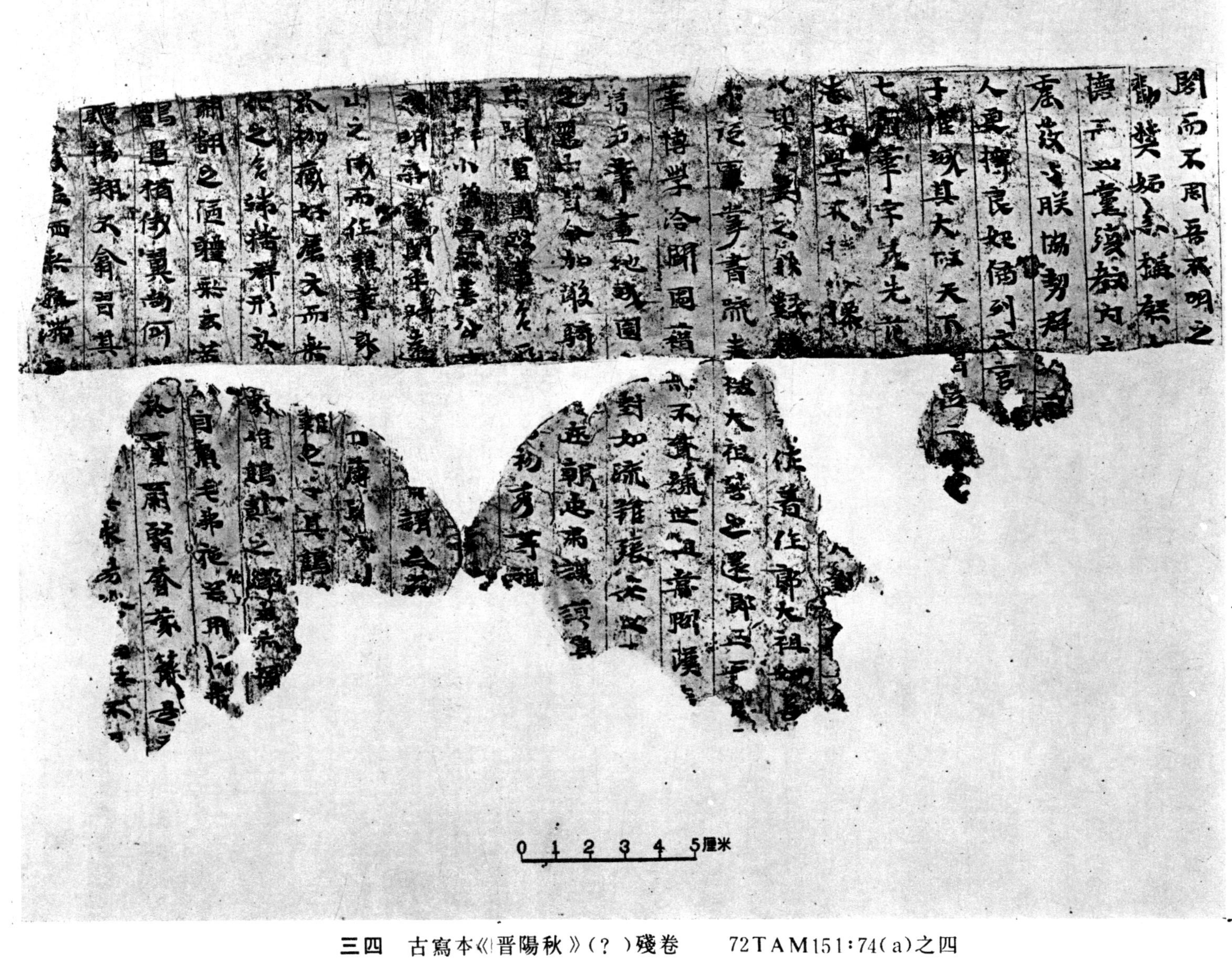

三四　古寫本《晉陽秋》（？）殘卷　　72TAM151:74(a)之四

64 閣而不周吾不明之

65 勸獎姤忿構熱〔太〕

66 德而凶黨復教內〔立〕

67 震蕩与朕協埶（勢）群〔奸〕翦

68 人更擇良妃備列六宮〔皆〕

69 子惟城其大赦天下〔增〕位二等〔使〕

70 七廟華字茂先范〔陽〕

71 志好學不持□操初〔人〕劉□□□〔欽〕

72 以其子妻之欽數稱□〔拜〕佐著作郎大祖如長

73 郎從軍掌書疏表檄大祖善之還即正〔晉〕〔興〕

74 華博學洽聞圖籍〔無〕不貫練世祖嘗問漢〔事〕

75 萬戶華畫地成圖〔應〕對如流雖張安世〔不〕

76 之遷中書令加散騎□〔侍〕在朝忠肅謀〔謨〕〔慎〕

77 其關軍國政事多所□□初秀等謀

78 聞〔群〕小〔欲〕為不善公曰華〔對〕

79 魏明帝業關中時遠謂為

80 山之俄而作難華身□□口溥（薄）閱家〔無〕

81 於枷藏好屬文而無□難之才其《〔鷦〕〔鷯〕□》

82 化之多端播群形於□類惟鷦鷯之微虫亦攝

83 翩翩之陋體無玄黃以自貴毛弗施於器用〔肉〕弗

84 鷦過猶俄翼尚何〔懼〕罿罻翳薈蒙籠是〔焉〕

85 飂揚翱不翁習其〔其〕〔求〕〔易〕〔給〕〔巢〕〔林〕不〔過〕

86 □〔數〕〔粒〕〔栖〕無所滯〔遊〕

三五 《千字文》習字殘卷(一) 72TAM151:68

三五 《千字文》習字殘卷(二)
72TAM151:70

三五 《千字文》習字殘卷

（一）

1 木賴及萬方
2 □□□樹白駒食場化被草
3 □賴及萬方鳴鳳在樹白駒食
4 □化被草木賴及萬方鳴鳳在樹
5 白駒食場化被草木
6 □鳳在樹白駒
7 及萬方鳴鳳
8 □□木賴
9 被

（二）

1 方鳴
2 化被草木賴
3 駒食場化被
4 樹白駒

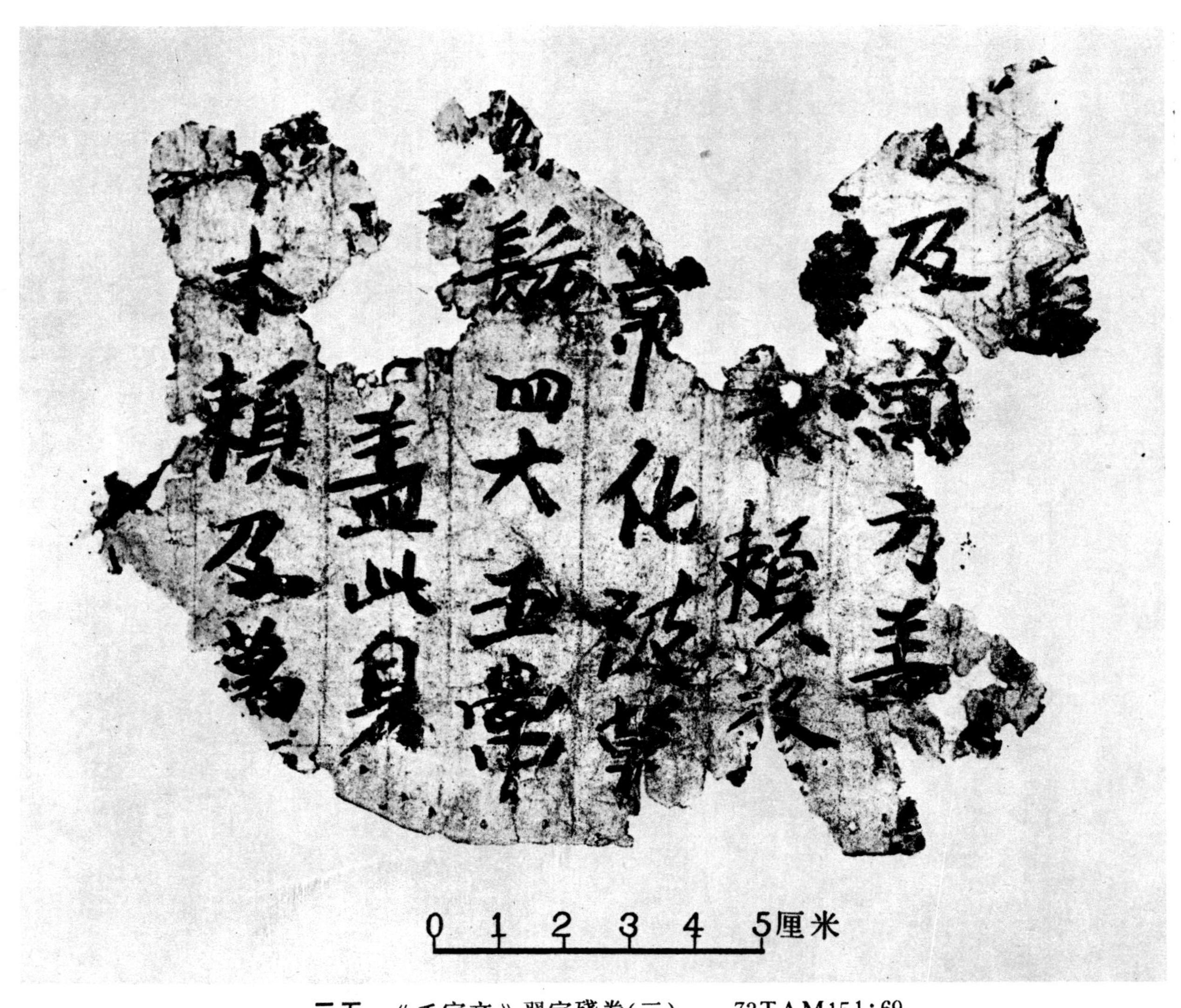

三五 《千字文》習字殘卷（三） 72TAM151:69

（三）

1 [身][髮]

2 及萬方蓋

3 木賴及

4 常化被草

5 髮四大五常

6 蓋此身

7 木賴及萬

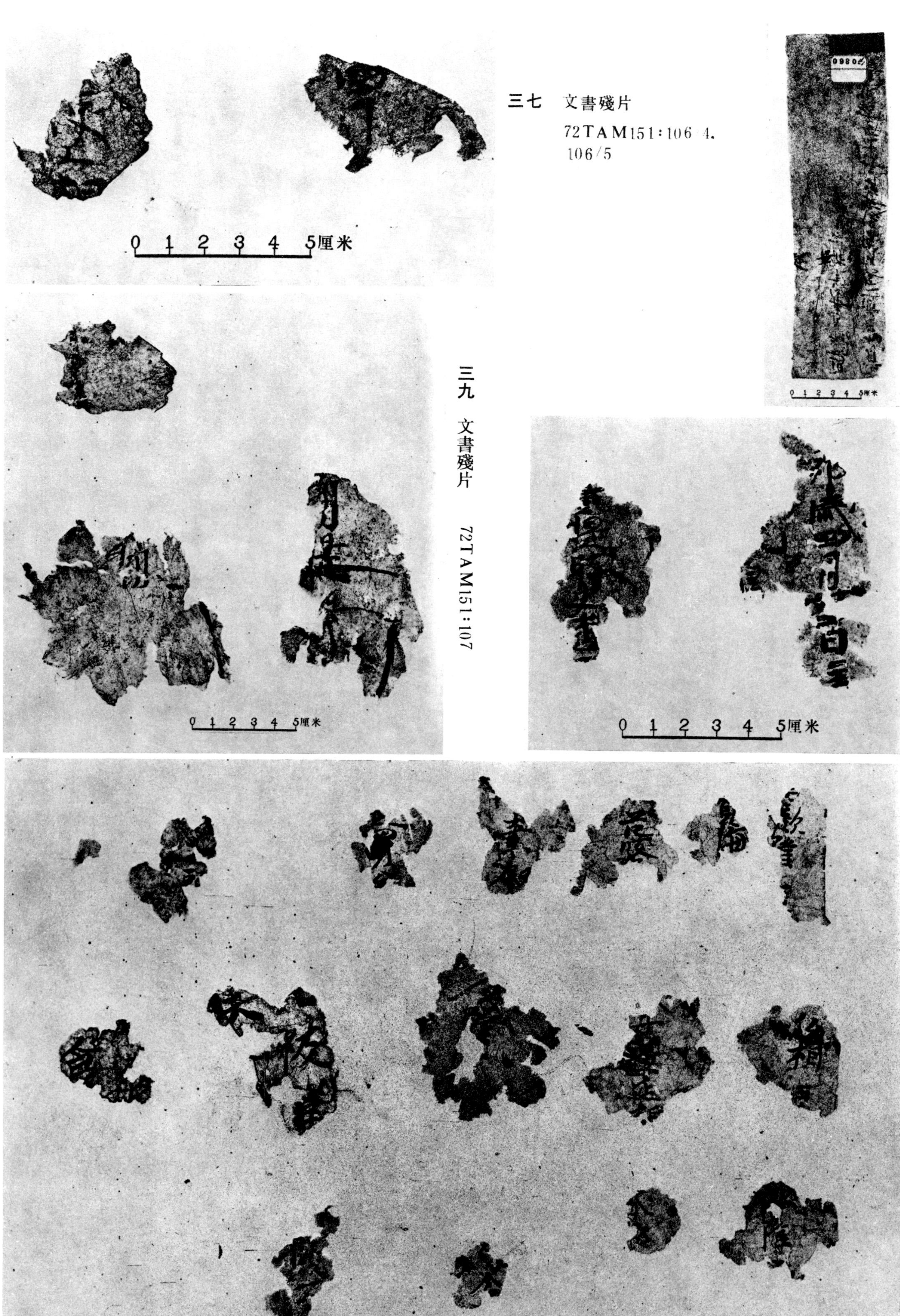

三六 文書殘片 72TAM151:53(a)

三七 文書殘片 72TAM151:106/4, 106/5

三八 文書殘片 72TAM151:71/1, 71/2

三九 文書殘片 72TAM151:107

四〇 文書殘片 72TAM151:73

阿斯塔那一〇三號墓文書

本墓爲夫婦合葬墓，無墓誌及隨葬衣物疏。所出文書多拆自紙鞋，兼有麴氏高昌及唐代。其中有紀年者爲唐貞觀十八年（公元六四四年）。

一　高昌衛寺明藏等納錢帳（一）　68TAM103:18/1−3(a)

一　高昌衛寺明藏等納錢帳

本件紀年已缺，諸寺納錢物不見唐代，應屬高昌。其背面用寫唐代家口籍。

（一）

1　］銀錢貳文，衛寺明藏［

2　］［錢］貳个，張寺海守銀錢拾［肆］［

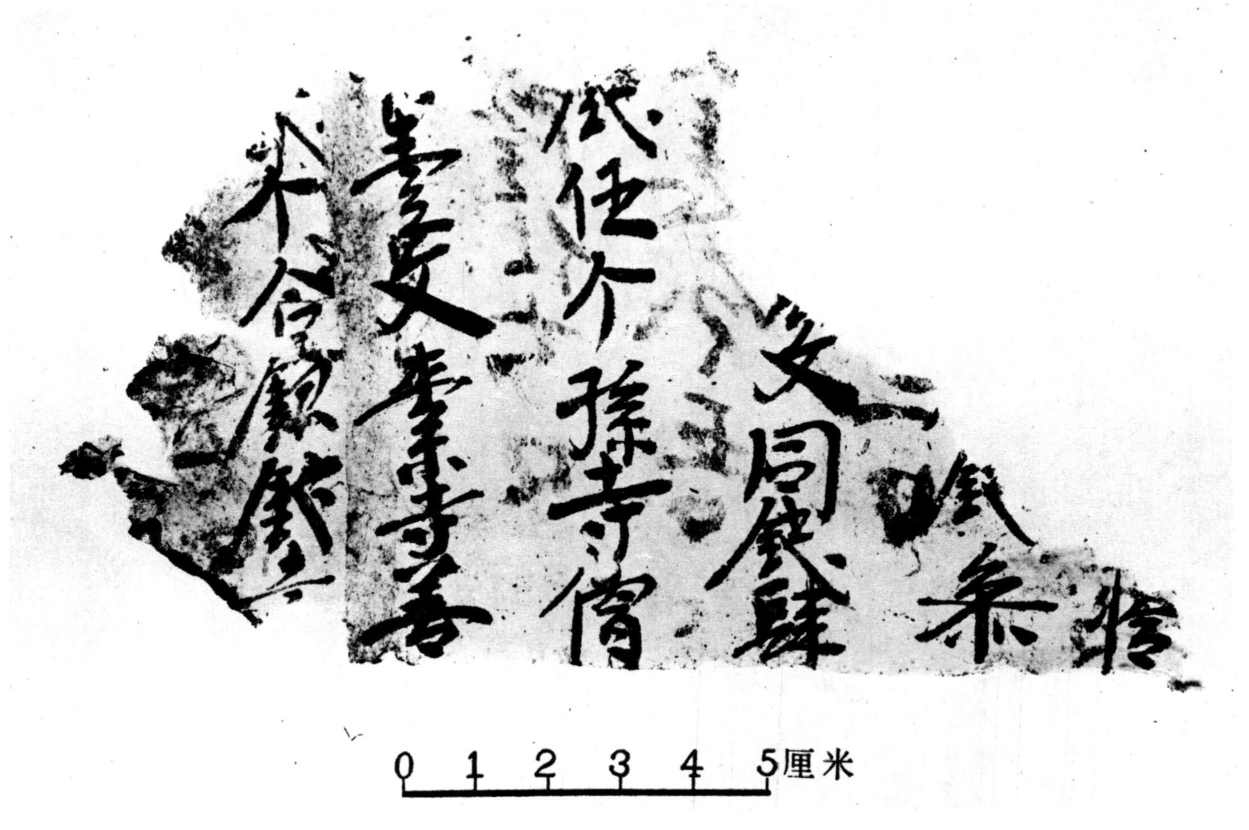

一　高昌衛寺明藏等納錢帳(二)　68TAM103:18/2-2(b)、18/11-3(b)

（二）

1 □拾

2 □錢參

3 □肆文，同（銅）錢肆

4 □錢伍个，孫寺僧□

5 □壹文，索寺善□

〔一〕

6 □貳个，合銀錢壹□

注釋

〔一〕此紙接縫背面騎縫簽署「歡悦」兩字。

二　唐貞觀十八年（公元六四四年）西州某鄉戶口帳　　68TAM103:20/4

二　唐貞觀十八年（公元六四四年）西州某鄉戶口帳

1 合當鄉新[舊][ ]
2 一千二百[ ]
3 六口新附
4 三百卌四雜任、衛士、老、小、三疾等；
5 二百㊈[入]十七白丁見輸
6 二百八十六　舊
7 □人　新附
8 [ ]丁妻、黄、小女
9 [ ]賤
10 [ ]奴
11 □[十]二　婢三新 六十九舊
12 [ ]戶口、新、舊、老、小、良、賤、見輸、白丁，並皆依實，後若漏妄，連署之人依法罪[一]。謹牒。
13 貞觀十八年三月　日里正陰曹〻[牒]
14 里正李[ ]
15 里[ ]

注釋

〔一〕依法罪：「法」下當脫一「受」字。

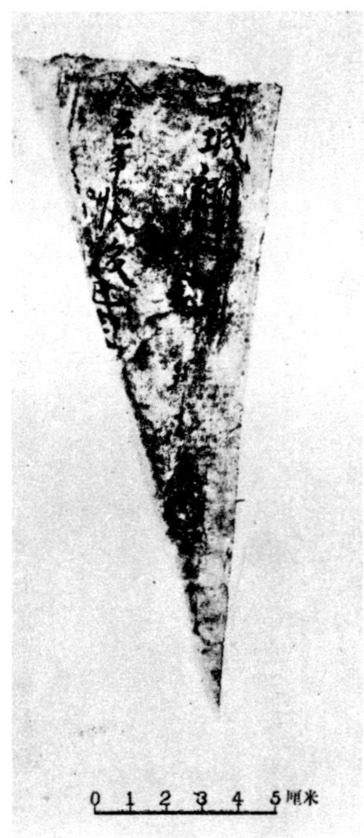

三　唐西州高昌縣武城鄉户口殘帳　68TAM103:20/5

四　唐貞觀某年西州某鄉殘手實　68TAM103:18/9(a)

三　唐西州高昌縣武城鄉户口殘帳

本件原與前件黏接。

1 武城鄉

2 合去年帳後已[來]［　　］

四　唐貞觀某年西州某鄉殘手實

本件紀年殘缺，唯剩一「貞」字，其下當脫「觀」字。

1 ［　　］今年三［　　］

2 合受田八十畝　田一畝半已受　七十八畝半未受

3 地一段一畝半城北三［　　］

4 北詣尉安相。

5 牒，被責當户手實，注［　　］

6 合注，求受重罪。謹牒。

7 [貞]［　　］

五　唐西州某鄉户口帳(草)　68TAM103:20/1(a)

五　唐西州某鄉户口帳（草）

本件紀年已缺，從字體看，與前《唐貞觀十八年西州某鄉户口帳》似同出一人之手。

1 ☐☐百五　舊

2 户一十七　新

3 [合]當鄉新舊口二千六十四

4 一千九百八十二舊

5 八十二　新

6 （六百五十六）七百廿三 雜任、衛士及職資、侍丁 ☐

7 （三　卅）二百七十三人白丁 ☐

8 （三）二　百（☐四）☐十七 人[舊]

9 [六]　人　新

10 ☐百五十二老寡、丁妻、黄小女

11 一百一十六人　賤

12 ☐　十　九人　奴 丁新〔一〕 五十八舊

13 ☐☐☐人　婢 三新 五十四舊

14 ☐ 白丁並依實，後若

注釋

〔一〕丁新：「丁」應是「一」之誤。

六　唐西州某鄉户口帳　　68TAM103:20/3（b）

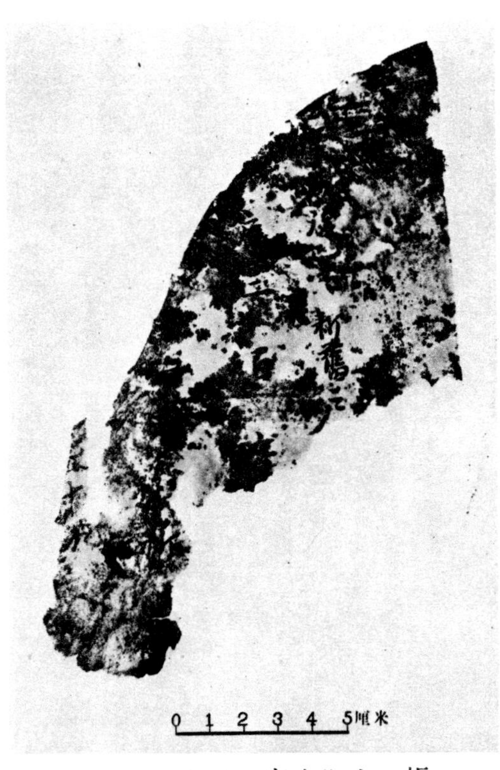

七　唐西州高昌縣寧戎鄉户口帳一
68TAM103:18/3

六　唐西州某鄉户口帳

本件與上件户口帳末所記老寡、丁妻黄女及賤口數字同。

1 ［　　］十二人老寡、丁妻、黄女已上

2 - - - - 一百一十六賤 - - - -

3 五十九人奴

4 五十七人婢

七　唐西州高昌縣寧戎鄉户口帳一

本件紀年已缺，内容與前數件同，疑並在貞觀年間，今列於後。下同。

1 寧戎

2 □〔去〕年帳後已来，新、舊户［　　］

3 户三百七［　　］

4 ［　　］四　新

5 ［　　］十九

八（右） 唐男粟粟户殘籍 68TAM103:18/4（a）

九（左） 唐西州高昌縣寧戎鄉户口帳二 68TAM103:18/1-2（a）

八 唐男粟粟户殘籍

1 □男粟〻年六、男床〻年三

2 □女姿尾年五

3 □妻李年廿

4 □妻趙年十五

5 □妻范年十六

九 唐西州高昌縣寧戎鄉户口帳二

本件首行標□戎鄉，據吐魯番所出唐代文書，當是寧戎鄉，「戎」上殘損一「寧」字。

1 □戎鄉

2 □户六十五

一〇　唐貞觀某年西州高昌縣范延伯等戶家口田畝籍(一)　68TAM103:20/3(a)

一〇　唐貞觀某年西州高昌縣范延伯等戶家口田畝籍

本件紀年已缺，内稱「世業」，不避太宗諱，故當作於貞觀時。又本件只記戶内人口年歲，未見丁、中、課輸諸色；家口名年後即書世業、口分畝、方位、四至，不見應授已授未授園宅等記載，與通常戶籍有異。

（一）

1　戶主范延伯年肆拾陸

2　□拾貳

3　一段四畝世業田城西一里孔進渠　東渠　西道

　　南官田　北張雛子

4　一段二畝口分　城西三里榆樹渠　東劉善願

　　西趙憙々　南渠　北□

5　一段二畝口分　城東一里胡道　東劉善願

　　西常田　南□

6　一段二畝口分　城西二里□

一〇　唐貞觀某年西州高昌縣范延伯等户家口田畝籍(二)　68TAM103:20/2(a)

（二）

1　［　］男洛相年拾伍
2　［　］年伍歲
3　［　］伍歲
4　［　］城東一里石宕渠　東左阿恭　西索善守　南［　］
5　［　］城西三里榆樹渠　東［　］　西范延伯　南渠　［　］
6　［　］畝口分　城東一里胡道　東郭延頤　西范延伯　南麴延扂　北渠
7　［　］分　城西三里北部　東張善海　西范延伯　南渠　北張定和

一〇　唐貞觀某年西州高昌縣范延伯等户家口田畝籍(三)　68TAM103:18/5(a)

（三）

1 □段一畝半世業桃　城北一里□
2 □段半畝，世業田。　城北一里杜□
3 □段二畝，世業田。　城北一里杜□
4 □段四畝，世業田。　城東一里東渠□
5 □□四畝，口分。　城西三里榆樹渠□
6 □段四畝，口分。　城東一里胡道　東□

一〇　唐貞觀某年西州高昌縣范延伯等户家口田畝籍(五)　68TAM103:18/8

一〇　唐貞觀某年西州高昌縣范延伯等户家口田畝籍(四)
68TAM103:18/11-1

（四）

1 户主趙憙﹦年伍拾柒

2 妻王年叁拾貳

（五）

1 □渠東道　西馬之斛　南道　北翟憙仁

2 □孔進渠　東毛海相　西傅阿胡　南孟迴鞏　北毛海相

3 □城西一里孔進渠　東傅□□　□

4 □拾肆步□

一二　唐左憙願戶殘籍　68TAM103:18/2-1（a）

一一　唐西州高昌縣崇化鄉張雛子戶殘籍　68TAM103:18/10

一一　唐西州高昌縣崇化鄉張雛子戶殘籍

本件殘缺過甚，姑名為殘籍。下同。

1 崇化鄉

2 戶主　張雛子年四□

3 妻　肯　年　叁□

4 男豐子年十五

5 □□女年九歲

一二　唐左憙願戶殘籍

1 戶主左憙願年肆□

2 妻張年□

一三　唐隆仕等家口簿　68TAM103:18/11-3(a),18/2-2(a)

一三　唐隆仕等家口簿

[　　]七口

歡悦〔一〕

[　　]隆仕七口

[　　]憙願五口

[　　]二口

[　　]居

注釋

〔一〕歡悦：爲另面《高昌衛寺明藏等納錢帳》騎縫簽署。

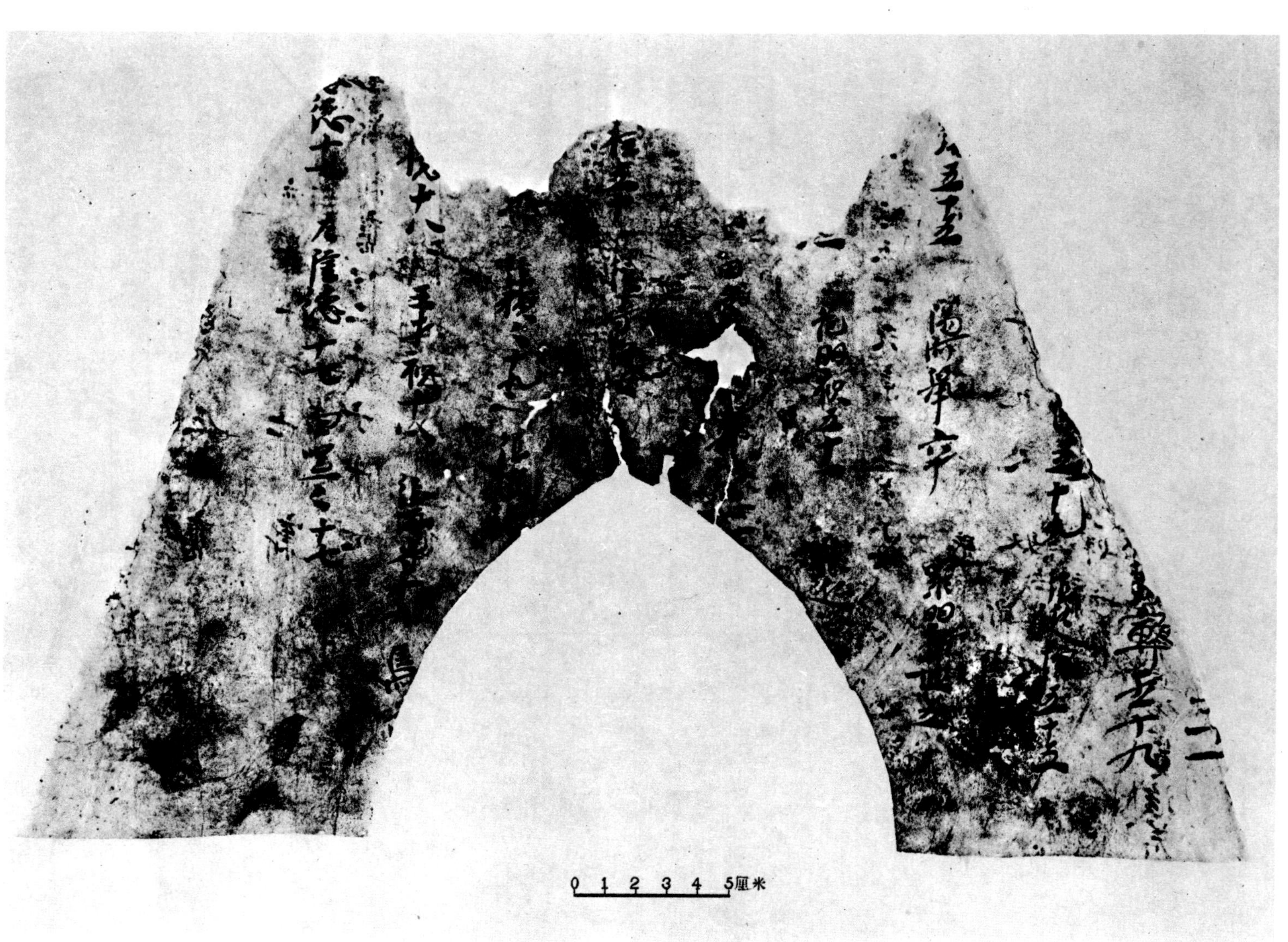

一四　唐張延懷等名籍　68TAM103:20/1（b）

一四　唐張延懷等名籍

1 六十一
2 寧五十九
3 五十九　張延懷五十五
4 五十五　湯阿鼠六十　羅明祐卅五
5 一　范明歡五十一　孫延海
6 田多仁□　郭知德
7 桓五十　張守洛廿　張
8 九　張橫々十九　張侯德
9 十八　王才歡十八　張海守十九　匡阿
10 □□德十七　左隆德十七　田嘿々十七

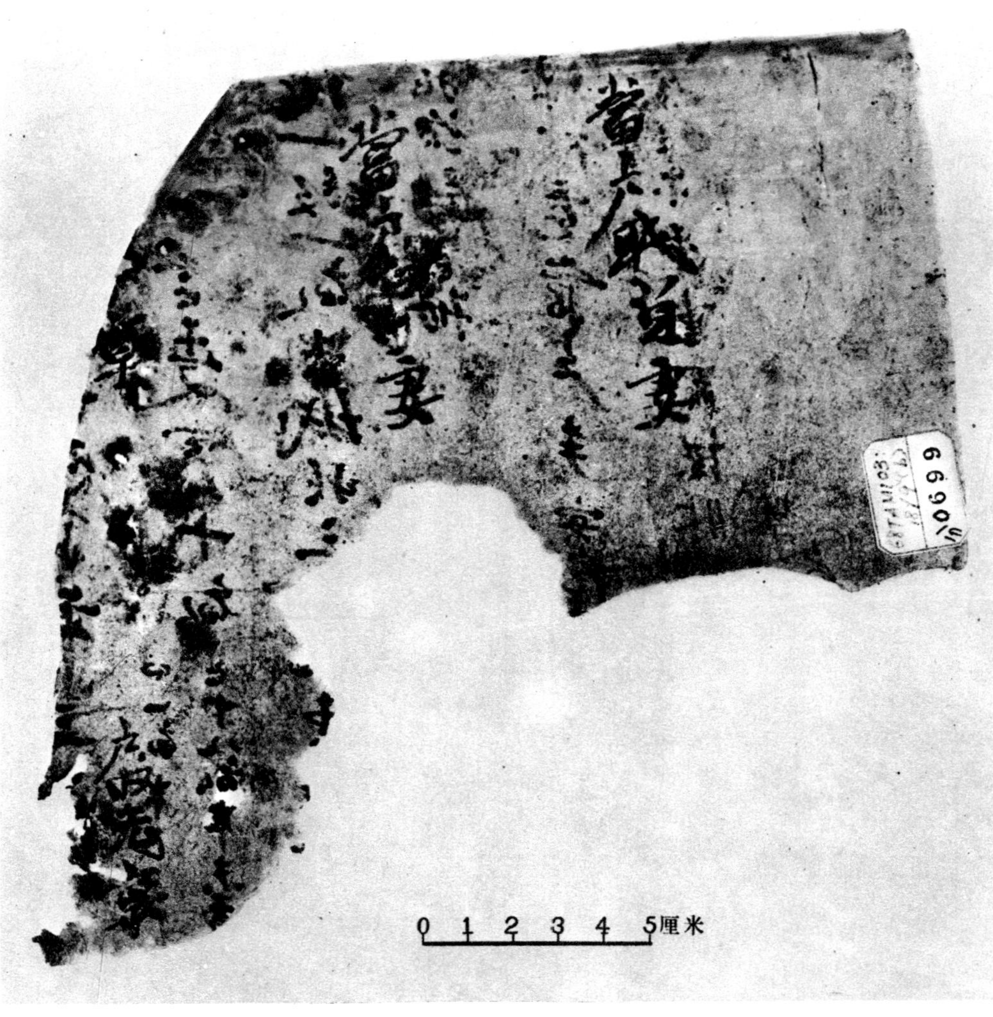

一六　唐殘籍帳　　68TAM103:18/9（b）

一五　唐逋人吕伯相等名籍
68TAM103:18/1-3（b）

一五　唐逋人吕伯相等名籍

本件紀年殘，另面為《高昌衞寺明藏等納錢帳》，又阿斯塔那一五一號墓二五出有《高昌逋人史延明等名籍》，本件亦有可能為高昌時期文書，今從後，姑置於唐。

（前缺）

［逋］［人］吕伯相一口　張［慶］（後缺）

一口

（後缺）

一六　唐殘籍帳

1　當戶職資妻　（下殘）

2　當戶白丁妻　（下殘）

3　寡　戶內老寡

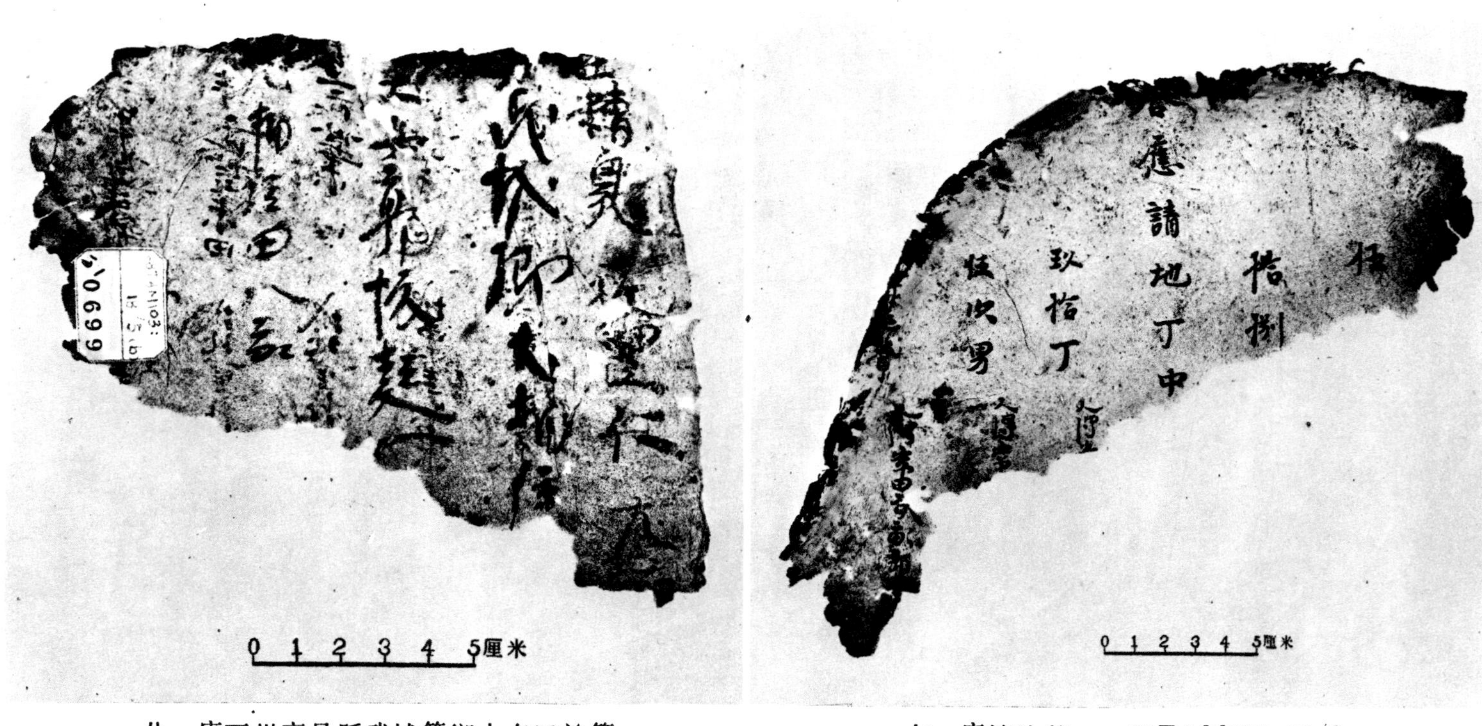

一七　唐請地簿　　68TAM103:18/6

一八　唐西州高昌縣武城等鄉人名田畝簿
68TAM103:18/5（b）

一七　唐請地簿

1 伍□
2 拾捌□
3 合應請地丁、中□
4 玖拾丁　　人得常□
5 伍次男　　人得常□
6 老、寡　　人得常田貳畝部田壹□

一八　唐西州高昌縣武城等鄉人名田畝簿

本件第2、3行人名右側加朱點。

1 糟晃（臭）　匠豐仁　左師□
2 武城鄉左、相住□
3 大女郭悦趚一□
4 左相住田八畝

0　1　2　3　4　5厘米

一九　唐侯菜菌子等户佃田簿　　68TAM103:35

一九　唐侯菜菌子等户佃田簿

畝價小麥未給

户主侯菜菌子年五十

合佃常田拾捌畝半玖拾[步]，[部]田拾壹畝。壹丁合

得常田肆

畝，部田貳畝。准折還主外[乘](剩)常田捌畝半陸拾步，

上價陸

畝叁拾步，中價部田肆畝[　]畝，下價。合徵大麥

拾貳碩肆

斛(斗)柒勝(升)半，小麥伍碩伍斛(斗)[　]

户主令狐僧海年[五]十八　男沙弥子年廿九

合佃常田柒畝壹百步。壹丁合得常田肆畝，部田

貳畝。欠常田

半畝貳拾步，[部]田肆畝。價大小[　][　][給]。

户主秃發慶武年[　]十七　[男]時麦年廿[　]

合佃常田拾[　]畝半壹百步。壹丁[　]

部田貳畝，准折

還主外乘(剩)[　]半壹佰[　]

碩柒六斛(斗)貳勝(升)半

欠部田[肆][畝][價][　]

户主[　]元海年五十七　[　]年廿七

[　][壹][畝][半]捌拾壹步。壹丁[　][　]常田肆畝，

部田貳畝。

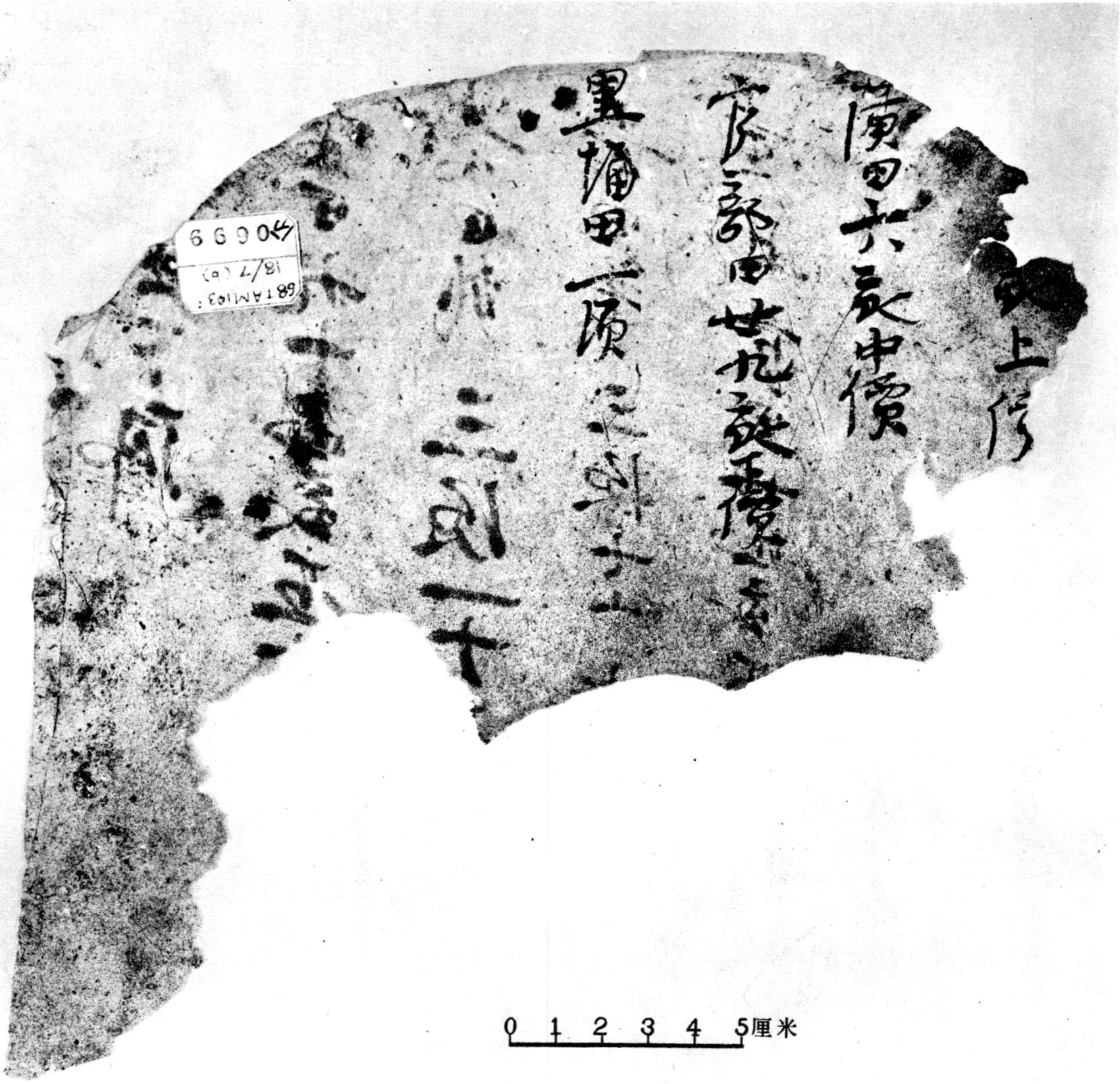

二〇　唐佃田簿　68TAM103:18/7(b)

二〇　唐佃田簿

本件與上件同出，有上、中、下價，當亦是佃田簿。

1 ［　　］畝，上［價］；
2 潢田六畝，中價；
3 官部田廿九畝，下價；
4 黑塥田一頃。

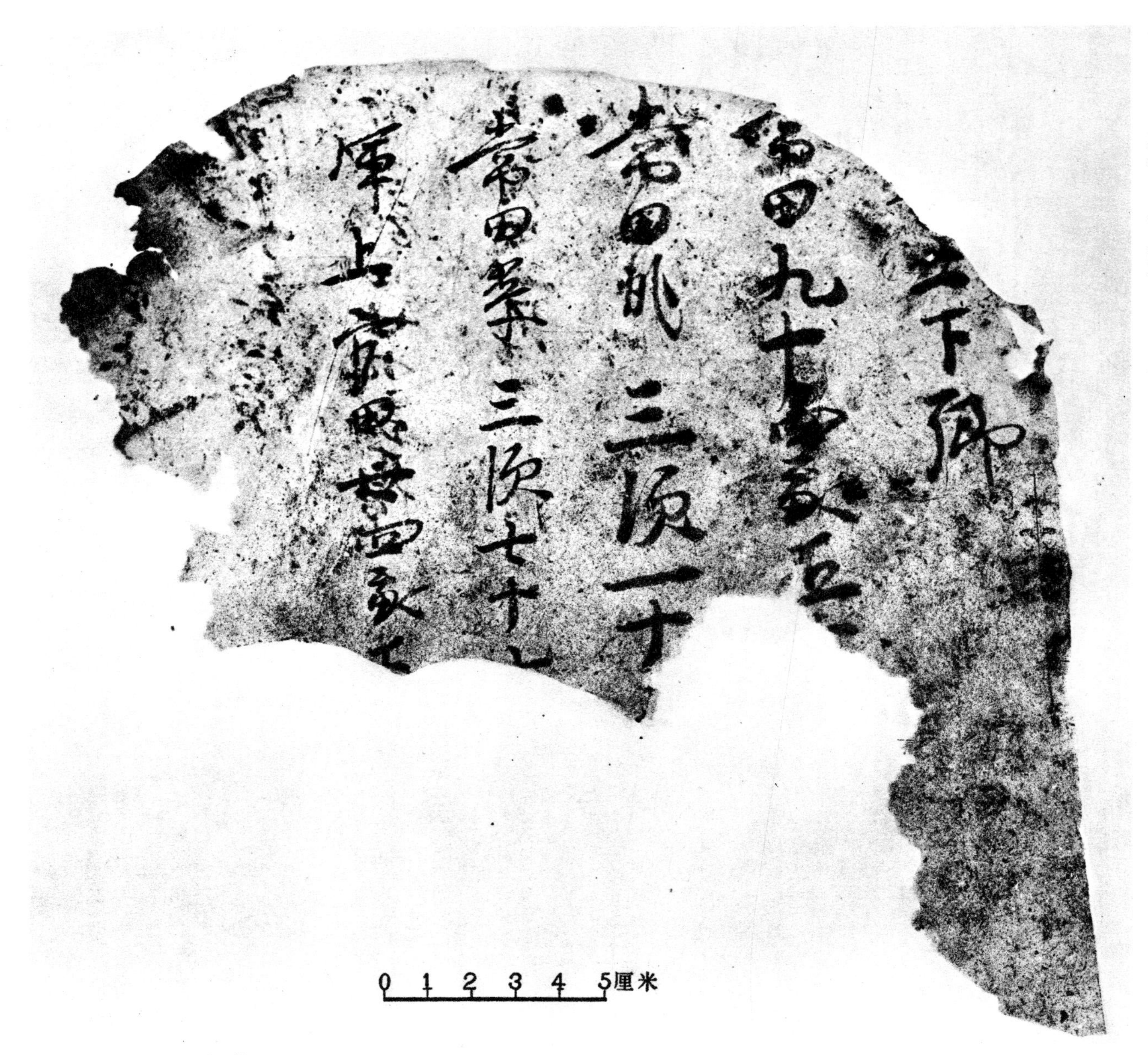

二一 唐田畝簿 68TAM103:18/7(a)

二一 唐田畝簿

1 □下鄉

2 常田九十四畝五[十]□

3 常田桃三頃一十□

4 常田菜三頃七十[七]□

5 軍上官田廿四畝□□

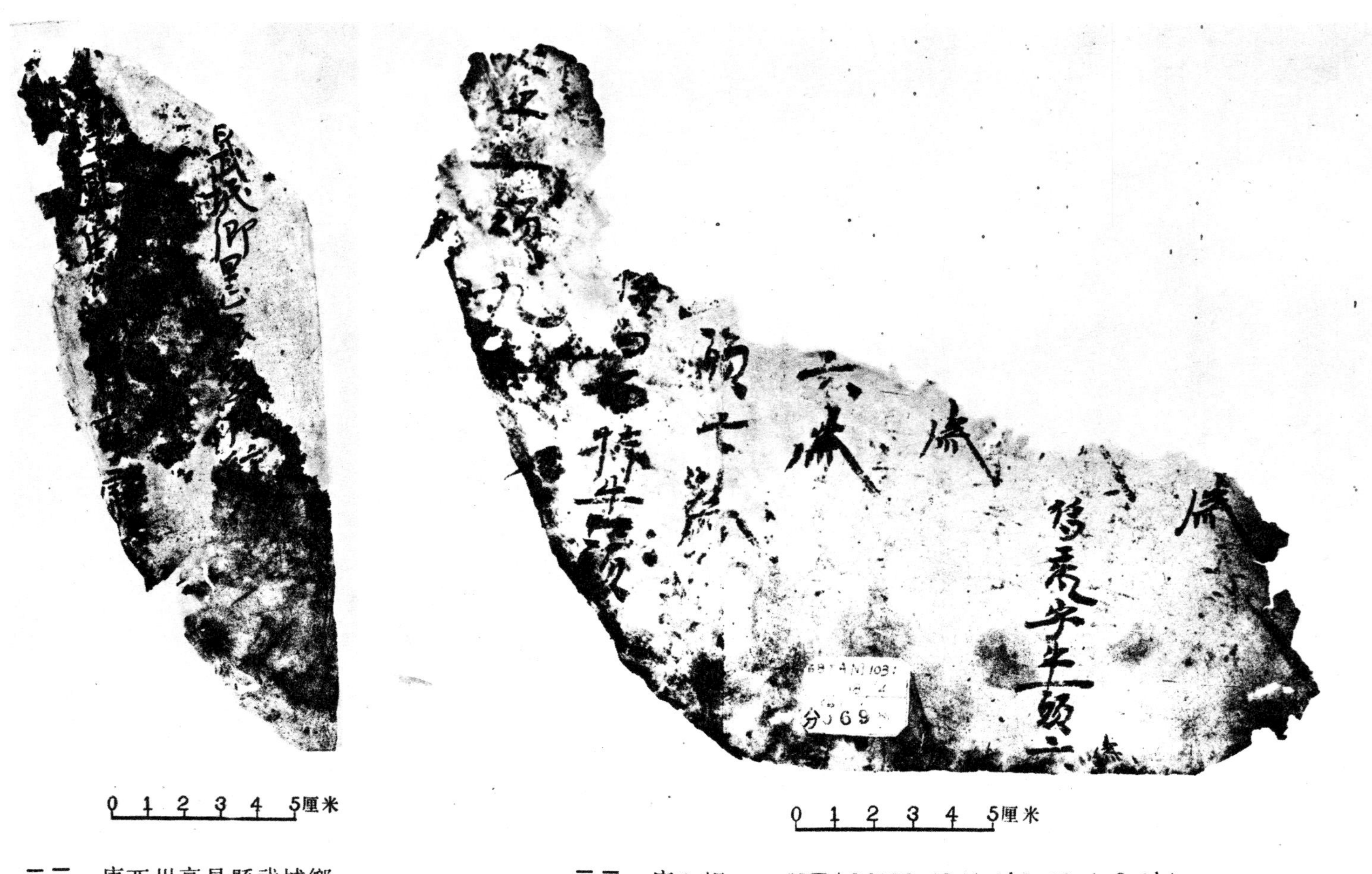

二二　唐牛帳　68TAM103:18/4(b)、18/1-2(b)

二三　唐西州高昌縣武城鄉里正張慶相殘辭　68TAM103:18/1-1(a)

二二　唐牛帳

1 □歲
2 □[歲]烏秃(特)字牛一頭六歲
3 □歲
4 □六歲
5 □[一]頭七歲
6 □歲，白面特牛一頭□□
7 □牛一頭九歲

二三　唐西州高昌縣武城鄉里正張慶相殘辭

本件背面塗黑，原有字無法辨識。

1 □日武城鄉里正張慶相辭
2 □風患□手痛□

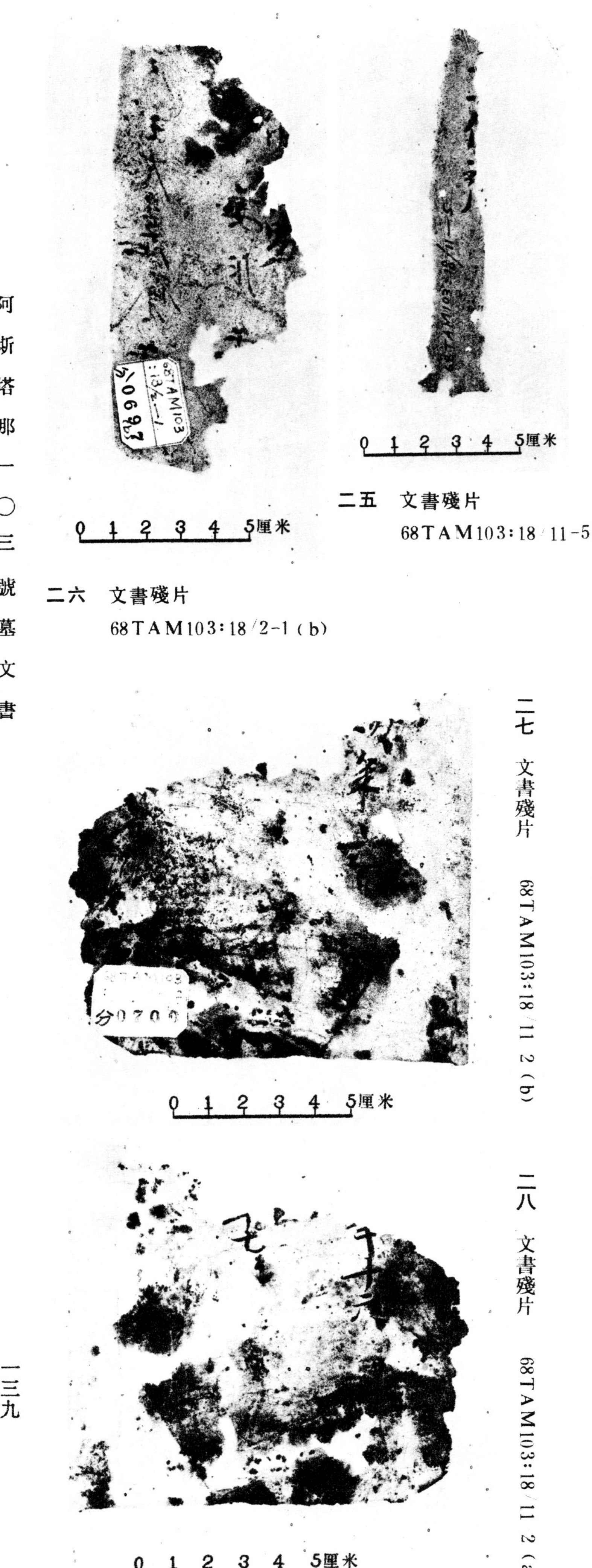

二六　文書殘片　68TAM103:18/2-1(b)

二五　文書殘片　68TAM103:18/11-5

二七　文書殘片　68TAM103:18/11-2(b)

二八　文書殘片　68TAM103:18/11-2(a)

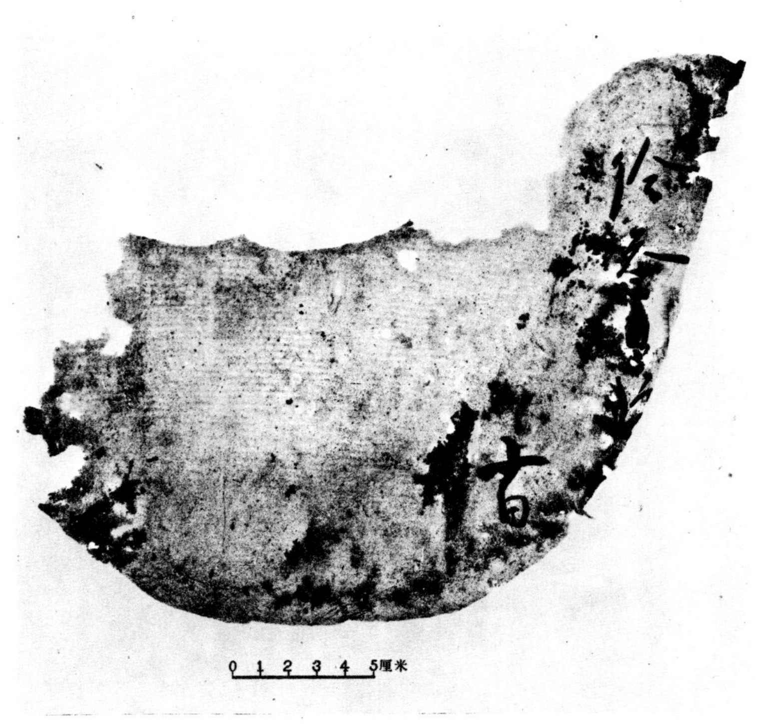

二四　唐殘文書　68TAM103:18/11-4

二四　唐殘文書

1　給叁日□

2　　十日

阿斯塔那一五二號墓文書

本墓爲男女合葬墓，無墓誌及隨葬衣物疏。男屍先葬，其紙鞋上拆出二二至二六號文書，有紀年者爲高昌延昌六年（公元五六六年）至延昌卅四年（公元五九四年）。女屍後葬，其紙鞋上拆出二七、三一至三八號文書，有紀年者爲唐貞觀十九年（公元六四五年）。

一　高昌延昌六年(公元五六六年)吕阿子求買桑葡萄園辭　72TAM152:22

一　高昌延昌六年（公元五六六年）吕阿子求買桑葡萄園辭

1 延昌六年丙[戌]□□□八日，吕[阿]□

2 辭：子以人衛產□尠少，見康□

3 有桑蒲(葡)桃(萄)一園，□求買取，伏願

4 殿下照兹所請，謹辭。

5 中兵參軍張智壽傳

6 令　聽買取。

二　高昌延昌十七年（公元五七七年）史天濟求買田辭　72TAM152:23

二　高昌延昌十七年（公元五七七年）史天濟求買田辭

本件紀年已缺，殘存「□年丁酉」，推斷應爲延昌十七年。

1 □□□七年丁酉歲正月十七日，史天濟辭：濟□

2 □□薄，遺之非一，今見任苟蹄有常田少畝於外，□

3 □□惟

4 □顏，矜濟貧窮，聽□□取，以爲永業。謹辭。

5 □下校郎高慶　傳

6 令　聽□□

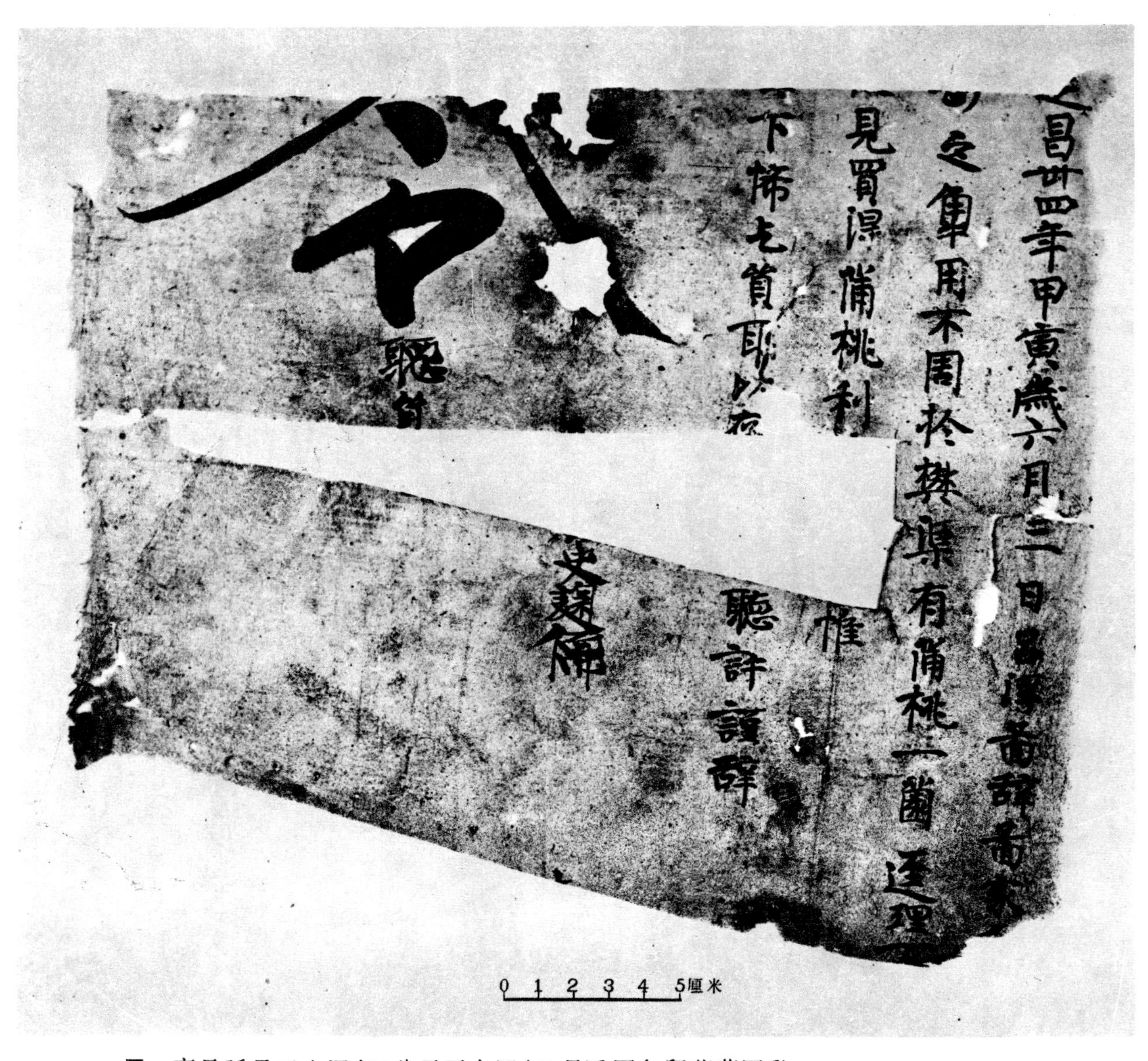

三　高昌延昌三十四年（公元五九四年）呂浮圖乞貿葡萄園辭　72TAM152：24

三　高昌延昌三十四年（公元五九四年）呂浮圖乞貿葡萄園辭

1　[延]昌卌四年甲寅歲六月三日，呂浮圖辭：圖家□
2　□之，單(犏)用不周，於樊渠有蒲(葡)桃(萄)一園，逕(經)理不
3　□，見(現)買得蒲桃利□□□，惟
4　□下悕乞貿(貿)取，以[存]□□聽許，謹辭。
5　[通]□[令]史麴儒　　[傳]
6　令　聽貿(貿)□

四　高昌某人請放脱租調辭一　　72TAM152:25

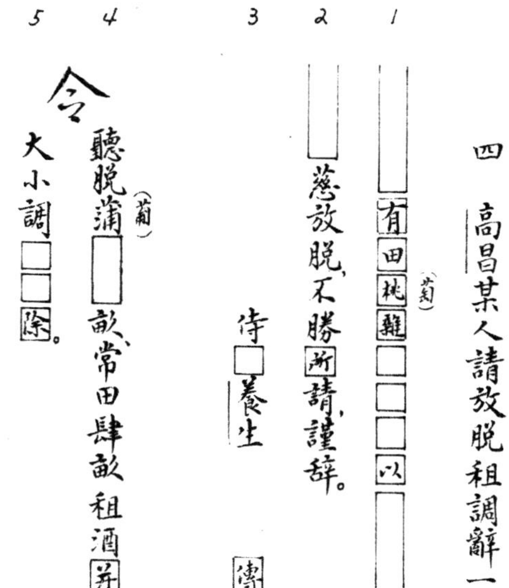

四　高昌某人請放脱租調辭一

1 □有田桃(萄)雞□□□以□
2 □慈放脱，不勝所請，謹辭。
3 侍□養生　　儁
4 令 聽脱蒲(萄)□畝、常田肆畝租酒并
5 大小調□□除。

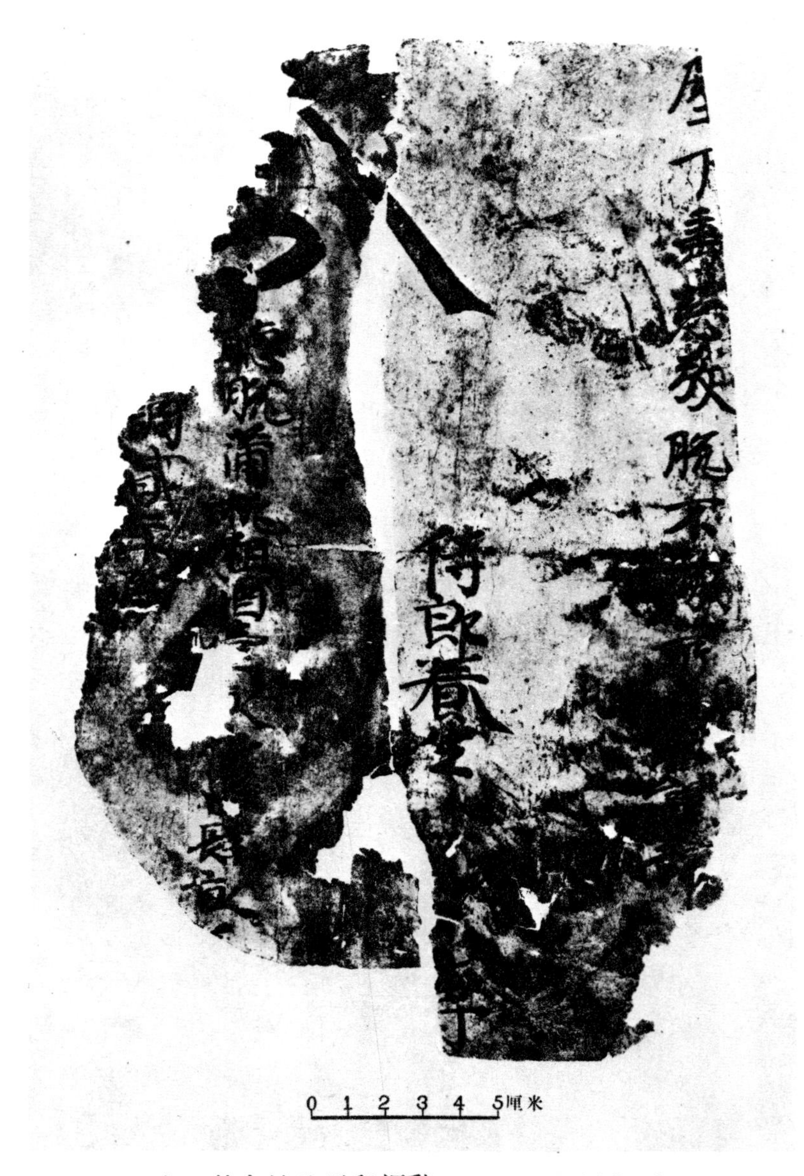

五　高昌某人請放脱租調辭二　72TAM152:26

六　唐貞觀十九年（公元六四五年）史護殘文書　72TAM152:37

五　高昌某人請放脱租調辭二

本件二、三行間斷殘，據字跡内容綴合。

1 [殿]下垂慈放脱，不勝所請，謹辭。

2 侍郎養生　　[傳]

3 聽脱蒲桃（萄）（[illegible]）租酒壹[畝]，常田肆畝，[　　]

4 令　[　]調貳年除。

六　唐貞觀十九年（公元六四五年）史護殘文書

本件下有朱印一方，印文不清。

1 [　]仁[　]

2 史　史護

3 貞觀十九年十二月廿五　日下

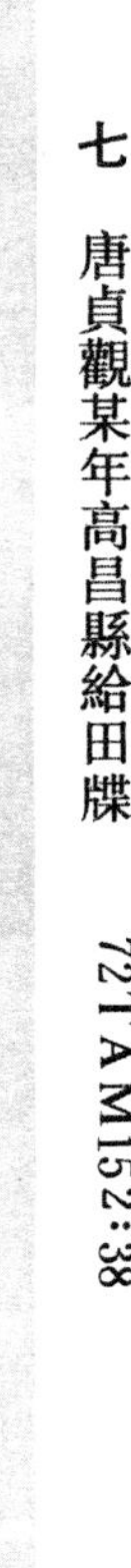

七　唐貞觀某年高昌縣給田牒　72TAM152:38

八　唐殘手實（一）　72TAM152:35(a)

0 1 2 3 4 5厘米

七　唐貞觀某年高昌縣給田牒

本件無紀年，第三行「世業」不避唐太宗諱，當為貞觀年間文書。有朱印數方，印文為「高昌縣之印」。

1 一段一畝部田　[城]西五里東樹渠，[舊][主][麹][張][師]，東官田，西[ ]

2 [ ]三易　城西五里榆樹渠，舊主麹張師，東渠，西自田，[ ]

3 [ ][部]等田，並給[ ]尾仁充世業

4 右件[ ]等[牒]補撿案內，所給百姓

八　唐殘手實

（一）

1 合應受田叁拾伍　五畝已受　卅畝未受

九　唐殘籍帳　　72TAM152:36

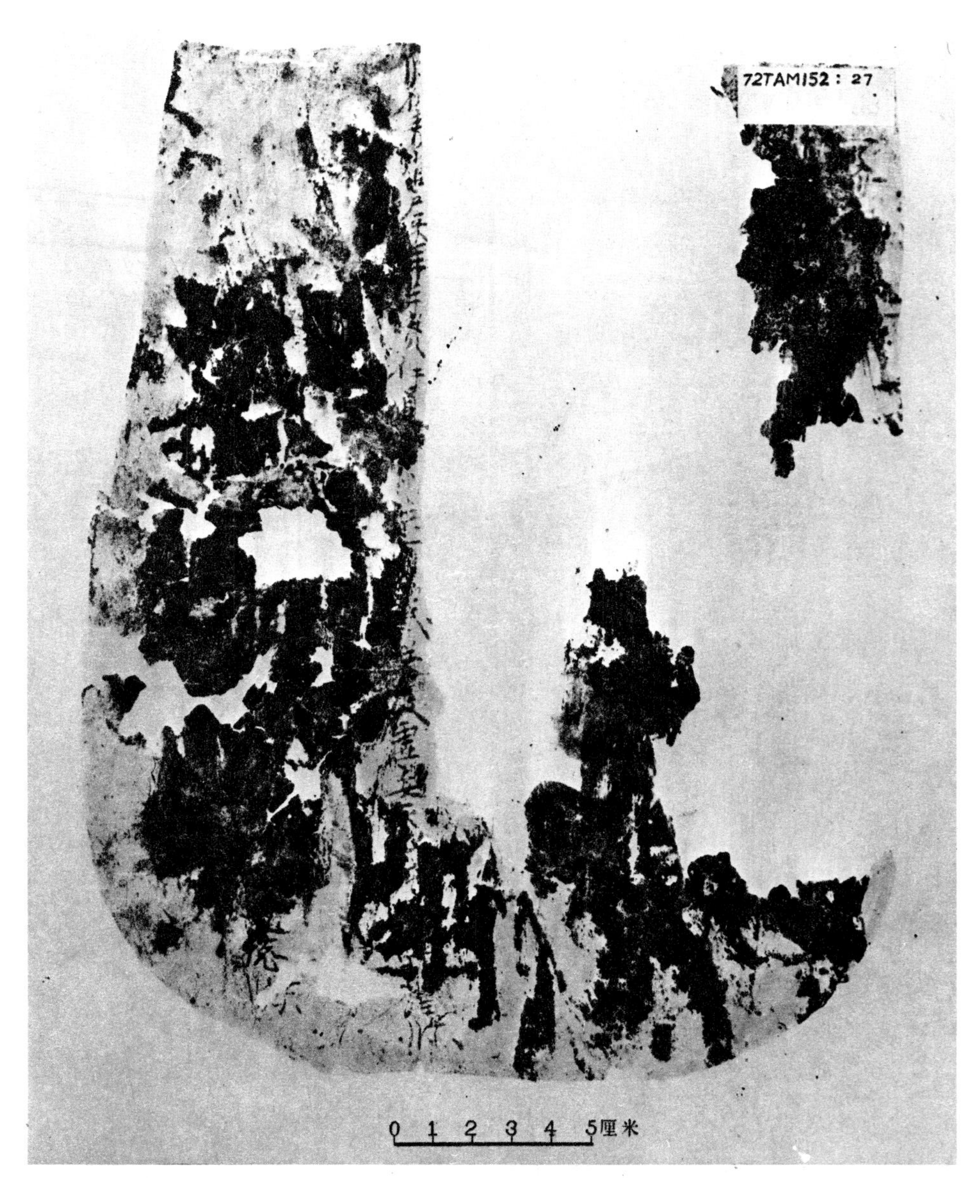

八　唐殘手實(二)　　72TAM152:27(a)、34(a)

（二）

1 一段［　　　］

2 一段□□部田　三［　　　］

3 牒被責當戶來年手實，件通如前，無有加減。若

4 後虛妄，求依法□罪。謹牒。

［　　　］德牒

九　唐殘籍帳

本件有朱印，印文殘存「□□縣之印」。

〔上殘〕應授田伍畝［　　　］

一〇 唐張恆珎等名籍（一） 72TAM152:35(b)

一〇 唐張恆珎等名籍（二） 72TAM152:27(b)、34(b)

一〇 唐張恆珎等名籍

本件年代不明，據拆自女屍紙鞋，姑列唐代。

（一）

1 張恆珎十五　趙悦相五十　大女張慶趍七十八

2 大女閆亥花七十五　□□柱卅九　焦隆海卌八

（二）

1 翟□廿八　張□相十四

2 竹阿出十二　令狐□

3 氾文柱十六□

4 陰[隆]會十六　辛[成][隆]十三□

5 辛孝信十六　馬[才]伯十三　安遮斤十一

6 王五才十五□十八　[侯]阿父师十四

7 □元達十三□

一一　唐焦延隆等居宅間架簿（二）　72TAM152:33(a)

一一　唐焦延隆等居宅間架簿（一）　72TAM152:32(a)

一一　唐焦延隆等居宅間架簿

本件年代不明，因拆自女屍紙鞋，姑列在唐代。

（一）

道北　[呂]下栿一、行[良]（横）（樑）四、桑橑五十二、次廿五　東口下。

東西十一步、南北九步、內房四口、上二口、聽（廳）上栿（栿）柱一、

焦延隆宅　通行良二。　桑椽卌八。東陰近伯，西張隆信，南道，北張寺。

母赤是見坐。

上　東西廿　南〔一〕卌八　　內房廿九，上七、下廿二、廁三。

趙義仕宅　[　]

注　釋

〔一〕南：下奪一「北」字。

（二）

[　]　東西十四、　南北廿、　內右（有）房九口、下六、□□[　]

(懷)宅　東麴阿闍利，　西麴明雅，南云王寺，北道，男武德[見][坐]。

東西十二步、南北十四步、內房八、上一、下七、廁二、聽（廳）上栿（栿）一、

麴⊗海隆宅　柱一、行[良]（横）（樑）四、　桑椽六十，東公主寺，　西麴武德，

□□[主]寺、　北道，　弟文和見坐。

[東][西][　]上二、□□[栿][一]、[行][良][二]、

毛上隆海□　□□廿二東道，[西][公][　]

[　]、南北十□□、[內][房]□、下□[　]

麴上文住宅　聽上栿[　]桑椽卌六，東麴□□

東〔一〕丁子隆妻，南□、北道，上下呂上右行良□□

□桑椽廿一，毋買（賣）与王海祐，其人元無[　]

注　釋

〔一〕東：當爲「西」字之誤。

（三）

1 □□歡護買与張慶相見［　　］
2 ［　　］宅　東西十步、南北八步、内房四口、上二口、厠聽（廳）上行横□
3 二、桑［　　］麴海悦、西高歡岳、南□。
4 上　［　　］一步、南北十二步、内右（有）［　　］、厠一、
5 和達住□　聽上杖（栿）［　　］
6 ［　　］歡［　　］
7 上　史□□西九步、南北八步、内房三口、上二聽（廳）上行良（梁）
8 司馬歡仁宅　二、桑椽卌、厠一、東孟海仁、西孟武歡、南高歡岳、北道。
9 聽上　東西十一步、南北八步、内房五□、上一口、厠一、
10 ［　　］憙宅、見坐　行良二、桑椽卌二、東康幢海、西道、南和武仕、北道。
11 東西十步、南北十二步、内房五口、上三
12 ［　　］宅　桑椽廿二、東道、西［　　］

一一　唐焦延隆等居宅間架簿（四）72TAM152:32(b)

（四）

通行良三栿一、柱一、桑椽六十九、□

椽廿二， 東張寺、 西麹建信、 南道、北郭隆岳。

上
仕脩 東西廿二、 南北廿步、內房十口、上四口、聽上栿二、
柱一、行良四、

麹隆太宅 桑椽九十□□呂下行良六、栿二、柱二、桑椽六十二，

廁一 東麹仲章、 西韓寺、 南道、北道， 弟土(士)亮 見坐。

□東西十八步、南北廿二步、 內房八口、上一口、廁一、聽
上栿一、柱一、

□八十六、 東麹□□西□守□

南張

一二　唐□文悅與阿婆、阿裴書稿　72TAM152:31/2

一二　唐□文悅與阿婆、阿裴書稿

本件紀年已缺，據書法、文體定為唐代。下件同。

□文悅千〻万〻再拜阿婆、阿裴已下合家小大□

平安好在不，文悅在愁，阿裴莫愁。文悅、

阿嬸千万問訊阿姉(姊)、阿妹(妹)、阿兄。

一三　唐海隆家書　72TAM152:31/1

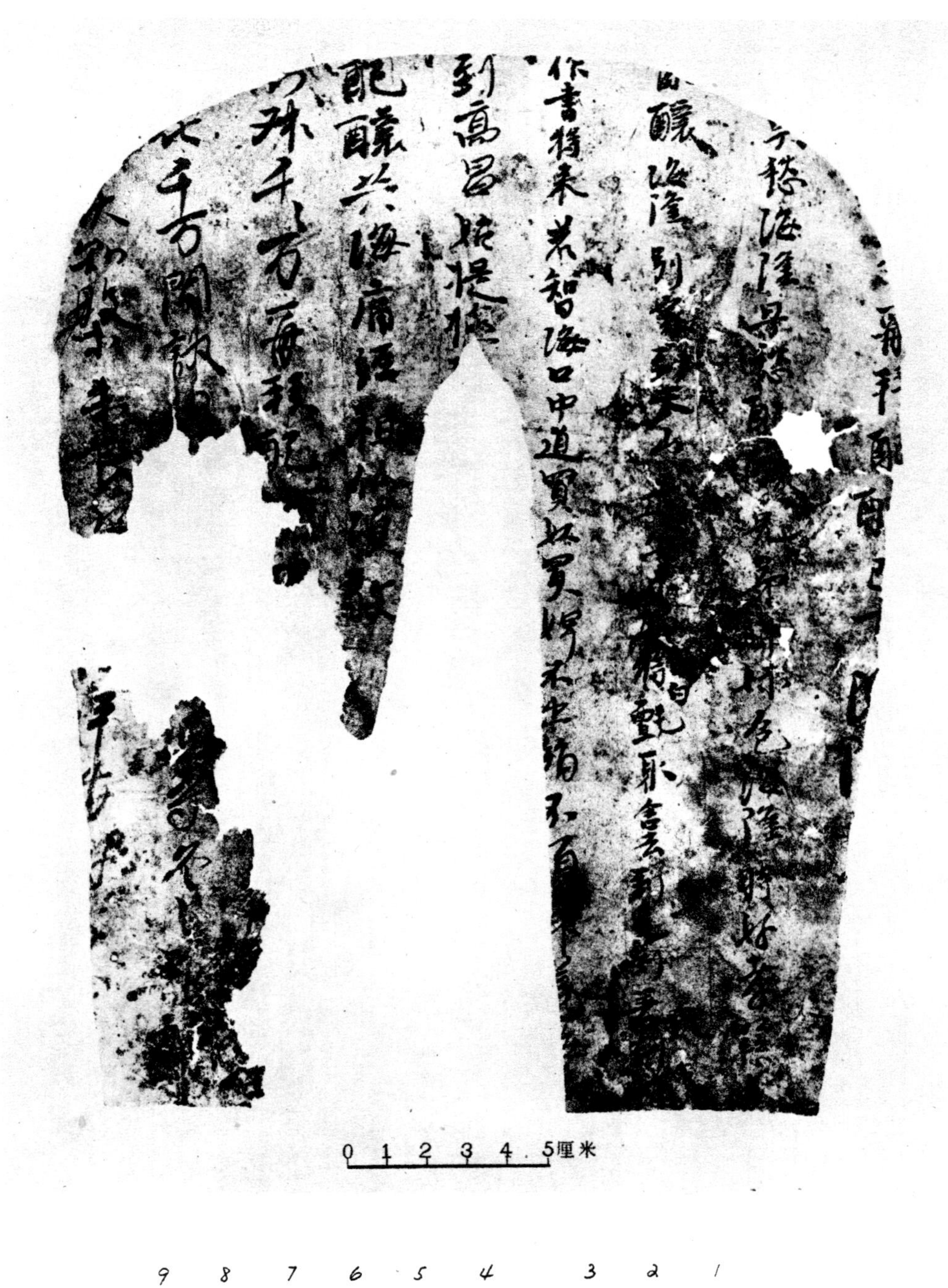

一三　唐海隆家書

1 □□再拜耶(爺)孃(娘)已下。海隆□□

2 □莫愁。海隆早愁耶孃兄弟姊妹，色海隆時好孝慈□。

3 耶孃。海隆別家到天山，遣安末熘將白氈取舍去，到尾(未)到若

氈到舍時，

4 作書將來。若智海口中道買奴買婢，不出絹，不須取養(劵)。海隆

5 到高昌始提檢□□

6 耶孃共海庯(誦)經，祖佛須敬。□□

7 □叔千千万万再拜耶孃□□

8 □在千万問訊伯□□延寺冬冬等貳

9 □□伏知槃末卽□□平安□□

阿斯塔那二〇四號墓文書

本墓出高昌延壽九年（公元六三三年）墓誌一方。所出文書有紀年者爲唐貞觀二十二年（公元六四八年）。

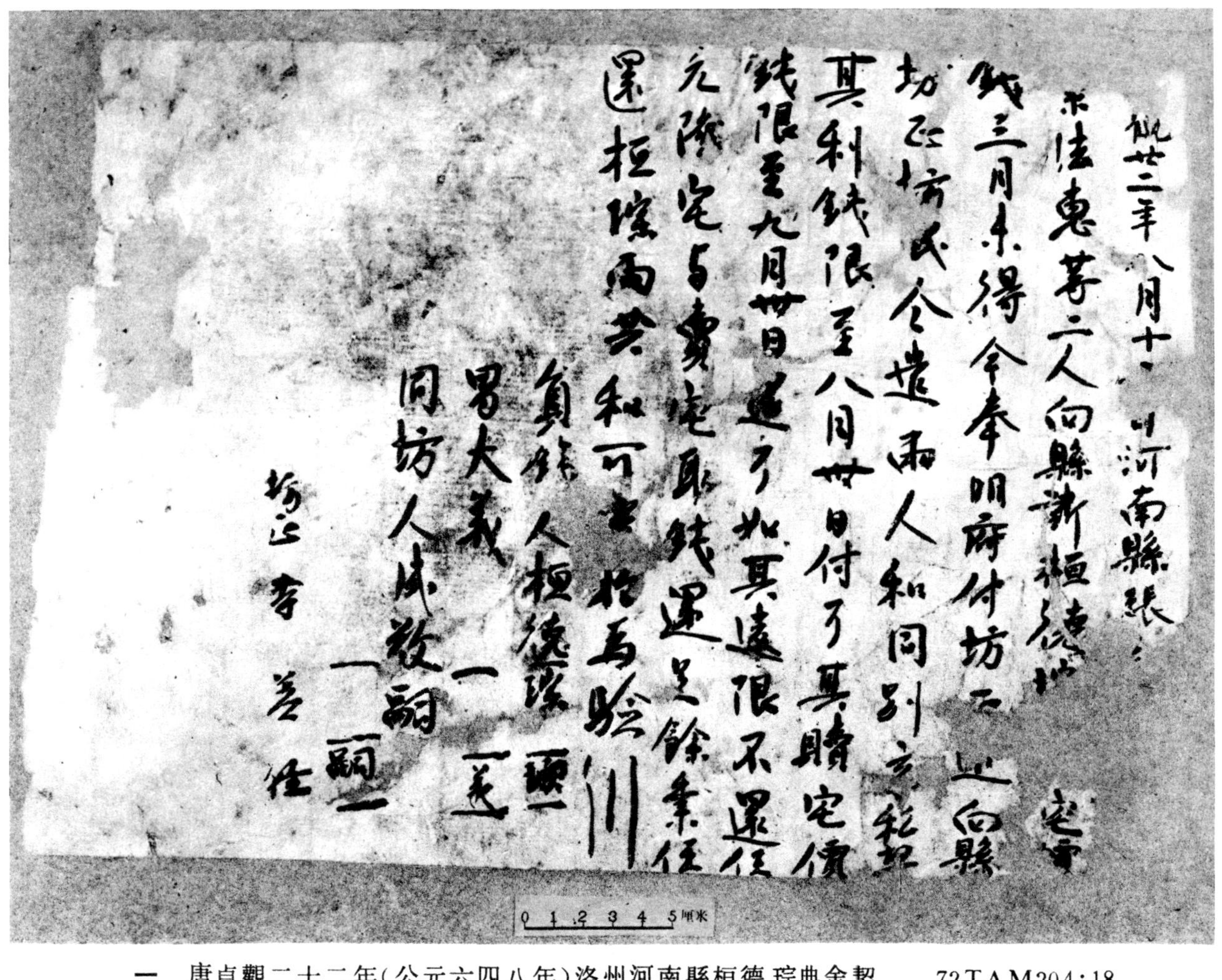
一　唐貞觀二十二年（公元六四八年）洛州河南縣桓德琮典舍契　72TAM204:18

一　唐貞觀二十二年（公元六四八年）洛州河南縣桓德琮典舍契

1 貞觀廿二年八月十六日，河南縣張□□
2 園法惠等二人，向縣訴桓德琮□宅價
3 錢三月未得。今奉明府付坊正追向縣。
4 坊正、坊民令遣兩人和同，別立私契。
5 其利錢限至八月卅日付了。其贖宅價
6 錢，限至九月卅日還了。如其違限不還，任
7 元隆宅〔一〕與賣宅取錢還足，餘乘（剩）任
8 還桓琮。兩共和可，畫指為驗。　|||
9 　　負錢人　桓德琮一琮
10 　　男大義　　一義
11 　　同坊人　成敬嗣
12 　　　　　　一嗣一
13 　　坊正李　差　經

注釋

〔一〕宅：住。也可能是衍文，讀作「任元隆與賣宅取錢還足」。

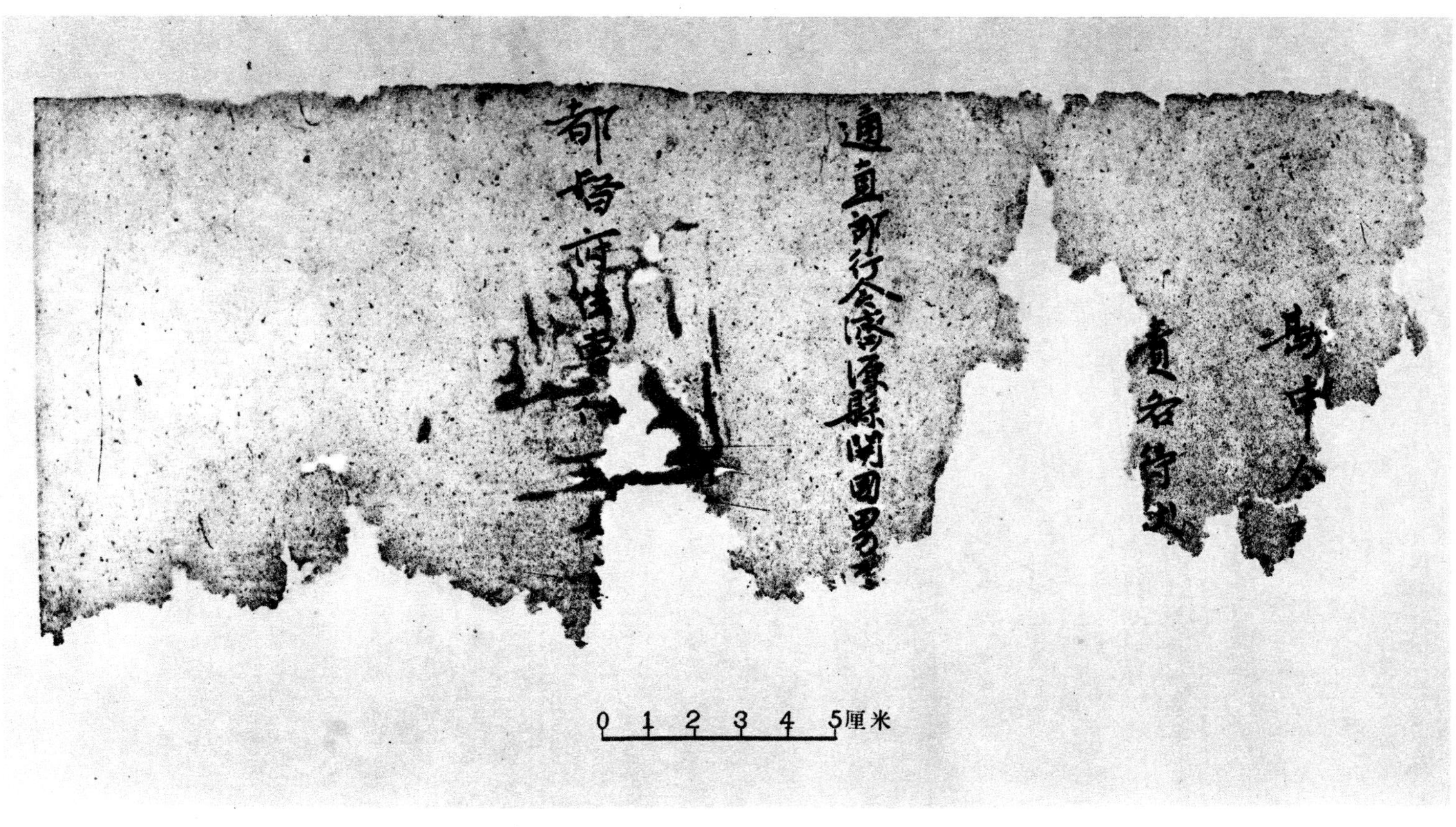

二　唐西州天山縣殘文書　72TAM204:20

二　唐西州天山縣殘文書

本件紀年殘缺，蓋有「天山縣之印」一方。

1　勘申令

2　責各得狀

3　通直郎行令濟源縣開國男

4　都督府法曹件狀如前

三　唐西州天山縣案卷牘尾　72TAM204:37

三　唐西州天山縣案卷牘尾

本件紀年殘缺，紙邊右側原粘接縫處殘剩「天山縣之印」之右側「天山」二字。

1　　佐闞文奐
2　　史
3　五月一日録事氾文才　受
4　録事參軍　　善順　付法
5　檢案
　　　　　　　　　　　白
6　一日

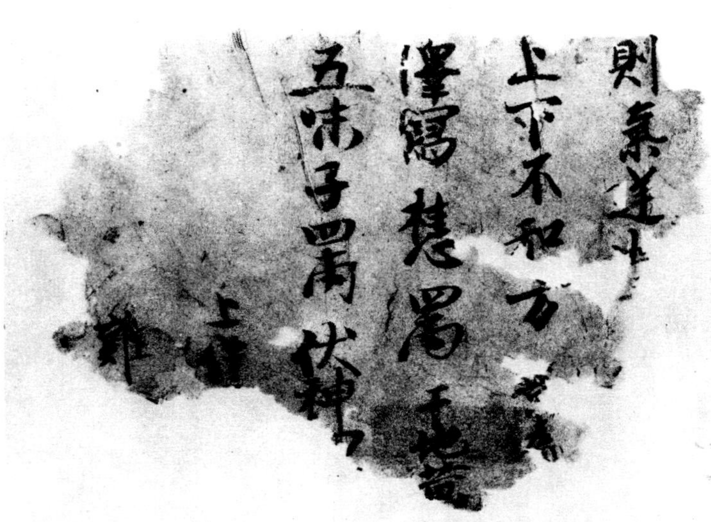

四　古寫本醫方一(一)　72TAM204:42

四　古寫本醫方一(二)　72TAM204:53

四　古寫本醫方一

本件殘缺，無紀年，書法類唐人。

（一）

1 則氣逆[ ]
2 上下不和方　[黄][耆][ ]
3 澤寫　桂心四兩　干地[黄][ ]
4 五味子四兩　伏神[四][ ]
5 [ ]上件[ ]
6 [ ]難[ ]

（二）

1 [ ]不
2 [ ]心吐[ ]吐血者
3 [ ]方補氣治[ ]力
4 [ ]四[兩][ ]四兩[ ][ ]
5 [ ]兩，生薑四[ ][ ]子[ ]者人[參][ ]
6 [ ]杏人六十[枚]去皮[ ]

四　古寫本醫方一（三）　72TAM204:43

（三）

1 □著次□
2 □人一□歷復如杏
3 □相似□總杏人、亭歷更擣，令調，
4 仍細細下[篩]於[臼]中，[併]□

四　古寫本醫方一（四）　72TAM204:45

（四）

1 □[參]二兩　黄耆[二][兩]　□□二[兩]□
2 □草二兩[另]　當[歸]□[兩]□

四　古寫本醫方一（五）　72TAM204:51

四　古寫本醫方一（六）　72TAM204:50

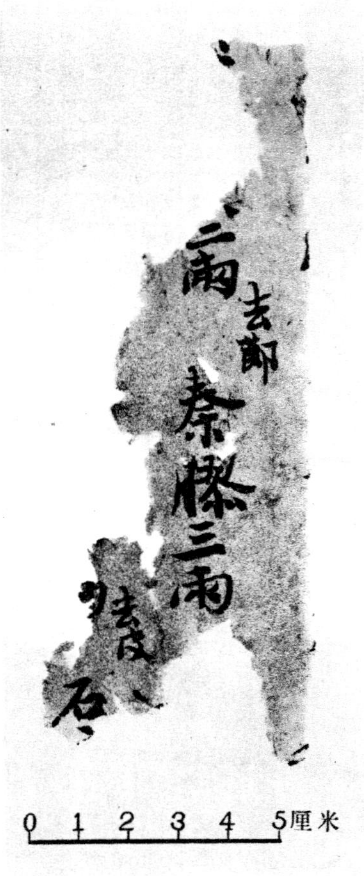

五　古寫本醫方二（一）　72TAM204:46

五　古寫本醫方二（二）　72TAM204:44、48

（五）

1 [ ]蕪四兩

2 [ ]

3 [ ]十一

4 [ ]前件[ ]

（六）

1 用半兩得[ ]

五　古寫本醫方二

本件記醫方與前件同，雖字跡有異，仍類唐人，疑本是一書，數人合抄。

（一）

1 [ ]二兩去節　秦膠三兩[ ]

2 [ ][兩]去皮　石[ ]

（二）

1 [ ][人][參]四分　[ ]歸四分　桂心[ ][ ]

2 [ ]紫菀四分　大戟三分[ ]

3 [ ][麻][黄][ ]人六分

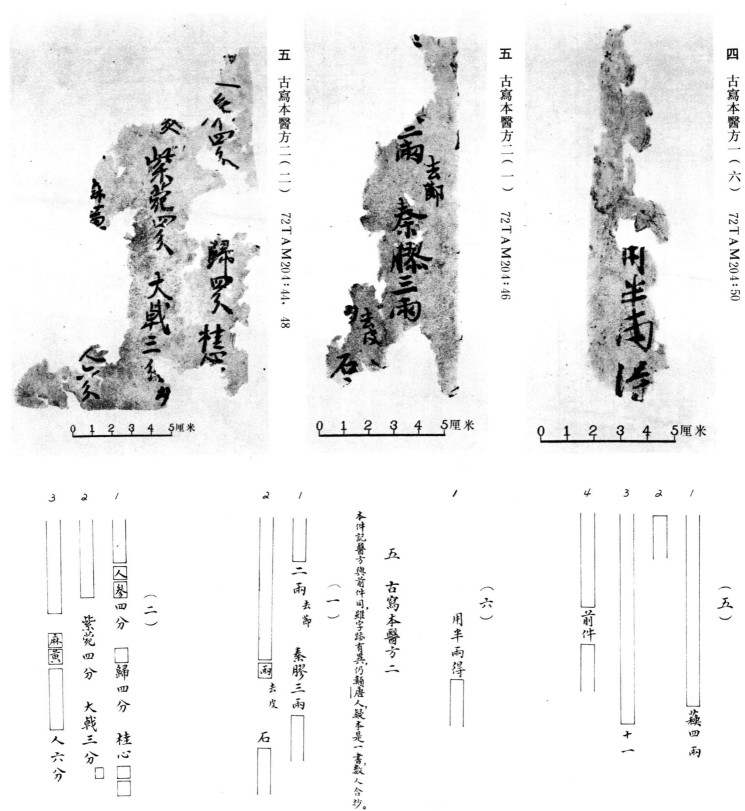

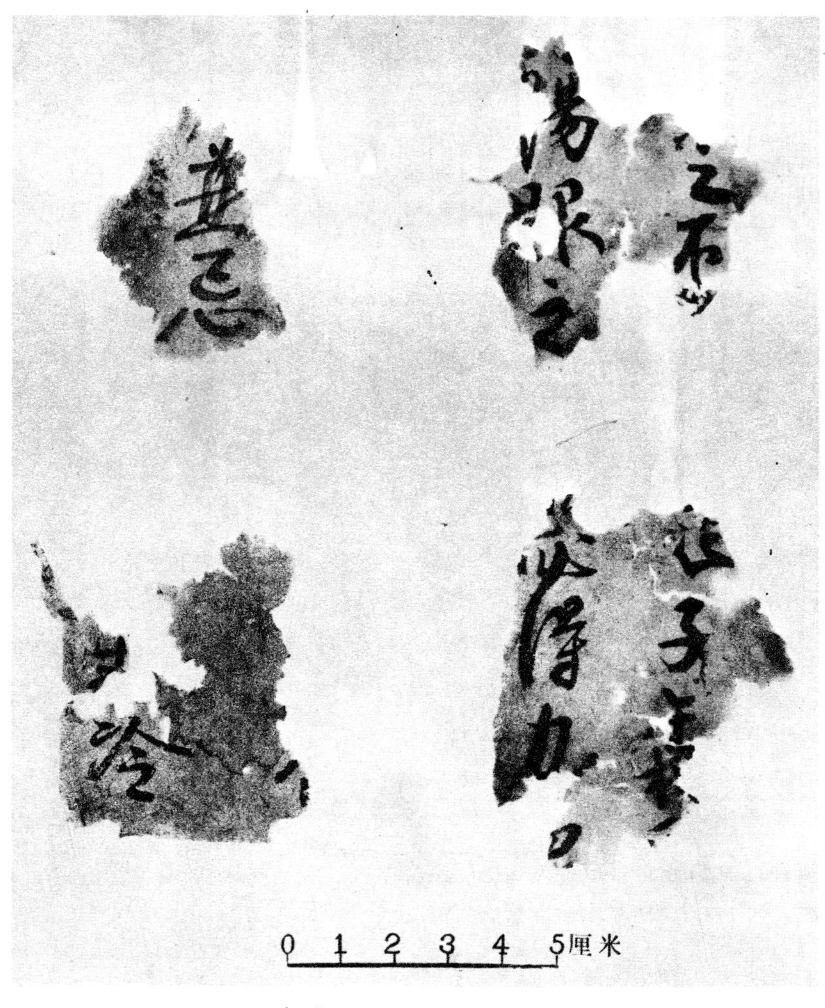

五　古寫本醫方二（四）　72TAM204:52

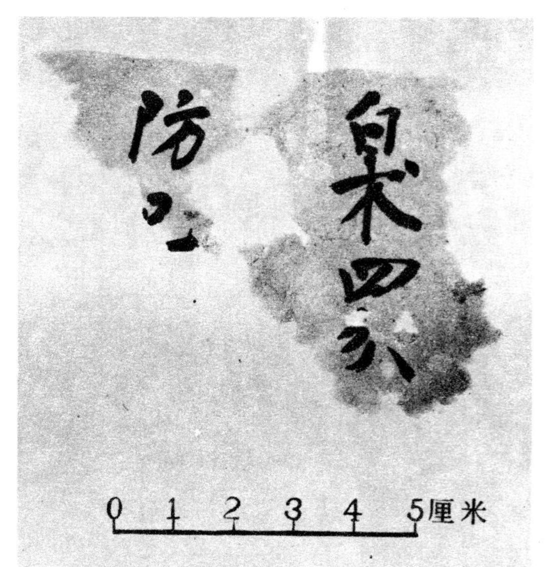

五　古寫本醫方二（三）　72TAM204:49

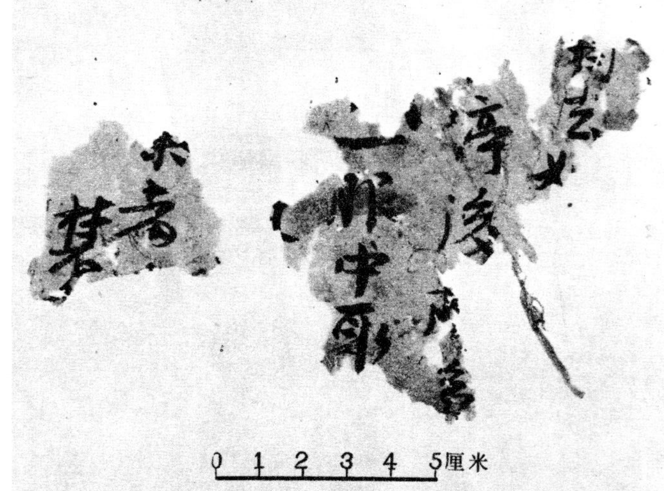

五（右）　古寫本醫方二（五）　72TAM204:47/1

五（左）　古寫本醫方二（六）　72TAM204:47/2

（三）

1 白朮四分

2 防[已]□

（四）

1 □之不□子午□

2 □湯服之□必得力□

3 □並忌□[生]冷□

（五）

1 □[百]去如[]□

2 □渟後□

3 □一服中取□

（六）

1 □[]者□

2 □棊□

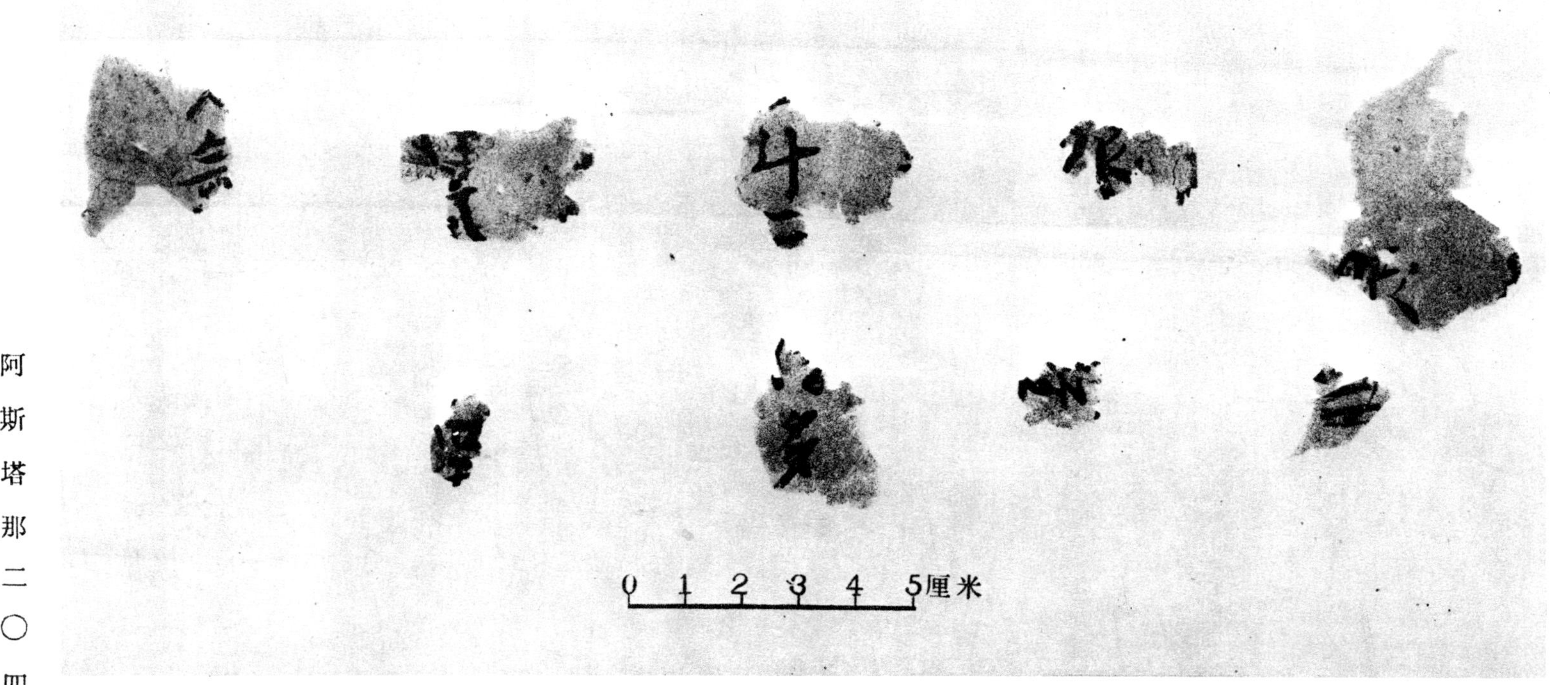

六　文書殘片　　72TAM204:62

哈拉和卓四八號墓文書

本墓無墓誌及隨葬衣物疏。所出文書兼有麴氏高昌及唐代，其有紀年者爲唐貞觀廿三年（公元六四九年）及永徽元年（公元六五〇年）。

一　高昌時見索善□殘券　69TKM48:14

一　高昌時見索善□殘券

本件紀年殘缺，同墓出土唐貞觀二十三年（公元六四九年）文書，但本件有「田曹主簿」官職，應屬麴氏高昌時期。以下殘券同。

1 □各不得返悔□

2 主各自署名爲□

3 □

4 時見見主簿索〔一〕　善□

5 臨坐　主簿宋　崇□

6 田曹主簿王　延□

7 □呂　明□

注釋

〔一〕時見見主簿：下「見」字衍。

二　高昌倩書宋某殘券　69TKM48:13

三　高昌倩書王利僮殘券　69TKM48:15

二　高昌倩書宋某殘券

1 倩書宋　□□
2 時見張　阤□
3 臨坐蘇　延憙
4 田曹主簿王　延憙
5 □呂　明□

三　高昌倩書王利僮殘券

1 [倩書]王　利僮
2 時見蘇　延憙
3 臨坐嚴　善憙
4 田曹主簿王　□□

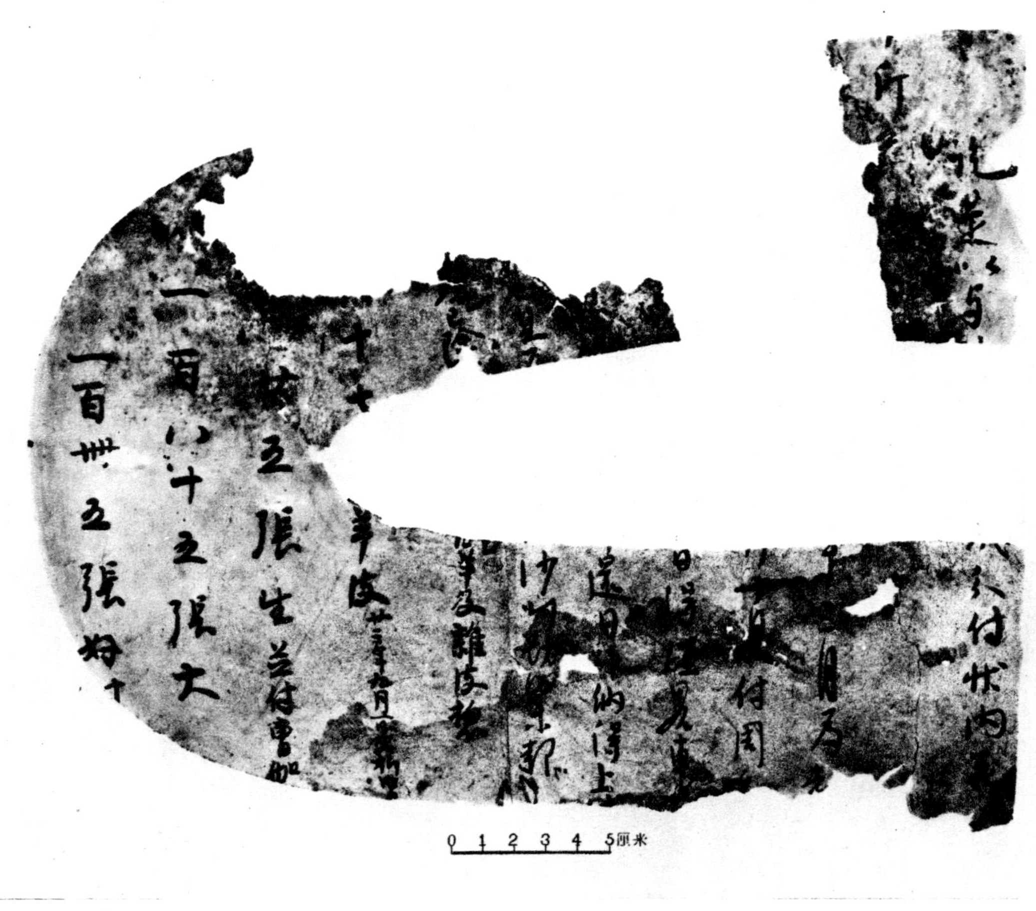

四　高昌倩書索善伯殘券
69TKM48：12

五　唐永徽元年（公元六五〇年）後報領皮帳（一）
69TKM48：5（a）

五　唐永徽元年（公元六五〇年）後報領皮帳（一）
69TKM48：5（b）

四　高昌倩書索善伯殘券

本件紀年殘缺，券中「索善伯」、「宋崇□」又見於前《高昌時見索善□殘券》，今列於高昌殘券最後。

1 □私要〻行，貳主各自署名爲信。
2 　　倩書索　善伯
3 　　時見宋　崇□

五　唐永徽元年（公元六五〇年）後報領皮帳

本件紀年殘存「廿三年十月」及「元年」等。唐代於廿三年後即稱元年者，唯貞觀、永徽之交。

（一）

1 訖並以与□分付狀内毛
2 □斤□
3 □年三月爲□
4 □十具，付周□
5 □日得經□車□
6 □領□還日昨納得上件□
7 □七具，□沙州勘問未報。
〔一〕
8 □已後除□羊皮及雜皮總
9 □八十七□羊皮　廿三年九月一日　安　折覽。
10 □百廿五張生并付曹伽□
11 一百八十五張大，
12 一百卌五張好，付□

注釋

〔一〕此處紙接縫背面有押署，已殘。

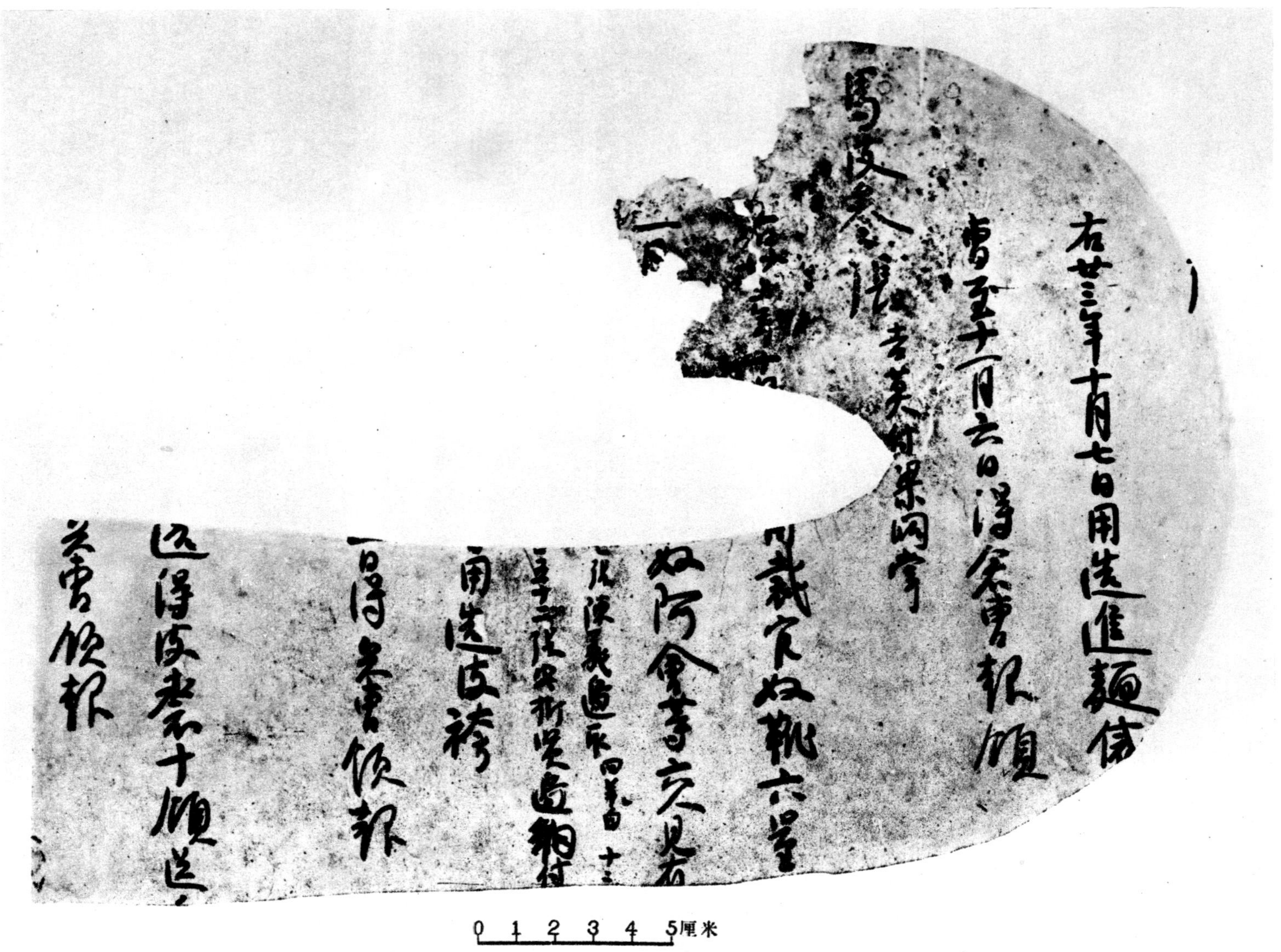

0 1 2 3 4 5厘米

五　唐永徽元年（公元六五〇年）後報領皮帳（二）　69TKM48:8（a）

（二）

右廿三年十月七日用造進麵袋□

曹至十一月六日得倉曹報領。

馬皮叁張　吉莫付梁潤掌。

右廿三年十月□日裁官奴靴六量。

一□奴阿會等六人見有□

□

□張陳義邊取四白羊十二□

□五十二張安祈貿邊納付。

□用造皮袴。

□日得兵曹領報。

□

□造得皮裘十領送□

□兵曹報領。

五　唐永徽元年（公元六五〇年）後報領皮帳（三）　69TKM48：6（a）、7（a）

（三）

右□康替延釘駞〔下殘〕
今□安判毗釘駞脚。
狼皮玖張並小〔□張□　二張□〕
右元年十二□造進麵衆六口送倉曹〔下殘〕
小不成見□報領。
狼皮壹張生。
右元付胡□付引道人龍道德釘駞〔下殘〕
羊皮貳拾捌張。
廿張造靴奴□國送兵曹元釘駞脚。
二張用料理□兵曹報領。
右靴奴□駞皮壹張□
馬皮拾張□奴鞋卅□
右□

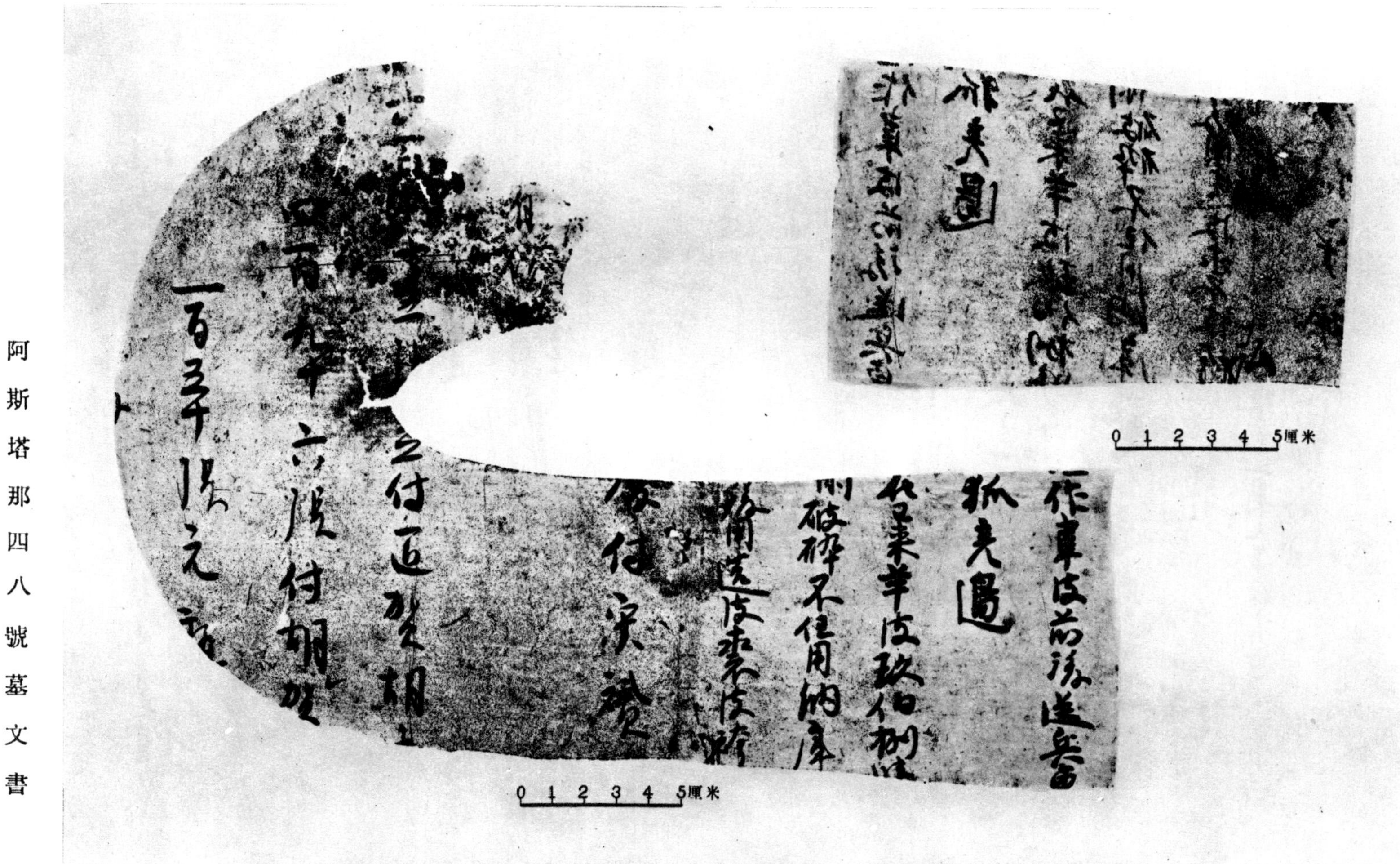

五　唐永徽元年（公元六五〇年）後報領皮帳（四）　69TKM48:4（a）

五　唐永徽元年（公元六五〇年）後報領皮帳（四）　69TKM48:4（b）

（四）

1　[　　]作韋皮，前後送兵[曹][　　]
2　[　　]狐彥邊。
3　[　　][在]已來羊皮玖佰[捌][肆][　　]
4　[　　]破碎不任用，納庫。[　　]
5　[　　]後用造皮裘、皮袴[　　][一]〔一〕
6　[　　]後付宋贇[　　]
7　[　　]有抄[　　]
8　六[百]六十五張并付匠賀胡[子]。
9　四百九十六張付胡賀[　　]
10　一百五十張元[熟][　　]

注　釋

〔一〕此處粘接縫背面有押署「熢」字。

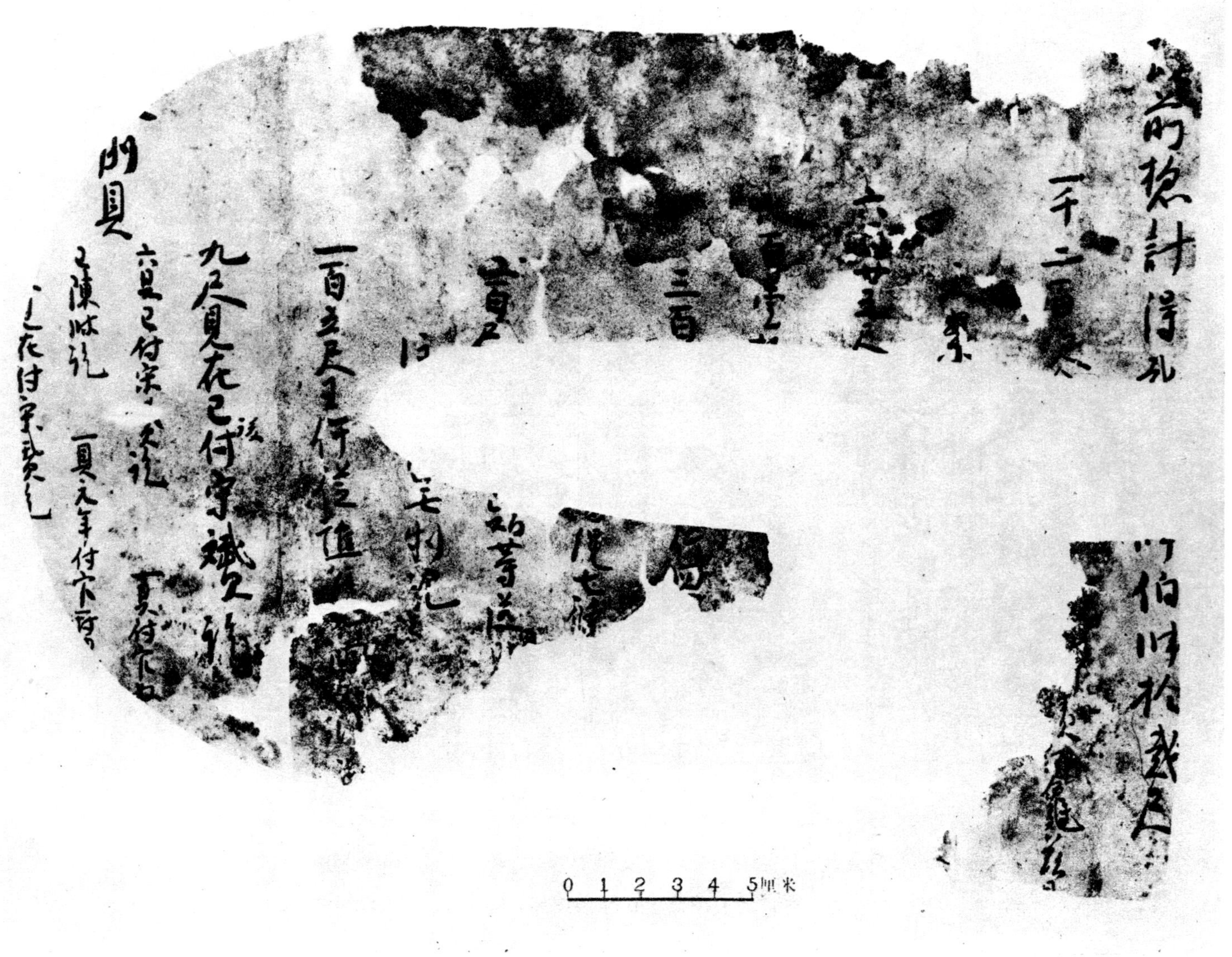

六　唐永徽元年(公元六五〇年)後付宋贇等物帳　　69TKM48:9(a)、10(a)、16/5(a)

六　唐永徽元年(公元六五〇年)後付宋贇等物帳

以前總計得[貳]□[肆]伯肆拾貳尺

一千二百尺□[積]向龜茲□

文[案]□

六百廿五尺□

六百壹[拾]□

三百□行[迴]□

□繩七條

二百尺□智等送□□□

[注]□㐌判記

一百五尺王仵從譙公行迴□

九尺見在已後付宋贇[記]

□[捌]具 六具已付宋贇記　一具付官奴□ 已陳牒記　一具元年付官廚□

□[見]在付宋贇[記]

八　文書殘片　69TKM48：16/1（a）、16/2（a）、16/3（a）、16/4（a）

七　唐某年領鑊殘文書　69TKM48：11

七　唐某年領鑊殘文書

1 □元[羽]□處領鑊[用]□

2 □付典梁閣得抄□

3 □未知□□遂付永昌□

4 □[不][在]□

阿斯塔那二四號墓文書

本墓爲合葬墓，無墓誌及隨葬衣物疏。「男屍」實爲一布包草人，先葬。此草人紙鞋拆出三二至三五號文書，其中有紀年者爲高昌延昌酉歲。女屍後葬，其紙鞋拆出二六至三一號文書，有紀年者爲唐貞觀二十年（公元六四八年）至永徽二年（公元六五一年）。

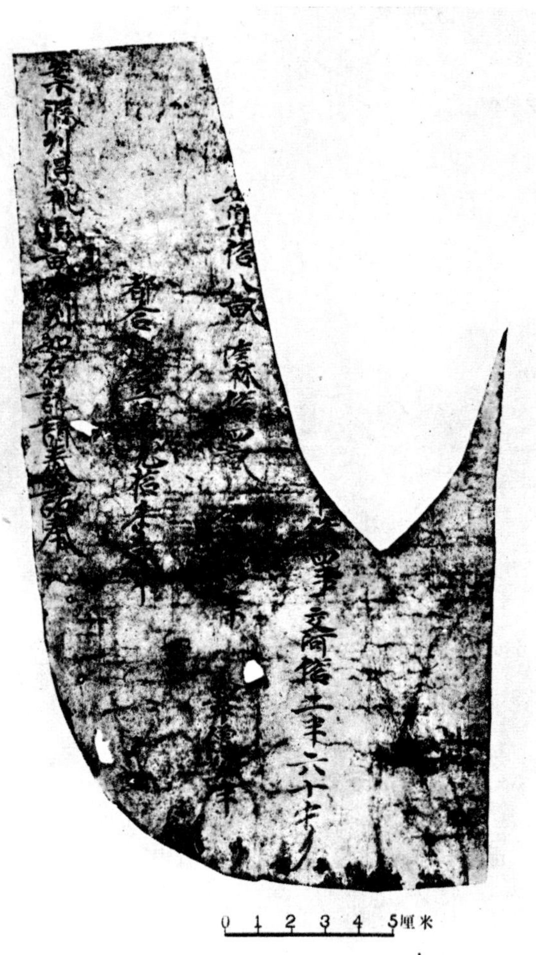

一　高昌延昌酉歲屯田條列得橫截等城葡萄園頃畝數奏行文書　64TAM24:35/1

一　高昌延昌酉歲屯田條列得橫截等城葡萄園頃畝數奏行文書

本件紀年年號年數均已殘缺，干支僅存「酉歲」二字，文中有高昌令尹「麴伯雅」簽署，是伯雅時爲世子，因知本件係其父麴乾固延昌年間文書。延昌凡四十一年，經歷四個酉歲：五年乙酉（公元五六五年），十七年丁酉（公元五七七年），二十九年己酉（公元五八九年），四十一年辛酉（公元六〇一年）。據本件「酉」字上一字所存末筆殘迹只能是「丁」或「辛」字。又本件聯署的官員中有「右衞將軍綰曹郎中麴紹徽」，此人曾見於高昌麴斌造寺碑陰所刻麴寶茂建昌元年（公元五五五年）的文契中，又見於阿斯塔那四八號墓五《延昌二十七年（公元五八七年）兵部條列買馬用錢頭數奏行文書》，似應是延昌前期人。因此，本件屬延昌十七年（丁酉）的可能性較大。

1　［　　　　　　　］□截俗四半　交河俗二

　半六十步

2　［　　］安樂俗八畝　洿林俗四畝　始昌俗一半　高寧

　僧二半

3　　　都合桃（萄）壹頃究（玖）拾叁畝半

4　［謹］案條列得桃（萄）頃畝列別如右記識奏諾奉

　　　□

5　［門］下校郎麴

　［璦］

6　□

　通事令史麴

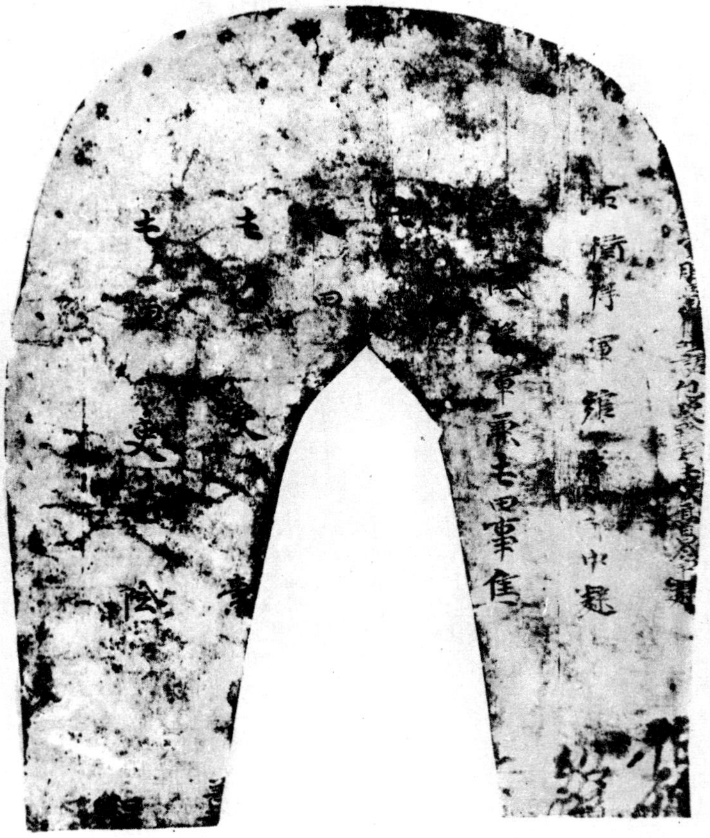

一　高昌延昌酉歲屯田條列得橫截等城葡萄園頃畝數奏行文書　64TAM24：32

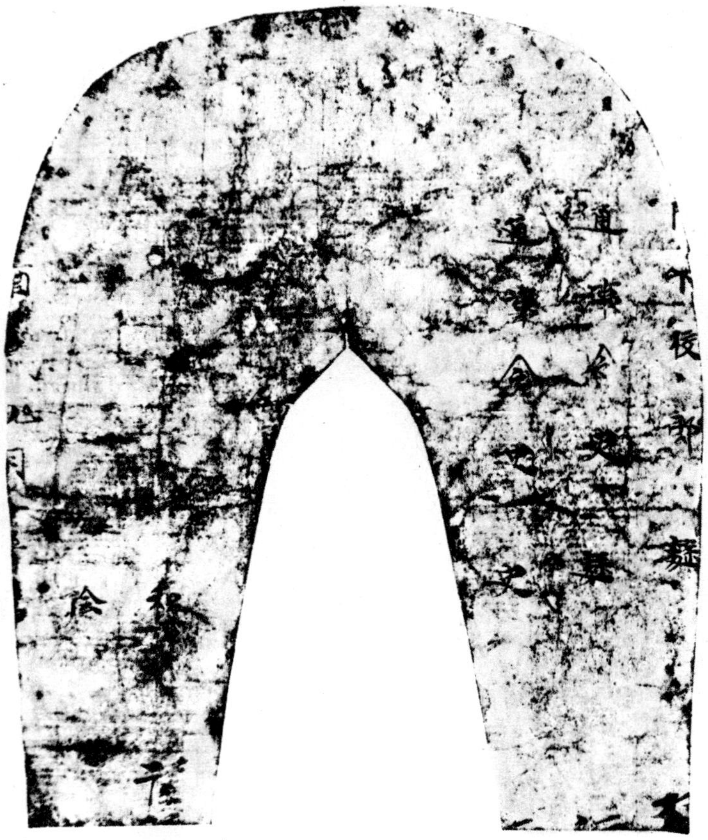

一　高昌延昌酉歲屯田條列得橫截等城葡萄園頃畝數奏行文書　64TAM24：35/2

□□通事令史　　史
□　　□
□　　□
□　　和
隆□
□　　陰
酉歲九月十五日
□□□軍肤疊□吐諾他跋毀鍮屯發高昌令尹麹
伯雅右衛將軍綰曹郎中麹
紹徽虎威將軍萬屯田事焦
□□屯田參□　　□
□□屯田參□　　□
□□屯田吏　　索
善讃屯田吏　　陰
保相

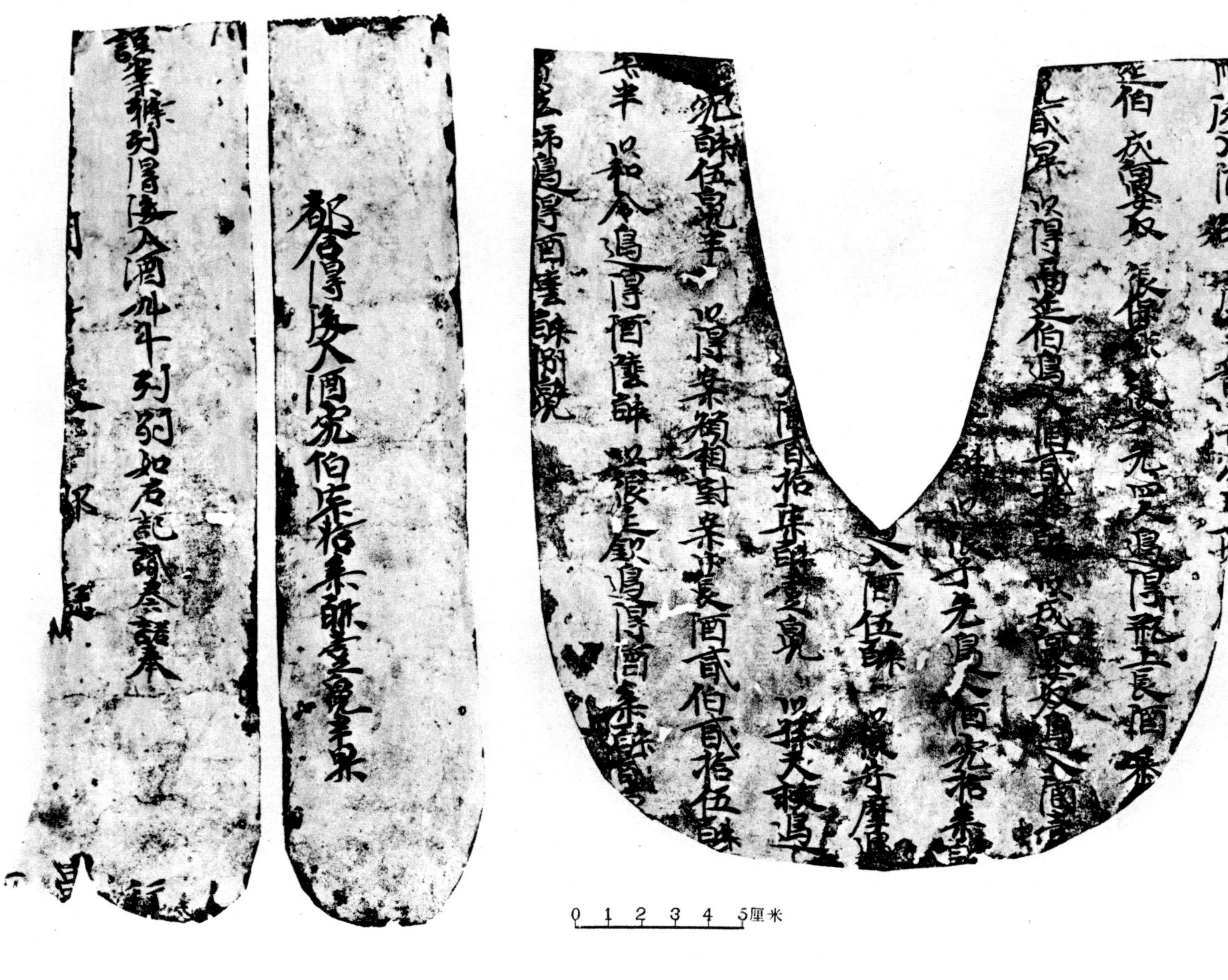

二　高昌條列得後入酒斛斗數奏行文書　　64TAM24：34

二　高昌條列得後入酒斛斗數奏行文書

[　]〔歲〕後入酒〔額〕：虎牙〔天〕護、司空□[　]
[　]延伯、成阿婆奴、張保願、張子先四人邊得瓶上長酒
叄〔伯〕（陌）[　]
[　]兜（斗）貳昇（升），次得高延伯邊入酒貳拾酙（斛），次成阿婆奴邊
入酒壹[　]
[　]〔拾〕酙（斛），次張子先邊入酒究（玖）
拾叄酙（斛）[　]
[　]〔邊〕入酒伍酙（斛），次張守
摩邊[　]
[　]〔邊〕入酒貳拾柒酙（斛）壹兜（斗），次孫天赦邊
[　]
[　]究（玖）酙（斛）伍兜（斗）半。次得案頷相對案中長酒貳伯（陌）貳拾伍
酙（斛）[　]
[　]昇（升）半：次⿰阝和令邊得酒陸酙（斛），次張延欽邊得酒叄酙（斛）貳
兜（斗）[　]
[　]〔寶〕〔法〕師邊得酒陸酙（斛）捌兜（斗）。
都合得後入酒究（玖）伯（百）柒拾叄酙（斛）壹兜（斗）半昇（升）
謹案條列得後入酒卄斗（斛）列別如右，記識奏諾奉
〔行〕
[　]□　〔門〕　〔下〕　〔校〕　郎　趙[　]

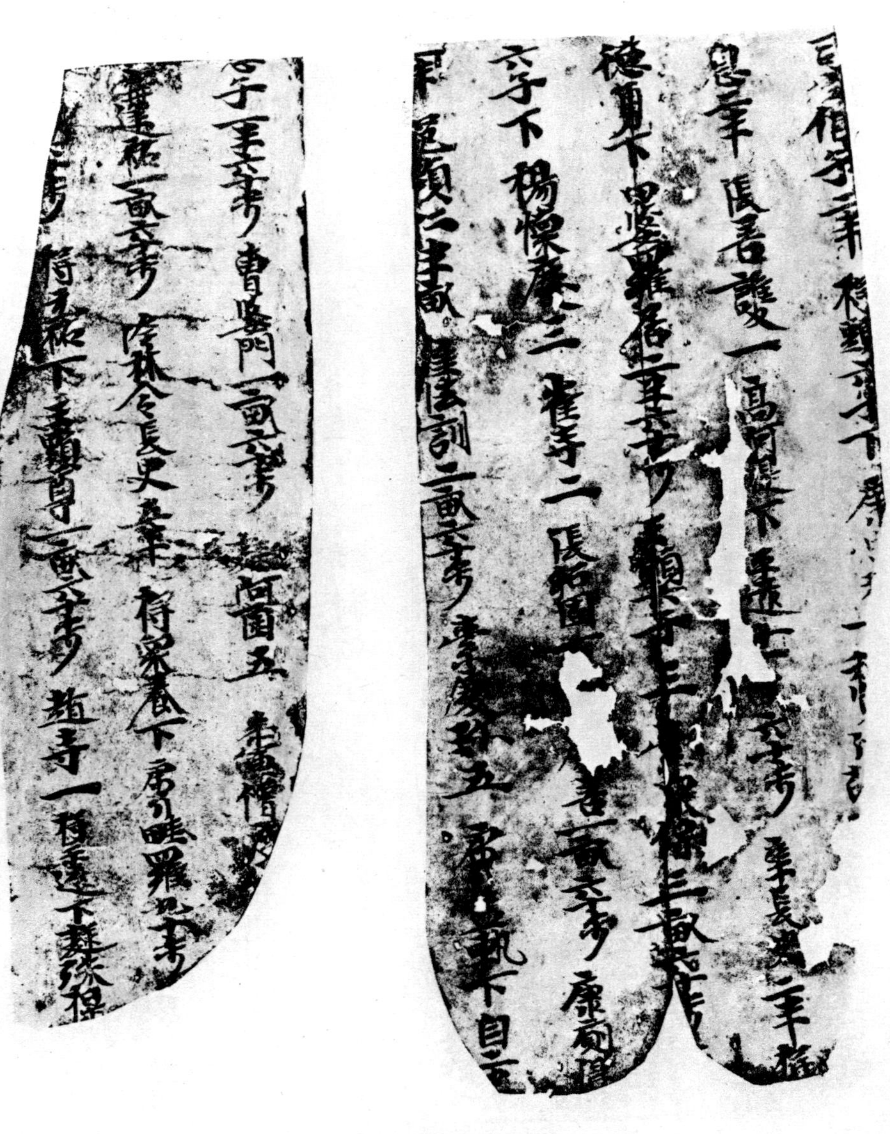

三（右） 高昌司空□子等田帳（一）64TAM24:33/1
三（左） 高昌司空□子等田帳（二）64TAM24:33/2

三　高昌司空□子等田帳

（一）

1 □司空□子二半。將頭六子下：康□□一□
2 □息二半，張善護一。高阿提下：平遠十一畝六十步，辛長史二半。將
3 □德勇下：田婆羅居二半六十步，王頭六子三，索衆保三畝六十步。□
4 □六子下：楊懷慶三，崔寺二。張紹固下：張慶善一畝六十步，康廁得
5 一半，范顯仁半畝，辛法訓二畝六十步，索慶珎五。虎牙孟軌下：自二半，

（二）

1 □子一半六十步，曹婆門一畝六十步，麹阿團五，參軍僧度□
2 □寗建祐一畝六十步，涔林令長史五半。將衆養下：虎牙畦羅九十步□
3 □畝六十步。將元祐下：王顯（顯）尊一畝六十步，趙寺一。將桑遮下：麹殊提□

四　唐貞觀二十年（公元六四六年）趙義深自洛州致西州阿婆家書　64TAM24:27(b)

0 1 2 3 4 5厘米

四　唐貞觀二十年（公元六四六年）趙義深自洛州致西州阿婆家書

本件九行「不具」以前原有斷句，據背面「書面」（見下件）知義深姓趙。

1 ［……］言疏，違離累載，思慕無寧，奉［……］
尊體起居

2 ［……］不審　阿婆、南平阿祝々母、大兄等，

3 ［……］常，即日居（子）等蒙恩，且度朝夕，在此親
眷皆悉

4 ［……］知大兄得勳官雲騎尉，居子等憘悦不可言，
後復重蒙

5 ［……］[月]廿日書々上道，趁連改嫁，屬張隆訓為妻，居子、義
深具悉知也，

6 ［……］[公]道，共義深遣許来，無因信人時，義深不用信，阿婆
努力自用，

7 ［……］居子等巢寄他土，曉夜思鄉，粗得偷存，實無理賴，雖然
此處經紀

8 [微]薄，亦得衣食，阿婆、大兄不須愁慮。奉拜未期，唯增滞結，伏
願祢

9 重，不具，居子、義深再拜：從六月廿日已後，家中大小、内外親
眷悉平安否？

10 居子、義深二人千万再拜阿婆，兩箇阿舅、兩箇阿姨盡得康
和以否？從

11 □□[六]月三日已来，勝妃何曰不共[居]□、[義][深]遣一帋書来，
[大]嗔[限]在

12 [　　][口]云道：共兩箇兒誦經念佛。義深承知阿婆語也。

13 [　　]問訊弟張隆訓、妹趚連盡得平安已否？兩箇兒

語弟

14 [　　][深]等作兄弟時，努力慈孝，看阿婆、阿兄，莫辭辛苦。

脫為[相]

15 [　　]々力々天能報人。阿黑在何處？書上示道(消)

息來。

貞觀廿年十二月十日

義深□□

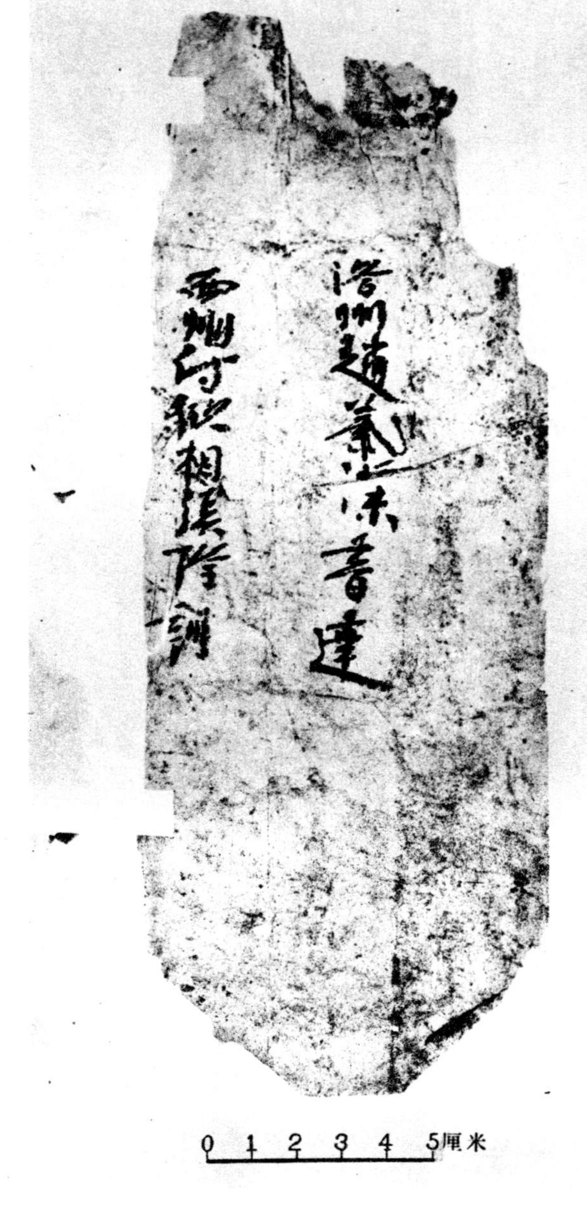

0 1 2 3 4 5厘米

五 唐趙義深家書面 64TAM24:27(a)

五 唐趙義深家書面

本件爲前件家書書面，寫在前件背面。

1 洛州趙義深書達

2 西州付歡相張隆訓

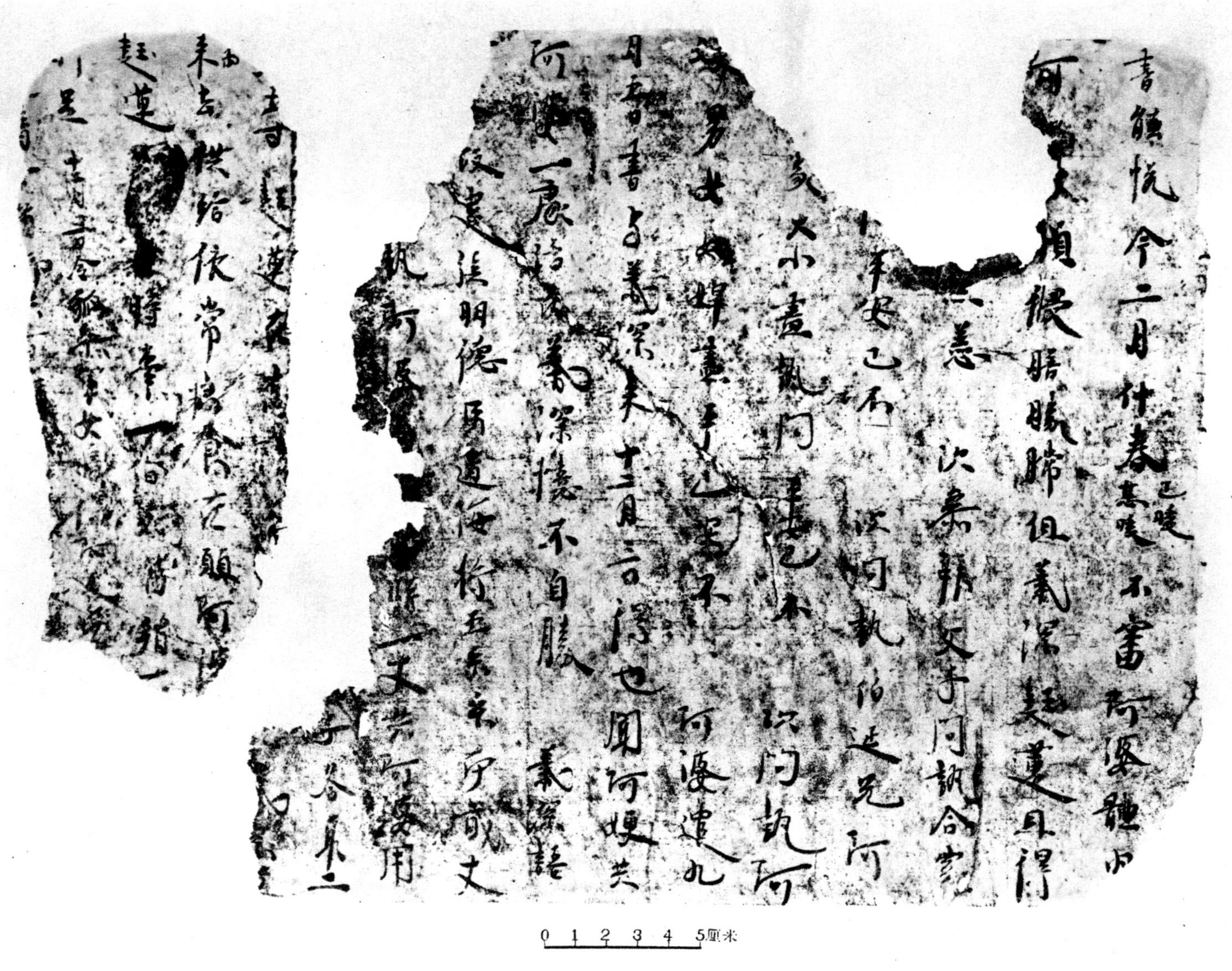

0 1 2 3 4 5厘米

六　唐趙義深與阿婆家書　64TAM24:30

六　唐趙義深與阿婆家書

本件無紀年，文中「義深、𧺝蓮」已見於前件，故此定名，并列於前件之後。

書能悅，今二月仲春已暖，甚暖（常）不審阿婆體[內]
何如，□損寢膳勝㫾，但義深、𧺝蓮且得
［　　］無恙。　次參拜父子，問訊合家
［　　］平安已不？　次問訊伯延兄阿
［　　］家大小，盡訊問平安已不？　次問訊阿
嫂男女奴婢盡平己（安）不？　阿婆遣九
月五日書与義深来，十二月三日得也。聞阿嫂共
阿婆一處活在，義深懷不自勝。　義深語
□□故遣張明德、馬道海將五糸（絲）采布貳丈
［　　］訊阿婆□□[匹][緤]一丈，共阿婆用。
［　　　　　］子各取二
□五寸，𧺝蓮在高［　　］[義][深]□
□來去供給，依常粮食在，顧阿[婆]［　　］
𧺝蓮〇〇〇時索一[佰]（百）[好]箇絹，[在]［　　］
□足十二月三日令狐參軍女邊得阿[兄]□［　　］

七　唐麮連、武通家書　　64TAM24:29

七　唐麮連、武通家書

本件無紀年，文中「麮連」見前二件，今列於其後。

1 □□、[武]通兩箇千万忝承阿婦、阿兄[　　]
2 主兒女等，阿叔、〻母并兒女等，未[　　]
3 在不？麮連此間平安好在，去年[配][　　]
4 家在尒中，[身]貝□得脫，在手裏無錢財，[　　]
5 麮連訖（訊）阿婦，兩箇女嫁与阿誰也，有人来□□
6 明作書將来，千万語阿婦好努力[　　]
7 共阿婦相見，問多富新婦在後去時，[肯]
8 白陵（綾）五尺，用作阿婦信；胡粉二兩、梳三箇、細針
9 四十箇、五色絲綖一兩，用作兩箇女信，語阿
10 姊阿嫂兩箇，[憶]麮連時好慈孝者，阿婦
11 兩[　　]

0 1 2 3 4 5厘米

八(左) 唐□連家書(二) 64TAM24:31/2　　八(右) 唐□連家書(一) 64TAM24:31/1

八　唐□連家書

本件首「連」上一字殘，不能判斷是否即前件之「趌連」，據文中「令狐」「南平」並見前《貞觀二十年趙義深自洛州致西州阿婆家書》，今列於《唐趌連武通家書》後。

（一）

1 □連母子及驢並[　　]

2 阿姉（姊）、阿嫂（嫂）子父子等，德連[　　]

3 懐重，今墮此債，如孃不須[　　]

4 [　　]中心[　　]

（二）

1 [　　]如崔女端

2 姜努力者[　　]姉既可身

3 到，不須愁。如科中脚迹問訊，

4 今科脚迹問訊，莫愁。十一月日

5 至伊州，令狐阿部、南平父子家内大小

6 別張□師、○虎子、阿兄、阿舅、舅母、阿

7 姨語兄女□□已下，周海□李□□也。

8 張積都問訊阿趙，如供

9 君妹處待在平安在。

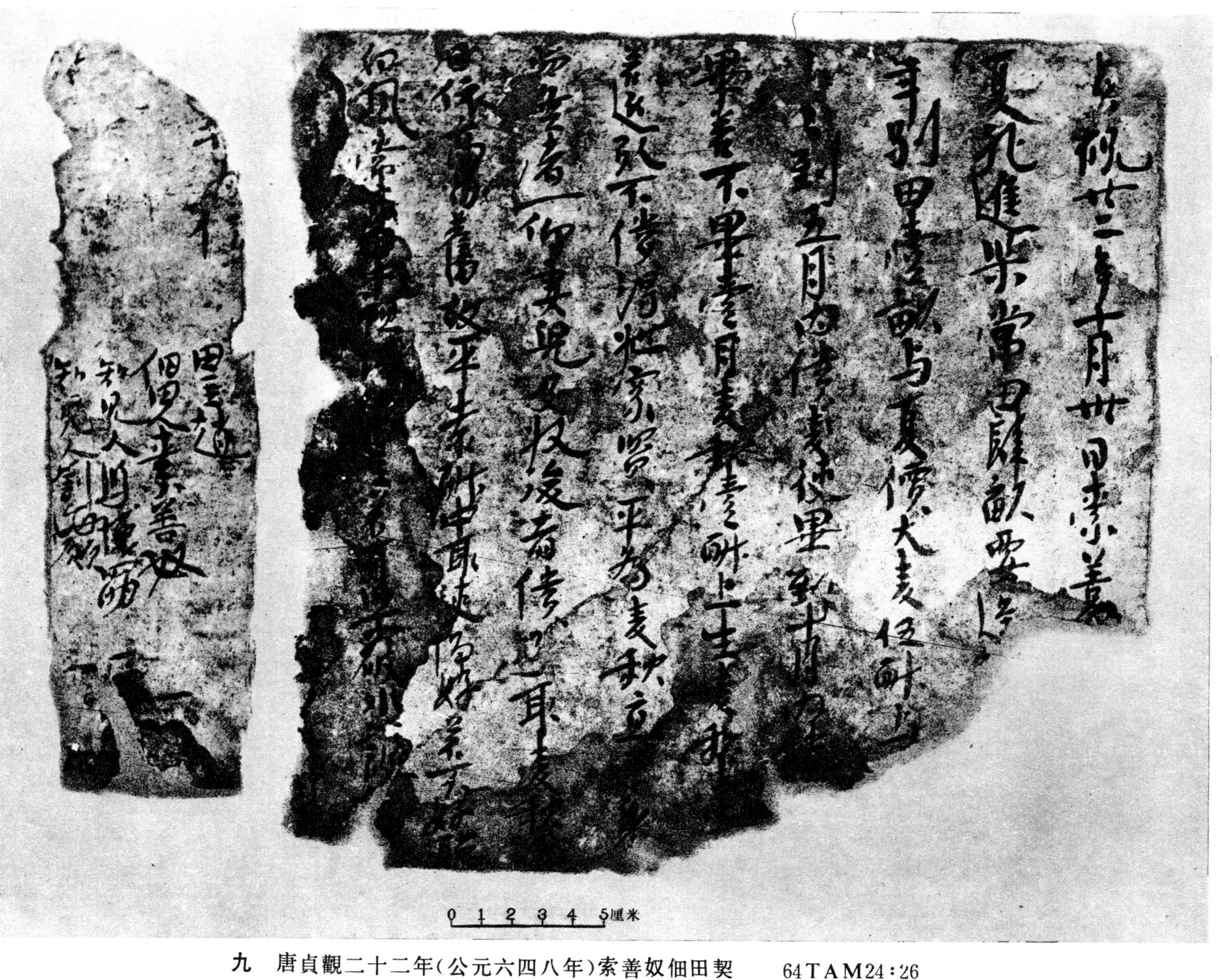

九　唐貞觀二十二年（公元六四八年）索善奴佃田契　64TAM24:26

九　唐貞觀二十二年（公元六四八年）索善奴佃田契

本件係藍書。

貞觀廿二年十月卅日，索善奴
夏孔進渠常田肆畝，要逕（經）
年別田壹畝，与夏價大麥五䚮；与
□〻到五月內，償麥使畢；到十月內，償□□
畢。若不畢，壹月麥秋壹䚮上生麥秋壹□□
若延引不償，得抴家資平為麥秋直。若身□
西無者，一仰妻兒及收後者償了。取麥秋之
日，依高昌舊故平袁（圓）䚮中取，使淨好；若不好，聽
向風常取。田中租課，仰田主；若有渠破水讁，仰佃□

□指為信。

田主趙
佃田人索善奴 一一
知見人馮懷勗[勗]一
知見人劉海願 一一一

一〇 唐永徽二年（公元六五一年）孫寄仁夏田契

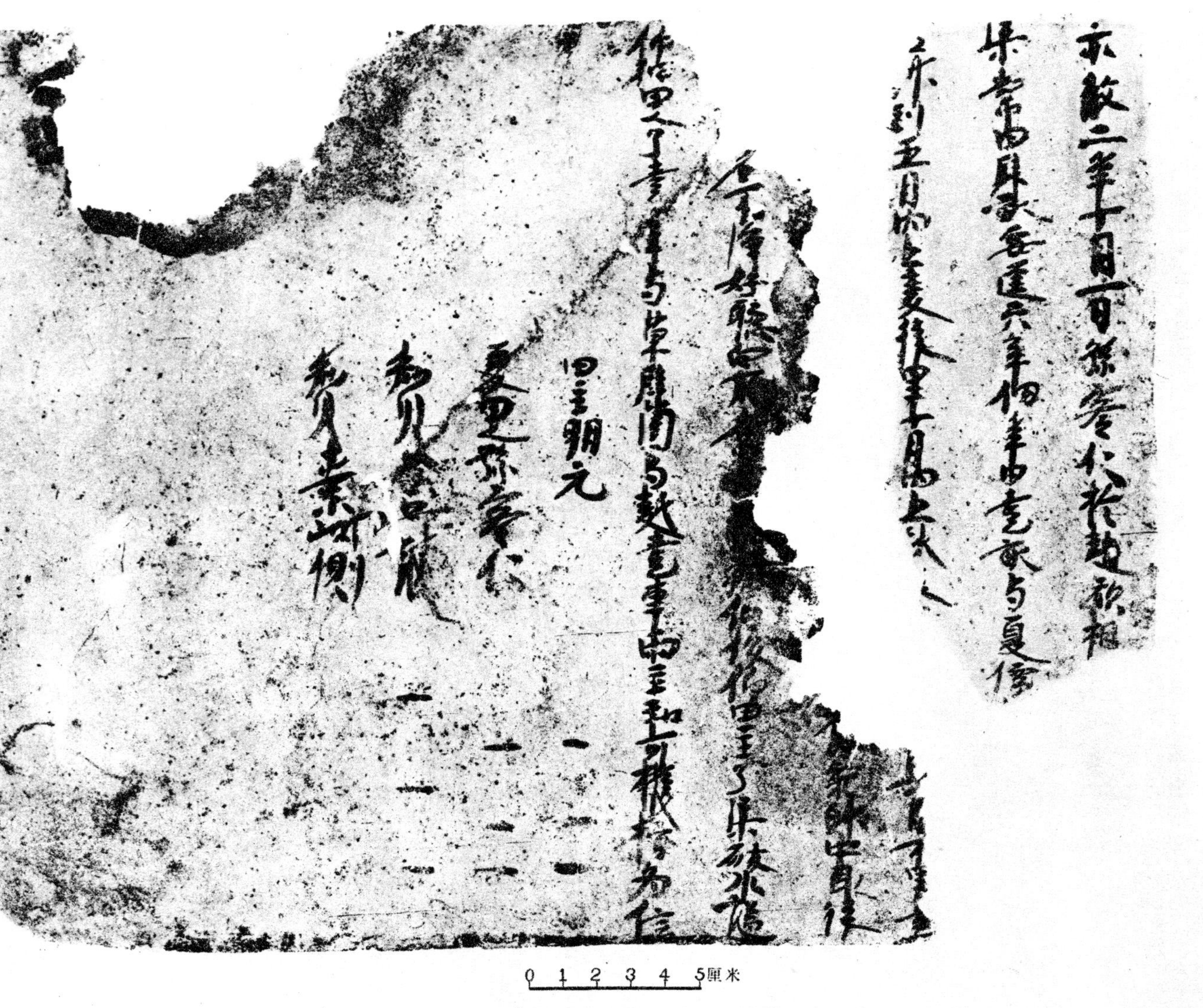

一〇 唐永徽二年（公元六五一年）孫寄仁夏田契 64TAM24:28

1 永徽二年十月一日，孫寄仁於趙歡相［　　］
2 渠常田肆畝，要迳（經）六年佃。年田壹畝，与夏價［　　］
3 □斛。到五月内，上麥使畢；十月内，上秋□□□□[其][月][不][畢]
□
4 ［　　　　　］[舊]（圓）袁斛中取。使
5 ［　　］若不淨好，聽向風常取。租殊（輸）伯（百）役，仰田主了；渠破
水讁，
6 仰佃田人了。壹年与草肆圍，与鼗壹車。兩主和可，獲指為信。
7 田主明元 ｜｜｜
8 夏田人孫寄仁 ｜｜｜
9 知見 □阿護 ｜｜｜
10 知見 索阿側

阿斯塔那三〇二號墓文書

本墓出女屍二具，男屍一具。最裏之女屍先葬，出缺名衣物疏一件，據紙幅，當爲麴氏高昌時物。男屍在外，當係後葬。無衣物疏。出唐永徽四年（公元六五三年）趙松柏墓誌一方。

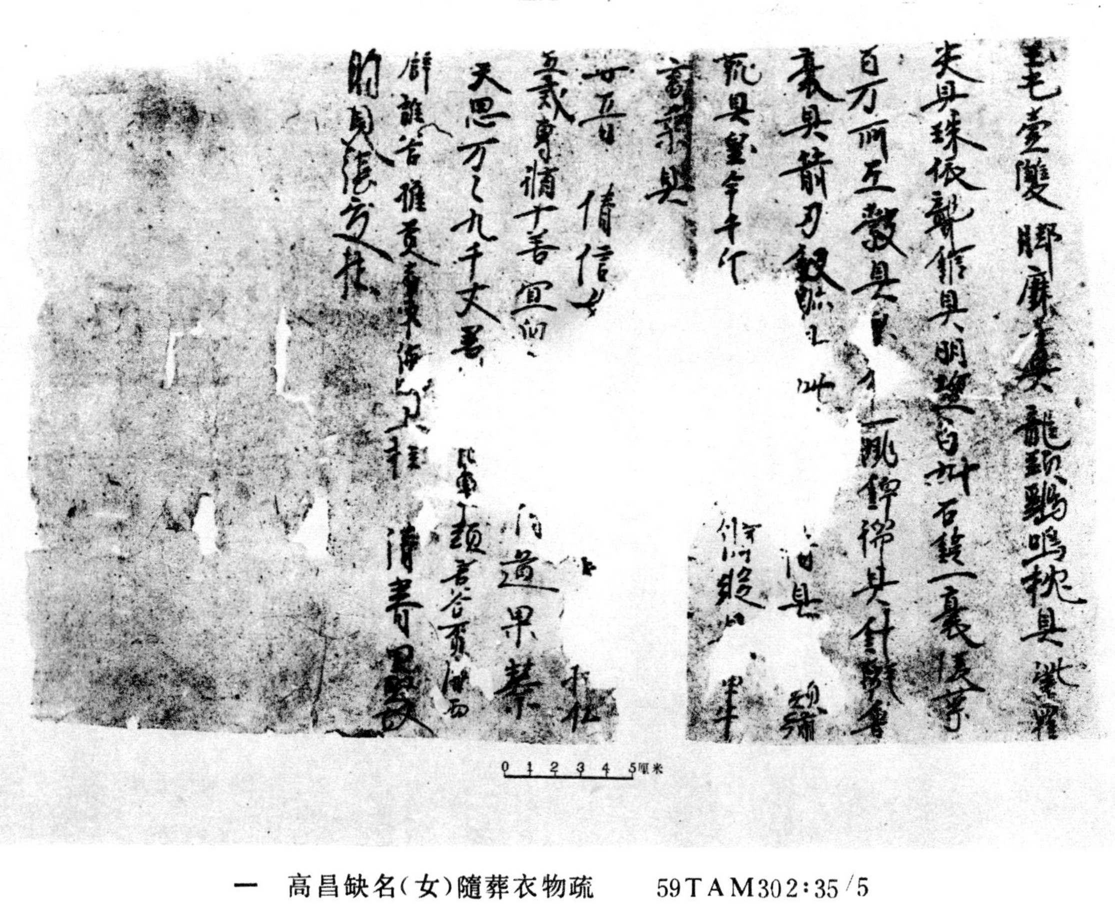

一　高昌缺名（女）隨葬衣物疏　59TAM302:35/5

一　高昌缺名（女）隨葬衣物疏

本件紀年已缺。疏紙實測得高爲二十八公分，麴朝紙高度大抵如此。

玉屯(豚)壹雙，腳靡壹具，龍頭鷄鳴枕具，紫羅
尖具，珠(朱)依(衣)龏(龍)館(冠)具，明盐百斗(斛)，石鎧一囊，綾菜(綵)
百万段，五穀具，皇(黃)□一，姚(腰)，錦儒(襦)具，針氈，魯
囊具，前(翦)刃(刀)、叙疏(梳)具，□□□具，□□繡
靴具，皇(黃)今(金)千斤，□□□縱[具][車]牛
畜乘具，□□
廿五日，倩(清)信女□□□[持]佛
五戒，專修十善，宜向(享)□□[得]道果攀。
天思(絲)万万九千丈。若□□[海]東頭，若谷(欲)覓海西
辟(壁)，誰谷(欲)推覓者，東海[畔]上柱(往)。　倩書里堅故
時見張定杜

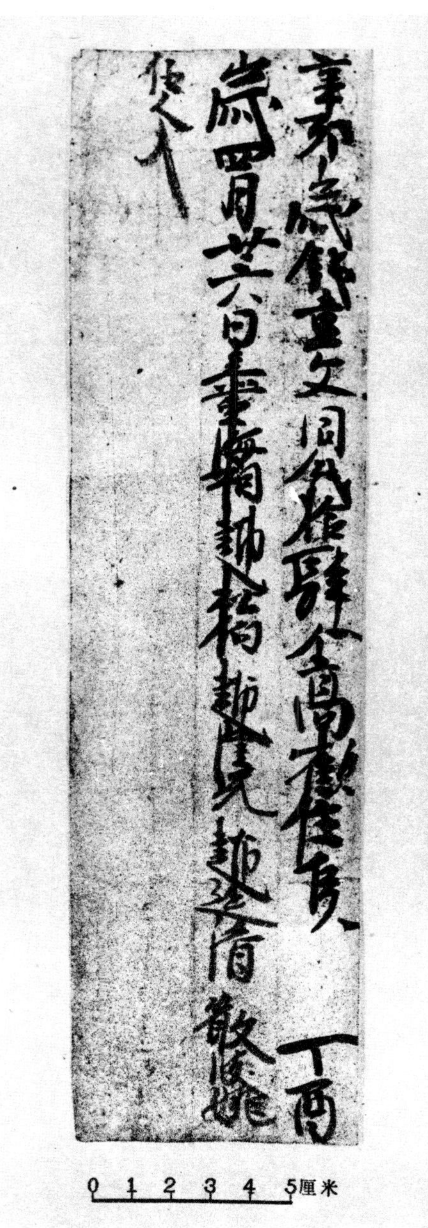

二　高昌延壽十四年（公元六三七年）四月參軍海相等五人入辛卯歲錢條記　59TAM302:35/3

三　高昌殘條記　59TAM302:32/4

二　高昌延壽十四年（公元六三七年）四月參軍海相等五人入辛卯歲錢條記

本件紀年僅有干支，同墓出土唐永徽四年（公元六五三年）趙松柏墓誌。本件中有墓主姓名，據此推定本件的「辛卯歲」當爲高昌延壽八年，「丁酉歲」爲延壽十四年。

1　辛卯歲錢壹文，銅錢拾肆个，高歡住伍人，　丁酉

2　歲四月廿六日參軍海相、趙松伯、趙隆兒、趙延濟、嚴波姚

3　伍人入。

三　高昌殘條記

本件與上件形式大致相同，今列在上件之後。

1　[　　]□□□史寺貳酙（斛）[　　]

2　[　　]善歡、張願歡、張[　　]、田悅憙，十二月[　　]

3　[　　]入。

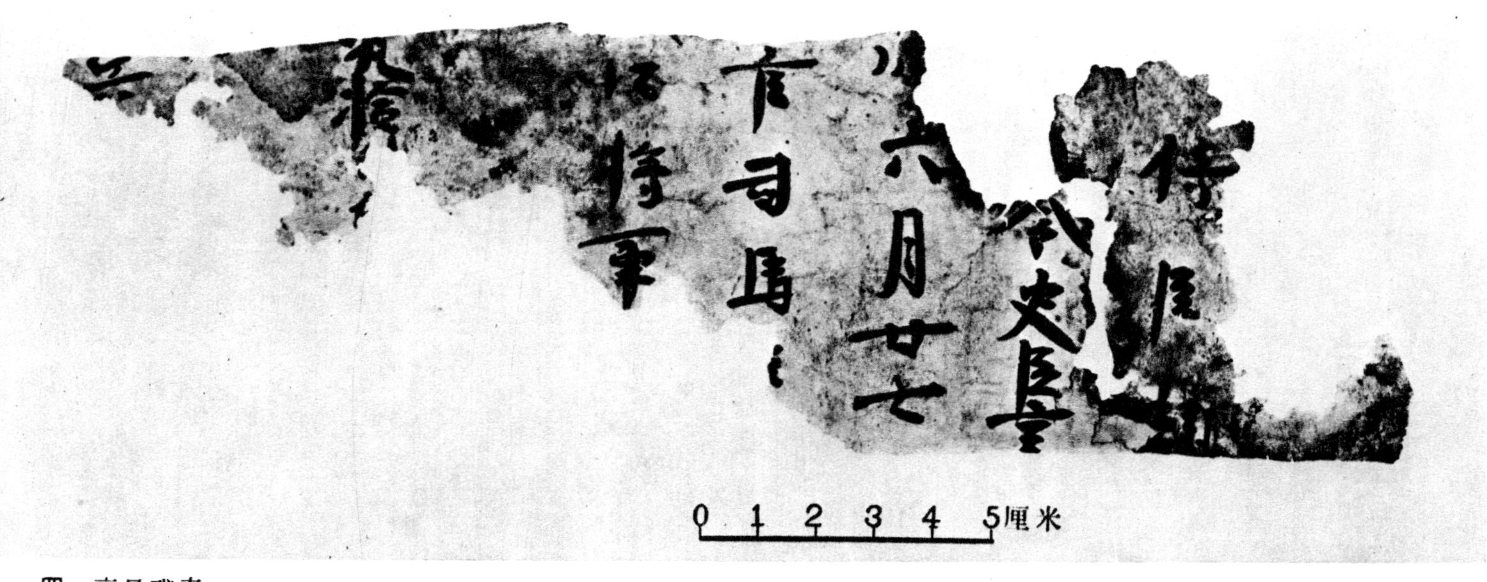

四　高昌殘奏一
59TAM302:35/6-2

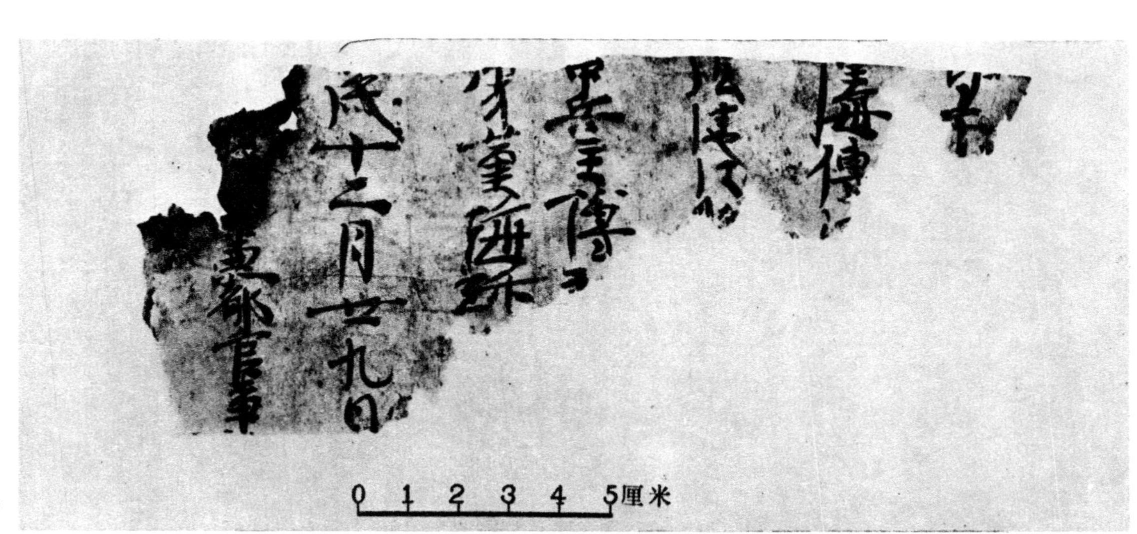

五　高昌殘奏二
59TAM302:35/6-1

四　高昌殘奏一

本件第三行日期上蓋有朱色篆文「奏聞奉信」印一方。

1 ［　　］侍　臣趙［　　］［　　］
2 ［　　］令史臣卒［　　］［　　］
3 ［　　］〔歲〕六月廿七□［　　］
4 ［　　］官司馬□［　　］
5 ［　　］江將軍□［　　］
6 ［　　］〔究〕（玖）拾［　　］
7 ［　　］兵［　　］

五　高昌殘奏二

本件的時代順序同上件。本件第五行日期上蓋有朱色篆文「奏聞奉信」印一方。

1 ［　　］海傳［　　］
2 ［　　］張淩江〔將〕［　　］
3 ［　　］中兵主簿［　　］
4 ［　　］〔虎〕牙董海琮［　　］
5 ［　　］歲十二月廿九日　□
6 ［　　］〔武〕將軍兼都官事□　□

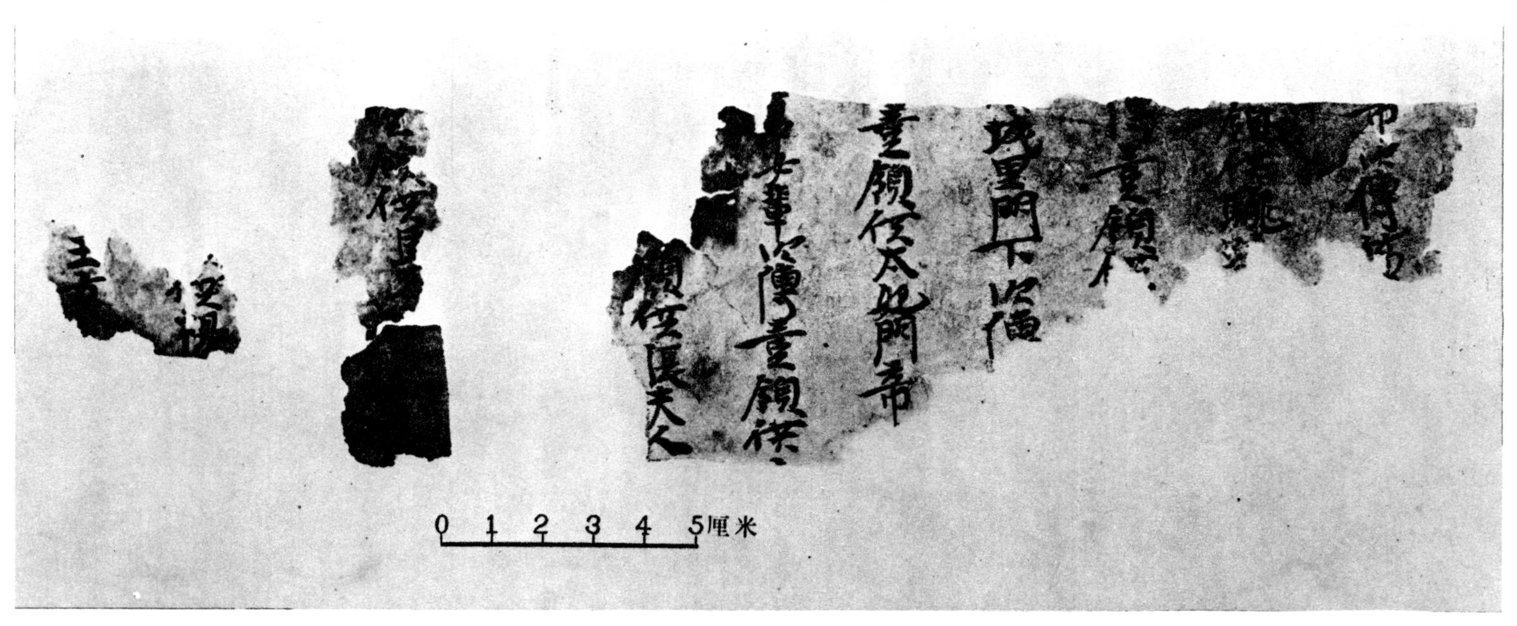

六　高昌傳供物帳（一）　59TAM302：35/6-3

六　高昌傳供物帳（二）　59TAM302：35/6-4

六　高昌傳供物帳（三）　59TAM302：35/6-5

六　高昌傳供物帳

（一）

1 ［　　］帝。次傳，［　　］

2 ［　　］領，供驪［　　］

3 ［　　］傳，壹領，供［　　］

4 ［　　］城里門下。次傳，［　　］

5 ［　　］壹領，供太妃門帝［　　］

6 ［　　］□中女華。次傳，壹領，供［　　］

7 ［　　］領，供張夫人［　　］

（二）

1 ［　　］壹領，供馬女郎。次傳，壹［　　］

（三）

1 ［　　］供楊［　　］

2 ［　　］王方中［　　］

七　高昌作人名籍　　59TAM302：29/2（b）

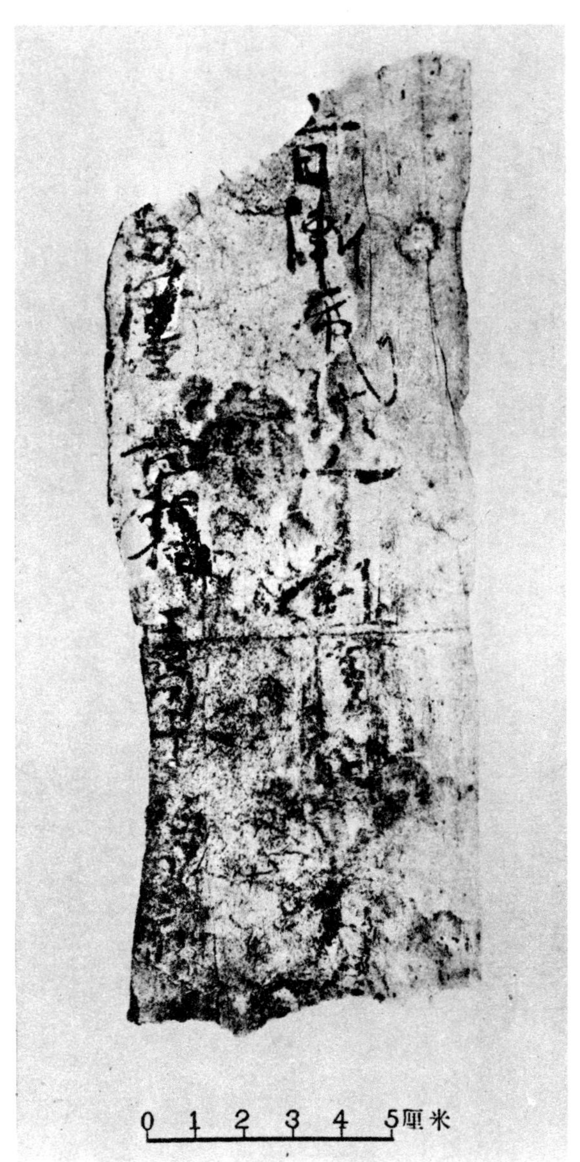

七　高昌作人名籍　　59TAM302：30/3

七　高昌作人名籍

1 □□三日漸（建）威作人劉隆伯　劉□

2 □田海幢　范相伯　王苟子　□

3 □□禿仁　劉德□　田海□　□

八　唐貞觀廿三年（公元六四九年）趙延濟送死官馬皮肉價練抄
59TAM302:35/2

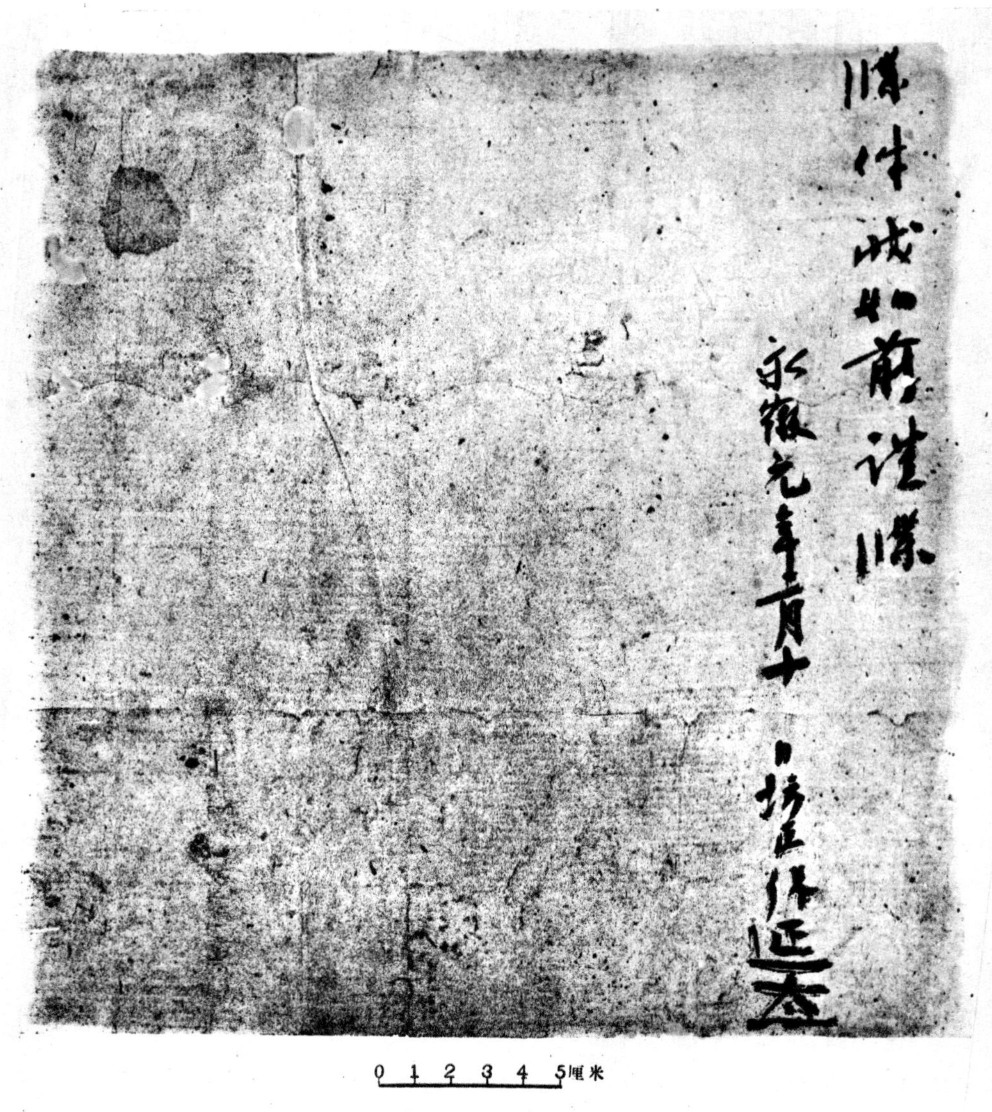

九　唐永徽元年（公元六五〇年）坊正張延夳殘牒
59TAM302:35 1

八　唐貞觀廿三年（公元六四九年）趙延濟送死官馬皮肉價練抄

本件無年號，但唐代諸帝紀年超過二十年者，唯太宗貞觀、玄宗開元。該墓出有高宗永徽四年（公元六五三年）墓誌，知此廿三年必是貞觀。

1 廿三年十二月十二日趙延濟送死官馬皮
2 肉價練叁疋，典張德類領 |||

九　唐永徽元年（公元六五〇年）坊正張延太殘牒

1 牒件狀如前，謹牒。
2 永徽元年二月十　日坊正張延太[ ]

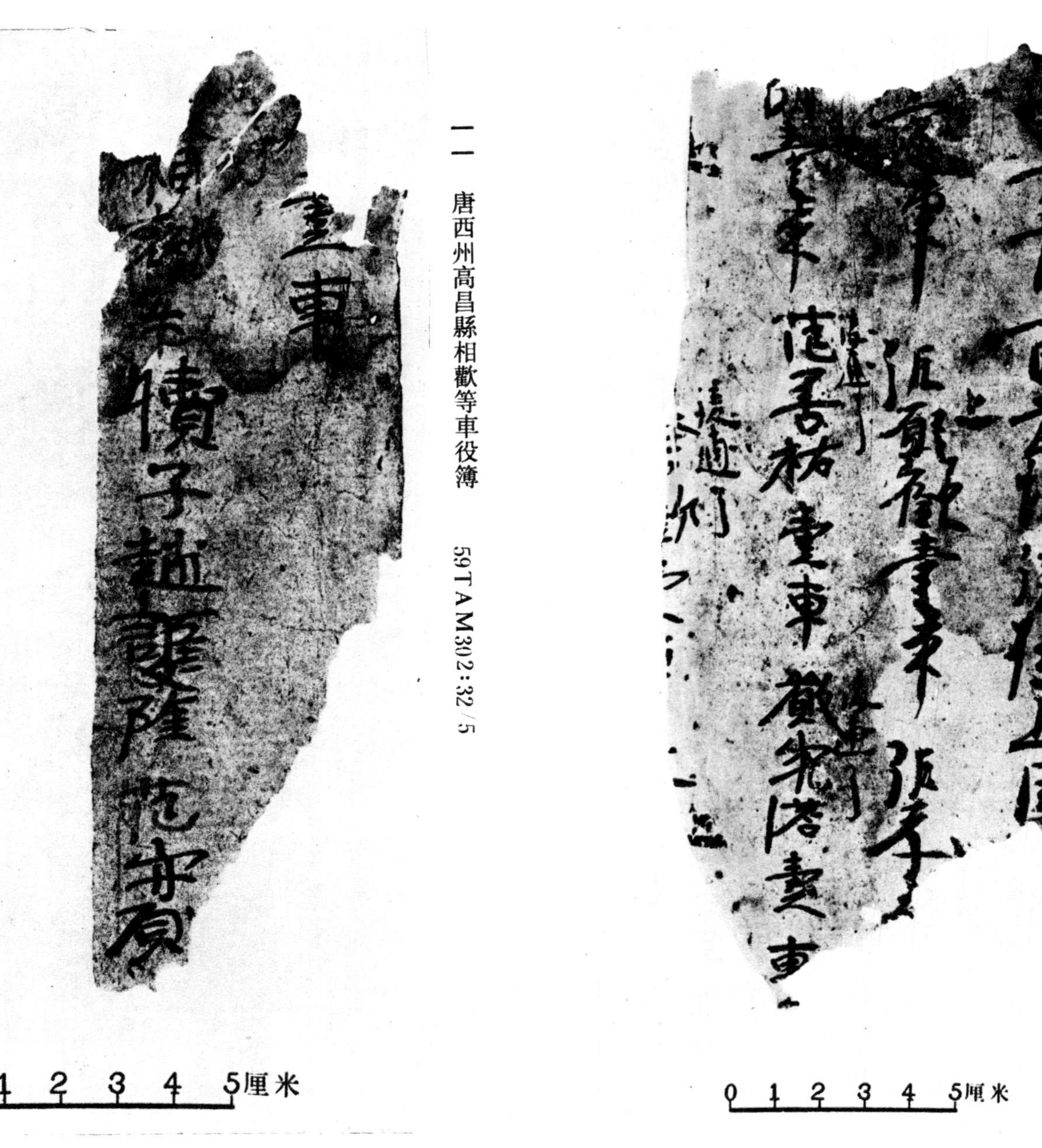

一〇　唐永徽元年（公元六五〇年）西州高昌縣武城車役簿　59TAM302:30/1

一一　唐西州高昌縣相歡等車役簿　59TAM302:32/5

一〇　唐永徽元年（公元六五〇年）西州高昌縣武城車役簿

本件年號殘，唯存「元年」。紀年不記干支，與麴氏高昌時文書通例不合。同墓出唐永徽四年（公元六五三年）趙松柏墓誌，本件不能晚於此時，故定爲永徽元年。

1 □□[元]年二月一日武城湊掾上用□

2 　　壹車　張彭歡壹車（上　湊通了）　張孝（湊通了）

3 □□[胡]壹車　范善祐壹車（湊通了）　嚴究洛壹[車]

4 　　（[上]　湊通了　上）

（下殘）

一一　唐西州高昌縣相歡等車役簿

本件紀年已缺，內容與上件《唐永徽元年高昌縣武城車役簿》同，今列於上件後。

1 　　壹車

2 　　相歡、牛犢子、趙護隆、范守[彭]

（下殘）

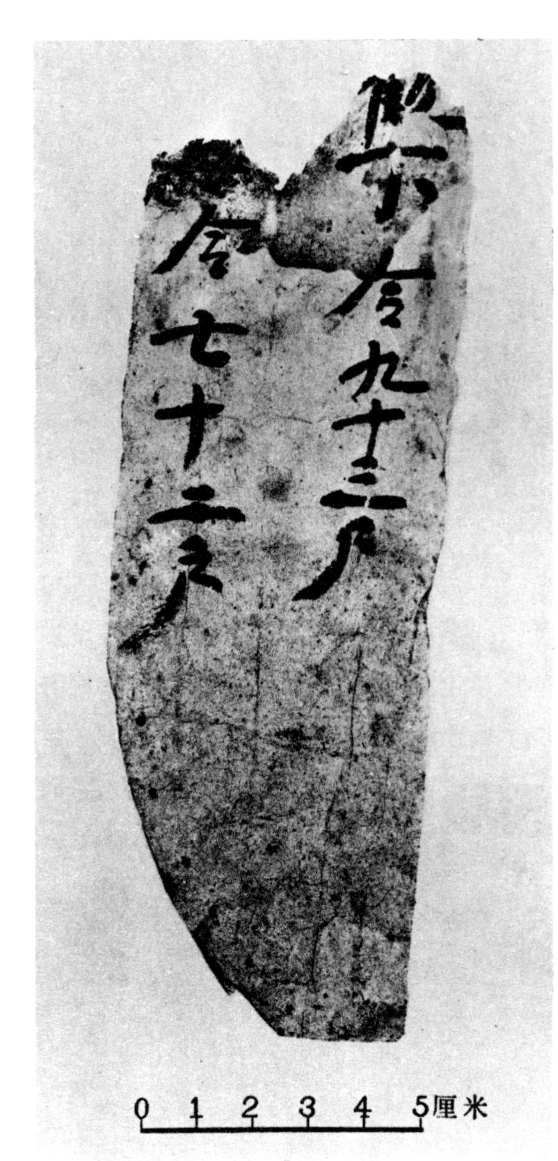

一二　唐合計户數帳（一）　59TAM302:32/6

一二　唐合計户數帳（二）　59TAM302:32/7

一二　唐合計户數帳

本件屬唐屬高昌無明證，今從後暫定唐代。

（一）

1 [藏]下合九十三户

2 合七十二户

（二）

1 合七六户

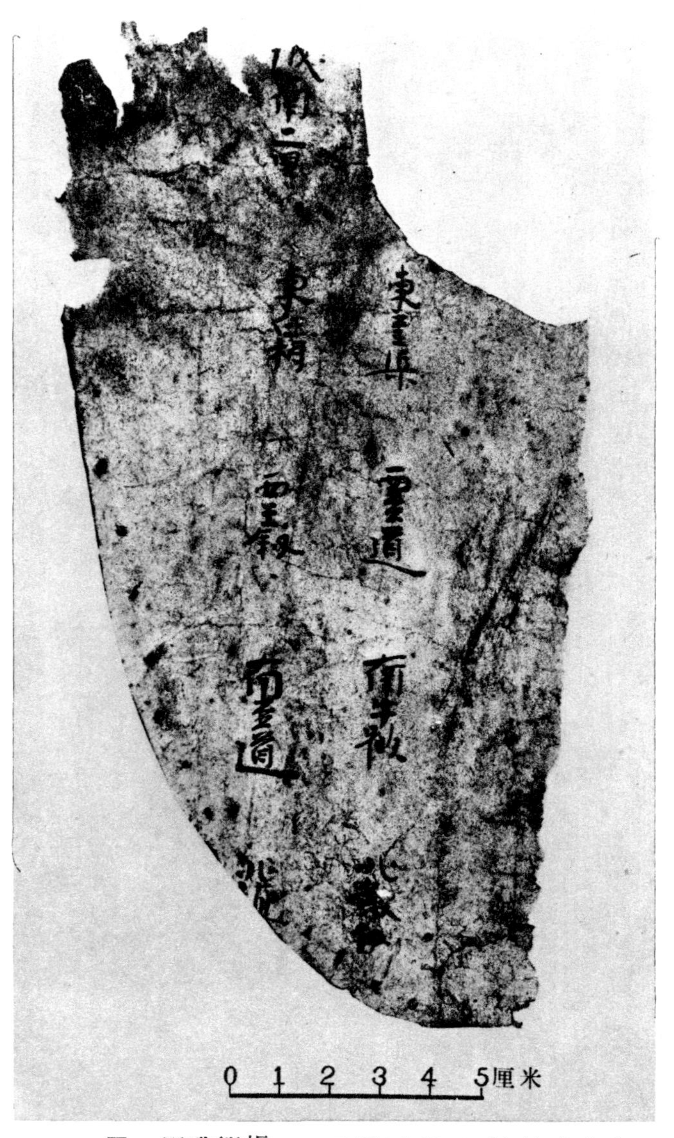

一三　唐殘籍帳　59TAM302:30/4-2（a）

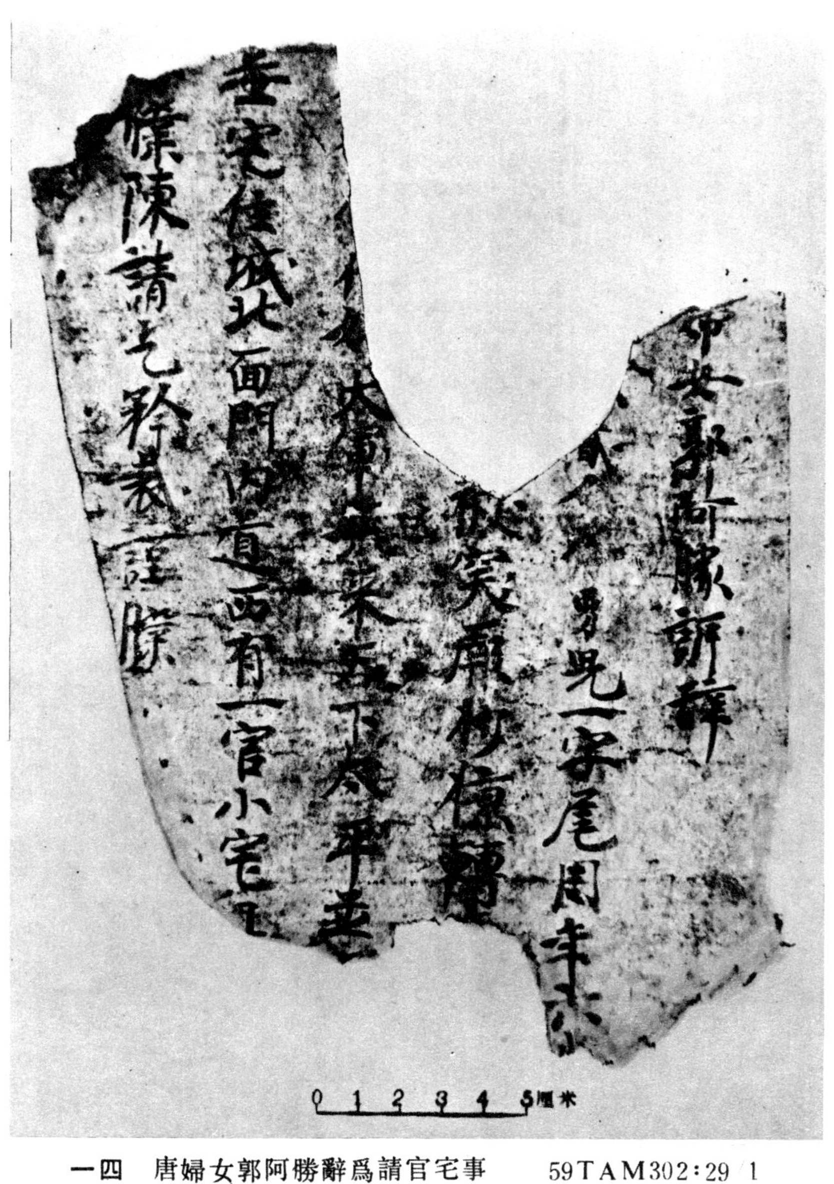

一四　唐婦女郭阿勝辭爲請官宅事　59TAM302:29/1

一三　唐殘籍帳

1 □東至渠　西至道　南牛歡　北嚴仁

2 □城南二里　東白相　西王叙　南至道　北趙□

一四　唐婦女郭阿勝辭爲請官宅事

1 □婦女郭阿勝辭

2 □貳人　男兒一字尾周，年六［歲］

3 □被突厥抄掠轉□

4 □大軍一來，天下太平，並□

5 □無宅住。城北面門内道西有一官小宅，□

6 □牒陳，請乞矜哉，謹牒。

一五　唐范都孤子等名籍（一）　59TAM302:30/4-3(b)、30/4-1(b)

一五　唐范都孤子等名籍（二）　59TAM302:32/10(b)、32/9(b)

一五　唐范都孤子等名籍

（一）

1 [　　]索[　][　][　　]

2 [　　]范都孤子　田海護　[慶][　　]

3 [　　][柱]　張未翟　張[礻][　　]

（二）

1 [　　]索守達　白延憙　[張][　　]

2 [　　][海]高　范孔延　牛迴崇　范[康][　　]

3 [　　][田]石柱　張海伯　張慶伯　張[　　]

4 [　　]孫世得　張延[海]　張信相

一五　唐范都孤子等名籍（三）　59TAM302:30/4-4(b)

一六　唐孫阿海等名籍　59TAM302:30/4-2(b)

（三）

1 [ ]趙容武　趙延彪　李洛子[ ]

2 [ ]張進堆　張隆歡　[ ]

3 [ ]守護　張守取　張[ ]子　[ ]

4 [ ]趙延隆　張延軌　范酉隆　[ ]

一六　唐孫阿海等名籍

1 [ ]孫阿海　張隆伯　[ ]

2 [ ]龍相仁男道得　張善伯男歡[ ]

3 [ ]龍延伯男[取]得　[ ]

一七　唐張慶守等領粟帳　（一）　59TAM302:30/4-4(a)

一七　唐張慶守等領粟帳　（二）　59TAM302:32/9(a)、32/10(a)

一七　唐張慶守等領粟帳

本件紀年已缺，諸人名如傅阿歡等雜見麴氏高昌及唐代文書，今並從後列於唐代。以下諸件並同。人名右旁多加朱點。

（一）

1 張慶守　趙明守　牛迴崇　劉不六　陽歡伯　范海願

張[　]

2 [氾]早頭　張養憙　趙伯懷　孫懷伯　陰胡奴　令狐僧

[　]

3 [　]　靳阿皃　田豊得　牛犢子　趙海隆　趙[　]

（二）

1 范明相　[右]件一十五人〻准粟三碩

2 王海元　禿髮顏六　杜海柱　魏海仁　王阿居　康[　]

[　]

3 趙善得　張歡慶　張善護　張歡悅　[趙][　]

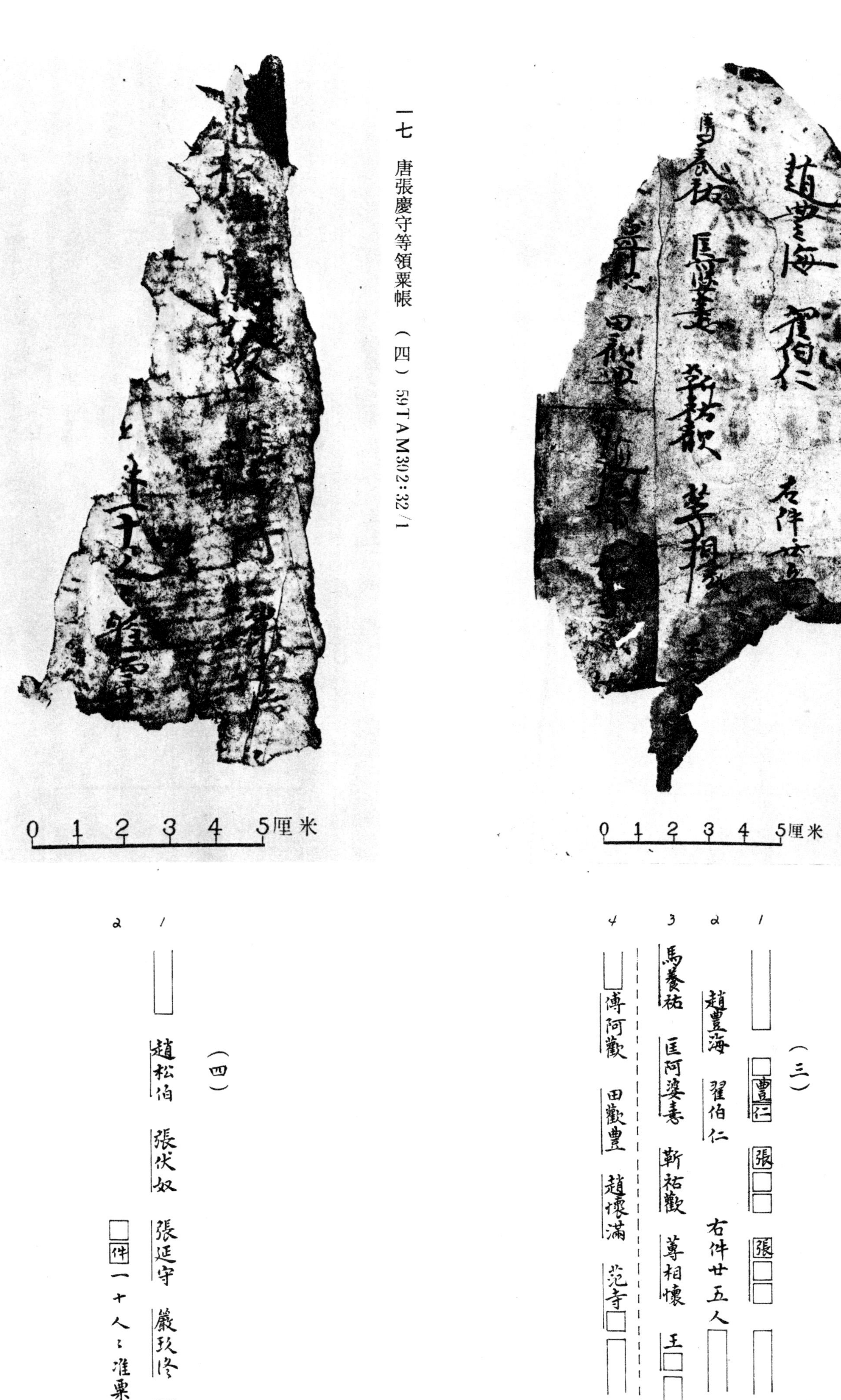

一七　唐張慶守等領粟帳（三）　59TAM302:30/4 1(a)、30/4 3(a)

一七　唐張慶守等領粟帳（四）　59TAM302:32/1

（三）

1 □　□豊仁　張□□　張□□　□

2 趙豊海　翟伯仁　右件廿五人　□

3 馬養祐　匡阿婆憙　靳祐歡　蓴相懷　王□　□

4 □傅阿歡　田歡豊　趙懷滿　范寺□　□

（四）

1 □　趙松伯　張伏奴　張延守　嚴玖佟　□

2 □件一十人〻准粟□

一七　唐張慶守等領粟帳（五）
59TAM302：32/3（a）

（五）

1 [ ]趙憙々　　申元祐[ ]

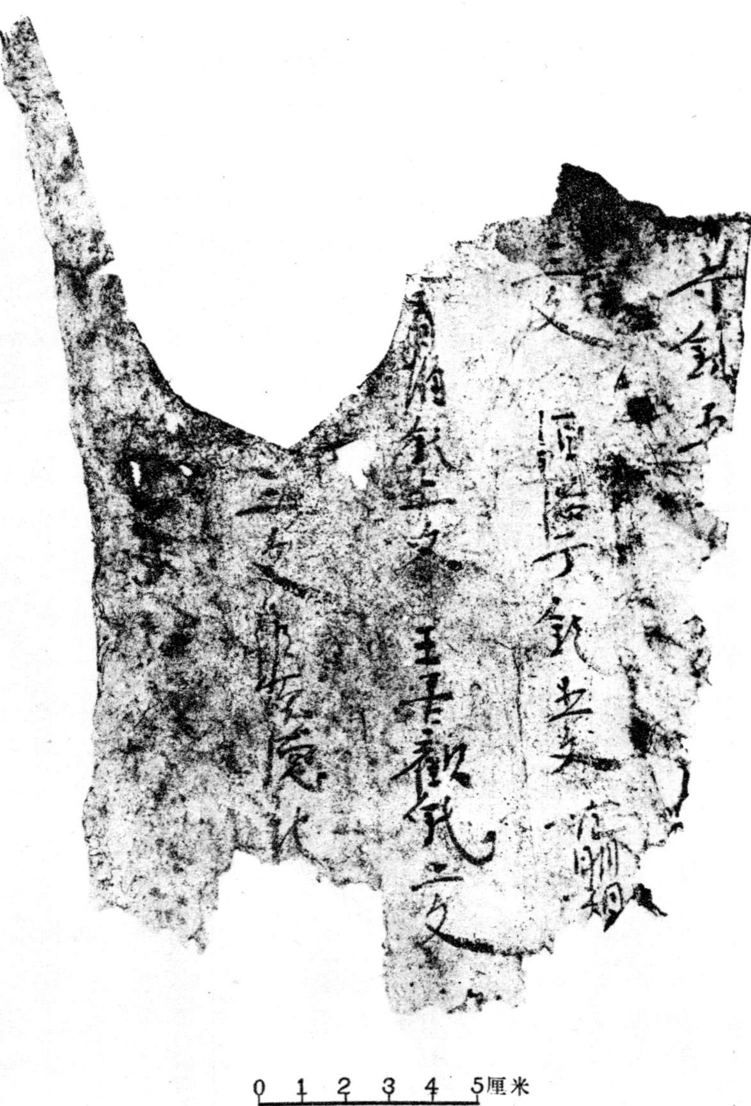

一八　唐張洛子等納錢帳　　59TAM302：29/2（a）

一八　唐張洛子等納錢帳

1 [ ]守錢五□[ ]
2 [ ][錢]三文　張洛子錢五文　范明相[ ]
3 [ ]□埳錢二文　王善歡錢二文
4 [ ]三文　張懷德錢[ ]

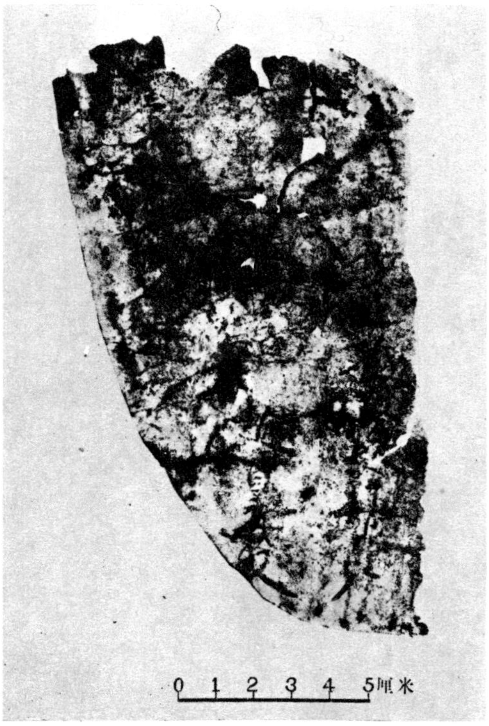

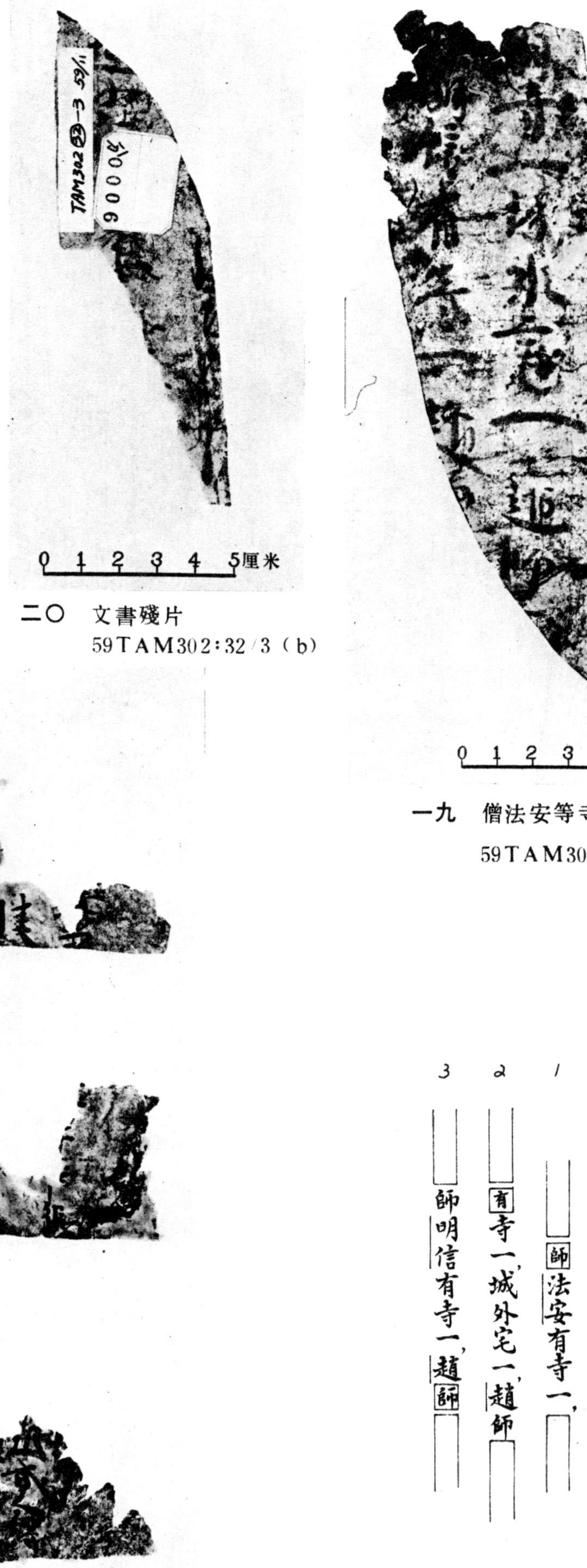

二一 文書殘片 59TAM302:32/8

二〇 文書殘片 59TAM302:32/3(b)

一九 僧法安等寺宅簿 59TAM302:32/2

二二 文書殘片 59TAM302:35/6 6

一九 僧法安等寺宅簿

1 （前缺）師法安有寺一，

2 有寺一，城外宅一，趙師

3 師明信有寺一，趙師

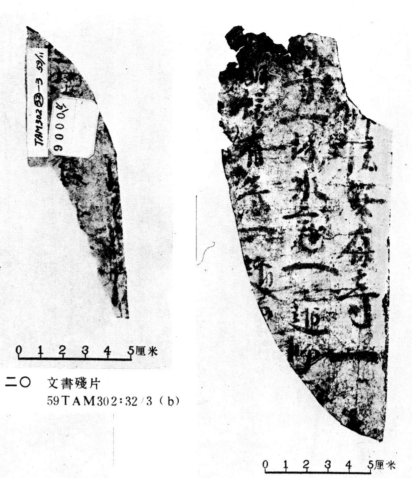

阿斯塔那一四〇號墓文書

本墓出有唐永徽六年（公元六五五年）張龍相墓誌。又出有高昌重光四年（公元六二三年）到延壽九年（公元六三二年）紀年文書。

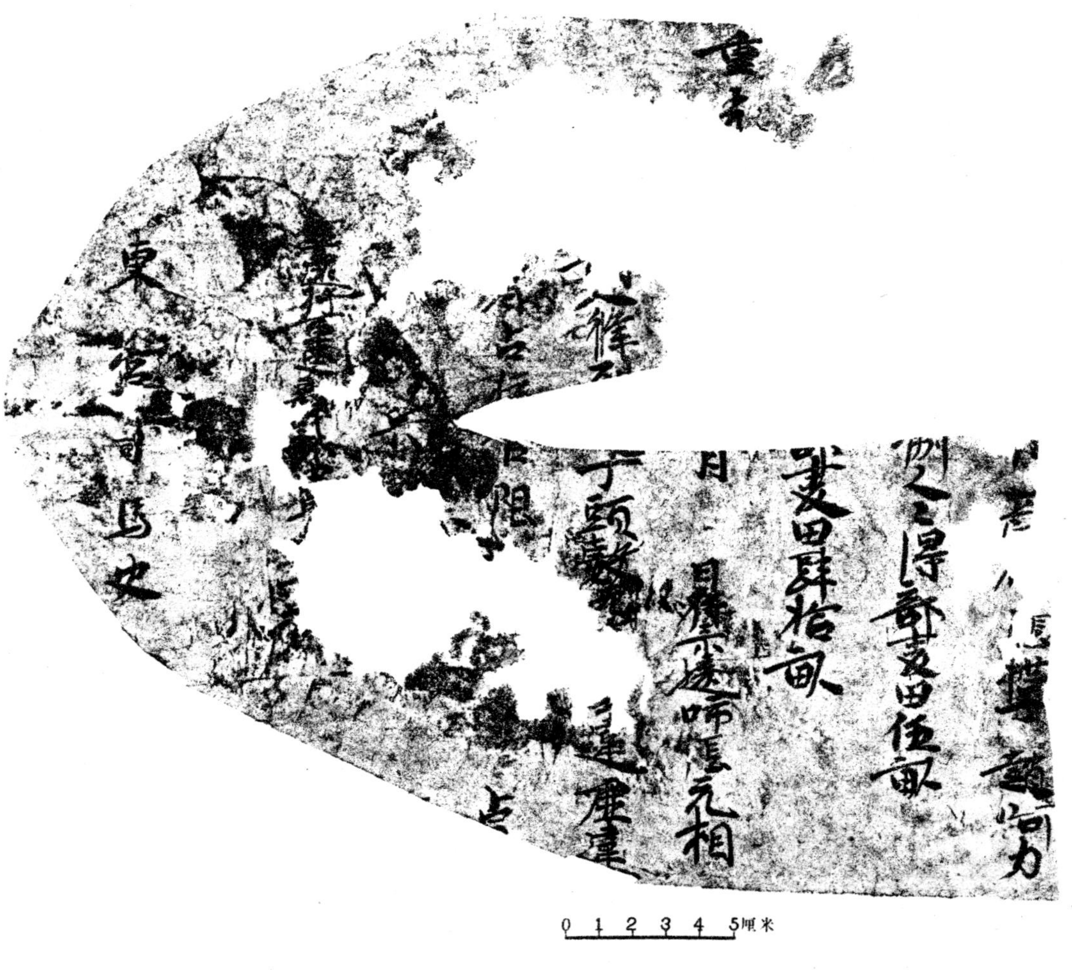

一　高昌重光某年條列得部麥田、□丁頭數文書　69TAM140:18/3

一　高昌重光某年條列得部麥田、□丁頭數文書

1 □張㧱子、趙阿力

2 □捌人，人得部麥田伍畝。

3 □部麥田肆拾畝。

4 重光□月　日，將示（桑）遮啼、張元相

5 □人條列□丁頭數，无□□違、虛違

6 □者占依官　限　占□

7 兵□　□

8 寧遠將軍吏部郎中□

9 東　宮　司　馬　史□

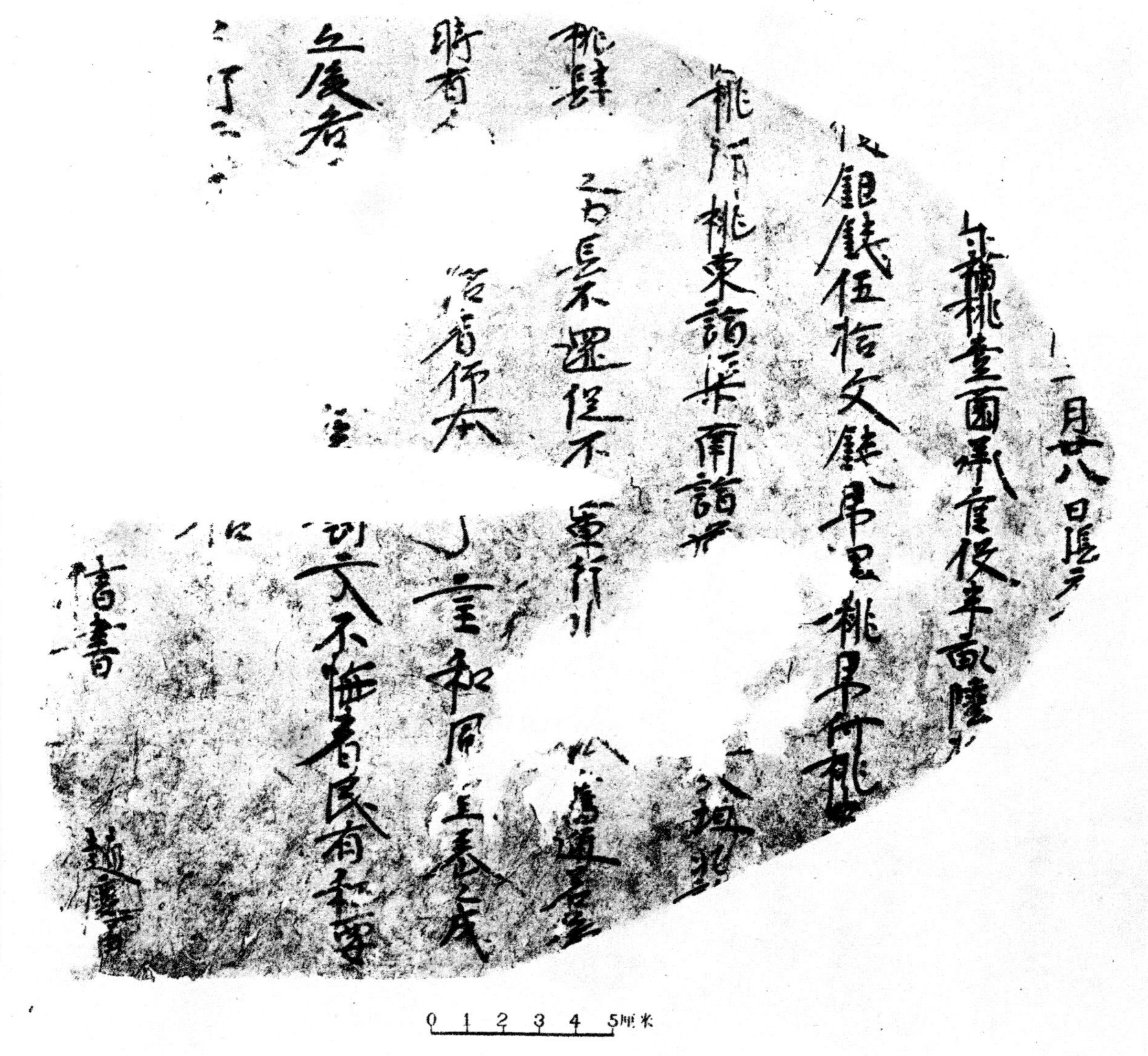

二　高昌張元相買葡萄園券　69TAM140:18/4

二　高昌張元相買葡萄園券

本件紀年已缺，據文中所存「歲」字及券文「承官役半畝陸拾」，知本件爲高昌麴氏王朝時期契券。券中買主張元相之「相」字僅存左上角，本墓同出《高昌重光某年條列得部麥田□丁頭數文書》中亦有「張元相」，今據之補足，并列在前件之後。

1 [ ]歲三月廿八日，張元相[ ]
2 [ ]渠蒲(葡)桃(萄)壹園，承官役半畝陸拾[ ]
3 □□價銀錢伍拾文。錢即畢，桃(萄)即付。桃(萄)中[ ]
4 □桃(萄)行。桃(萄)東詣渠，南詣道，[ ]分垣，北詣□。
5 桃(萄)肆□之內，長不還，促不□。車行水□張舊通。若後
6 時有人□□□佲(名)者，仰本□了。二主和同立卷(券)。卷(券)成
7 之後，各[ ]壹罰二入不悔者。民有私要，
8 〻行二主，[ ]信。
9 倩書　趙慶富

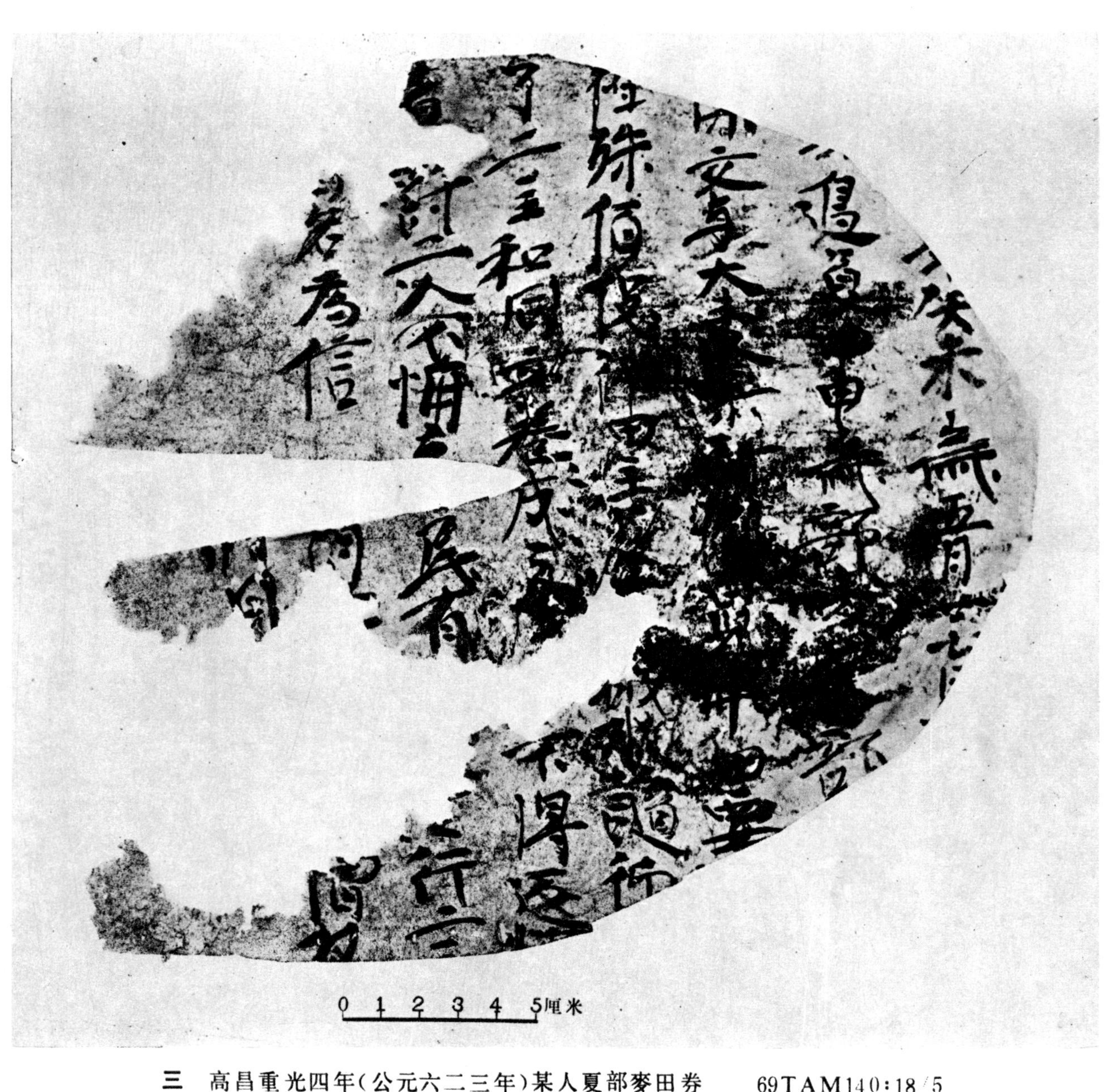

三　高昌重光四年(公元六二三年)某人夏部麥田券　　69TAM140:18/5

三　高昌重光四年（公元六二三年）某人夏部麥田券

本件年號、年數已缺，僅存干支，今據同墓出土《高昌延壽九年（公元六三二年）范阿僚舉錢作醬券》推斷，本件「癸未歲」當爲重光四年。

1 □□□年癸未歲五月廿七日，［　　］

2 □□邊夏甲申歲部麦田北部［　　］

3 □交与大麦叁酙(斛)捌兜(斗)半。田要［　　］

4 租殊(輸)佰役，仰田主了；□破水讁，仰□□□

5 了。二主和同立卷(券)，ゝ成之後，□不得返悔，□

6 者□罰二入不悔者。民有□□□，行二主□

7 □□名為信。　　倩書□僧奴

8 　　　　時見［□□□］

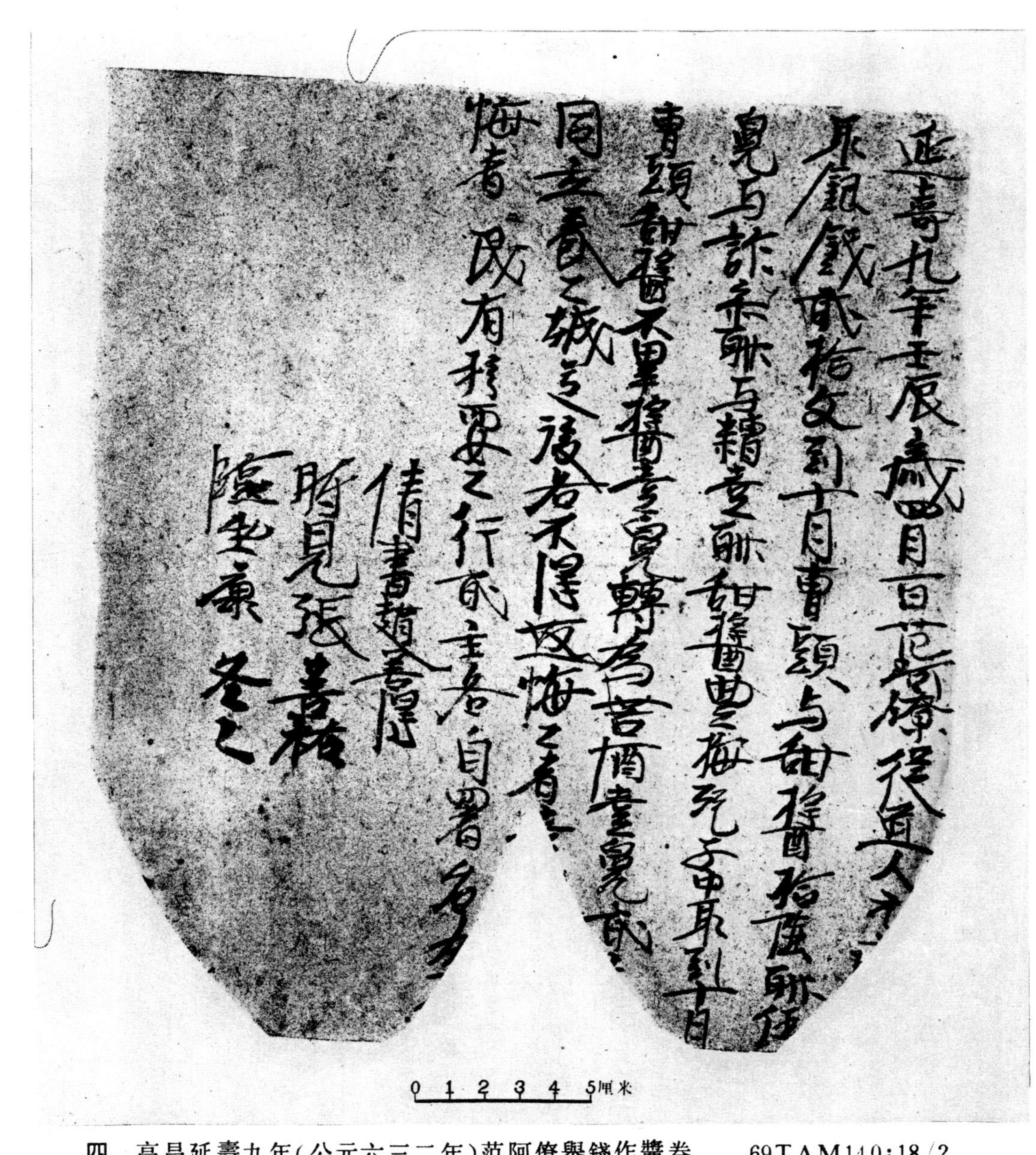

四　高昌延壽九年(公元六三二年)范阿僚舉錢作醬券　69TAM140:18/2

四　高昌延壽九年(公元六三二年)范阿僚舉錢作醬券

1 延壽九年壬辰歲四月一日，范阿僚從道人元□□□

2 取銀錢貳拾文，到十月曹(糟)頭与甜醬拾陸酬(斛)伍

3 㔶(斗)，与詐(酢)叁酬(斛)，与糟壹酬(斛)。甜醬曲(麴)ミ梅(霉)，瓮子中取。到十月

4 曹頭甜醬不畢，醬壹㔶(斗)轉為苦酒壹㔶(斗)。貳[主]□

5 同立卷(券)，ミ城(成)之後，各不得返悔，ミ者[壹]□□□□

6 悔者。民有私要，ミ行貳主，各自署名為□。

7 倩書趙善得

8 時見張善祐

9 臨坐康冬ミ

五　唐張隆伯雇董悅海上烽契　69TAM140:17/1

五　唐張隆伯雇董悅海上烽契

本件紀年殘缺，據雇人上烽十五日及「寧戎鄉」等鄉名看，當屬唐代文書，以下諸件同此。

1 □一日武城□□□隆伯□

2 寧戎鄉人董悅海用河頭上烽

3 一次一十五日，与雇價錢五文。其錢

4 □日交相府(付)了。□逋□

5 □當，張悉□

6 □信。□

7 □人張

8 □雇人　董悅海

9 知見人　張相頤

10 知見人　高一駱一□

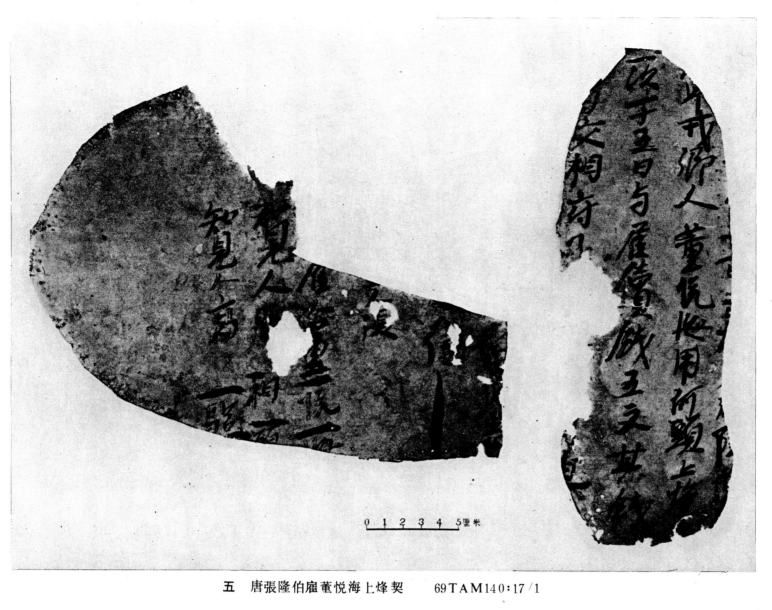

六　唐張隆伯雇范住落上烽契　69TAM140:17/4、17/5-2

六　唐張隆伯雇范住落上烽契

[　][正]月廿八日[武][城][鄉][　]
[　]文雇同鄉人范住落[用][柳][　]
[拾]伍日，即日与錢肆文，殘錢叁□
[　][迴]来，上錢使畢。若烽上有[　]
[　]不在，并烽前[息]有離[　]
[　]契以後，先有悔[者]，
[　][從]私契。兩主和可
□□人范住落
[　]張隆伯
[　][　]
□書人趙武亮

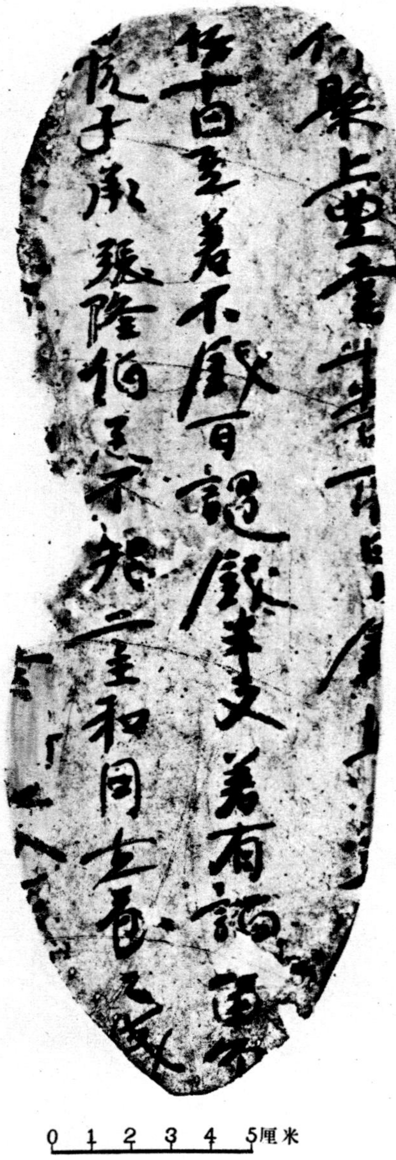

七　唐張隆伯雇□悅子上烽契　69TAM140:17/2

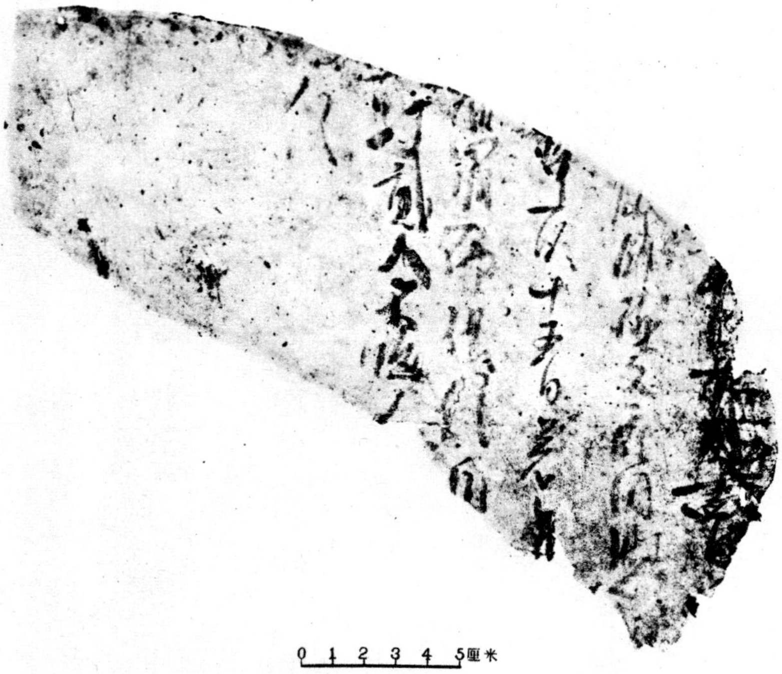

八　唐張信受雇上烽契　69TAM140:17/3

九　文書殘片　69TAM140:17/5-1

七　唐張隆伯雇□悅子上烽契

□付縣上（烽）壹十五日。卽日□錢□
□須十日至。若不錢一日謁錢半文。若有謁（過）留卯□
□悅子承，張隆伯悉不知。二主和同立卷，々成
□壹罰二入張□

八　唐張信受雇上烽契

□月十四日□
□銀錢陸文，雇同鄉人□
□烽一次十五日。若上□
□有罪，一仰張信自□
□一罰貳入不悔人。□
□信。

阿斯塔那一〇號墓文書

本墓爲一男一女及一男孩合葬墓，無隨葬衣物疏，出有「傅阿歡」墓磚一方。男屍紙鞋拆出四三至五二號文書，其有紀年者，最早爲高昌義和四年（公元六一七年），最晚爲唐永徽六年（公元六五五年）。女屍紙鞋拆出三七至四二號文書，其有紀年者，最早爲高昌延壽四年（公元六二七年），最晚爲唐龍朔元年（公元六六一年）。男孩屍紙鞋拆出三三至三六號文書，其有紀年者爲唐永徽四年（公元六五三年）。

一　高昌傅阿歡入義和四年(公元六一七年)錢條記　64TAM10:52 3

一　高昌傅阿歡入義和四年（公元六一七年）錢條記

本件從文書形式看爲高昌時期文書，紀年無年號，僅有「丑歲」，據本墓三「高昌己卯歲生本小參子傅阿歡陸斛」一語推定，應是「丁丑」，與本墓二之干支相同，當爲高昌義和四年。

1　傅阿歡[　　]

2　歡入丑歲錢柒文[　　]

3　歲錢柒文。相海師[　　]

0 1 2 3 4 5厘米

二　高昌傅阿歡入義和四年、五年（公元六一七年、六一八年）錢物殘條記　64TAM10：46

二　高昌傅阿歡入義和四年、五年（公元六一七年、六一八年）錢物殘條記

本件從條記形式推知爲高昌時期文書。其「丁丑」、「戊寅」歲據推當爲高昌義和四年、五年。所入爲錢爲物不明。

1 □年丁丑歲十一月□

2 □次戊寅二月十一日傅阿□

3 □歲二月廿日傅阿歡入。□

三　高昌義和六年（公元六一九年）傅阿歡入生本小麥子條記　64TAM10:48

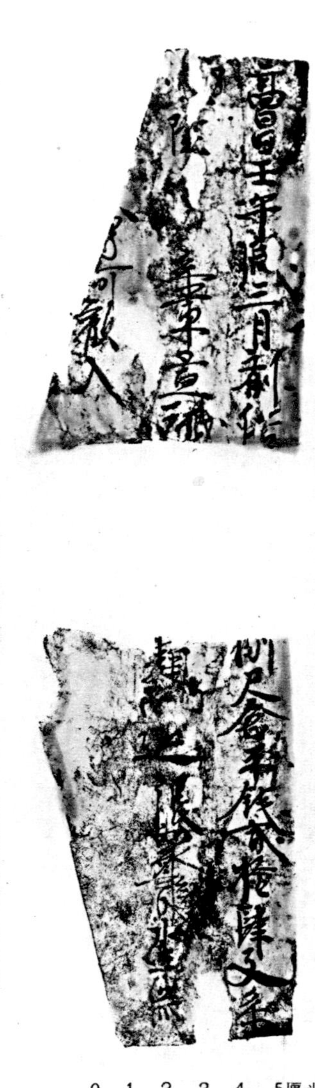

四　高昌重光四年（公元六二三年）傅阿歡入上年劑俗錢殘條記　64TAM10:52/1、52/2

五　高昌重光四年（公元六二三年）三月殘表啟　64TAM10:47

三　高昌義和六年（公元六一九年）傅阿歡入生本小麥子條記

本件紀年「己卯」，推知為高昌義和六年。

1　高昌己卯歲生本小麥子傅阿歡陸斛（斛）□

2　□參軍張悅、參軍□郝、翟懷願□□

3　□□月十二日入

四　高昌重光四年（公元六二三年）傅阿歡入上年劑俗錢殘條記

本件紀年「壬午」，當為高昌重光三年，「水未」為重光四年。

1　高昌壬午歲三月劑俗□捌尺，合平錢貳拾肆文。參

2　□參軍孟斌□麴□延、張衆護，水未歲

3　□傅阿歡入

五　高昌重光四年（公元六二三年）三月殘表啟

本件蓋有朱印四處，印文為「虔表上啟」。

1　阿暘作。吏部　吏□

2　重光四年癸未歲三月廿日，中兵參軍張□□、

3　趙乇禾二人傳傅阿歡作。

4　校郎　嚴□兒

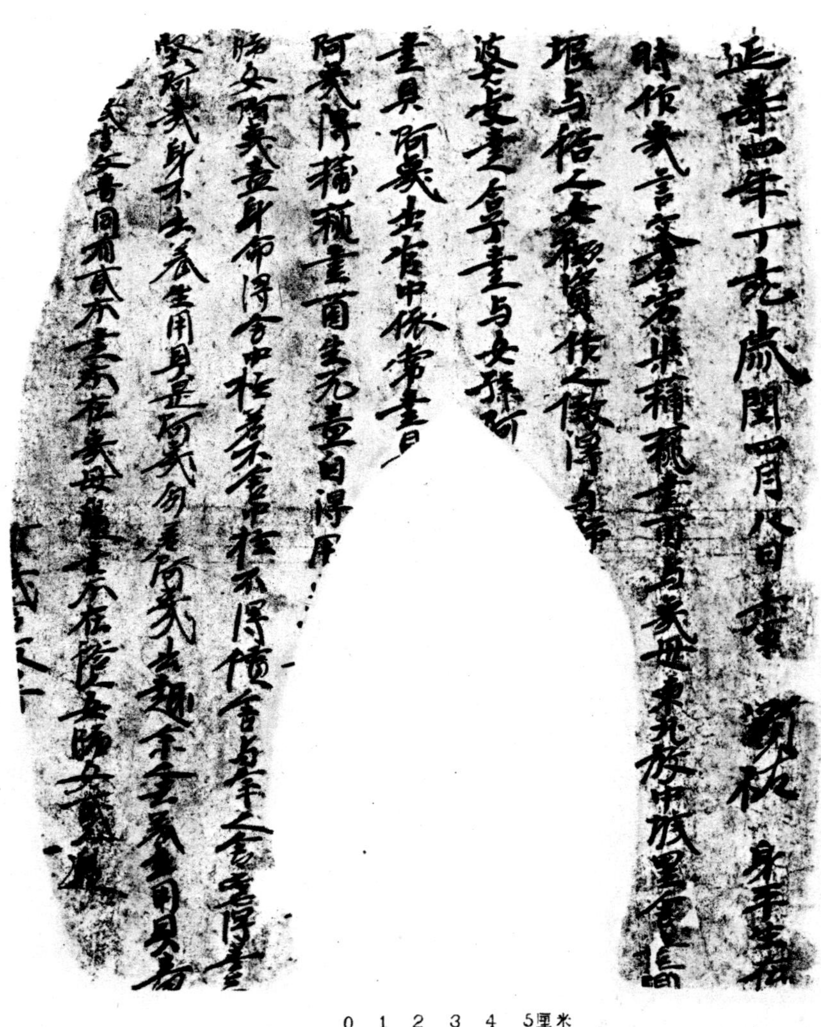

七　高昌延壽四年(公元六二七年)參軍氾顯祐遺言文書(一)
64TAM10：38

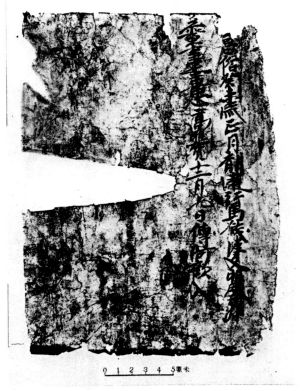

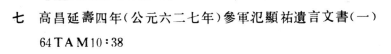

六　高昌重光四年(公元六二三年)
十二月傳阿歡入當年正月
俗劑遠行馬錢條記　　64TAM10：45

六　高昌重光四年（公元六二三年）十二月傳阿歡入當年正月俗劑遠行馬錢條記

本件紀年參見本墓一題解。

1 [高]昌俗癸未歲正月劑遠行馬錢肆文。明威鄭、

2 參軍辛延憙高雅寶。十二月九日，傳阿歡入。

七　高昌延壽四年（公元六二七年）參軍氾顯祐遺言文書

本件三片同折自女鞋，內容密切相關，今姑列爲一件。在（二）的一、二、三行上方空白處有朱色倒手掌印紋（右手）。在（三）的一、二行上方有朱色手掌印紋（右手）的左半部。

（一）

1 延壽四年丁亥歲，閏四月八日，參軍顯祐身平生在

2 時作夷(遺)言文書。石宕渠蒲(葡)桃(萄)壹園与夷(姨)母。東北放(坊)中城里舍
壹□

3 堛(區)与俗人女歡資。作人徵得与[師][　　]

4 婆受壹、合子壹，与女孫[阿][　　]

5 壹具，阿夷(姨)出宮中依常壹(衣裳)[具]。[　　]

6 阿夷(姨)得蒲(葡)桃(萄)壹園，生死盡自得用。[　　]

7 師女阿夷(姨)盡身命，得舍中柱(住)。若不舍中柱(住)，不得賃舍与余(餘)
人，舍要得壹

8 堅(閻)阿夷(姨)身不出，養生用具是阿夷(姨)勿(物)。若阿夷(姨)出趣余(餘)人去，養
生用具[盡]

9 □□[夷](遺)言文書同有貳本，壹本在夷(姨)母邊，壹本在俗人女、師
女貳人邊。

10 [作][夷](遺)[言][文][書][　　]

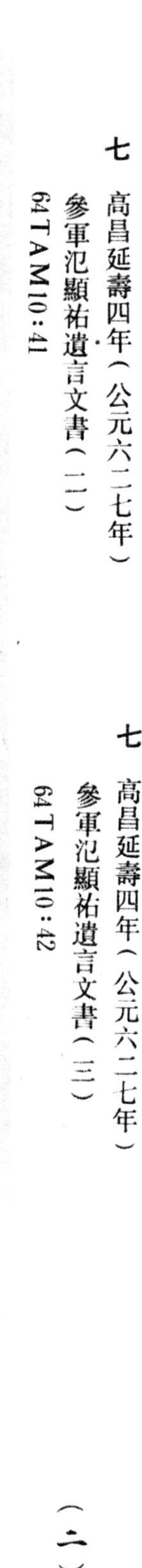

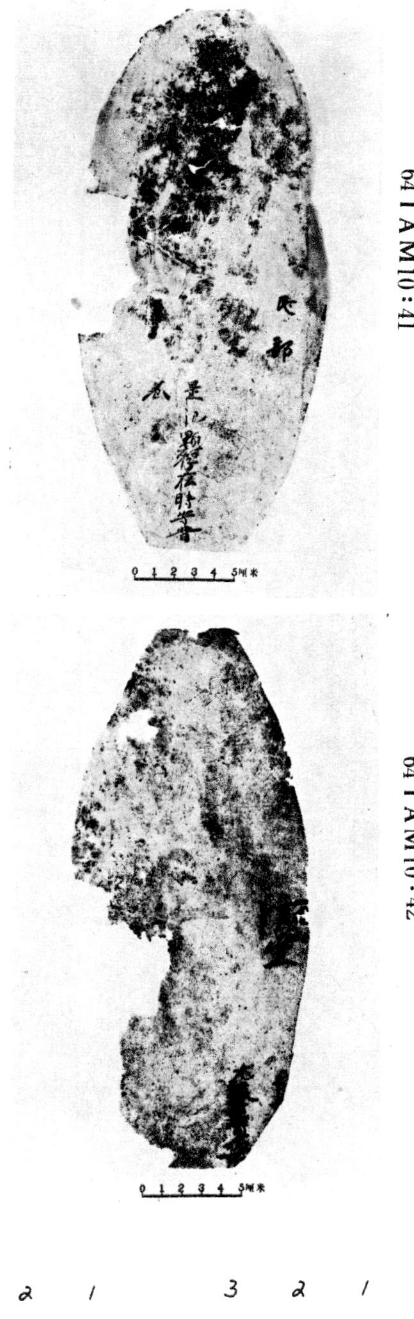

七　高昌延壽四年（公元六二七年）參軍氾顯祐遺言文書（二）　64TAM10:41

七　高昌延壽四年（公元六二七年）參軍氾顯祐遺言文書（三）　64TAM10:42

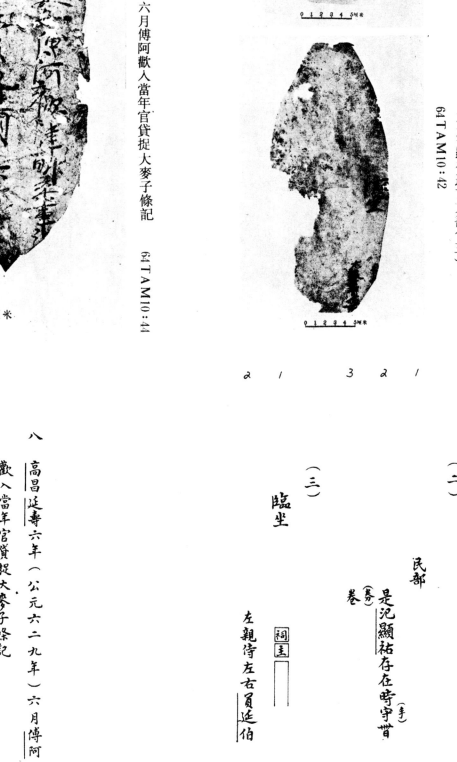

八　高昌延壽六年（公元六二九年）六月傅阿歡入當年官貸捉大麥子條記　64TAM10:44

（二）

1　民部

2　是氾顯祐存在時守（手）書

3　卷（券）

（三）

1　臨坐　　祠主□

2　左親侍左右員延伯

八　高昌延壽六年（公元六二九年）六月傅阿歡入當年官貸捉大麥子條記

本件紀年「己丑」，據前推知爲高昌延壽六年。

1　□□己丑歲官貸捉大麥子傅阿歡肆酬（斛）參軍張□

2　參軍郭阿都　翟懷願　氾延明六月廿八日入

九　高昌延壽八年（公元六三一年）孫阿父師買舍券
64TAM10:37

0　1　2　3　4　5厘米

九　高昌延壽八年（公元六三一年）孫阿父師買舍券

本件紀年年號已缺，僅存年數干支，據《中國歷史年表》，推知爲延壽八年。

□□八年辛卯歲十一月十八日，孫阿父師從氾顯□□
買東北坊中城里舍壹堀(區)，即交与舍價銀錢叁佰文。錢即畢，舍
付。〔一〕舍東共郭相憙舍分垣；舍南詣道；〻南郭養〻舍分垣；
[　　]分垣；北共翟左海舍分垣。舍肆在之内，
[　　]若後有人何(呵)盗𢘇(認)佲(名)
[　　]舍中有皇(黄)金伏藏，行舍，
[　　]舍行上薪草、出蕖處，盡依
舊。若後有人河(呵)盗𢘇(認)佲(名)者，仰本主了。貳主和同立卷(券)，〻成之
後，各不〔二〕
得返悔，悔者壹罰貳入不悔者。民有私要，〻行貳〔三〕各自署名爲
信。
□中何書女舍中得兩㵎(間)舍用，蓋宕　　倩書賈□□
[　　]買□□買舍去時舍時　　□□□□

注　釋

〔一〕舍付：「付」上當脫一「即」字。
〔二〕不得返悔者：「悔」下漏寫一「悔」字重文符號。
〔三〕要行貳：「貳」字下漏寫一「主」字。

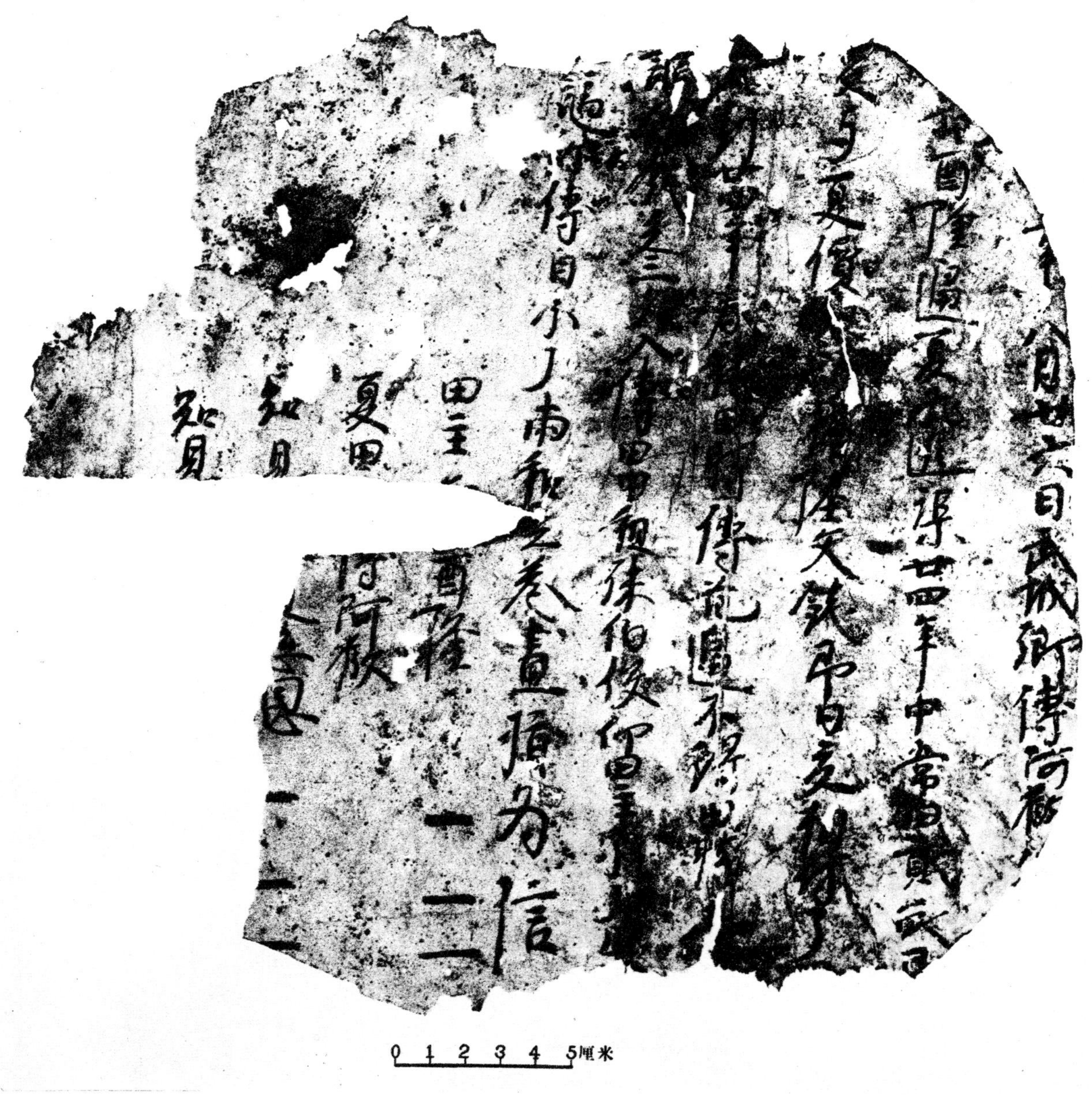

0 1 2 3 4 5厘米

一〇 唐貞觀二十三年（公元六四九年）傅阿歡夏田契

本件紀年已缺。本契下文稱「到廿四年春耕田時」。按租田人傅阿歡據其它文書知是麴氏高昌末期至唐初人，則此「廿四年」應是貞觀廿四年，立契當在貞觀廿三年。

1 □□□□年八月廿六日，武城鄉傅阿歡□
2 范酉隆邊夏孔進渠廿四年中常田貳畝，即
3 交与夏價銀錢拾陸文。錢即日交相付了。
4 □到廿四年春耕田時，傅、范邊不得田時，[一]壹□
5 謫銀錢叁文入傅。田中租殊（輸）佰役，仰田主承了；渠□
6 □謫，仰傅自承了。兩和立卷（券），畫指為信。
7 田主 范酉隆 一一一
8 夏田□傅阿歡
9 知見□□□思 一一一
10 知見 □

注釋

〔一〕傅、范邊不得田時：「傅」下疑脱一「於」或「從」字。

一一　唐傅阿歡夏田契　64TAM10:35

0 1 2 3 4 5厘米

一一　唐傅阿歡夏田契

本件紀年已缺，契中佃田人「傅阿歡」與田主「范酉隆」亦見於前件《貞觀二十三年傅阿歡夏田契》，兩件又拆自同一雙紙鞋，今將本件置於該件之後。

［　　］阿歡從同鄉人范酉□
□□孔進渠常田貳畝，々□
交与銀錢□文。錢即日交□
相了。租殊（輸）佰□，仰田主承了；
渠破水，〔一〕仰佃□人承了。田要□
□年中佃種。兩和立契～
獲指為信。
錢主傅阿歡＿
夏田人〔二〕范酉隆
知見人左素胡
知見人□□□

注　釋

〔一〕渠破水：「水」下當脫一「謫」字。

〔二〕夏田人：據契文比，「夏田人」當作「田主」。

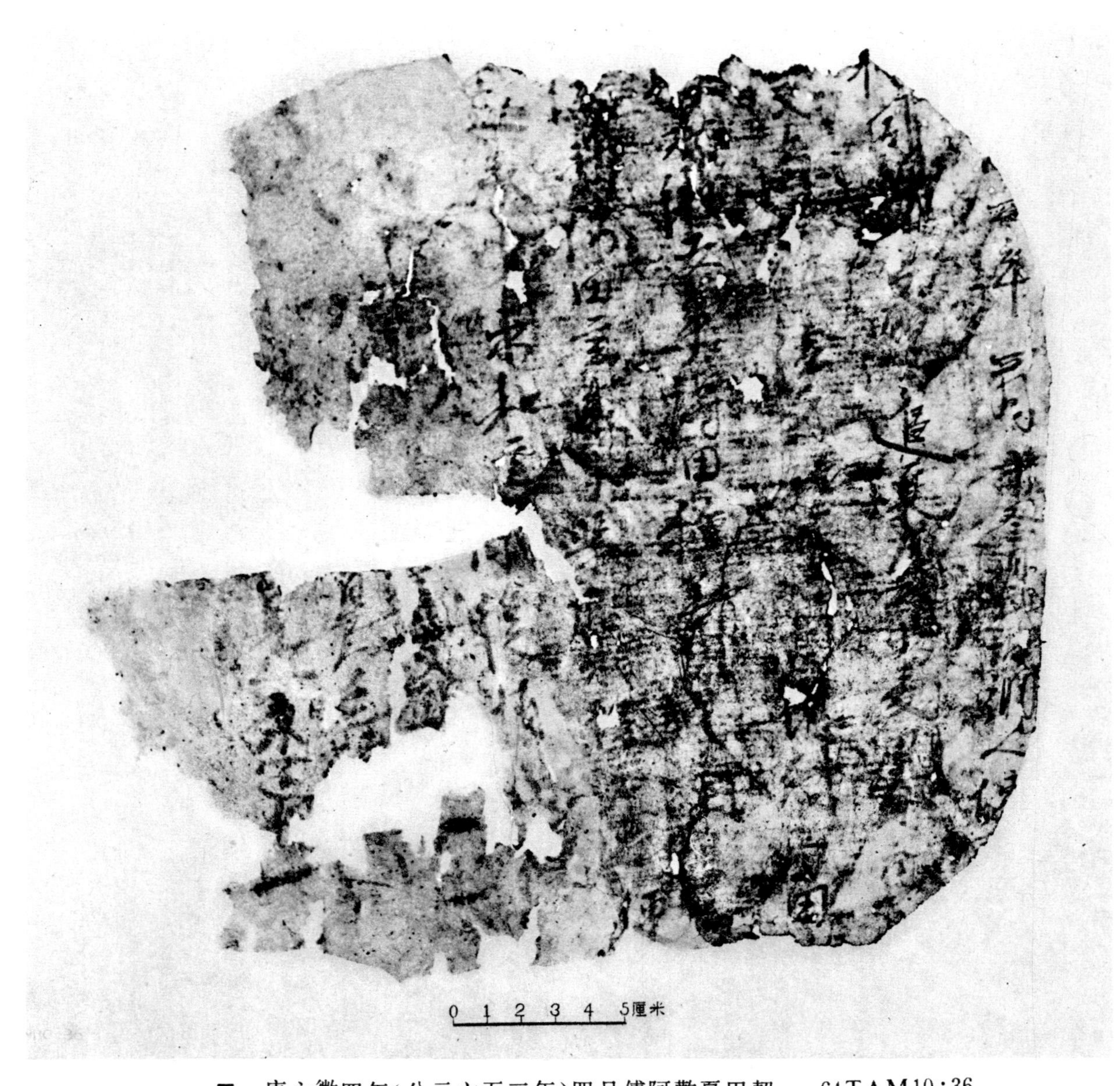

一二　唐永徽四年（公元六五三年）四月傅阿歡夏田契　　64TAM10：36

一二　唐永徽四年（公元六五三年）四月傅阿歡夏田契

1 □□四年四月十叁日，武城鄉人[傅]□□

2 [於]同鄉人支醜□邊夏左部渠麥田貳畝。□

3 交与銀錢陸文，錢［　　　］付了。□田

4 □永徽五[年]內得田種，若［　　　］

5 [役]，壹佃田主承了；渠破水□，壹佃（耕）更

6 田人承了。兩和立□，獲指為□。

7 ［　　　］一一

8 □見人［　　　］

9 □見人［　　　］一

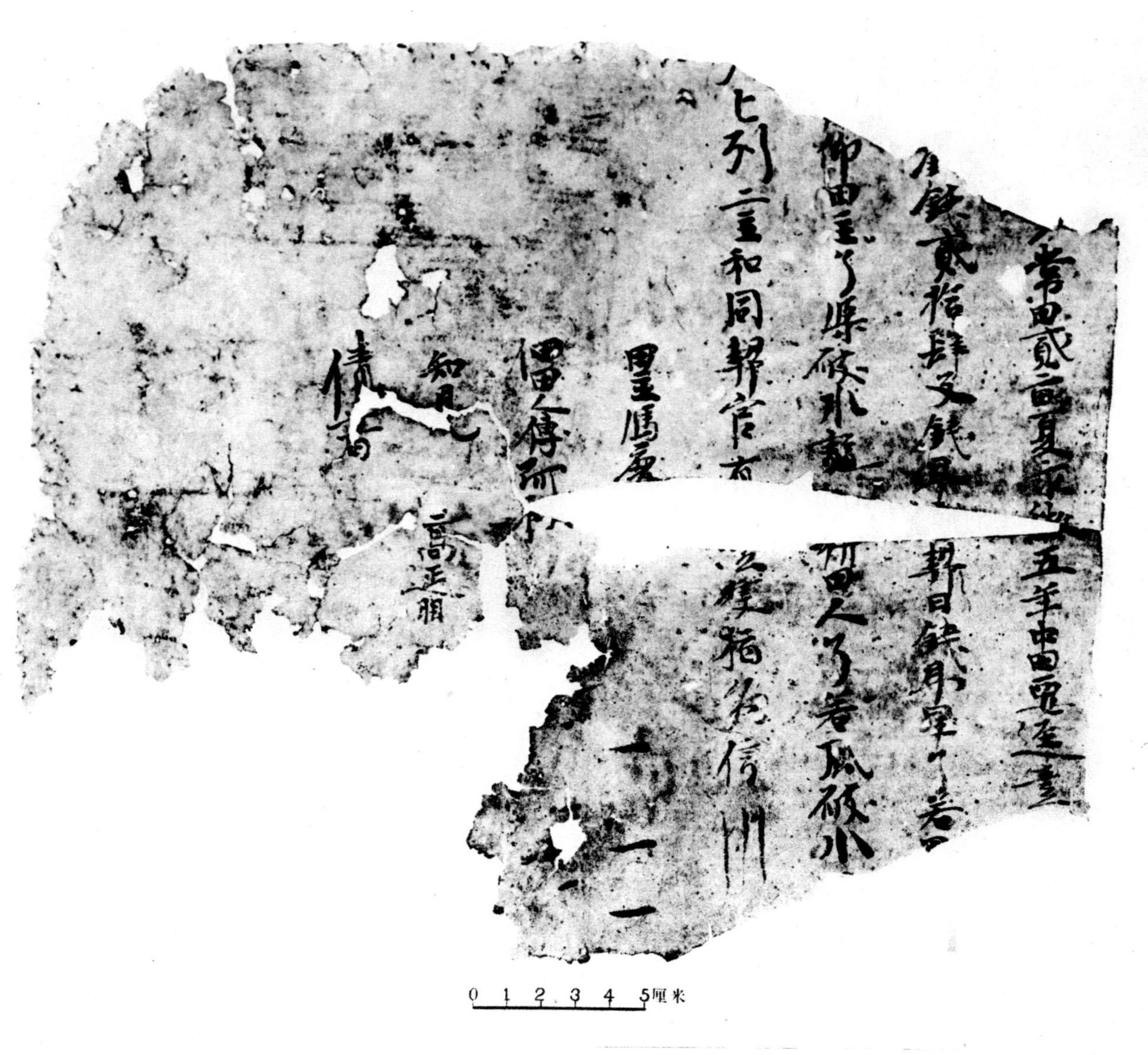

0 1 2 3 4 5厘米

一三　唐永徽四年(公元六五三年)傅阿歡夏田契　64TAM10：33

一三　唐永徽四年（公元六五三年）傅阿歡夏田契

本件紀年殘缺。據契文「夏永徽五年中」推知，本契爲永徽四年所立。

1 ［　　］常田貳畝，夏永徽五年中。田要逕（經）壹［　　］

2 ［　　］[銀]錢貳拾肆文。錢即□契日〔一〕錢即畢了。若［　　］

3 ［　　］仰田主了；渠破水讁，□[耕]田人了。若風破水□□

4 [大]已列。二主和同契〔二〕官有□[法]，獲指爲信。

5 　　田主馮慶□　一一一

6 　　佃田人傅阿[歡]　一一一

7 　　知見　高延明

8 　　倩書　［　　］

注釋

〔一〕錢即□契日：下文又云「錢即畢了」，重出二「錢即」字當有一是衍文。

〔二〕二主和同契：「契」上當脱一「立」字。

一四　唐永徽五年(公元六五四年)趙延洛領錢抄
64TAM10：49

一五　唐永徽六年(公元六五五年)匡某雇人上烽契
64TAM10：43、50

一四　唐永徽五年（公元六五四年）趙延洛領錢抄

1 [永]徽五年七月□[趙]延洛貸□
2 [錢]貳文送使往□趙延洛領

一五　唐永徽六年（公元六五五年）匡某雇人上烽契

1 [永]徽六年十一月[月]□日，武城鄉匡□□
2 交用銀錢肆文，□鄉人易隆仁往□
3 城上烽壹次，拾□烽上有逋留□
4 □壹仰易自□匡悉不知。兩和立
5 契，獲指為□。
6 主□
7 受雇易隆仁 一一一
8 知見人傅隆護 一一
9 嚴武達
10 □旨一道一

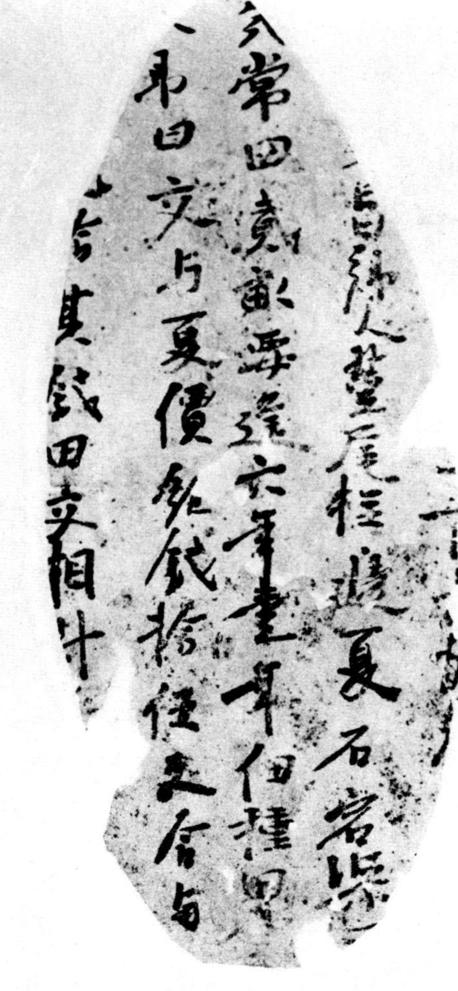

一六　唐孫沙弥子夏田契　　64TAM10：40

一六　唐孫沙弥子夏田契

本件無紀年，同墓所出唐代有紀年文書最晚爲龍朔元年（公元六六一年）孫沙弥子夏田契（見下件），孫沙弥子與本件夏田人同爲一人，且兩契拆自同一雙紙鞋，龍朔元年的前一年顯慶五年（六六〇年），可能是本件立契之年。顯慶六年三月改元龍朔，當時不可能預見次年改元，所以契内寫作「要逕六年壹年佃種」。但也可能「六年」指永徽，此契立於永徽五年（六五五年）。今排在永徽之後，龍朔之前。

[ ]昌鄉人董尾柱邊夏石宕渠□
分常田貳畝。要逕六年壹年佃種。田壹
□即日交与夏價銀錢拾伍文。合与
[ ][拾]。其錢、田交相付[ ]
[ ][當]。兩主和可立契，獲指爲[信]。
田主董尾住一一
夏田人孫沙弥子
知見[人][ ]

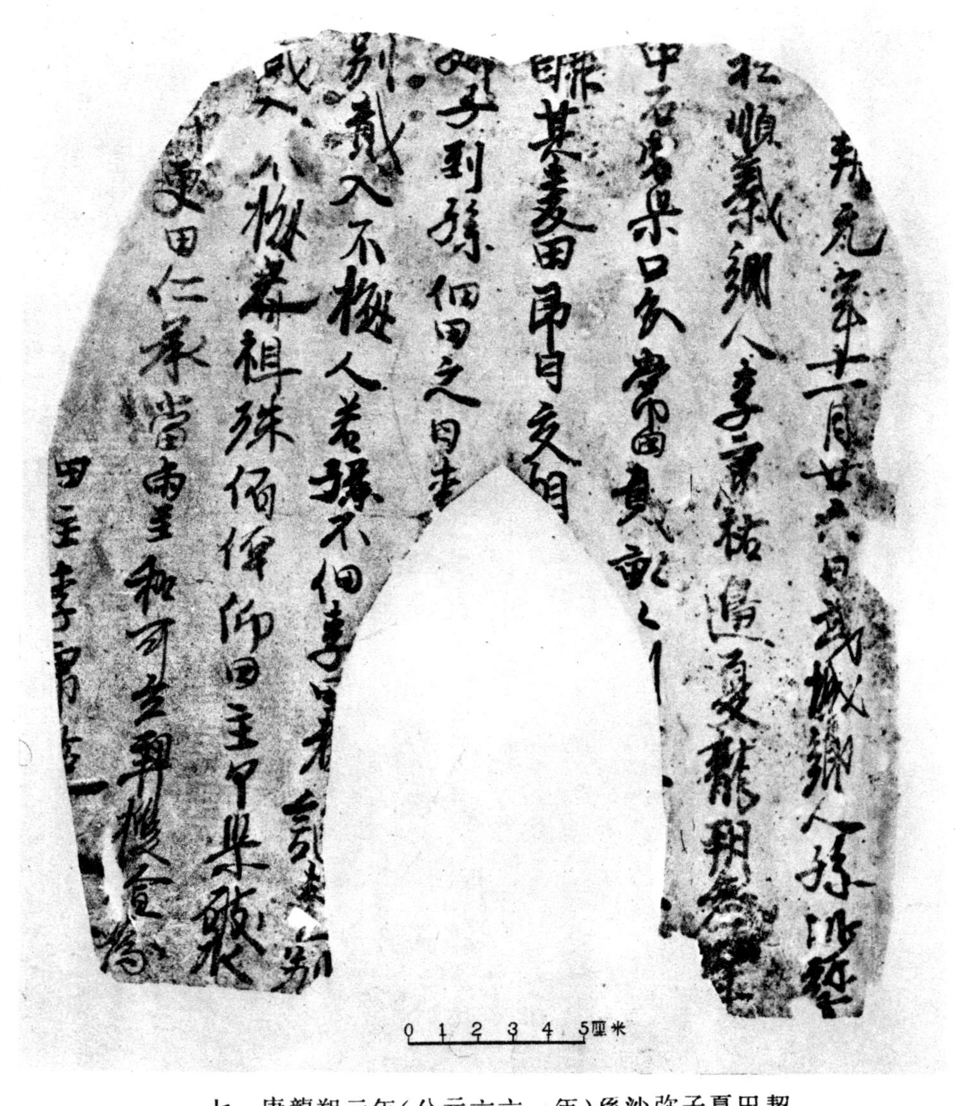

一七　唐龍朔元年（公元六六一年）孫沙弥子夏田契

64TAM10：39

一八　唐傅阿歡夏田殘契

64TAM10：51

一七　唐龍朔元年（公元六六一年）孫沙弥子夏田契

1 □[朔]元年十一月廿六日，武城鄉人孫沙弥子
2 [於]順義鄉人李甬(虎)祐邊夏龍朔叁年
3 中石宕渠口分常田貳畝。〻別[　]
4 㪷。其麦田即日交相[　]
5 □子到孫佃田之日，李[　]
6 別貳，入不悔人。若孫不佃李田者，[謫][壹]別
7 [貳]，入[不]悔人。祖(租)殊(輸)佰役，仰田主了；渠破水
8 □，[仰]更(耕)田仁(人)承當。兩主和可立契，獲[指]為
9 □。　田主李[甬][祐]　一一一

一八　唐傅阿歡夏田殘契

1 夏田人傅阿□
2 知見人□定護
3 知見人[　]
4 知見高□□

二〇 文書殘片 64TAM10:53/2

一九 文書殘片 64TAM10:53/1

二一 文書殘片 64TAM10:54

阿斯塔那一三四號墓文書

本墓爲合葬墓，出有唐龍朔二年（公元六六二年）趙善德妻墓誌。在女屍紙鞋上拆出八、一〇、一一號文書。男屍後葬，在其紙鞋上拆出一二至一八號文書。墓道填土中另出麟德二年（公元六六五年）文書一件。

一　高昌麴阿留科錢帳　69TAM134:17、18

一　高昌麴阿留科錢帳

本件與下件之「科錢」、「小科錢」，唐代未見。據阿斯塔那五〇七號墓二〇《高昌洛下科馬帳》，本件疑爲高昌時期文書。

1 麴阿留科，張隆塠一文，趙意人一文，□温洛一文，[ ]

2 □文，范達子一文，張塠奴一文，嚴黑粟[ ]

3 □□塠一文，張洪塠一文。

二　高昌趙惡人小科錢帳　69TAM134:16

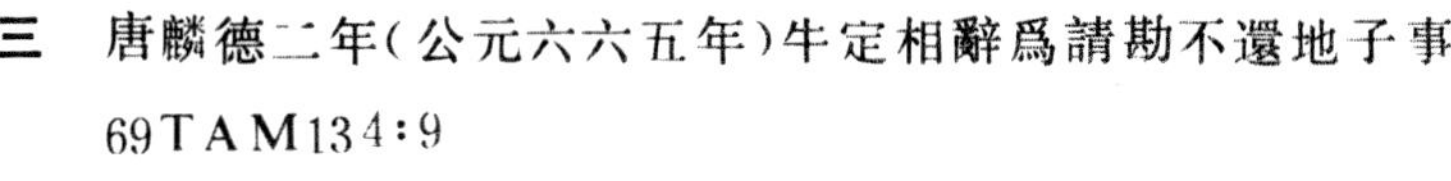

三　唐麟德二年（公元六六五年）牛定相辭爲請勘不還地子事
69TAM134:9

二　高昌趙惡人小科錢帳

1 趙惡人小科：趙貞訓一文，范延角一文，趙世富一□。
2 范富貞一文，張才軍一文，張貞達一文，□□□一文
3 □勝軍一文，翟杞子一文。

三　唐麟德二年（公元六六五年）牛定相辭爲請勘不還地子事

1 麟德二年十二月　日，武城鄉牛定相辭：
2 寧昌鄉樊董𨹗父死退田一畝
3 縣司：定相給得前件人口分部一畝〔一〕，逕（經）今五年
4 有餘，從嗦（索）地子，延引不還。請付寧昌鄉本
5 里追身，勘當不還地子所由。謹辭。
6 付坊追董𨹗過縣
7 對當。果　示。
8 十九日

注釋

〔一〕部一畝：「部」下當省一「田」字。

四　唐殘契　69TAM134:10

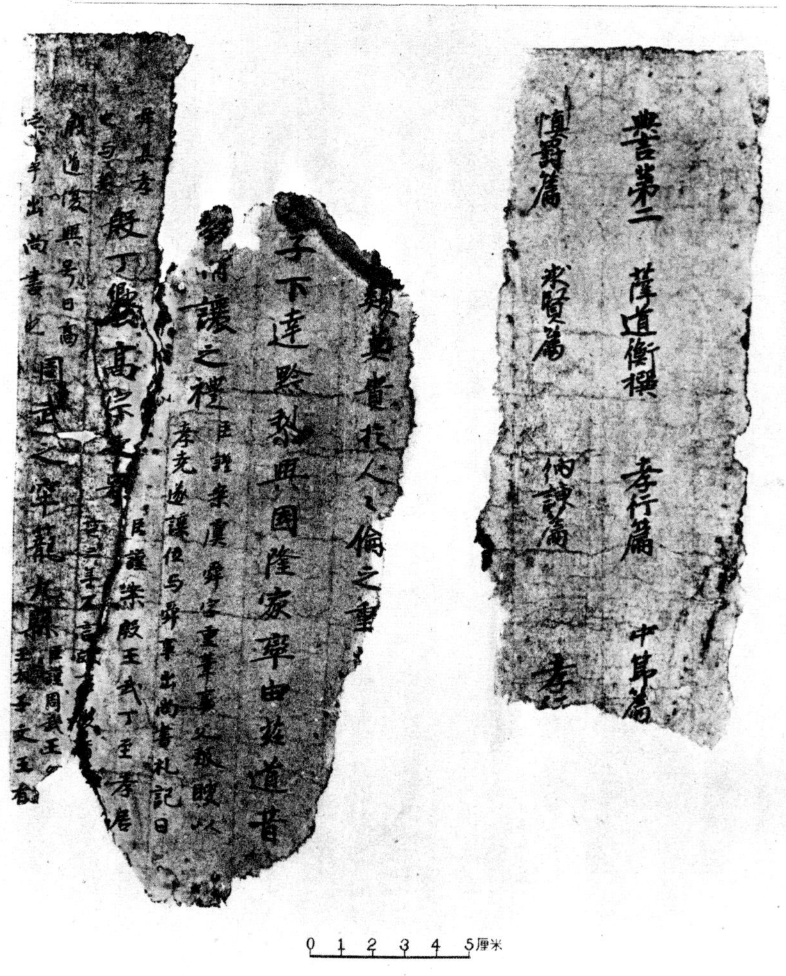

五　古寫本隋薛道衡《典言》殘卷(一)、(二)之一
69TAM134:8/1

四　唐殘契

1 □善不知雨和立契，□

2 □阬。

3 莊[一]

注釋

〔一〕三行「莊」字爲倒書。

五　古寫本隋薛道衡《典言》殘卷

本件拆自女屍紙鞋，據同出《趙善德妻墓誌》紀年爲龍朔二年（公元六六二年），此寫本當不晚於是年。原件行間界以爲絲欄。

（一）

1 典言第二　薛道衡撰　孝行篇　中節篇□

2 慎罰篇　求賢篇　納諫篇　孝[行]□

（二）

1 □之類莫貴於人〻倫之重□

2 □天子下達黔黎興國隆家(率)由茲道昔

3 □致有讓之禮臣謹案虞舜字重華事父(瞽)瞍以孝堯遂讓位与舜事出尚書礼記曰

4 舜其孝也(樂)〻矣殷丁饗高宗之号臣謹案殷王武丁至孝居喪三年不言政事後脩□

5 殷道復興号曰高宗[事]出尚書也周武之宰籠九縣臣謹[一]周武王名□王太子文王有□

注釋

〔一〕「臣謹」：下當脫「案」字。

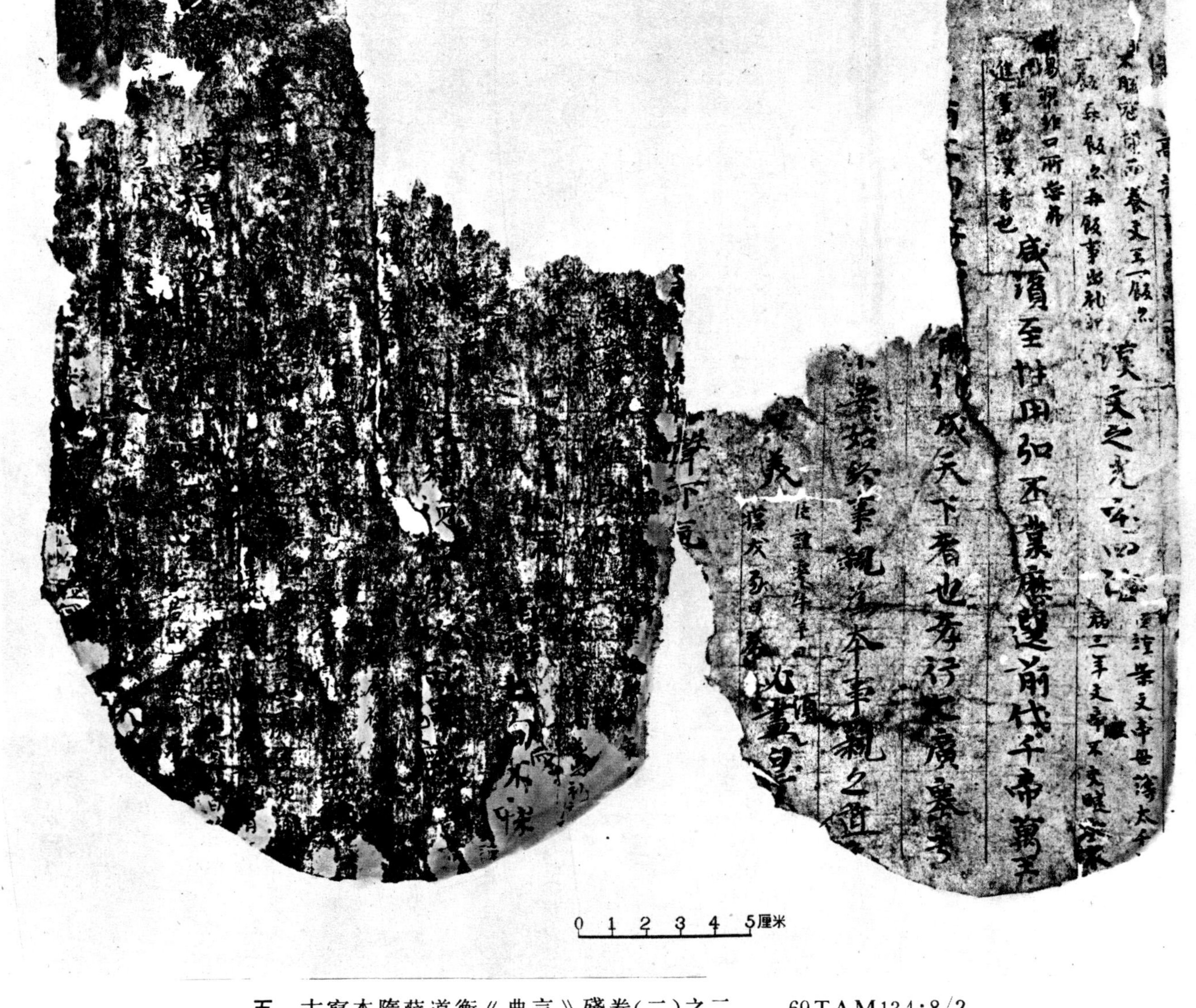

五　古寫本隋薛道衡《典言》殘卷(二)之二　　69TAM134:8/2

6 □高宗事出尚書□不脱冠帶而養文王一飯亦一飯再飯亦再飯事出礼記 漢文之光宅四海 臣謹案文帝病三年文帝母薄太后□□眼不交睫衣不□

7 帶湯藥非口所嘗弗進事出漢書也 咸資至性用弘丕業歷選前代千帝萬

王

8 □孝□能化成天下者也孝行之廣塞乎

9 □要始終事親為本事親之道□

10 □其美 臣謹案牛羊曰犓犬豕曰豢 必須盡皇

□

11 □怡聲下氣□

12 □朝暮不離其側 臣謹案怡聲下氣夏清昏定晨省並出礼記□□

13 □臣謹案尸子曰孝己事親一夜而五起視衣之厚薄枕之高卑 伯喈七旬而不寐 謹□

14 □至孝 母嘗滯病 □帶不寢寐者七旬 文彊德仁扇枕而温席□ 臣謹案□漢

15 □文彊性至孝事其父母暑則扇床熱寒則以身温席被 廣州先賢傳曰羅威字德仁事母至孝寒則以身温席暑則進扇 樊儵丁

16 茂嘗唾而吮癰 臣謹案東觀漢記曰樊儵至孝母病癰晝夜匍伏離左 古為母吮𤸃廣州先賢傳曰丁茂事母至孝母偶有

□不□

17 安即嘗 噬指心驚君仲於是返室 臣謹案汝南先賢傳曰□字君仲事母至孝以□

18 有客來急須見之其母自□順便心動□歸 加杖不瘉伯俞所以流□

9 □有過其母□母曰他日未嘗泣今泣何□

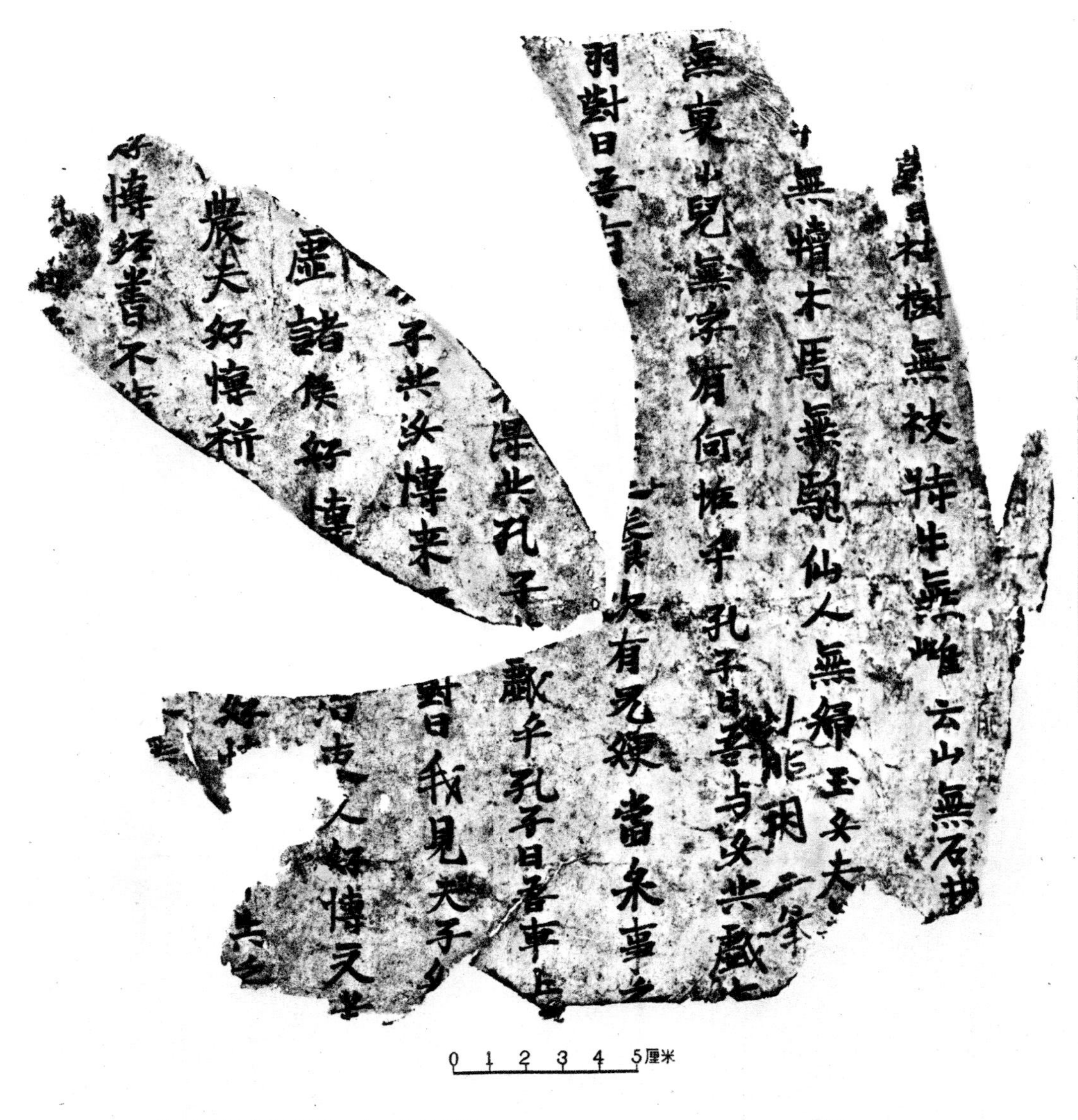

六　唐寫本孔子與子羽對語雜抄(一)　　69TAM134:12、14

六　唐寫本孔子與子羽對語雜抄

本件拆自男屍紙鞋，在（一）之二、三行間有「龍朔二年」（公元六六二年）四字，且（二）之三行「民」字諱作「𫝆」，故疑本件寫於是年。

（一）

□□對曰枯樹無枝特牛無雌云山無石井［　　］
□［牛］無犢木馬無駒仙人無婦玉女夫〔一〕□［　　］
無裏小兒無字有何恠（怪）乎孔子曰吾与汝共戲□　龍朔二年〔二〕
羽對曰吾有［　　］□養次有兄媗（嫂）當樂事之
［　　］［不］得共孔子［共］戲乎孔子曰吾車上
［　　］子共汝博來［子］□對曰我見天子［　　］
［　　］虛諸侯好博［　　］治吏人好博文［　　］
□□農夫好博耕［　　］好博□失之［　　］
□好博經書不［脩］［　　］［無］［　　］
［　　］［孔］［子］曰［吾］［　　］

注　釋

〔一〕「夫」上當脫「無」字。下一字僅存首筆，也可能是「無」字，則二字倒。

〔二〕龍朔二年：此係淡墨書寫。

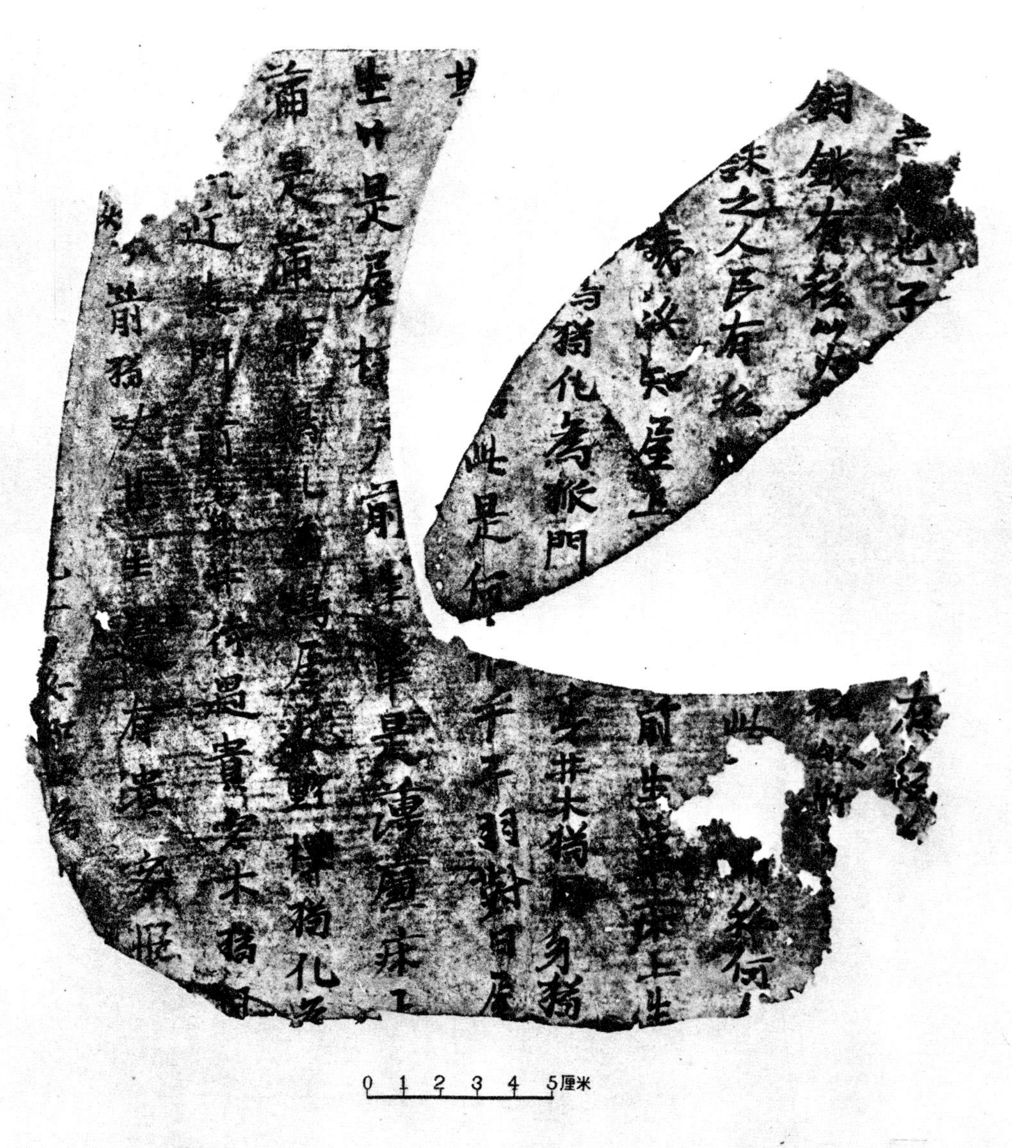

六　唐寫本孔子與子羽對語雜抄（二）　　69TAM134:15、13

七　古寫本殘佚書
69TAM134:11/1

（二）

1 □無私也子［　　　］有私［　　　］
2 銅錢有私以火［　　　］私以竹［　　　］
3 □誅之人已有私鞭［　　］此［　　］用私何□
4 ［　　　］哉汝知屋上□□□前生箄(簟)床(上床)上生
5 ［　　　］猗(狗)化爲猴門□穿(穿)井木猗同身(身)猗
6 其［　　　］此是何□乎子羽對曰屋
7 生竹是屋朾□戶前生箄是薄(簾)床上□
8 蒲是蒲席(帝)鷄化爲鴙居近野擇(澤)猗化爲□
9 □□近淺門前穿井待遇貴(貴)客木猗同□
10 □□弩箭猗吹其主邊有潰客毋［　　　］
11 ［　　　］孔子曰汝知毋爲［　　　］

七　古寫本殘佚書

本件與隋薛道衡《典言》同出，紙面於製做紙鞋時全部爲黑墨塗染，頗難辨識。

1 ［　　　］冖昏(?)定長［　　　］
2 ［　　　］三(?)□而五［　　　］
3 ［　　　］余□□□□［　　　］
　［　　　］祭［　　　］

阿斯塔那三三七號墓文書

本墓盜擾嚴重。有屍三具，出唐顯慶二年（公元六五七年）范阿伯墓誌一方。所出文書兼有麴氏高昌及唐代。其有紀年者，最早爲高昌延昌八年（公元五六八年），最晚爲出於墓道塡土中之唐龍朔三年（公元六六三年）夏田契。

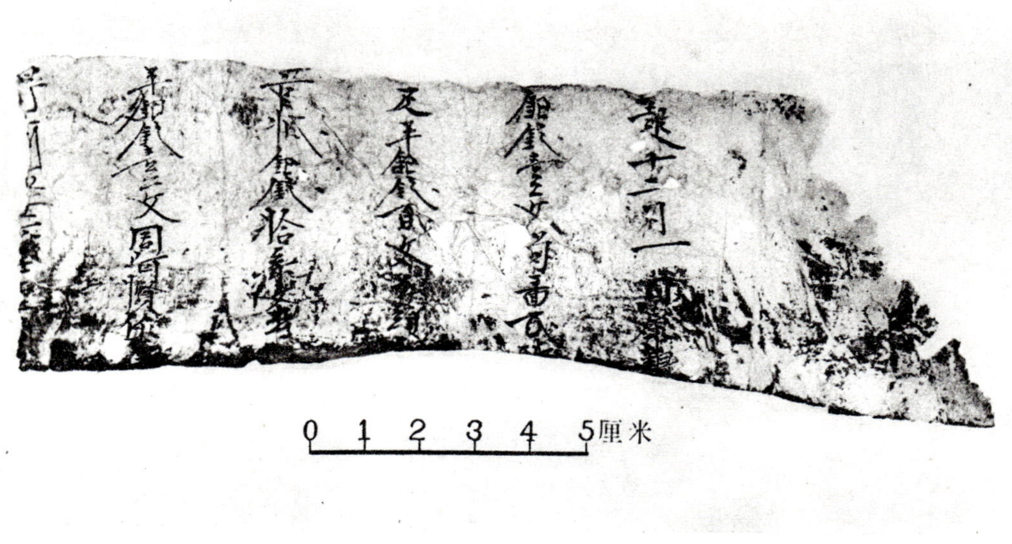

一　高昌康鷄□等入銀錢帳　　60TAM337:11/37

一　高昌康鷄□等入銀錢帳

本件殘甚，紀年已缺。據內稱「官藏銀錢」，知是高昌文書。

1 起十二月一日，康鶏（鷄）□

2 銀錢壹文。苟畜（?）貳[斛]（斛）□

3 疋，平銀錢貳文。幺頭（?）□

4 官藏銀錢拾叁文半。□

5 平銀錢壹文。周阿攬作□

6 [得]□

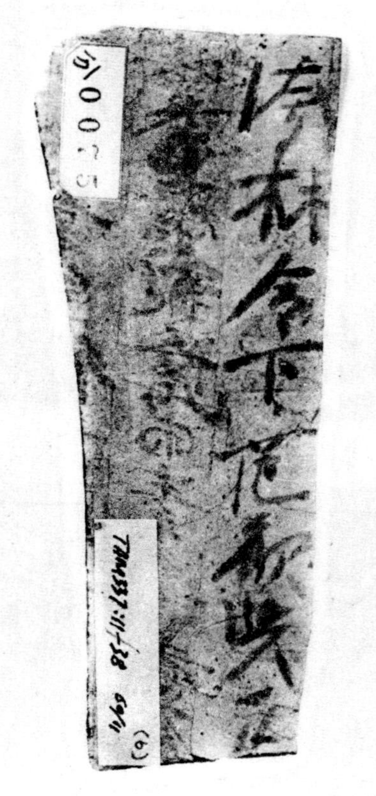

二　高昌洿林令下范歡兒殘文書
60TAM337:11/38(b)

三　唐貞觀二十三年(公元六四九年)□歡買馬契
60TAM337:11/6

二　高昌洿林令下范歡兒殘文書

1 洿林令下范歡兒一疋
2 李（？）□□記（？）

三　唐貞觀二十三年（公元六四九年）□歡買馬契

1 □觀廿三年正月廿
2 歡買留（騮）馬壹
3 文，即日錢畢
4 人訶盜偲（認）佲（名）

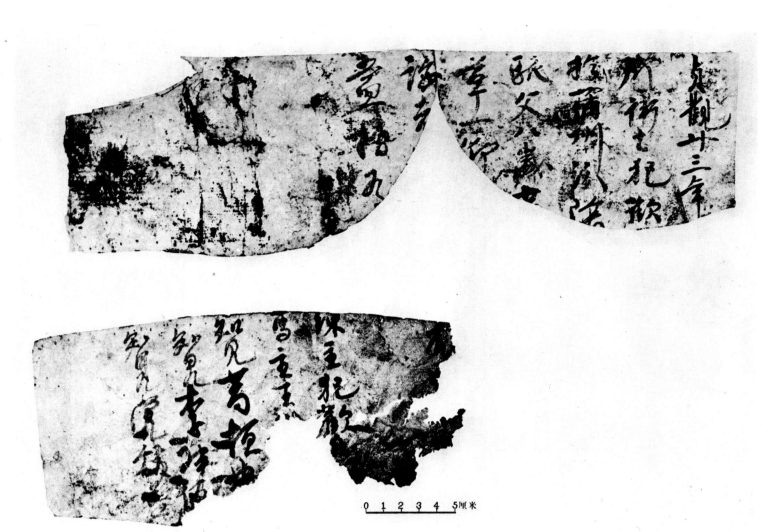

四　唐貞觀二十三年（公元六四九年）西州高昌縣范歡進買馬契　60TAM337:11/8、11/5

四　唐貞觀二十三年（公元六四九年）西州高昌縣范歡進買馬契

據阿斯塔那三三八號墓所出《唐龍朔四年西州高昌縣武城鄉□運海等賃車牛契》，知范爲西州高昌縣人。下同。

1　貞觀廿三年[　　]
2　鄉衛士（范）犯歡□[　　]
3　於蒲州汾陰[　　]
4　騧父八歲[　　]
5　草，一仰[　　]
6　誨（悔）[者]，[　　]有政[法]，民[　　]
7　畫指爲□。
8　　　　練主犯歡進
9　　　　馬主王[　　]
10　　　　知見葛垣[曲]
11　　　　知見李障[傳]
　　　　知見黨積善

五　唐貞觀某年某人買馬契
60TAM337:11/7

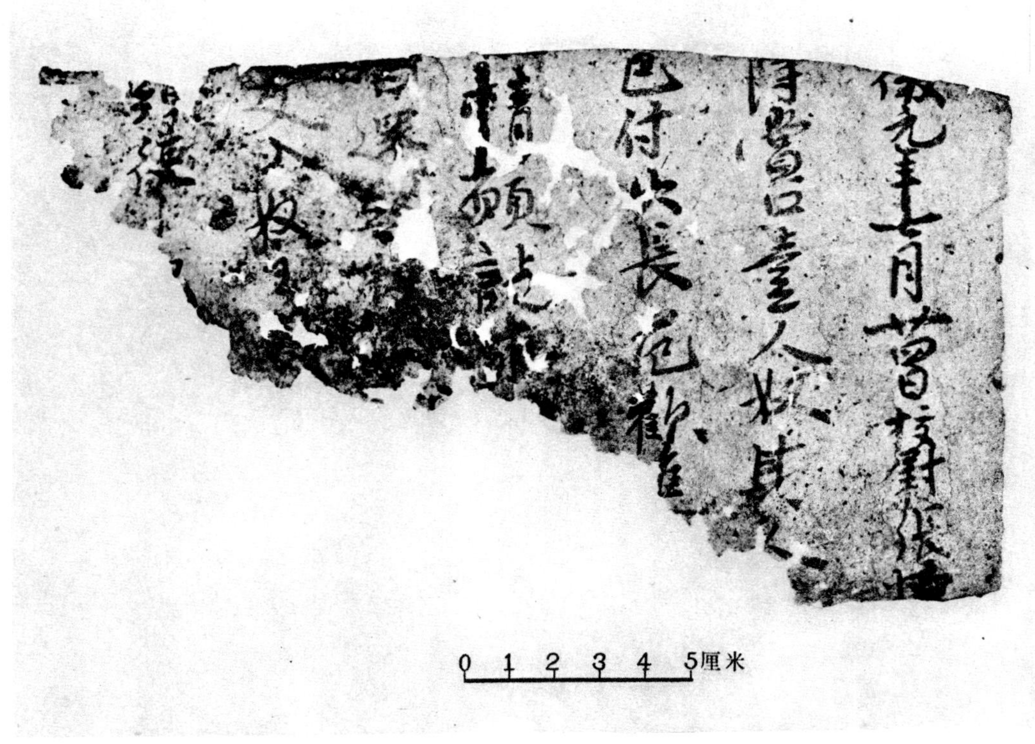

六　唐永徽元年（公元六五〇年）西州高昌縣范歡進買奴契
60TAM337:11/10

五　唐貞觀某年某人買馬契

1 貞[觀]
2 寧太鄉人
3 買價白練[伍]
4 患將馬

六　唐永徽元年（公元六五〇年）西州高昌縣范歡進買奴契

1 □[徽]元年七月廿四日，校尉張[懷]
2 [得]賞口壹人，奴其人
3 已付火長范歡[進]
4 情願託[永]
5 日還練使了，
6 文入奴主，
7 [練]使了，

七　唐西州高昌縣范歡進送右果毅仗身錢抄
60TAM337:11/17

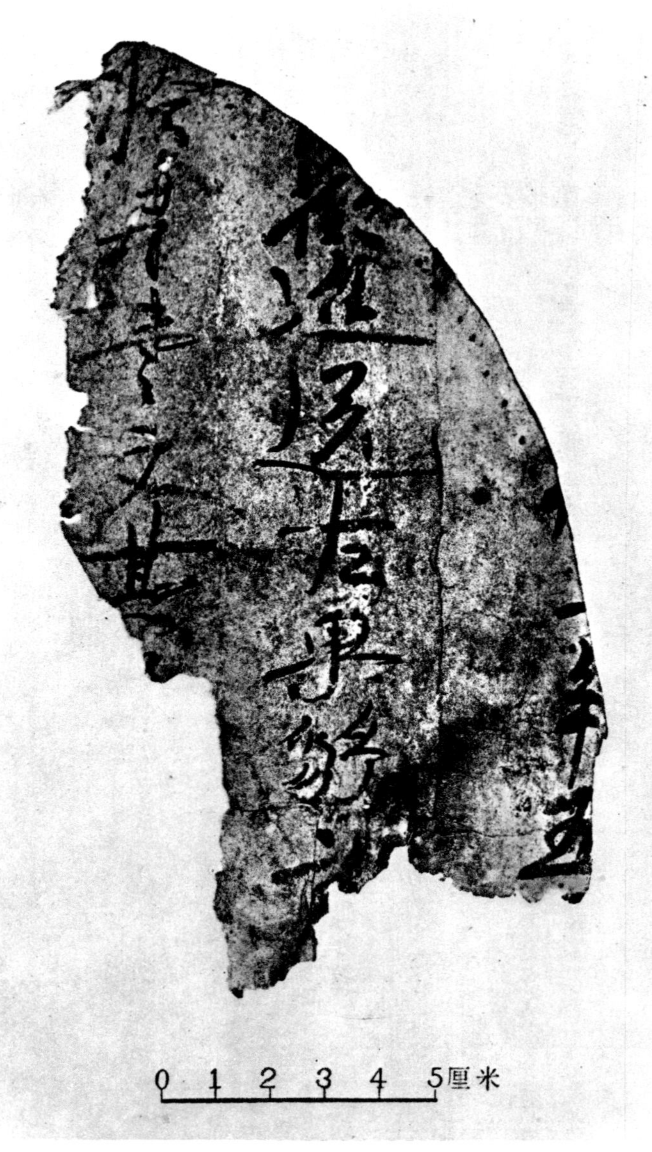

八　唐西州高昌縣范歡進送左果毅仗身錢抄
60TAM337:11/20

七　唐西州高昌縣范歡進送右果毅仗身錢抄

本件紀年已缺，同墓出有《唐貞觀二十三年范歡進買馬契》及《唐永徽元年范歡進買奴契》，又阿斯塔那三三八號墓出有《唐龍朔三年范歡進等送右果毅仗身錢抄》。知此歡進必即范歡進，今列於上件之後。下件同。

1　□歡進送右果毅仗□

2　□日典康幢奴領 ||

八　唐西州高昌縣范歡進送左果毅仗身錢抄

1　□年五□

2　□歡進送左果毅□

3　□拾五日壹文，其□

九　唐永徽七年（公元六五六年）西州高昌縣寧昌鄉令狐相□受雇上烽契

60TAM337:11/2

九　唐永徽七年（公元六五六年）西州高昌縣
寧昌鄉令狐相□受雇上烽契

永徽七年七月十五□
□文羊用雇寧昌鄉人令□
□壹拾伍日。烽上逋留官罪，一仰令□□□
□不知。若不承了，謫銀錢拾文入
范。兩和立獲卷為信。[一]錢□
知見　焦養□　一一
受雇　令狐相□

注釋

[一] 這句有脫誤，當作「兩和立券，獲指為信」。

一〇 唐永徽□年前官高柱仁等領范阿伯納二年水頭麥抄

60TAM337:11/14

一一 唐□□元年前官令狐懷憙等領范阿伯送蒭薪抄

60TAM337:11/15

一〇 唐永徽□年前官高柱仁等領范阿伯納二年水頭麥抄

1 □□[二]年水頭麥武城范阿伯肆斗半。其永徽

2 □年八月廿四日前官高柱仁左[相]□二人領。

一一 唐□□元年前官令狐懷憙等領范阿伯送蒭薪抄

本件紀年已缺，今列於《唐永徽□年前官高柱仁等領范阿伯納二年水頭麥抄》後。下件同。

1 □武城鄉范阿伯送蒭薪壹車。元年三月□

2 □官令狐懷憙　前官令狐□達二[人]□。

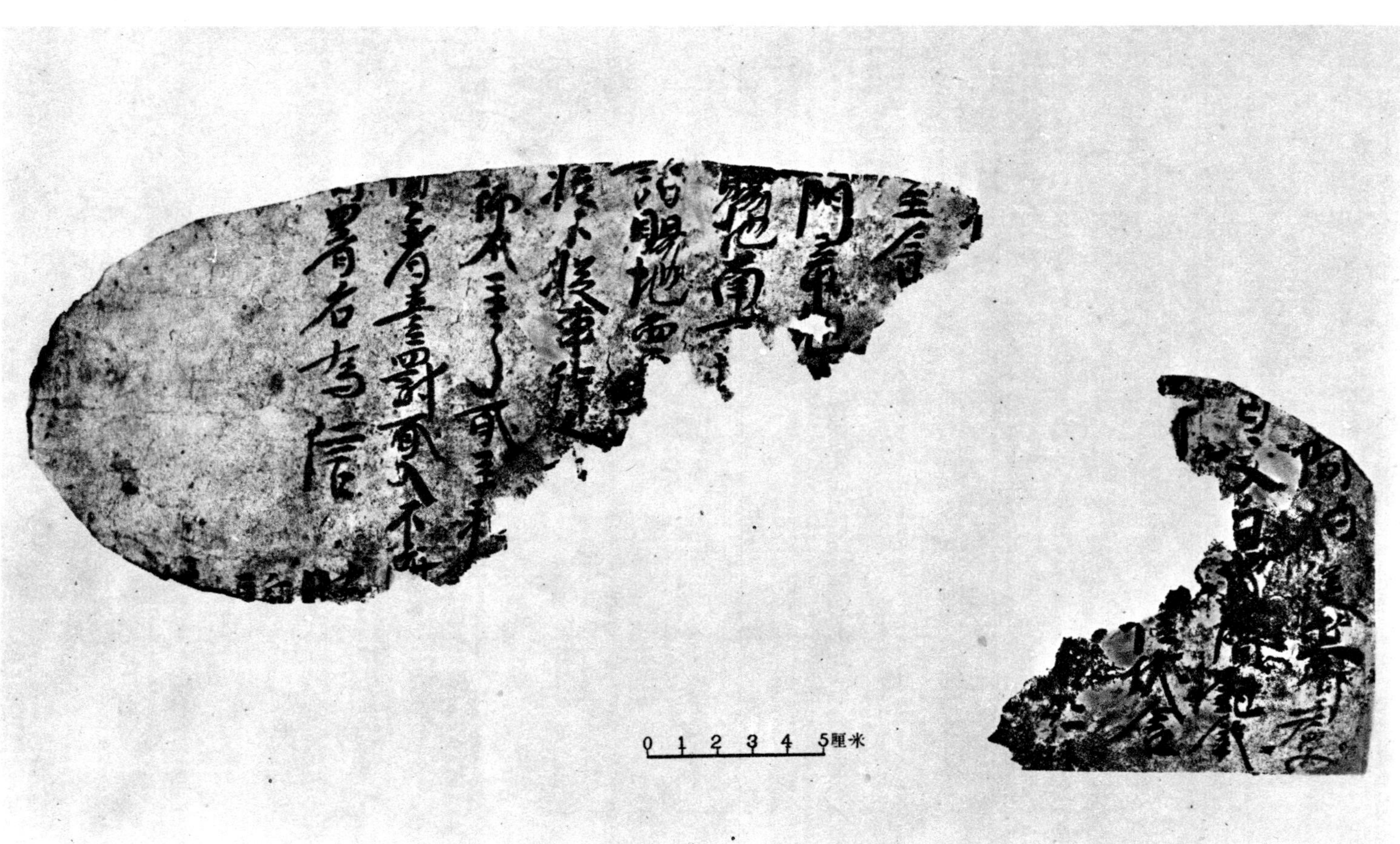

一二　唐西州高昌縣范阿伯買舍契　60TAM337:11/4(a)、11/3(a)

一二　唐西州高昌縣范阿伯買舍契

本件「范」字已缺，同墓出有顯慶二年（公元六五七年）范阿伯墓誌，知是范姓。

1 □□阿伯從竺〻阿盧
2 □日交与買價銀錢
3 □伏舍
4 □舍行
5 至食□
6 門帝地□
7 賜地南共□
8 詣賜地西□
9 短不促（足）車行人□
10 仰今主了。貳主和□
11 悔，〻者壹罰貳入不悔□
12 □署名為信。　時□
13 臨□

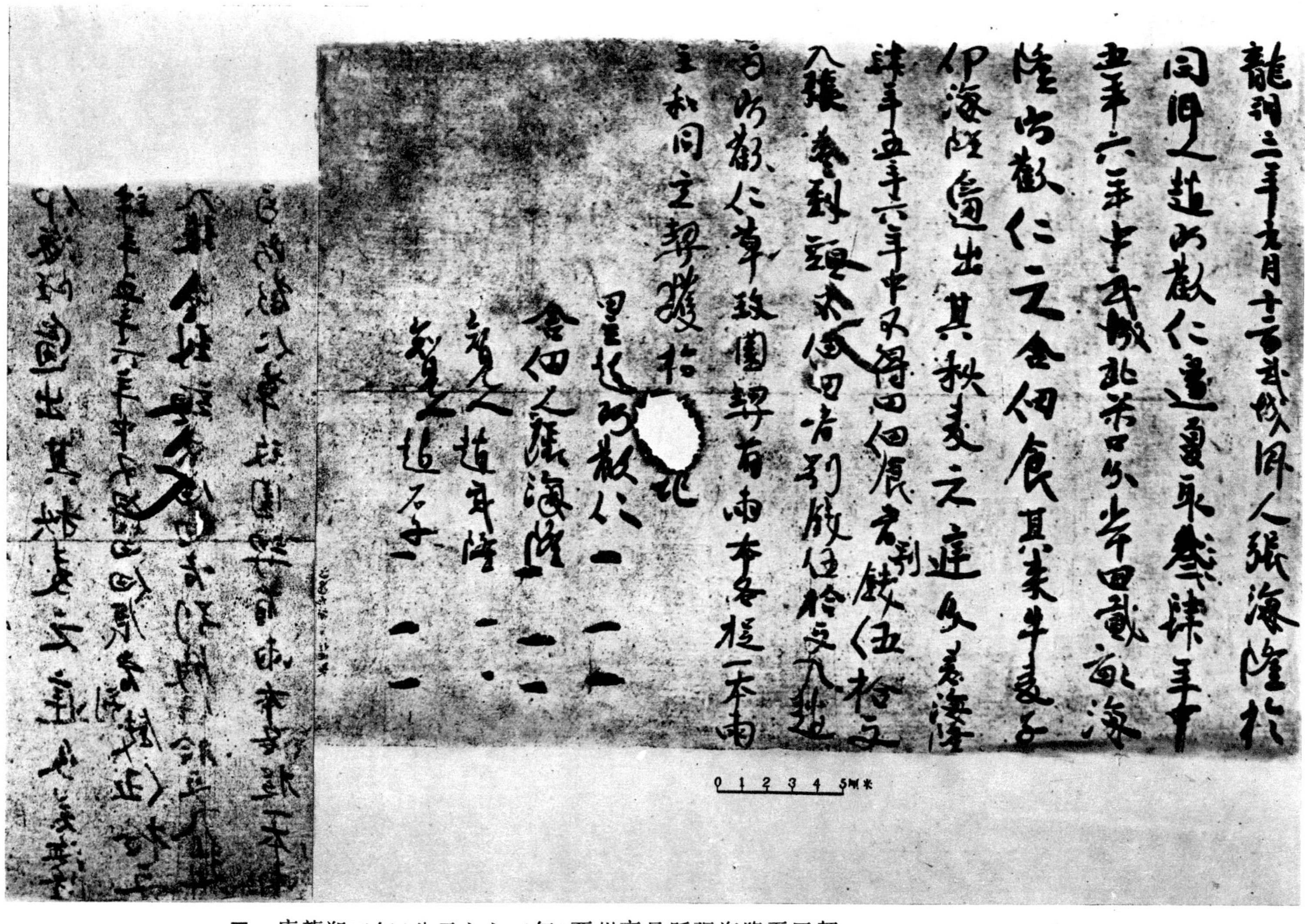

一三　唐龍朔三年（公元六六三年）西州高昌縣張海隆夏田契　60TAM337:18(a)

一三　唐龍朔三年（公元六六三年）西州高昌縣張海隆夏田契　60TAM337:18(b)

一三　唐龍朔三年（公元六六三年）西州高昌縣張海隆夏田契

本件另面「ノ、ノ一人ア」，當是一式兩分契紙，各自對折後對連折縫所寫的「合同」文記。今本件存所書左側。

龍朔三年九月十二日武城鄉人張海隆於
同鄉人趙阿歡仁邊夏取叁肆年中、
五年、六年中，武城北渠口分常田貳畝。海
隆、阿歡仁二人舍佃食。其耒牛、麥子，
仰海隆邊出。其秋麥，二人庭分。若海隆
肆年、五年、六年中不得田佃食者，別錢伍拾文
入張；若到頭不佃田者，別錢伍拾文入趙。
与阿歡仁草玖圍。契有兩本，各捉一本。兩
主和同立契，獲指□記。
田主趙阿歡仁一一一
舍佃人張海隆一一一
知見人趙武隆一一一
知見人趙石子一一一

一四　唐□□二年□恚等納地子粟、草抄
60TAM337:11/18

一五　唐□□五年范海緒納地子粟、草抄
60TAM337:11/19

一六　唐某年仗身錢及折衝地子殘文書
60TAM337:11/16

一四　唐□□二年□恚等納地子粟、草抄

本件所納物已見有粟，另有以「圍」計量者，推知是草。下件同。

1 □恚納二年地子粟叁碩肆□
2 □□圍。其十二月七日主簿𢘑(歡)文領
3 □年地子粟叁碩貳□

一五　唐□□五年范海緒納地子粟草抄

1 范海緒納五年地子粟叁碩貳□□
2 肆圍。其年九月十八日主簿𢘑(歡)文領。

一六　唐某年仗身錢及折衝地子殘文書

1 □十二月十六日杖身錢貳拾□
2 □馬岳
3 □折衝地子清(青)科(稞)□
4 □年五月廿六日□

一七　唐西州高昌縣武城鄉床田殘文書

60TAM337:11/39

一九　唐氈褶等器物雜帳

60TAM337:11/38(a)

一八　唐某人夏田契

60TAM337:11/9

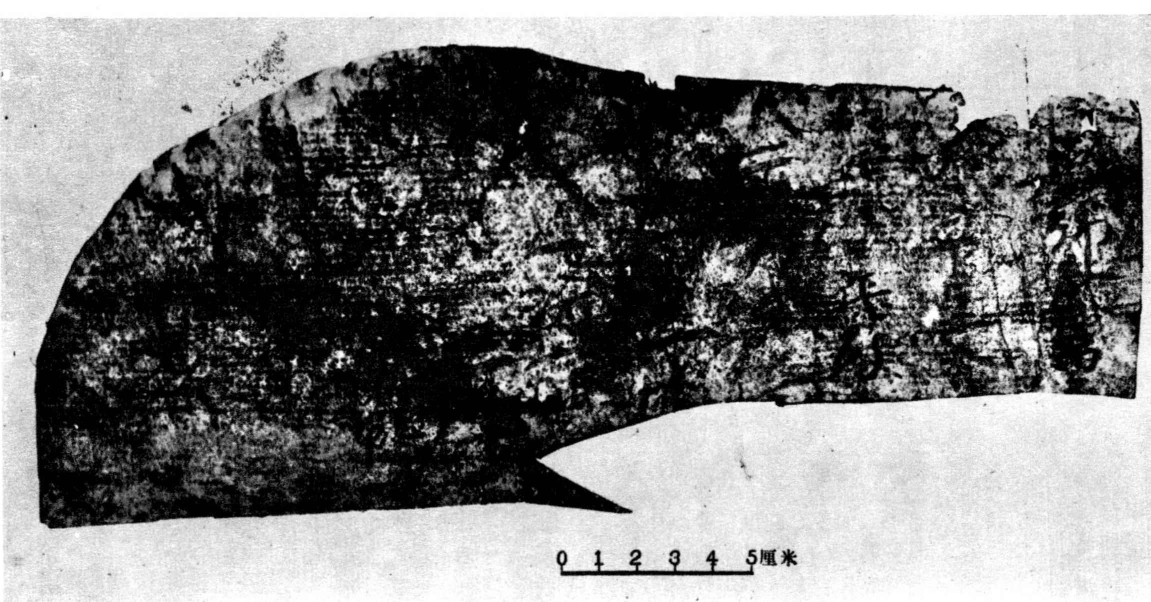

一七　唐西州高昌縣武城鄉床田殘文書

1　武城床田□

一八　唐某人夏田契

1　□鄉人□

2　□即日交□

3　□田主了；渠破□

4　□[獲]指爲信。

5　□———

6　□———

7　□———

一九　唐氈褶等器物雜帳

1　氈褶壹□

2　壹、匕壹、靴壹兩、索壹、盧餅□

二〇 高昌延昌八年（公元五六八年）寫《急就章》古注本

60TAM337:11/1之一

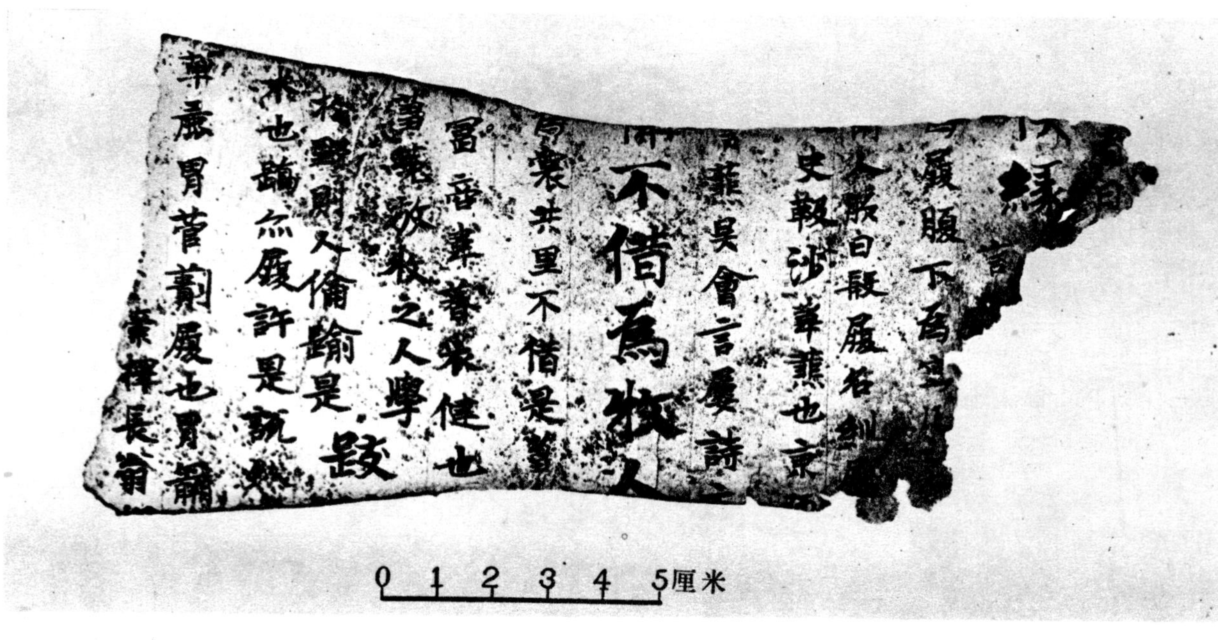

二〇 高昌延昌八年（公元五六八年）寫《急就章》古注本

60TAM337:11/1之二

二〇 高昌延昌八年（公元五六八年）寫《急就章》古注本

本件有朱筆句點多處。

1 [ ]也[ ]

2 [ ]衣囊也[ ]〔販〕之帛以為囊橐[ ]

3 [ ]琭服衣服也琭弊言袴青條言琭[ ]

4 [ ]敝[ ]襦投帶與〔繒〕[ ]

5 [ ]貸賣買販〔肆〕[ ]

6 [ ]複販也肆布也孔子[ ]市估居肆販賣者[ ]

7 [ ]〔化(貨)〕物有餘利者也今[ ]也亦貨物者衆多非一[ ]

8 [ ]十忽為毛十毛為豪十豪[ ]

9 [ ]者曰[ ]

10 [ ]緣言[ ]

11 [ ]履腹下為寫(舄)凡之杳[ ]人服曰㲉履名紃履[ ]

12 [ ]史鞅沙韋韈也京師[ ]蕪是會言屢詩〔文〕[ ]

13 [ ]〔韋〕不借為牧人[ ]

14 [ ]為裳共里不借是萈(蒯)[ ]富商韋蕃衣健也[ ]

15 [ ]當莬敖牧之人學於野則人倫蹻是跂[ ]

16 [ ]水也蹻亦履許是說以[ ]草廗胃營蒯履也胃〔贏〕[ ]

17 [ ]索擇長翁[ ]

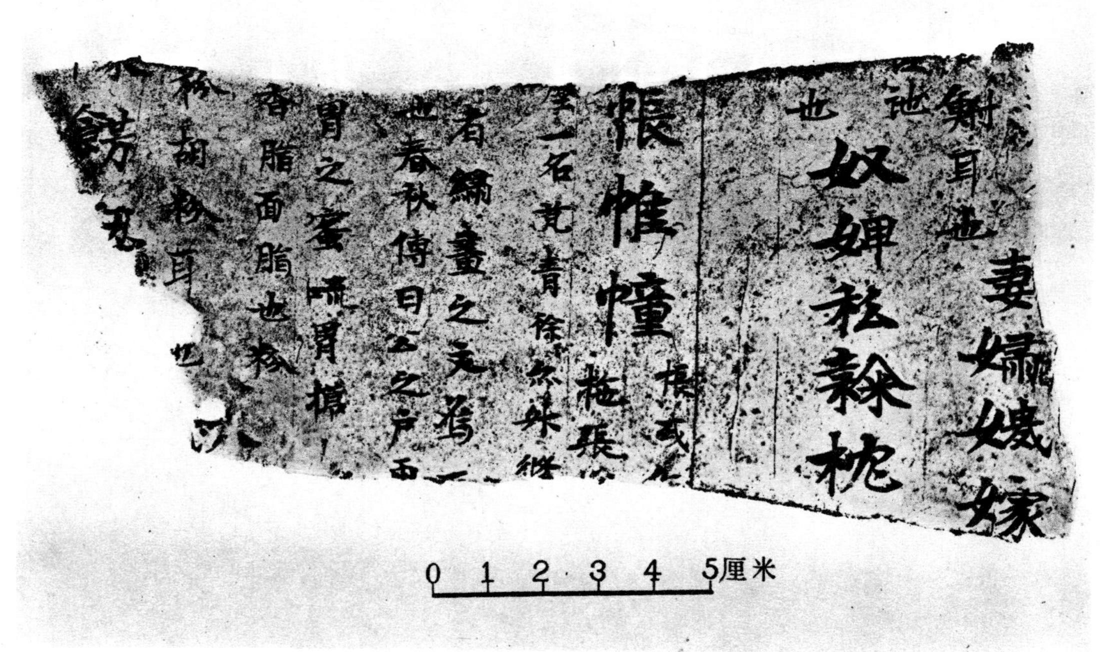

二〇　高昌延昌八年(公元五六八年)寫《急就章》古注本

60TAM337:11/1之三

18 〔前缺〕鮒耳也 妻婦孅(嫂)嫁 〔後缺〕

19 〔前缺〕祂也 也 奴婢私䅈(隸)枕 〔後缺〕

20 〔前缺〕帳帷幢 帳或[作] 拖張 〔後缺〕

21 〔前缺〕[邊]一名芃青徐灬弁[儯] 者繡畫之文焉 〔後缺〕

22 〔前缺〕也春秋傳曰公之戶 [謂]胃之竇(竇)(疏)吭胃攄 〔後缺〕

23 〔前缺〕香脂面脂也粉 粉胡粉耳[也] [沐] 〔後缺〕

24 〔前缺〕[襐]鎊[兒] 〔後缺〕

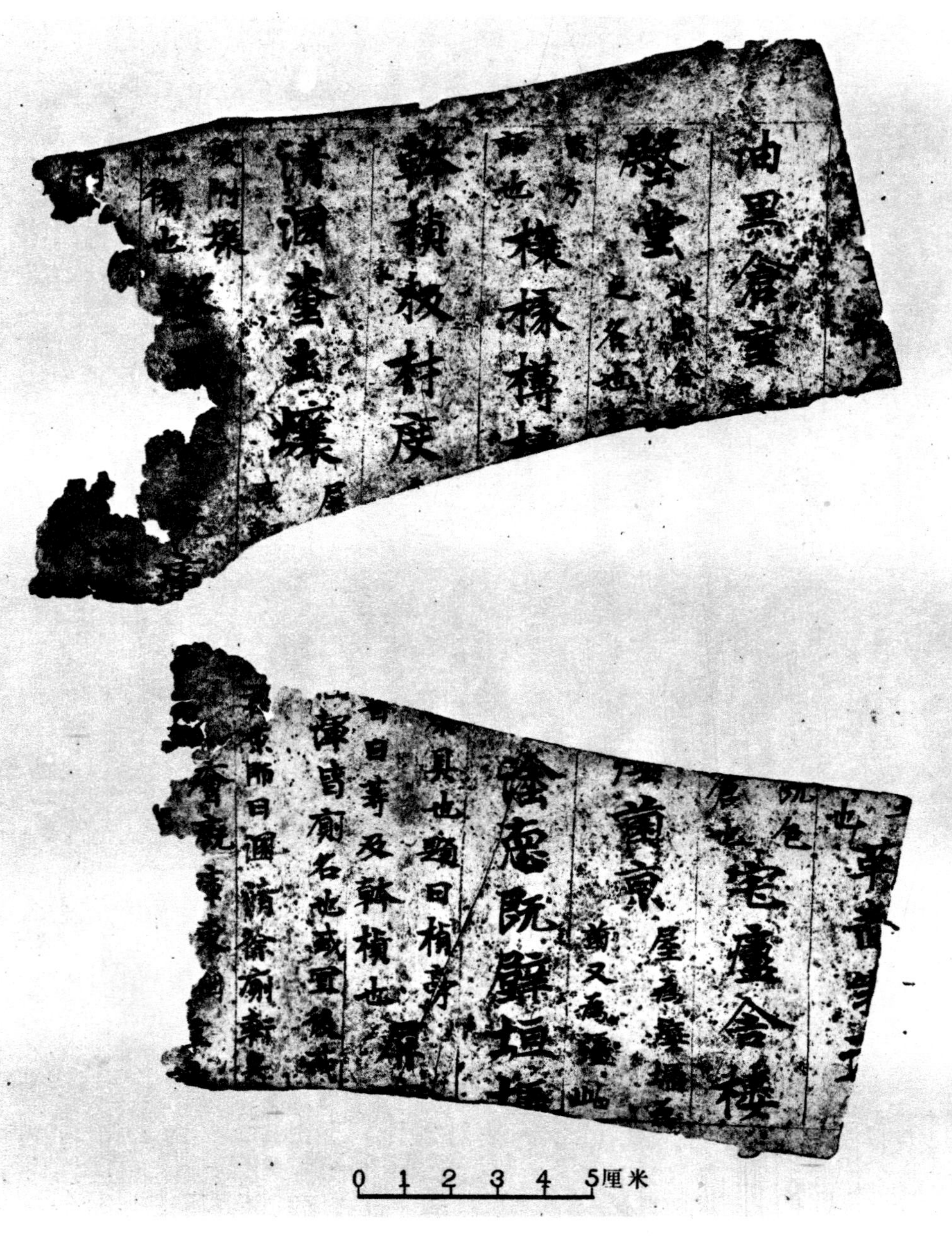

二〇　高昌延昌八年（公元五六八年）寫《急就章》古注本　60TAM337:11/1之四

25　□□〔茸〕〔黏〕〔色〕□□……也……革〔靁〕〔髹〕〔漆〕

26　油黑倉室〔髹〕烟……倉也（困）……色宅廬舍樓

27　壂堂此皆舍宅之名也耳□□□□〔廡〕蔺京屋爲廡墻爲蔺又爲廛此

28　皆方語也欀椽欂〔櫨〕□□□□塗惪既壁垣墻

29　幹楨板材度□□……□□祭具也題曰楨亭……曰等及幹楨也屏〔廁〕

30　清溷糞土壤屏□〔溷〕〔渾〕皆廁名也或宜後或□或……師曰溷清徐廁軒臭□

31　後附壤土傷也墼〔壘〕廥廄庫（詹）（廐）（庫）〔東〕〔相〕……廥廄庫東相〔碓〕〔磑〕

32　扇〔隤〕……磨也公……磨青徐……

二〇　高昌延昌八年（公元五六八年）寫《急就章》古注本

60TAM337:11/1之五（上）

60TAM337:11/1之五（下）

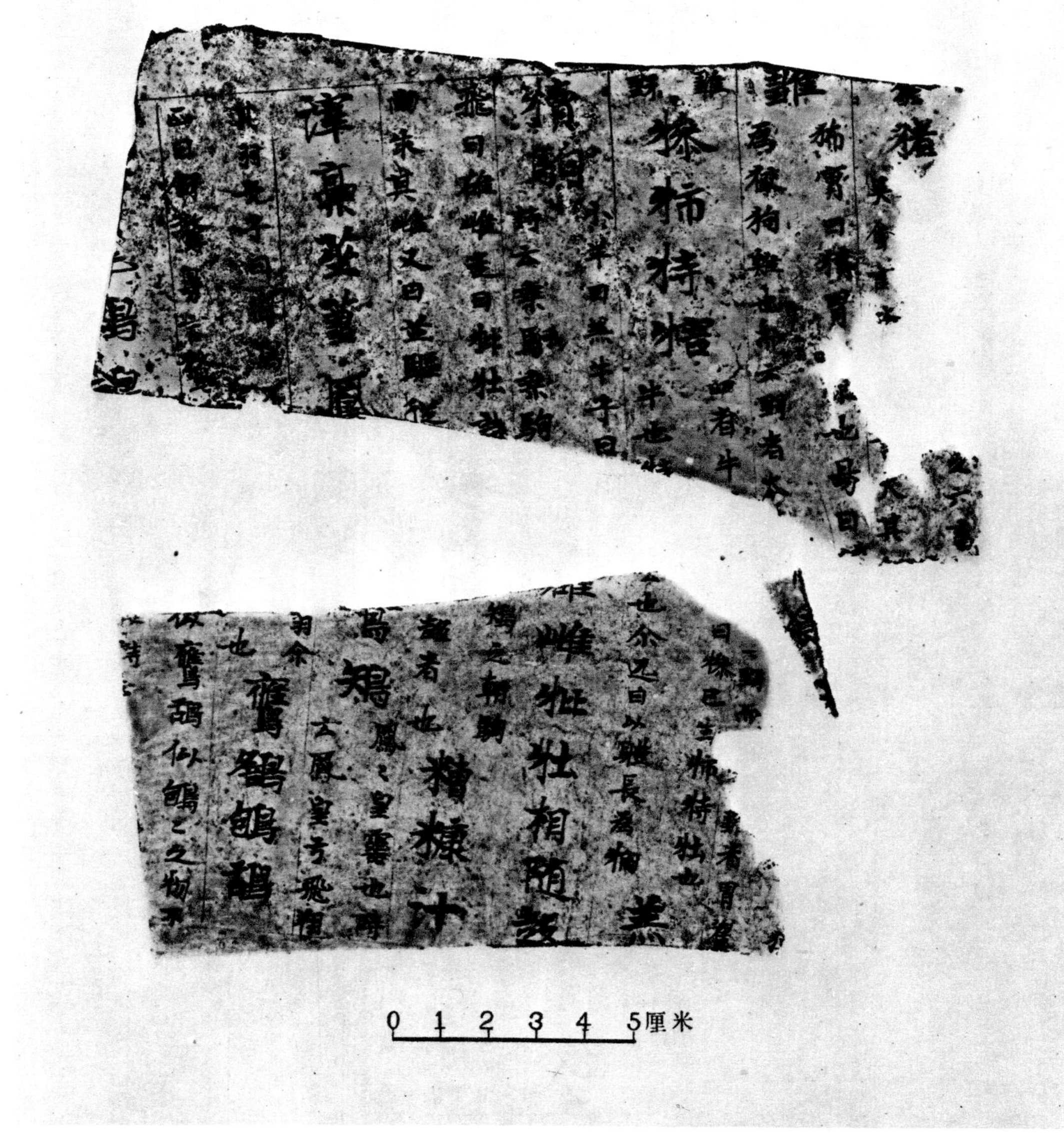

33 □猪□之六畜□吳會□犬其□

34 䨼狒賁曰犢胃□□也易曰□為狡狗雞也而六野者本□野而有雞雞者胃(謂)翟

35 雞野犙犻特犗四者牛□□生曰犙已生犻特壯也牛也特□公也尒正曰以體長為犅羔

36 犢駒小羊曰羔牛子曰□詩云乘我馬乘駒䧿雌牡牡相隨(趨)趍

37 飛曰雄雌走曰牝牡詩□鴇之朝駒尚求其雌又曰並驅從□趍者也糟糠汁

38 滓稾莝蓋鳳□□□□鷥鴾鳳〻皇靈也詩云鳳皇于飛翔

39 其羽孔子曰鳳鳥不□羽尒疋曰舒鷙鳧言鷙□也鷹鷂鴇鴰

40 □□尾鳩鴿□似鷹鷂似鴿〻之物不□詩□

二〇 高昌延昌八年（公元五六八年）寫《急就章》古注本 60TAM337:11/1之六

41 ……者里官當有以[察]……

42 廼肯□察[諷]□□……[爲]省察之讀其事也江水洼

43 渭街術曲里術……□□[籌]筭熹火燭籌筭所以

44 數也高火燭今時官家所以治文書也[賴]□□□□□禄言史之罪過者得赦史解長史則貶損其

[赦]、

□

45 禄也邯鄲河澗沛□□□□[淮]集課録邯鄲河澗□名也沛〻□

名也汜(巴)郡名也潁川臨淮郡[名]□……□□□[染]貪者辱人行□

46 有廉潔平端之集課……依涵□

污穢又穢乱不靖□行貪切……德□

47 也既不課[録]……

表格……

48 ……

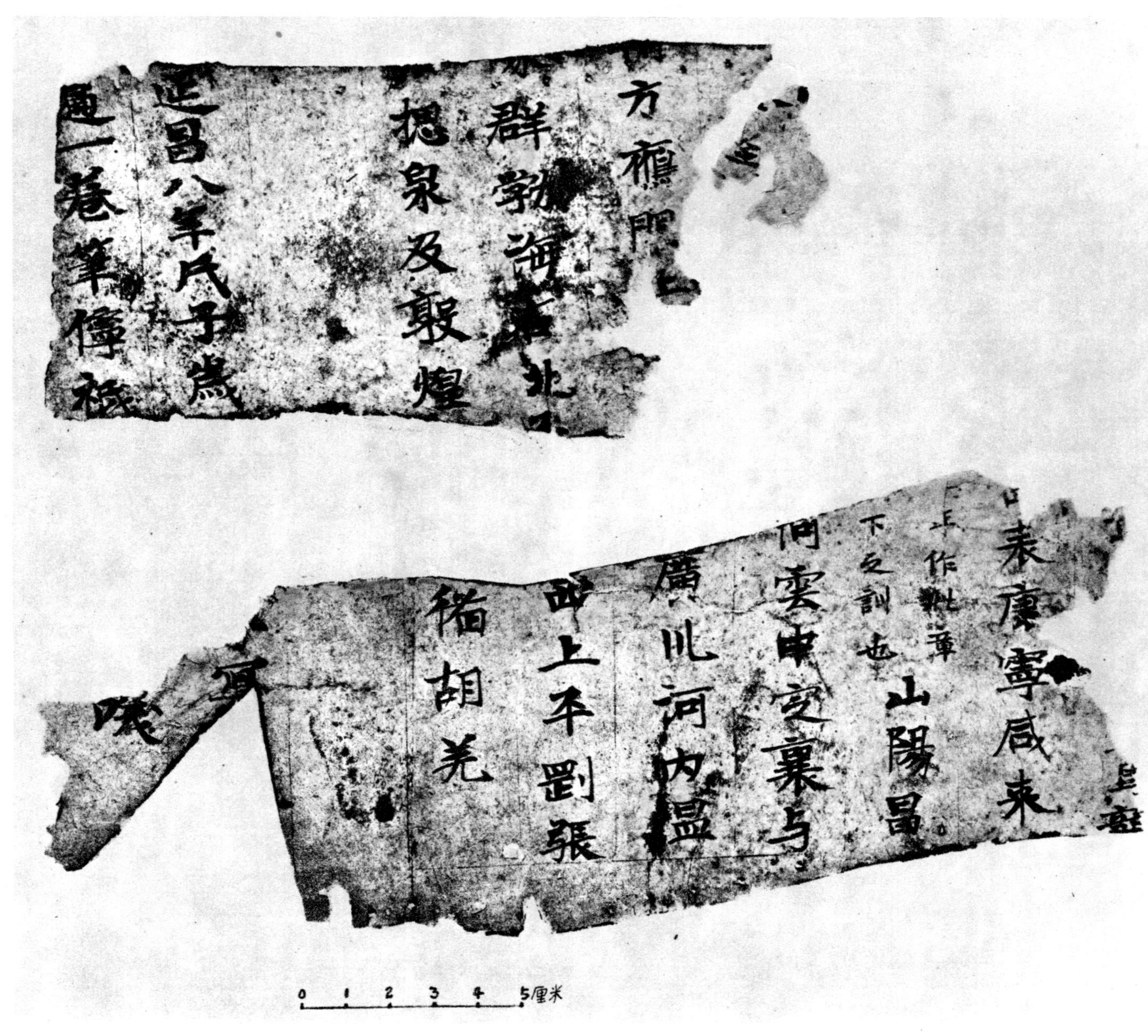

［　　］高□□雲駕[龍]
［　　］表康寧咸来
□［　　］年作此章［　　］下之詞也　山陽昌
［　　］[同]雲中定襄与
[翔]方鷹門上[谷]至廣川河内温
[涿]郡勃海右北[平]西上平罰張
□揔（酒）泉及敦煌倫胡羌
｜延昌八年戊子歲□寫
遍一卷筆儚祇［　　］唆

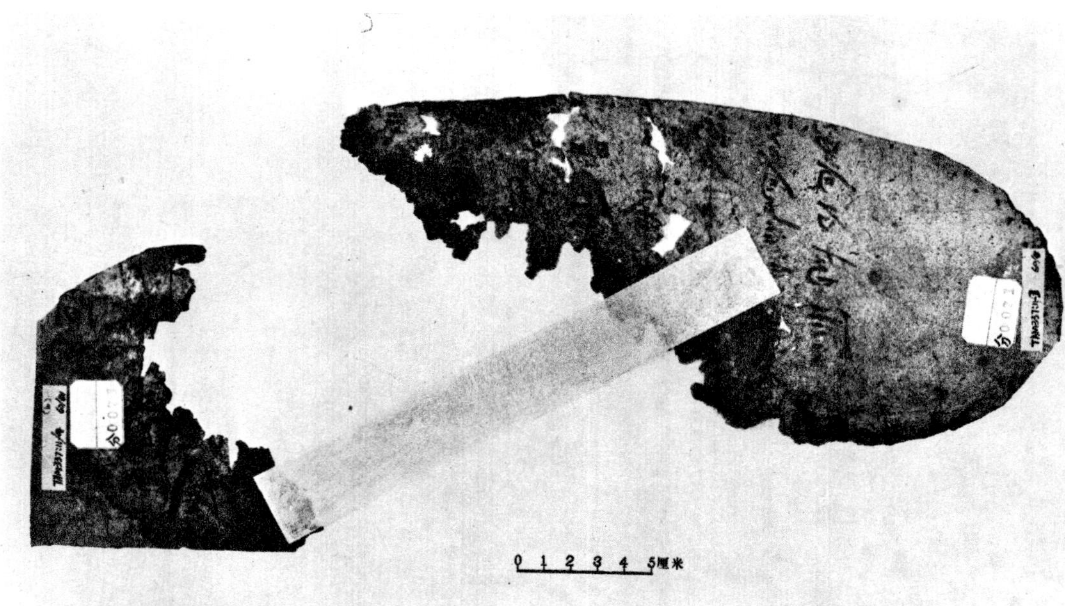

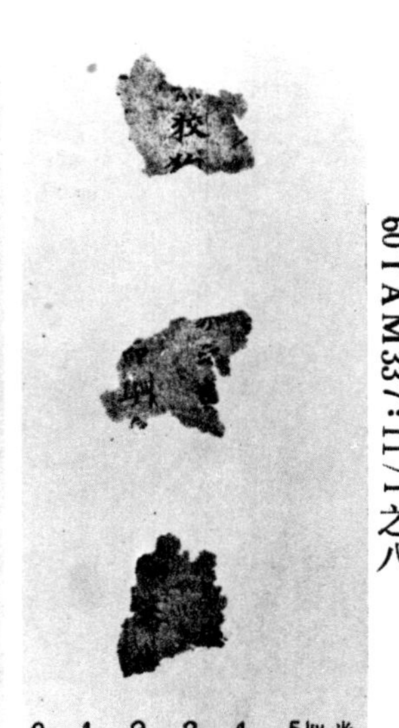

二一　高昌延昌八年（公元五六八年）寫《急就章》古注本殘片
60TAM337:11/1之八

二二　文書殘片　60TAM337:11/4（b），11/3（b）

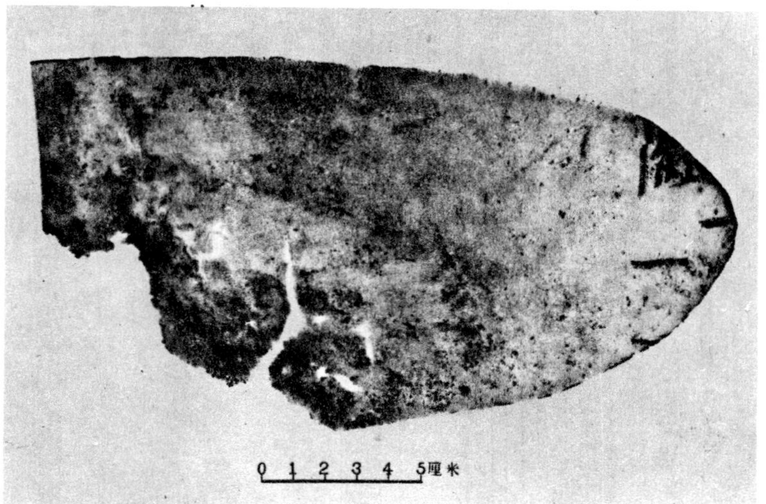

二四　文書殘片　60TAM337:11/12

二三　文書殘片　60TAM337:11/11

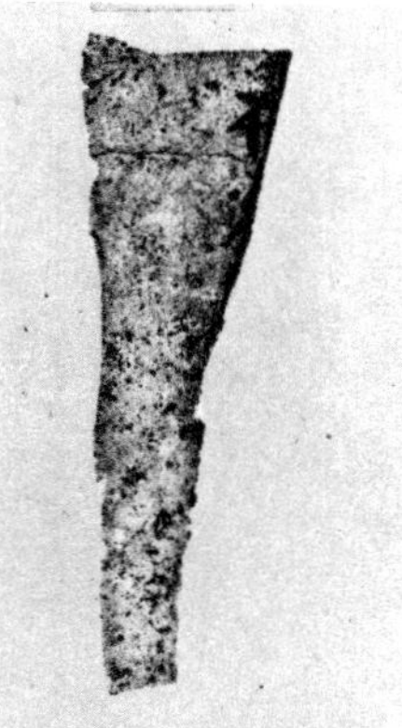

二七　文書殘片
60TAM337:11/40

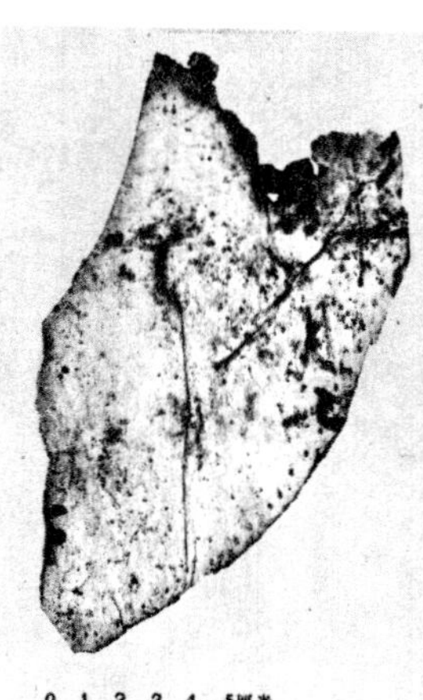

二五　文書殘片
60TAM337:11/13

二六　文書殘片
60TAM337:11/21

二九　文書殘片
60TAM337:11/42

二八　文書殘片
60TAM337:11/41

阿斯塔那三三八號墓文書

本墓有屍三具，盜擾嚴重，出唐乾封二年（公元六六七年）范鄉願墓誌一方。所出文書兼有麴氏高昌及唐代。有紀年者，最早爲高昌延壽二年（公元六二五年），最晚爲唐龍朔四年（公元六六四年）。

一　高昌甲辰歲張阿趙買舍契　60TAM338:14/5

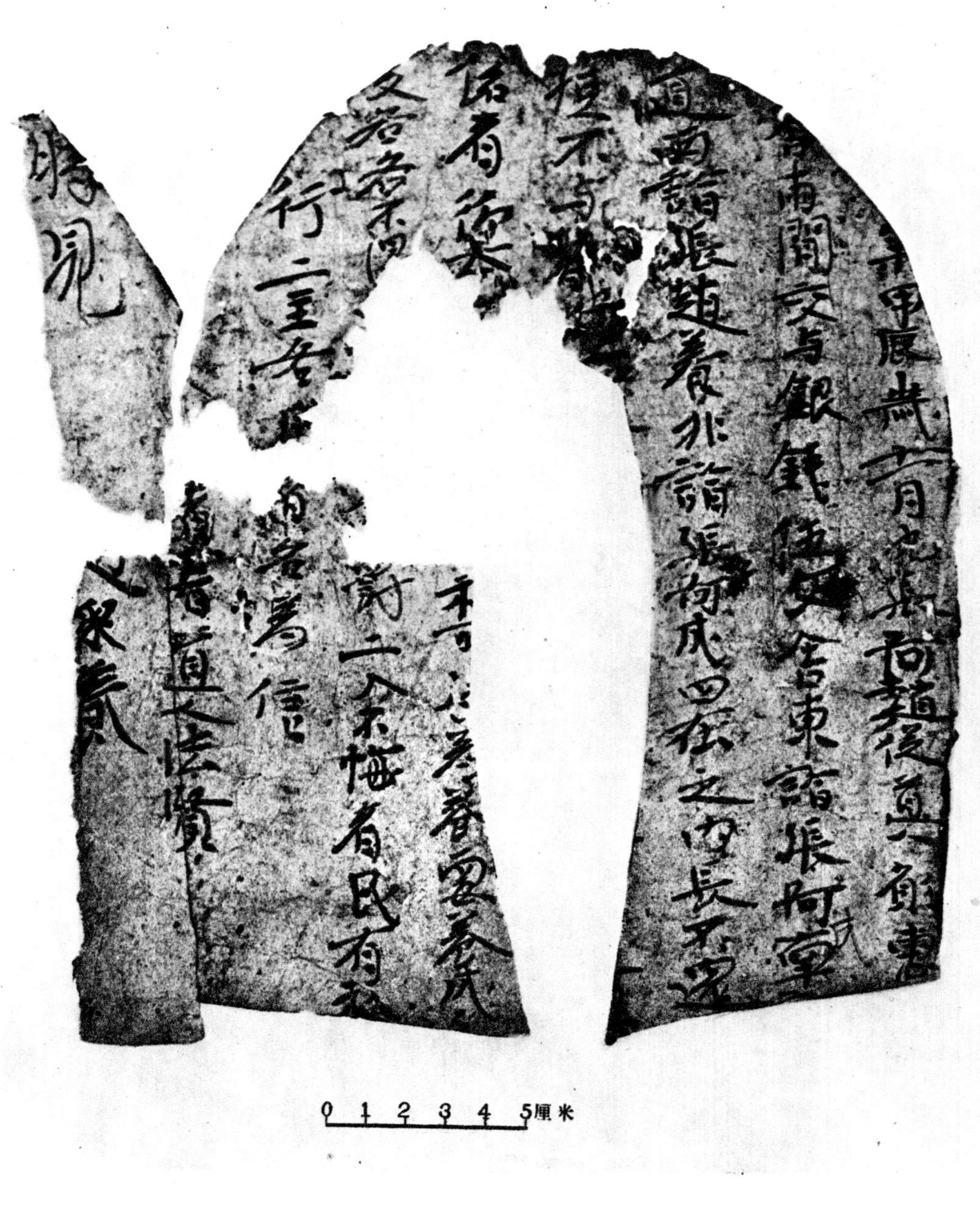

一　高昌甲辰歲張阿趙買舍契

本件紀年殘缺，據所書干支歲次及署名程式，應爲麴氏高昌時期文書。麴氏高昌最末一個「甲辰歲」爲延昌二十三年（公元五八四年），本件或成於是年，因置於本墓文書之首。

1 □年甲辰歲十一月九[一]張阿趙從道人願惠□
2 □舍兩間，交与銀錢伍文。舍東詣張阿成，南□
3 道，西詣張趙養，北詣張阿成。四在之内，長不還，
4 短不与，□
5 佑（忽）者，仰本□和可後爲卷（券）要。卷（券）成之
6 後，各各[二]不得□□□□罰二，入不悔者。民有私
7 □□行二主，各自署名爲信。
8 倩書　道人法賢
9 時見　□衆養

注釋

〔一〕十一月九：「九」下脱一「日」字。
〔二〕各各：疑衍一「各」字。

二　高昌延壽二年（公元六二五年）田婆吉夏樹券　60TAM338:14/4

0 1 2 3 4 5厘米

二　高昌延壽二年（公元六二五年）田婆吉夏樹券

本件紀年殘存「二年乙酉」。券中趙明兒又見於同出之延壽四年趙明兒買作人券，知本券當距延壽四年不遠。檢《中國歷史紀年》麴氏高昌紀元年號，二年爲乙酉者唯延壽二年。

1 □□二年乙酉歲三月二日，田婆吉從趙明兒邊夏[夏]□

2 □□[株]到六月十五日，上夏樹償(償)銀錢捌文。不得斤(斧)府上株。若□□

3 □月。拾錢上生錢壹文。若前却不上，聽挃家財，平爲錢[直]。

4 □[身][東][　　　　][券]，々成之後，各不得返悔，々[者]

5 □罰二入不悔者。民右(有)私要，行二主，〔一〕各自署名爲信。

6 倩書趙願伯

7 時見張毛富

注釋

〔一〕民有私要行二主：「要」下當脱一重文符號。

三　高昌延壽四年(公元六二七年)趙明兒買作人券
60TAM338:14/2(b)

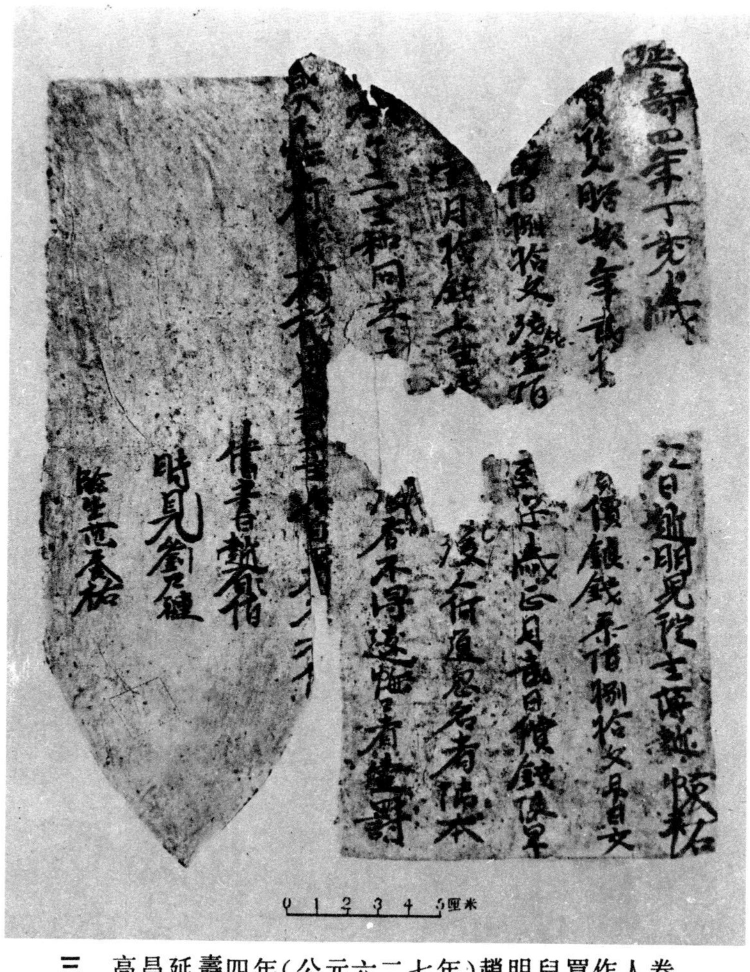

三　高昌延壽四年(公元六二七年)趙明兒買作人券
60TAM338:14/2(a)

三　高昌延壽四年(公元六二七年)趙明兒買作人券

1 延壽四年丁亥歲□□十八日，趙明兒從主簿趙懷祐
2 □買作人胳奴，年貳[拾]□□□，價銀錢叁佰捌拾文。〔一〕即日
文
3 □□貳佰捌拾文，殘錢壹佰□，到子歲正月貳日償錢使
畢。
4 □□□壹月拾錢上生壹□，□後□人何（呵）道（盜）忍（認）名者，仰本
5 □承了。二主和同立〻〔二〕□[後]，各不得返悔，〻者壹罰
6 貳入不悔者。民有私要，〻行二主，各自署[名][為][信]。
7 倩書趙顒伯
8 時見劉尸褳
9 臨坐范養祐

注釋

〔一〕本件背面寫有付錢記錄兩行：
1. [卄]八，趙明兒上錢[壹]□[捌]拾文；次十八，上錢壹佰文；
2. □[上]錢貳拾文；次拾[捌]日，上錢捌拾壹文。
四次共付錢叁佰捌拾壹文。多付一文疑是過期加利息。其「卄八」、「十八」之下，均省略「日」字。

〔二〕立〻：「立」下不當有重文，疑重文上脱「券」字，本云「二主和同立券，〻成之後」云云。

四　高昌延壽六年（公元六二九年）趙明兒夏田券　　60TAM338:14/1

四　高昌延壽六年（公元六二九年）趙明兒夏田券

本件紀年殘存「六年己丑歲」。據《中國歷史紀年》，麴氏高昌紀元年號六年爲己丑者，唯有延壽六年。

1 □□[六]年己丑歲三月十二日，趙明兒從趙伯懷[遶]（經）□

2 □□常田叁畝，即交与夏價銀錢貳拾文，種田要[逹][壹][年]。

□

3 □[役]使，仰田主了；[若][渠][破][水][讁]，[仰][耕]田人了。二[主]□同立卷（券），卷（券）[城]（成）

4 □[後]，各不[得][返]□，□□□□□□□□□□。□右（有）私要，要行

5 □□，各自署名爲信。

6 倩□　道人□□

7 [時][見]　張□□

8 臨□　張　虎□

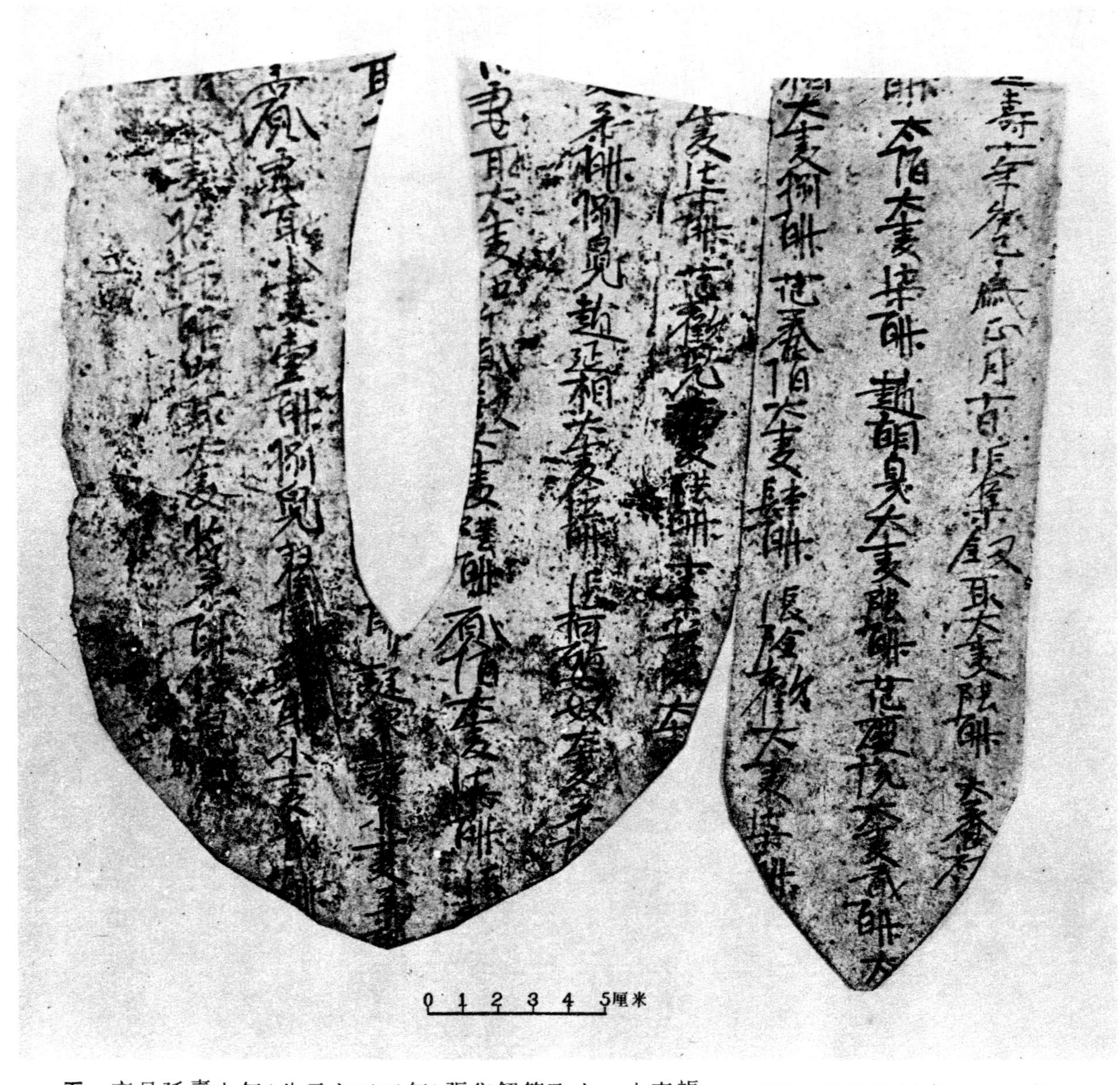

五　高昌延壽十年（公元六三三年）張集鉊等取大、小麥帳　　60TAM338:14/3-1、14/3-2

五　高昌延壽十年（公元六三三年）張集鉊等取大小麥帳

[延]壽十年癸巳歲正月十日，張集鉊取大麥陸䣪，大養□□□
□䣪，太伯大麥柒䣪，趙胡𪈔大麥陸䣪，范慶悦大麥貳䣪，
太
□□大麥捌䣪，范養伯大麥肆䣪，張隆歡大麥柒[䣪]，□□
□麥柒䣪，范歡兒大麥陸䣪，索孫師大麥[　　]
□[麦]叁䣪捌𪈔，（斗）趙延相大麥伍䣪，張阿嬰奴大麥叁䣪，□
□妻取大麥伍□，[顧][鉊]大麥陸䣪，顧伯大麥柒䣪，張□□
[取][大][　　　　　　　　]䣪，麴衆護小麥叁䣪，
[善]願妻取小麥壹䣪捌𪈔，翟佰兒取小麥貳䣪，□
[伯]小麥拾伍䣪，次取大麥拾叁䣪伍𪈔，

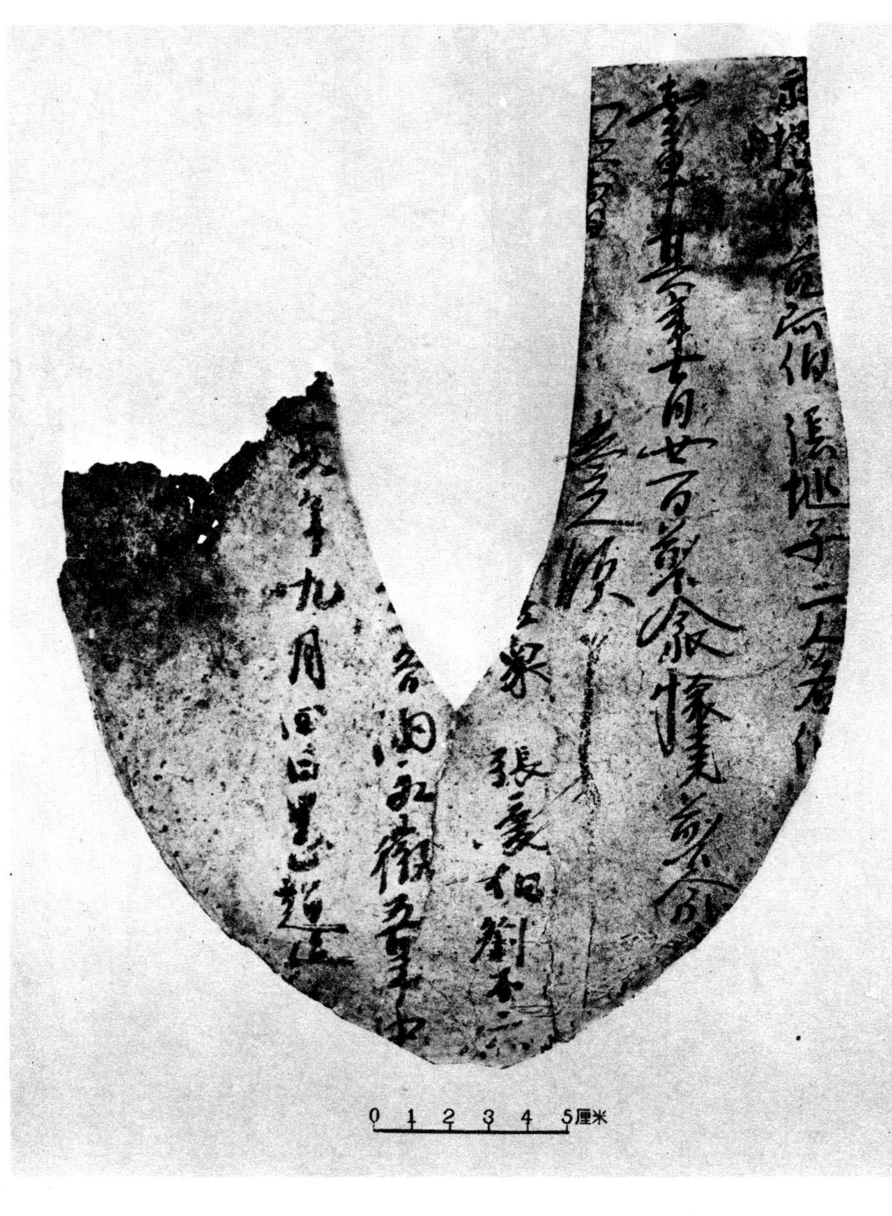

六 唐永徽五年（公元六五四年）西州高昌縣武城鄉范阿伯納蓟薪抄 60TAM338:32/5

七 唐顯慶三年（公元六五八年）西州高昌縣范歡進雇人上烽契 60TAM338:32/4-1

六 唐永徽五年（公元六五四年）西州高昌縣武城鄉范阿伯等納蓟薪抄

本件所納物名已殘，唯剩當量爲「壹車」。唐代納錢稱「文」、納糧稱「斛斗」、納草稱「圍」，唯納蓟薪稱「車」，故所納物當爲蓟薪。又此范阿伯亦見阿斯塔那三三七號墓所出文書內，有《唐□□元年高昌縣武城鄉范阿伯送蓟薪抄》。

1 武城鄉范阿伯 張塠子二人各納□
2 壹車。其年七月廿一日前官令狐懷憙、前官令狐□
3 □□雷 叁人領 ——
4 □衆 張慶伯、劉不六
5 □各納永徽五年中
6 □其年九月四日里正趙延□。

七 唐顯慶三年（公元六五八年）西州高昌縣范歡進雇人上烽契

1 顯慶三年十一月二日交河府衛士范歡進交
2 用銀錢柒文雇前庭府衛士白憙歡用□
3 □拾五日。若有逋留，官罪一□

七　唐顯慶三年（公元六五八年）西州高昌縣范歡進雇人上烽契　60TAM338:32/4-2

八　唐龍朔三年（公元六六三年）西州范歡進等送右果毅仗身錢抄（一）　60TAM338:32/6

八　唐龍朔三年（公元六六三年）西州范歡進等送右果毅仗身錢抄（二）　60TAM338:32/7

4 范悉不知。若更有別使，白計日還錢

5 □兩主和可立契，獲指為信。|||

6 錢主　范歡進　一　一　一

八　唐龍朔三年（公元六六三年）西州范歡進等送右果毅仗身錢抄

（一）

1 范歡進送右果毅三月一日仗身錢□

2 □朔三年五月廿三日隆悦領。

（二）

1 □朔三□

2 □嘿子送右果毅二月一日仗身錢□

3 □廿三日隆悦領。

九　唐龍朔四年（公元六六四年）西州高昌縣武城鄉運海等六人賃車牛契　　60TAM338:32/2

九　唐龍朔四年（公元六六四年）西州高昌縣武城鄉運海等六人賃車牛契

龍朔四年正月廿五日，武城鄉[　　]

運海、范歡進、張[　　]

六人賃[　　]

具到□□□一道。[　　]

文吏依鄉價輸送，□具有失脫，一仰

□□知當。若車牛到赤亭，□依價仰

[　　]依鄉價上。兩和立契，獲指

□□。

車牛主張貴兒

賃車牛人范□□

賃車牛人[　　]

賃車牛人翟[　　]

賃車牛人[　　]

一〇　唐鞏元隆等領物抄　60TAM338:32/8

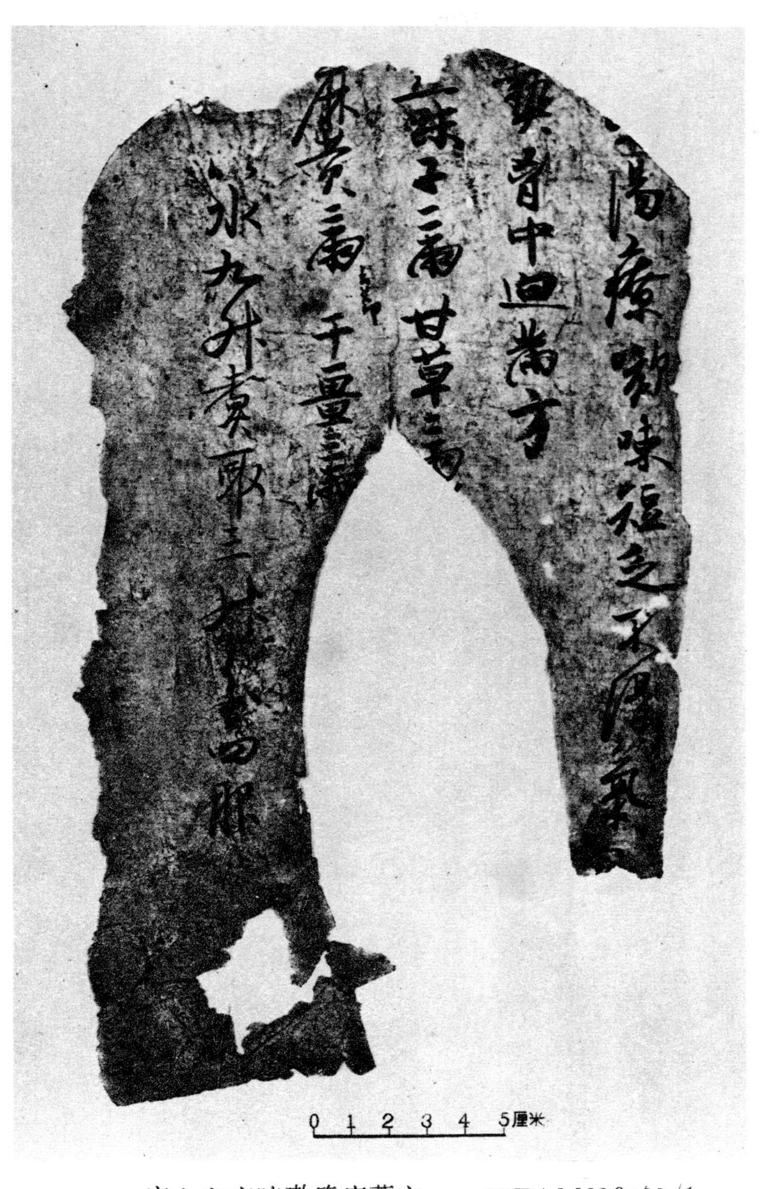

一一　唐人寫療咳嗽等病藥方　60TAM338:32/1

一〇　唐鞏元隆等領物抄

1 □月五日鞏元隆、氾延仕二人領。〔下殘〕

一一　唐人寫療咳嗽等病藥方

1 □□湯療嗽(咳)味(嗽)短乏，不得氣□

2 熱(胸)背中迴滿方

3 五味子二兩　甘草二兩　□

4 麻黃二兩去節　干薑(薑)三兩　□

5 以水九升煮，取三升，分四服。

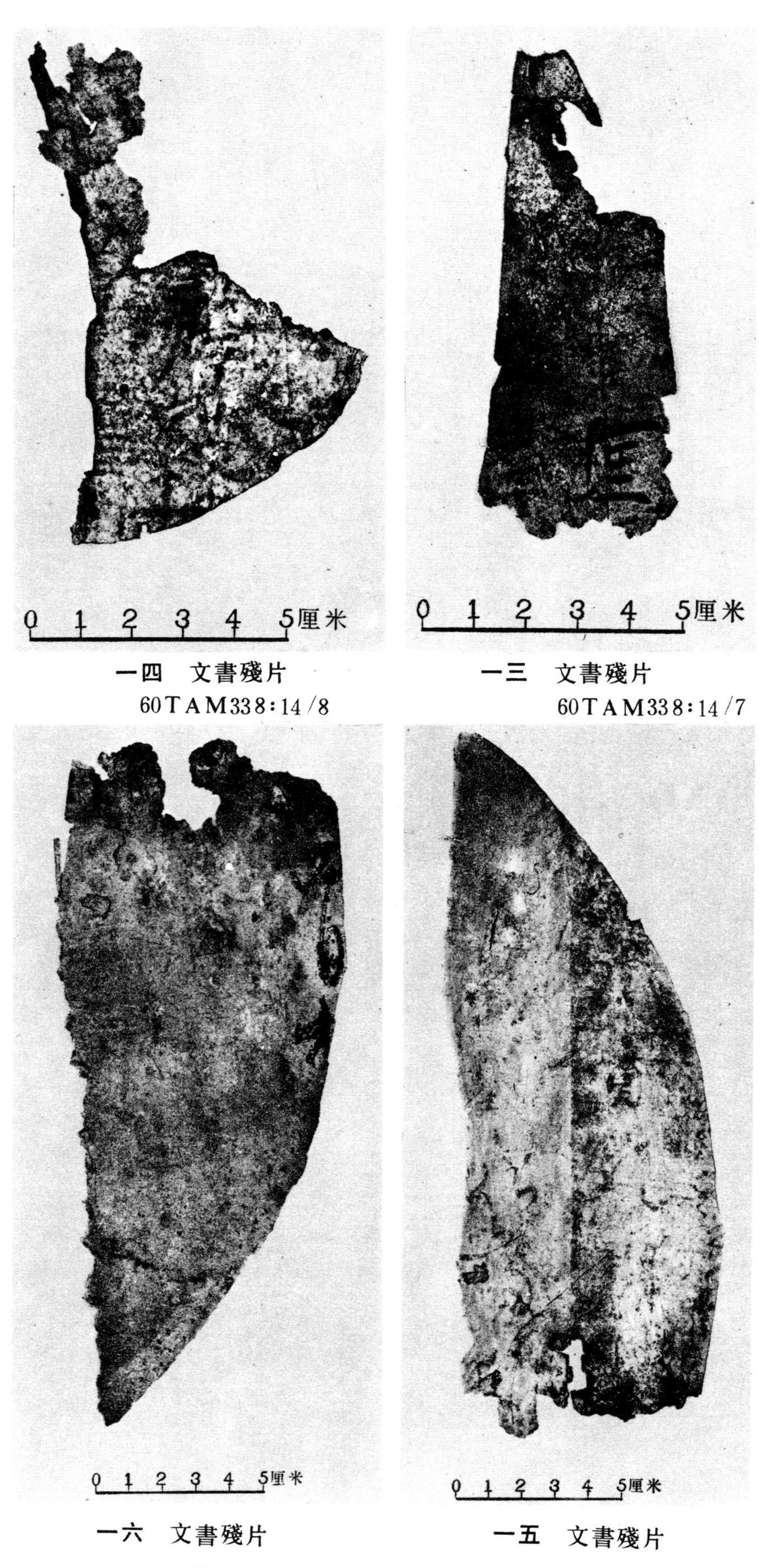

一四　文書殘片
60TAM338:14/8

一三　文書殘片
60TAM338:14/7

一六　文書殘片
60TAM338:32/9

一五　文書殘片
60TAM338:32/3

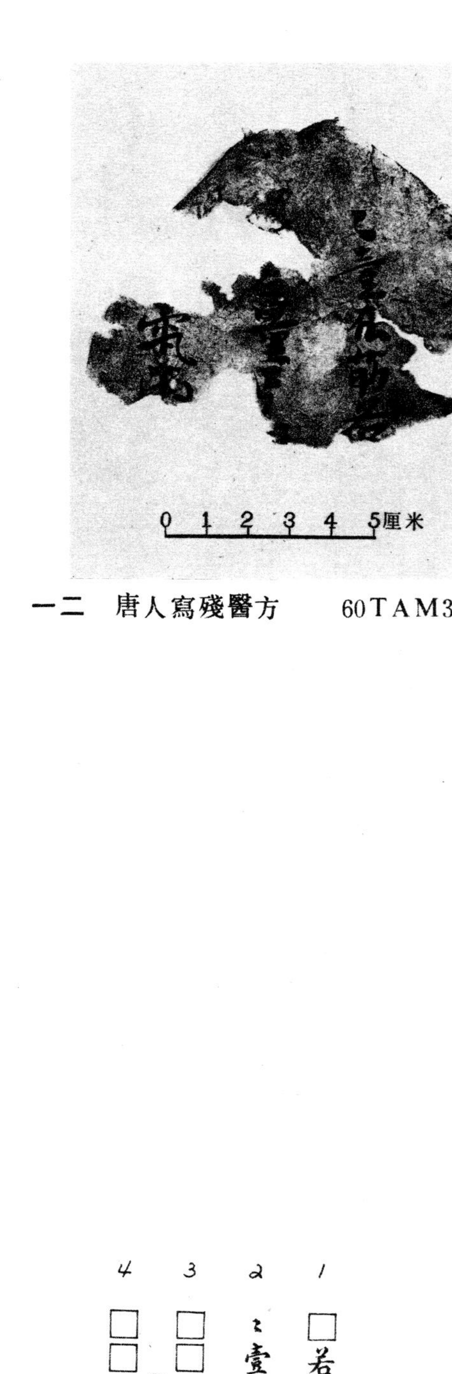

一二　唐人寫殘醫方　60TAM338:14/6

一二　唐人寫殘醫方

1 □若□［　　］
2 々壹在筋（筋）各［　　］
3 □□量己［　　］
4 □□究（玖）兩［　　］

阿斯塔那三二六號墓文書

本墓出高昌延昌卅六年（公元五八六年）將孟雍妻趙氏墓誌一方。所出文書兼有麴氏高昌及唐代。其有紀年者，最早爲高昌和平元年（公元五五一年），最晚爲唐總章元年（公元六六八年）。

一　高昌和平元年（公元五五一年）某人舉疊、錦券
60TAM326：01/4

二　高昌延昌二十三年（公元五八三年）張阿恔取婆致垣四壁用碓券
60TAM326：01/5

一　高昌和平元年（公元五五一年）某人舉疊、錦券

本件紀年殘存「元年辛未」。據《中國歷史紀年》麴氏高昌紀元年號，元年爲「辛未」者唯和平元年。

1 □□元年辛未歲三月二日，[　　]
2 □□邊舉中行疊[一]六十匹，要到八月[　　]
3 □□□中行疊九十匹。若過期不償，一匹上[　　]
4 [　　]仰公償。次取[　　]
5 □□柏樹葉錦四十尺，要到八月卅日償[　　]
6 □□六丈。若過期不償，一月生錦四[　　]

注　釋

〔一〕中行疊：疊，「疊」字簡體，在本件中指疊布，即棉布。

二　高昌延昌二十三年（公元五八三年）張阿恔取婆致垣四壁用碓券

1 延昌廿三年水卯歲十二月七日，張阿恔從□□□
2 智演邊取婆致垣四辟（壁）用碓，要到辰歲六月
3 卌日。張爲寺主師壘塩（墻）盡，使竟。塩尺寸依然
4 汝（如）故，并大門卷（券）盡竟。塩根下使有三尺五□□

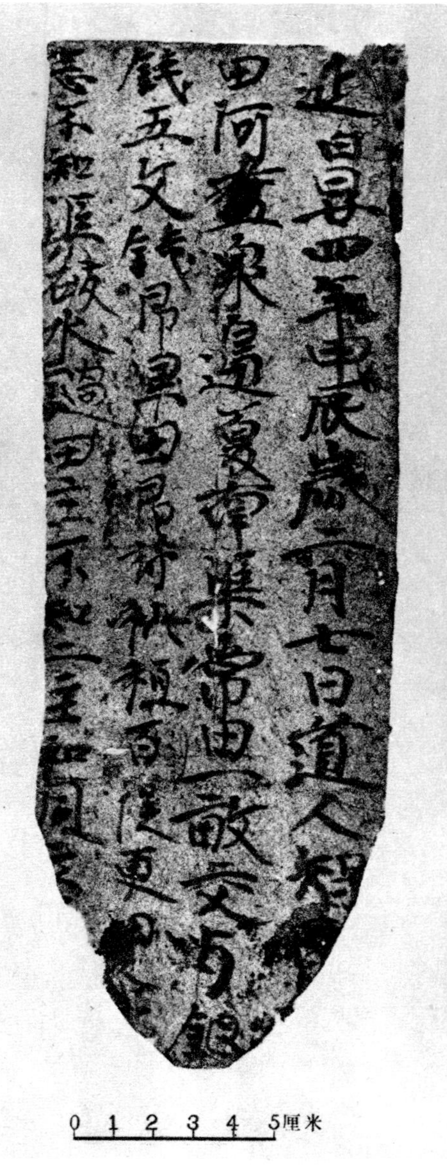

三　高昌延昌二十四年（公元五八四年）道人智賈夏田券　60TAM326:01/6

四　高昌午歲武城諸人雇趙沙彌放羊券　60TAM326:01/9

三　高昌延昌二十四年（公元五八四年）道人智賈夏田券

1 延昌廿四年甲辰歲二月七日，道人智賈□

2 田阿◯衆邊夏南渠常田一畝，交与銀

3 錢五文。錢即畢，田即苻（付）。秋租百役，更（耕）田人

4 悉不知；渠破水讁，田主不知。二主和同立□□

四　高昌午歲武城諸人雇趙沙彌放羊券

1 〔　　〕午歲十月廿五日趙沙弥為武
城諸人放羊

2 〔　　〕中羊三口，与粟一斗。從未歲正月到未歲十月卅日
羊五口，与錢〔　　〕

3 □正月內償放羊價錢使畢。羊朋大償大，朋小償小。若羊□

4 折骨，仰放羊兒若〔一〕〔　　〕□□

5 卅日，羔子入郡（群），与大麥一斗。□（經）□（俱）（死）〔二〕若羊遂宿完具充，放羊兒悉不
知。〔　　〕

6 □上有破壞處，仰大（打）放羊兒了。諸人和可後為卷（券）要，卷□□

7 □□□不得返悔，悔者壹罰二入不悔者。民有私要，要行二
主，各

8 〔　　〕放羊兒，放羊兒悉不
知。

9 賢〔　　〕□□法

注釋

〔一〕仰放羊兒：「兒」下疑奪一「了」字。

〔二〕此句旁有補字已損，字多草率，不能全識，大意指若羊在其主人家過夜而有死損者。

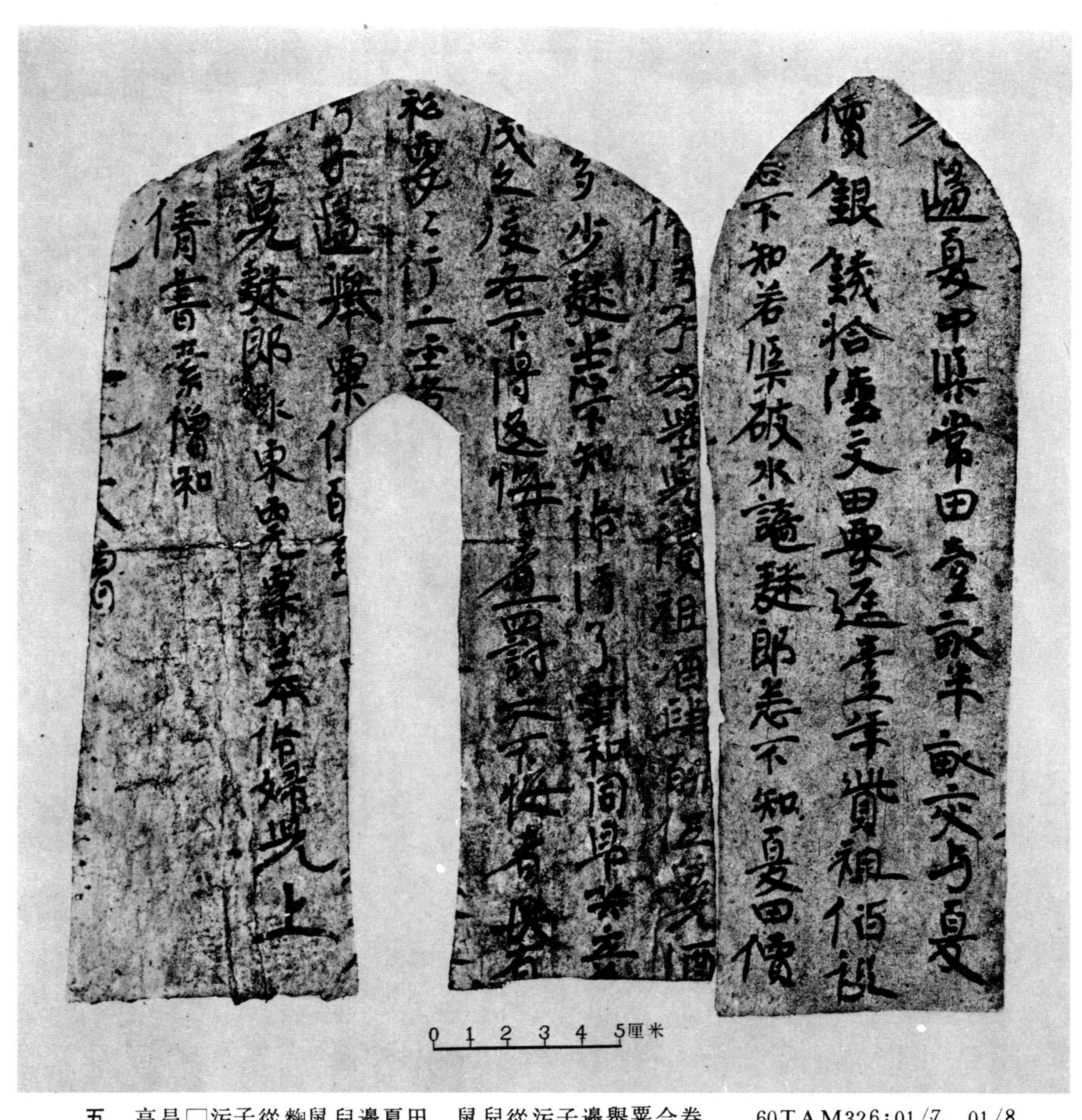

五　高昌□污子從麴鼠兒邊夏田、鼠兒從污子邊舉粟合券　60TAM326:01/7，01/8

五　高昌□污子從麴鼠兒邊夏田、鼠兒從污子邊舉粟合券

本件紀年缺，但券云「價租酒肆斛五斗」。酒租乃麴朝稅制，故此契必作於麴氏高昌時期。

1 [兒]邊夏中渠常田壹畝半，畝交与夏

2 價銀錢拾陸文，田要逕(經)壹年。貲租佰役，

3 □[悉]不知；若渠破水讁，麴郎悉不知。夏田價

4 □□□，[仰]污子為鼠兒償租酒肆酙(斛)伍㪷(斗)。酒

5 □□多少，麴悉不知，仰污了。二主和同，即共立[券]。

6 □成之後，各不得返悔，悔者一罰二入不悔者。民有

7 私要，要行二主，各［　　］

8 [污]子邊舉粟[伍][酙](斛)，[到][十][月][内]［　　］

9 [壹]㪷(斗)。麴郎身東西无，粟生本仰婦兒上(償)。

10 倩書索僧和

11 □□□□□[僧]

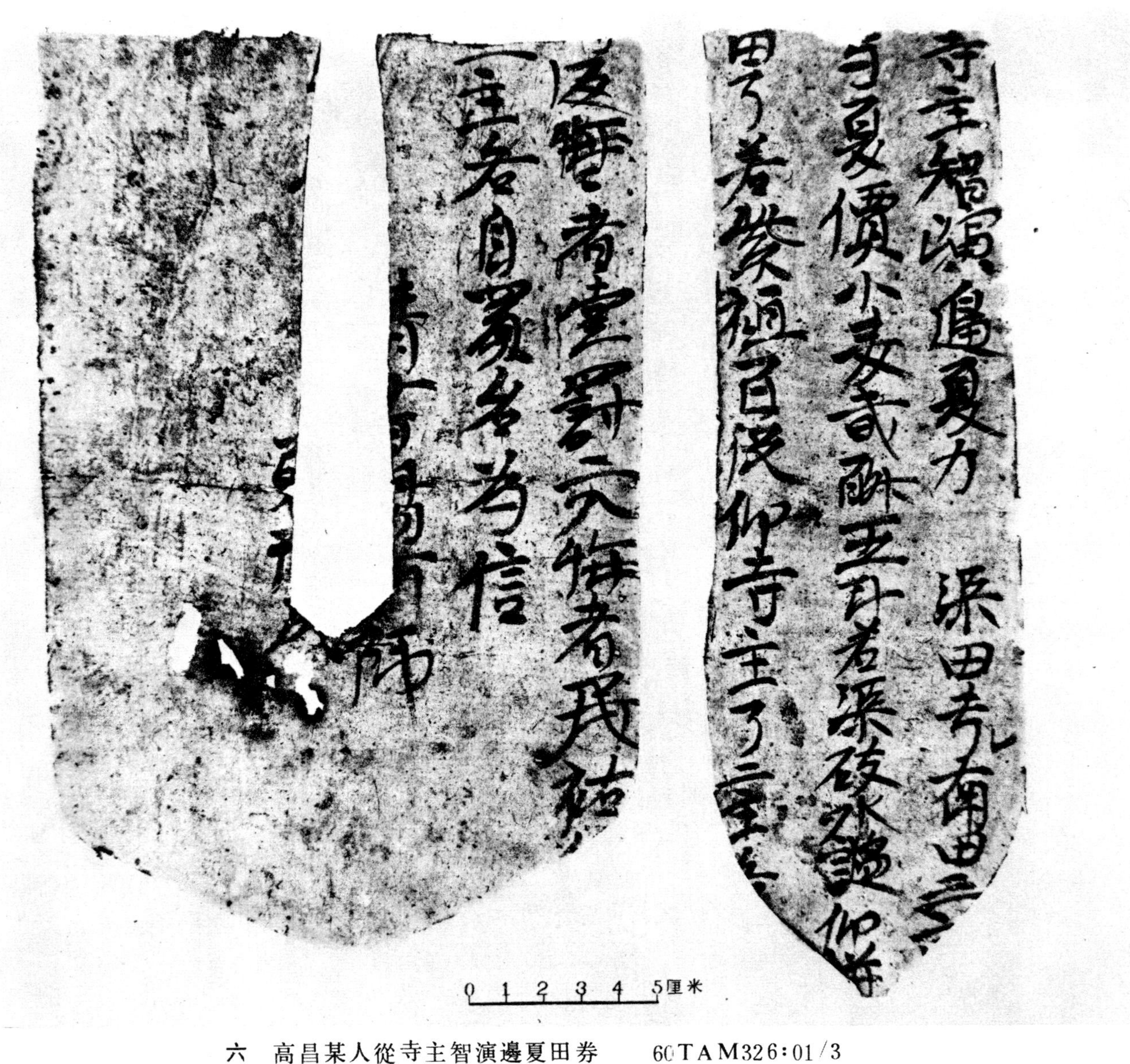

六　高昌某人從寺主智演邊夏田券　60TAM326:01/3

六　高昌某人從寺主智演邊夏田券

本件無紀年，但契云「紫祖佰役」，多見於麴氏高昌延昌以前夏田契，此後至唐代例稱「租殊百役」，本契當作於麴氏高昌時期。

1 寺主智演邊夏力(斛)　渠田南長田三畝□，

2 与夏價小麦貳酬五斗。若渠破水讁，仰耕〔一〕

3 田了〔一〕若紫(貲)祖百役，仰寺主了。二主各□

4 □返悔，悔者壹罰二入悔者。〔二〕民祐(有)□□，□

5 □二主，各自署名為信。

6 倩書□□　□□師

7 □□　□□□

注釋

〔一〕仰耕田了：「田」下當脱一「人」字。

〔二〕入悔者：「入」下當脱一「不」字。

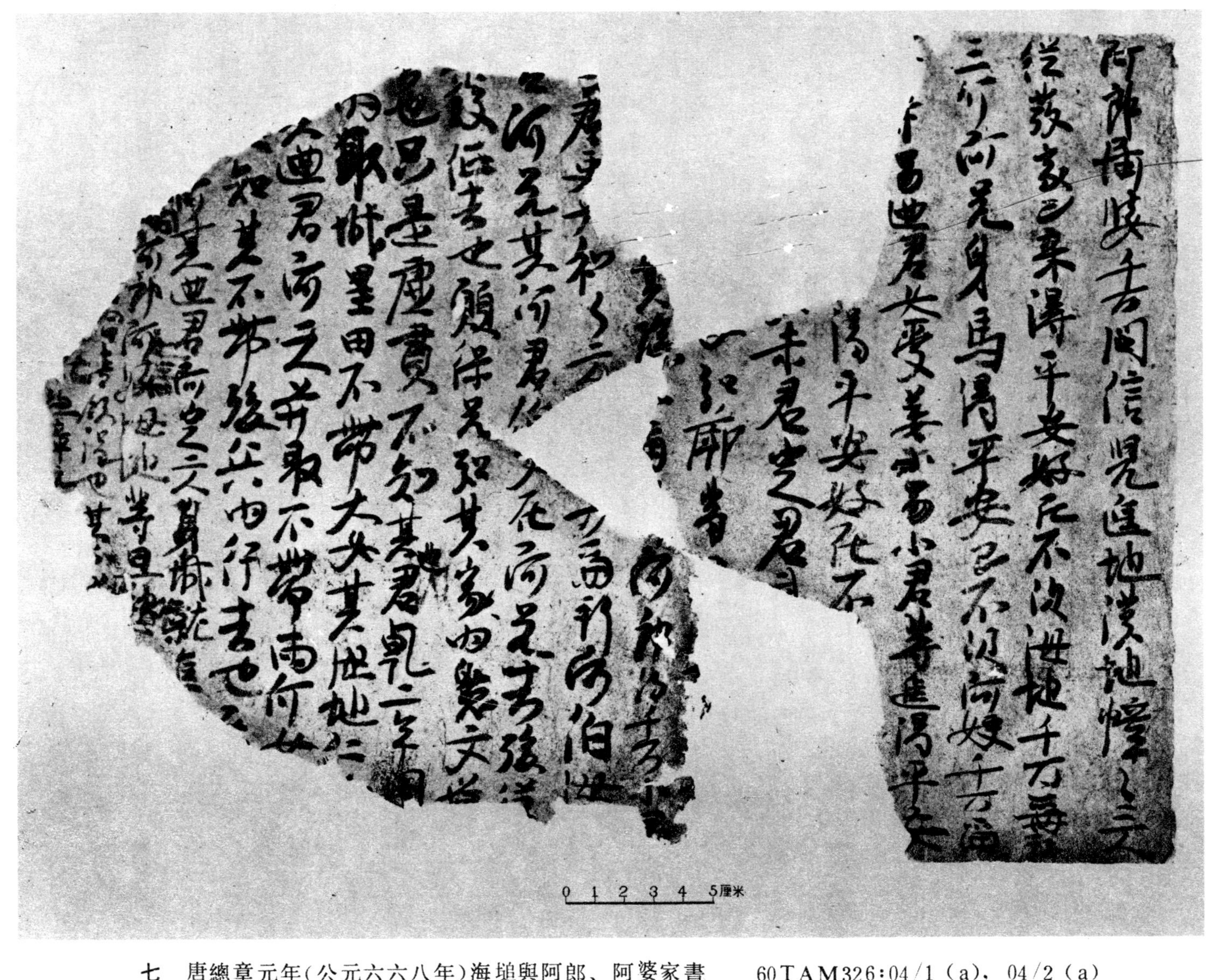

七　唐總章元年（公元六六八年）海塠與阿郎、阿婆家書　　60TAM326:04/1（a），04/2（a）

七　唐總章元年（公元六六八年）海塠與阿郎、阿婆家書

本件背面有「同　書　以」字一行，應是寫畢將信摺好，再寫書交某人。

阿郎、阿婆千万問信，兒進塠、漢塠、幢〻三人
從發家已来，得平安好在不？次海塠千万再拜！
三行(個)阿兄身馬得平安已不？次阿嫂千万再
□□男迪君、女受姜、小男小君等進(近)得平安
[ ]得平安好在不？[ ]
[ ]未君、定君[ ]
[ ]弘廓等[ ]
[ ][其][孫]□□[再]□阿郎得千万！小[男]
[ ]君□〻二人□万再拜！阿伯海[ ]
[ ]阿兄，其阿君[伯][父]在阿兄去後，[從][ ]
[ ]發征去也。願保兄知其家内(前?)慇文[ ]
[ ]也。只是虛實不知。其迪君乹二年用[ ]
[ ]内取城里田，不帶大女。其海塠仁[ ]
[ ]迪君、阿[一]二人弁取不帶兩何(個)女[ ]
[ ]知其不帶，後兵内行去也。[ ]
[ ]其迪君阿定二人身城就[進][ ]
[ ]阿郎、阿婆、海塠等旦□[ ]
[ ]合請領得也。其[ ]
[ ][總][章][元][ ]

注釋

[一]「阿」下脫人名一字，據IJ行當是「定」字。

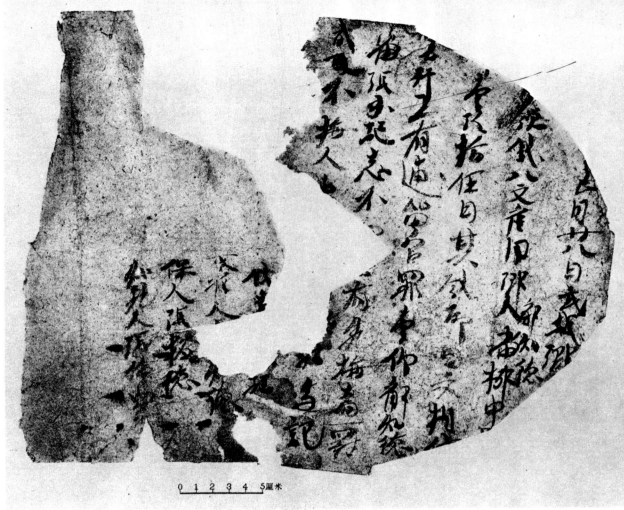

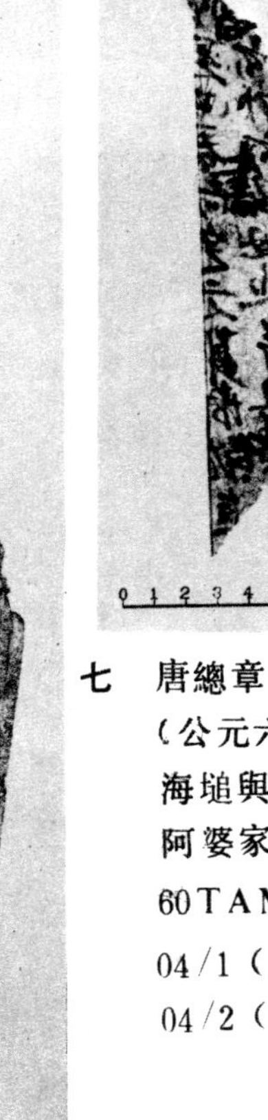

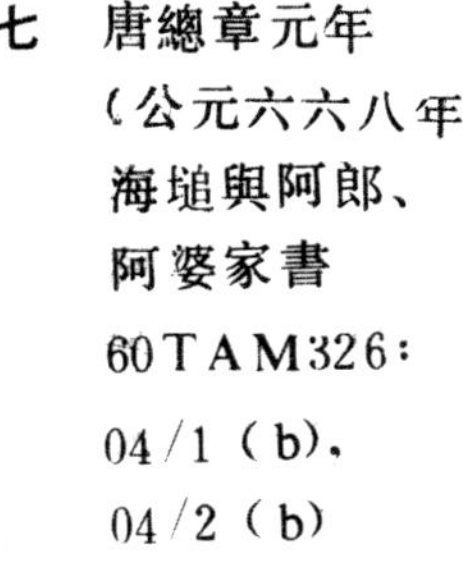

七　唐總章元年（公元六六八年）海塠與阿郎、阿婆家書　60TAM326：04/1（b）、04/2（b）

八　唐西州高昌縣武城鄉張玉塠雇人上烽契　60TAM326：01/1、01/2

八　唐西州高昌縣武城鄉張玉塠雇人上烽契

本件紀年殘，但契內云「柳中縣」，唐改高昌之田地縣為柳中，又所出雇人上烽契紀年並是唐代。

□□正月廿八日，武城鄉□□
□銀錢八文，雇同鄉人解知德當柳中□□□
□壹次拾伍日。其錢即日交相付□
若烽上有逋留官罪，壹仰解知德
當。張玉塠悉不知。□有先悔者，一罰
貳入不悔人。□指為記。
錢主　□□塠
受雇人　□知德
保人　張板德
知見人　張仁豊

阿斯塔那九二號墓文書

本墓爲合葬墓，出高昌延壽十六年（公元六三九年）陽保救妻張氏墓誌及唐總章元年（公元六六八年）楊保救墓誌各一方。女屍紙鞋拆出文書爲四二至五一號，雖無紀年，然據墓誌，知皆在延壽十六年以前。

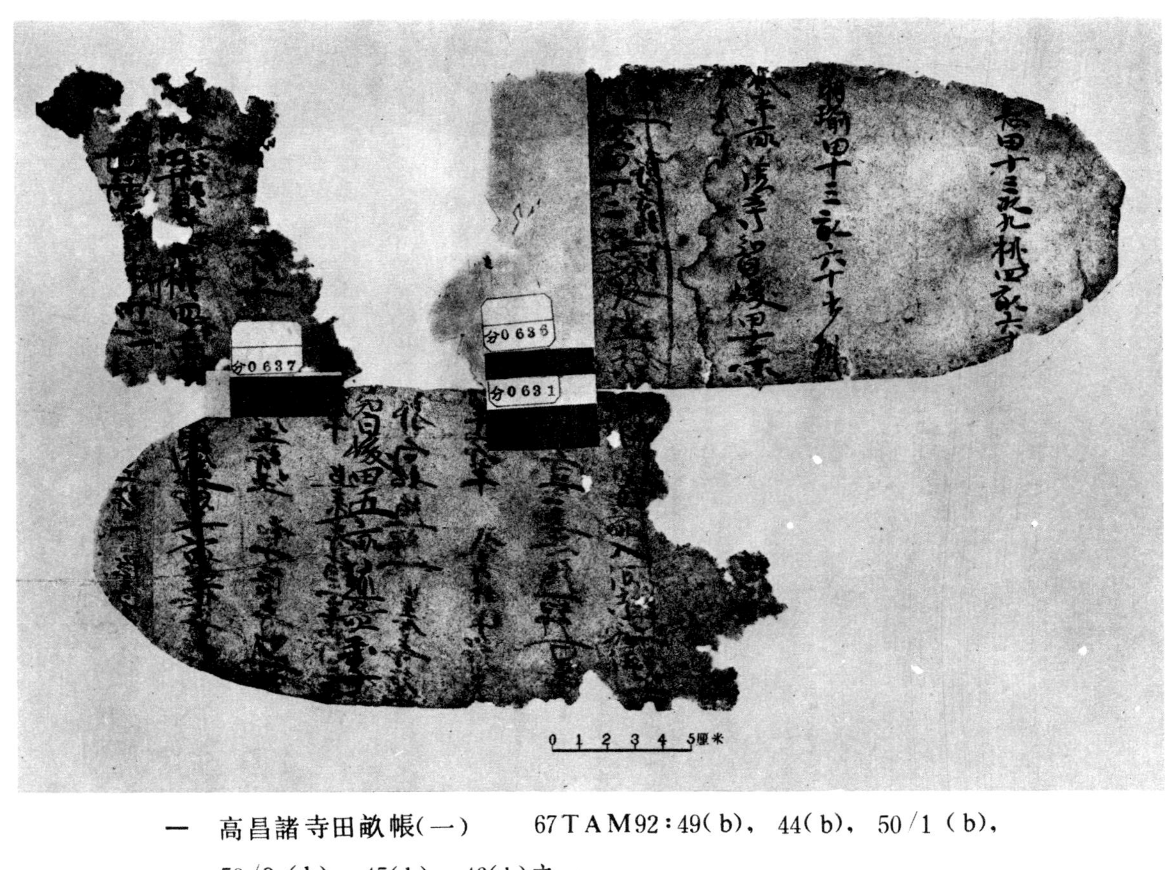

一　高昌諸寺田畝帳(一)　67TAM92:49(b)、44(b)、50/1(b)、50/2(b)、45(b)、46(b)之一

一　高昌諸寺田畝帳

本件有朱筆勾勒並有多處朱書，詳見注。

（一）

1 [ ]憙田十三，次九，桃四畝六十[ ]

2 [ ]寺明瑜田十三畝六十步，桃[ ]

3 [ ]桃半畝　張寺智峻田七畝[ ]

4 [ ]智峻田十二，中七畝入趙寺明瑜，次五畝入張寺

究住　足〔二〕

5 [ ]智峻田五畝　趙

孟季

6 [ ]

足〔三〕

7 [ ]法朗田十五半，桃四畫〇進田二畝半

足〔四〕

8 [ ]趙孟季寺樹十三

注　釋

〔一〕至〔四〕「足」字均爲朱書。其中〔二〕右行自「中」字以下十六字亦均爲朱書。

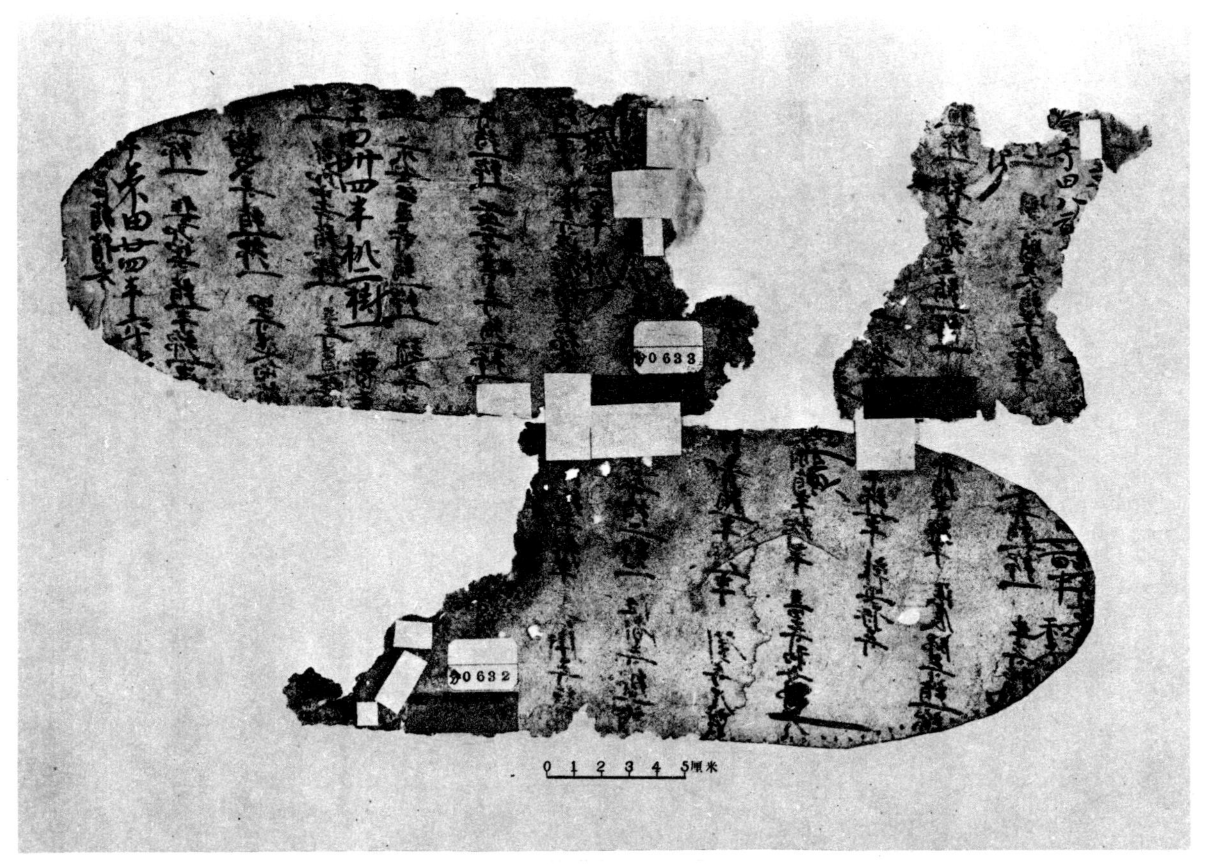

一　高昌諸寺田畝帳（一）　67TAM92:49(b)、44(b)、50/1(b)、50/2(b)、45(b)、46(b)之二

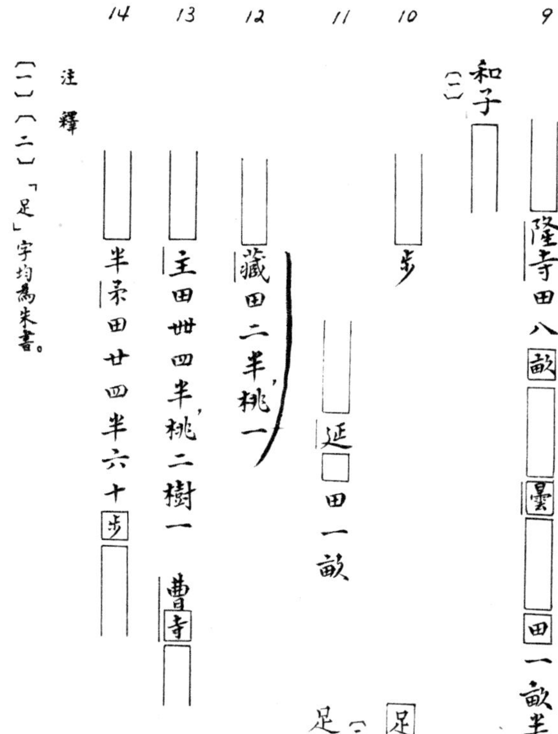

9 □隆寺田八畝□曇□田一畝半

〔一〕和子□

10 □步　　　足

11 □延□田一畝　　足〔二〕

12 □藏田二半，桃一

13 □主田卌四半，桃二樹一　曹寺□

14 □半桑田廿四半六十步□

注釋

〔一〕〔二〕「足」字均爲朱書。

一　高昌諸寺田畝帳（三）　67TAM92:47(b)

一　高昌諸寺田畝帳（二）　67TAM92:48(a)

（二）

1 ［　　］寺□憙田十七半，桃二半六十步，天宮養祐桃半
畝六十步
2 ［　　］田寺太覺田二畝廿四步，馮寺明雲田半畝足〔一〕
半〔二〕
3 ［　　］牛寺僧攬田九半，桃一半，
4 ［　　］九半中半畝卅入牛寺田四畝〔三〕［　　］

注釋

〔一〕「足」字爲朱書。

〔二〕「半」字爲朱書。

〔三〕自「中」字以下十字均爲朱書。

（三）

1 ［　　］田一半六十步，桃一半。陰寺相歡□□畝
［　　］
2 □田四畝六十步。
足〔一〕
3 ［　　］負寺相歡田□半。入陰寺〔二〕［　　］
半〔三〕
4 ［　　］善和寺田五畝六十步桃二畝，史寺僧隆田二［　　］
5 ［　　］寶娥田［　　］

注釋

〔一〕「足」字爲朱書。

〔二〕「入陰寺」三字爲朱書。

〔三〕「半」字爲朱書。

一　高昌諸寺田畝帳（五）　67TAM92：43（b）

一　高昌諸寺田畝帳（四）　67TAM92：42（b）

（五）

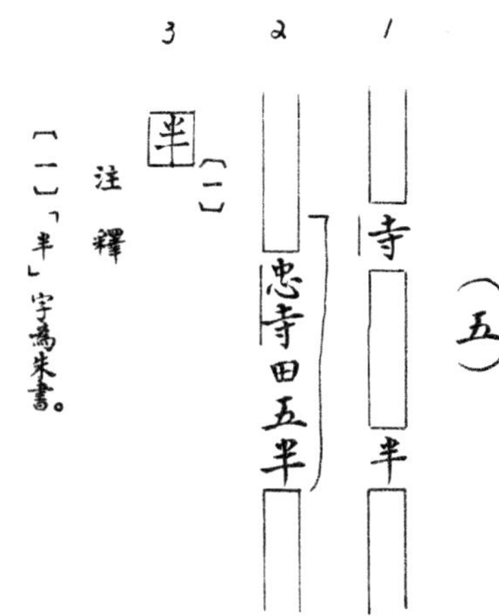

1 □寺□□半□
2 □忠寺田五半□
3 半〔一〕

注釋

〔一〕「半」字爲朱書。

（四）

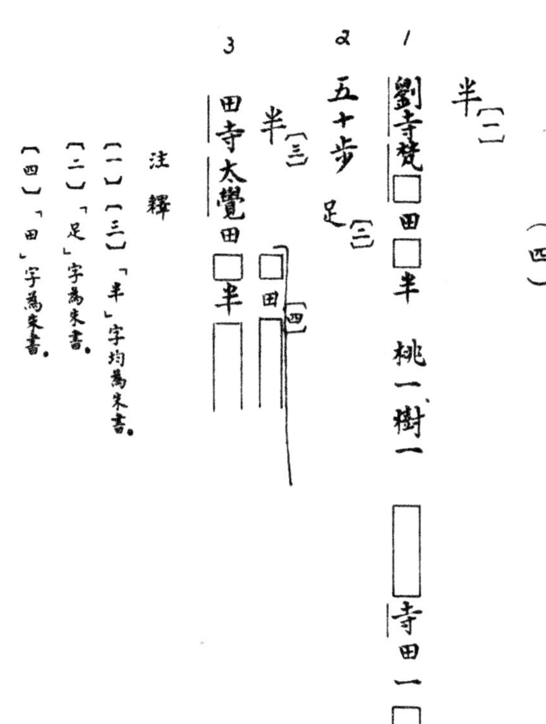

1 半〔二〕劉寺梵□田□半　桃一樹一□□寺田一□
2 五十步　足〔三〕
3 半〔三〕□田〔四〕　田寺太覺田□半□

注釋

〔一〕〔三〕「半」字均爲朱書。
〔二〕「足」字爲朱書。
〔四〕「田」字爲朱書。

二 高昌諸寺田畝官絹帳(一)
67TAM92:47(a)

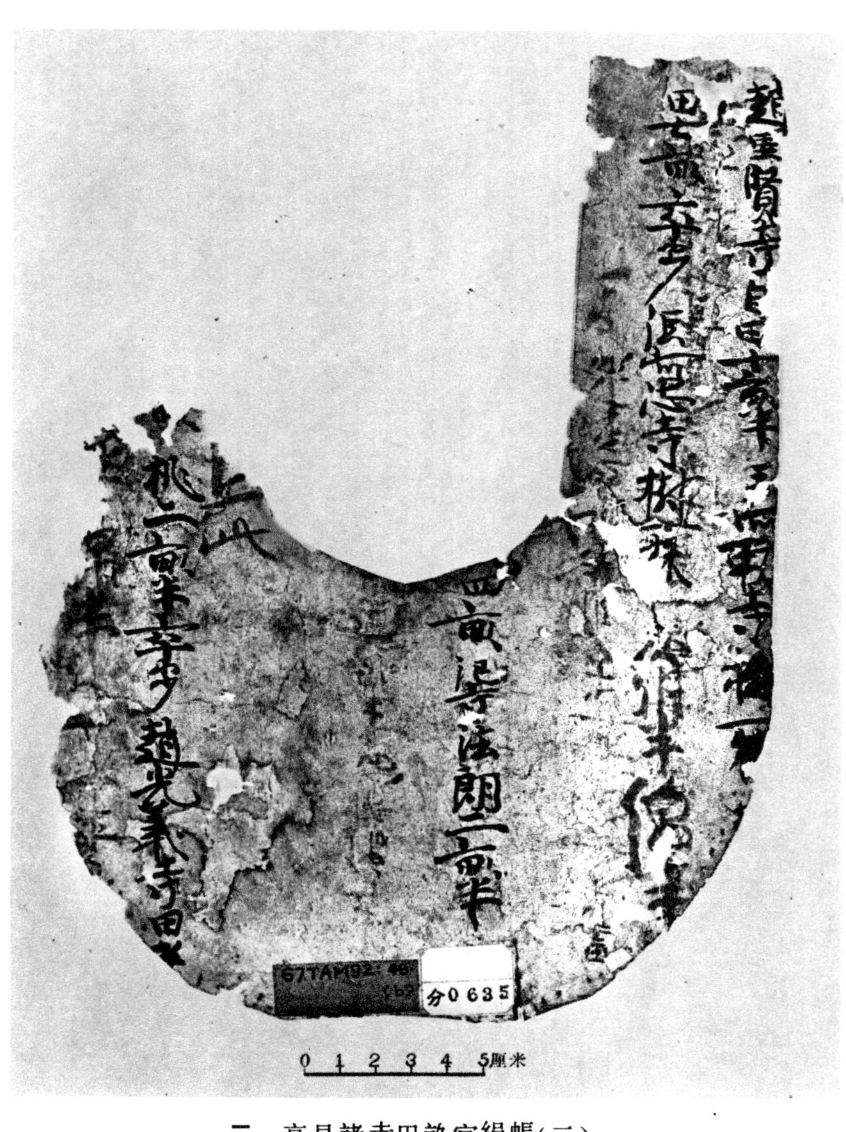

二 高昌諸寺田畝官絹帳(二)
67TAM92:48(b)

二 高昌諸寺田畝官絹帳

本件殘損較甚，其中絹綿與田畝之關係不明。據下件，知是「官絹」。

（一）

1 法祐下　大司馬[自]田卌九畝六十□

2 一百卌二步。樊寺真智半畝□□[二][步]□

3 半八十四步。馮寺明雲十五步。

4 □[自]卌八畝半六十步，[桃][九][畝][樹]一株。南劉都寺田三

畝。大韓□田九□

5 □[馮][寺][明][曇][田][廿][步]，[絹][二][半]，[綿][二][半]□

（二）

1 趙里賢寺自田十畝半　王阿勒寺○一○□

2 田七畝六十步　張阿忠寺樹一株　絹半綿半〔一〕

3 [上][此]〔二〕　□〔三〕　□[桃]四畝，氾寺法朗二畝半

4 上　此〔四〕　□，畝桃二畝半六十步，趙光義寺田半〔五〕　□半[綿]半

注釋

〔一〕〔二〕此二處字均爲朱書。

〔三〕此處朱書已殘，不可識。

〔四〕、〔五〕此二處字均爲朱書。

二　高昌諸寺田畝官絹帳（三）　67TAM92：42(a)

二　高昌諸寺田畝官絹帳（四）　67TAM92：43(a)

（三）

1 □寺自田六畝　槁寺田七畝　裴寺四畝　張玄隆寺□

絹半　綿半〔一〕

上此〔二〕

2 □桃二畝半六十步　王寺

元收田

3 □神謙寺田三畝　張阿

忠寺

4 □畝六十步　絹一綿一〔三〕

上此〔四〕

5 □□□□□寺田十三畝

注釋

〔一〕至〔四〕此四處字均為朱書。

（四）

1 □寺　□○○○○　田師智道

2 □○○○　絹半　綿半〔一〕

3 趙元夏寺樹十三株　張法開寺樹四株　合卌柒半

注釋

〔一〕自「樹」以下三字原為墨書，後用朱筆塗去；自「絹」以下四字為朱書。

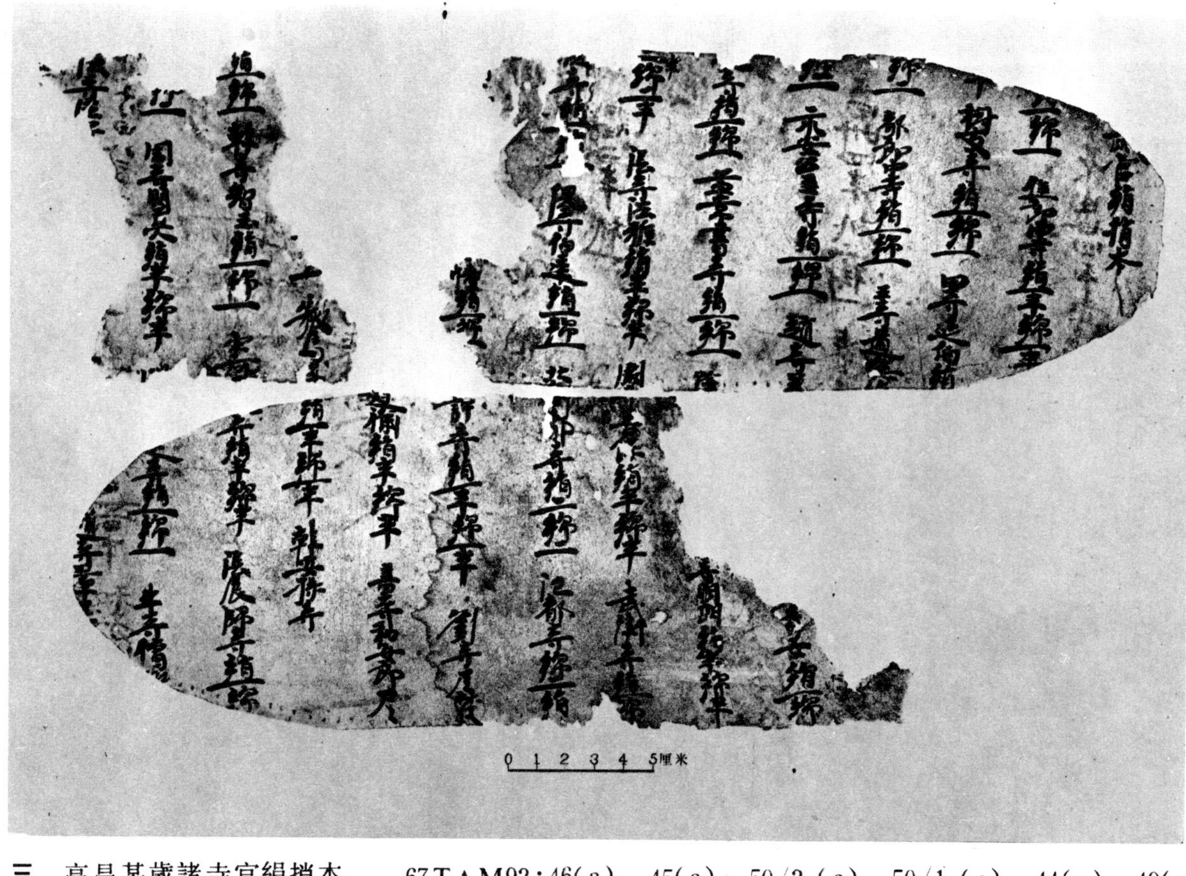

二 高昌諸寺田畝官絹帳（五）
67TAM92：51/1

三 高昌某歲諸寺官絹捎本 67TAM92：46(a)、45(a)、50/2(a)、50/1(a)、44(a)、49(a)之一

（五）

1 合計得絹□□□□□拾□〔一〕
2 拾斤次□〔二〕

注釋

〔一〕〔二〕此二行均爲朱書。

三 高昌某歲諸寺官絹捎本

1 □歲官絹捎本
2 □絹一綿一 焦郎中寺絹一半綿一半□
3 □半 樹支寺絹一綿一 田寺延伯絹□
4 □綿二 都郎中寺絹一綿一 王寺道愍絹□
5 □綿二 永安公主寺絹一綿一 趙寺□
□青女絹一綿
6 □寺絹一綿一 孟常書寺絹一綿一 陰□
□寺明朗絹半綿半
7 □三半綿二半 張寺法雅絹半綿半 闞寺善保
絹半綿半 武衛寺絹一綿
8 □寺絹一綿一 隗寺伯遠絹一綿一 北劉都
寺絹二綿二 氾都寺綿二絹
9 □幢絹一綿一 許寺絹
一半綿一半 劉寺尼梵
10 □道偷絹
半綿半 畫寺和女郎尼
11 □一綿一 嚴馬寺絹一半
綿一半 韓安孫寺

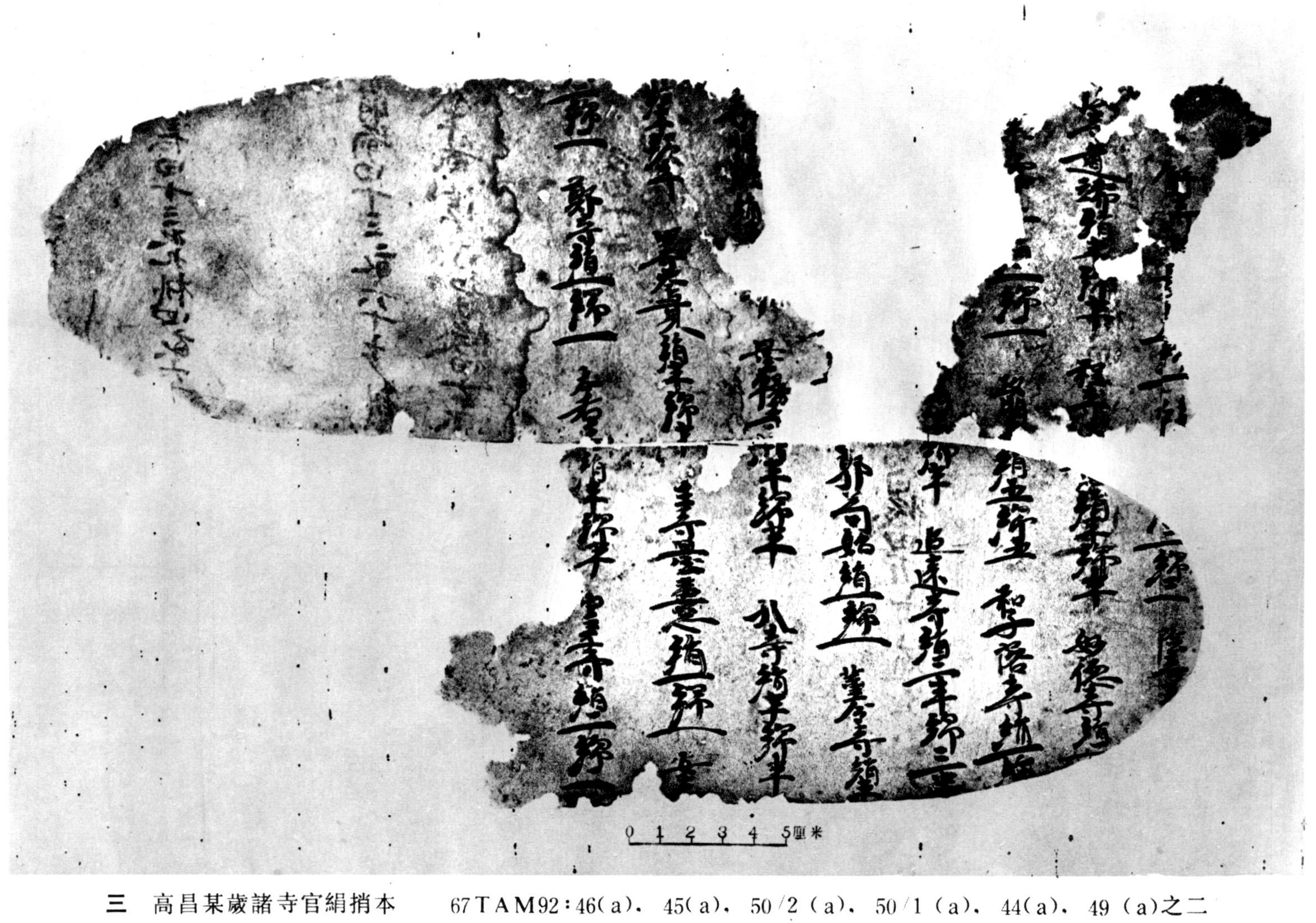

三　高昌某歲諸寺官絹捎本　67TAM92：46(a)、45(a)、50/2(a)、50/1(a)、44(a)、49(a)之二

12 □絹一綿一　韓寺智玉絹一綿一　宋阿□寺絹
半綿半、張辰師寺絹一綿□
13 □[綿]二　周寺明亮絹半綿半　□□寺絹一
綿一　牛寺僧[攬]□
14 □張寺法□
[趙]寺暈□
15 □[半]、解寺□□[絹][一][綿][一]　韓□□[絹]三綿三
陰寺□
16 □張寺道端絹半綿半　程寺□□絹半綿半　妙
德寺絹二□
17 □[索]郎[中][寺][絹]二綿二　政明[寺]絹五綿五　和
子落寺絹一綿□
18 □絹半綿半　追遠寺絹
三半綿三半
19 □郭苟始絹一綿一
董令寺絹半
20 □寺明歡絹半□半　曇暢寺[絹]半綿半　孔寺絹
半綿半
21 □絹半綿半　田寺太覺絹半綿半　王寺曇憙絹一
綿一　安[寺]
22 □[絹]二綿二　鄭寺絹一綿一　太后[寺]絹半綿半
中主寺絹二綿二

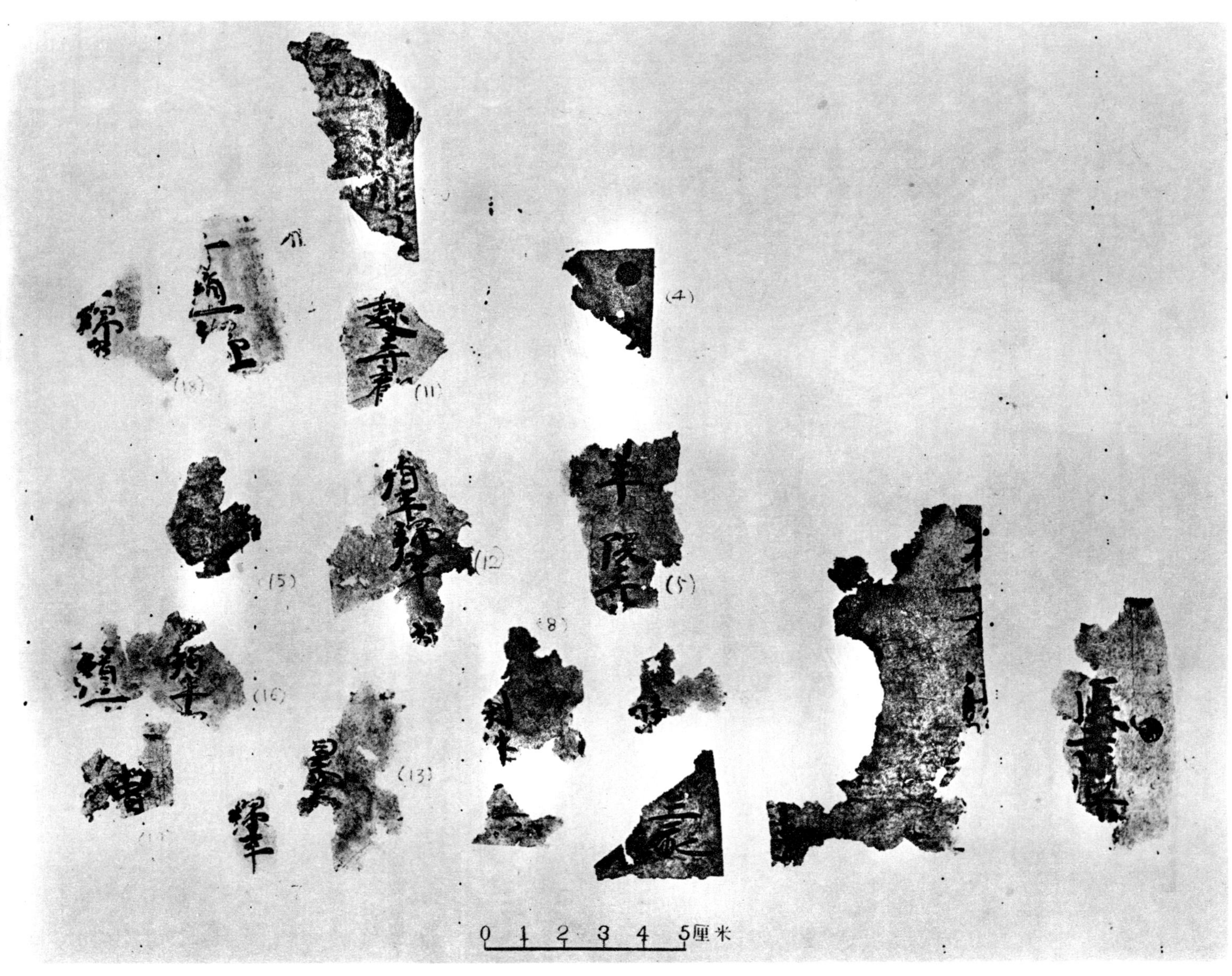

四　文書殘片　　67TAM92:51/2

阿斯塔那五〇七號墓文書

本墓葬屍二具。一屍內拆出一至八號文書，皆屬唐代，有紀年者，最早爲唐上元三年（公元六七六年），最晚爲調露二年（公元六八〇年）。另一屍紙帽中拆出二十三件文書，據所記干支推斷，多爲高昌延壽六年（公元六二九年）至延壽十六年（公元六三九年）；另有唐差科簿一份，其中記有儀鳳二年（公元六七七年）事。同屍紙靴內拆出文書九件，據干支推知，有高昌延壽七年（公元六三〇年）至延壽十五年（公元六三八年），有數片可與紙帽拆出高昌文書綴合。另有缺紀年文書，據內容知屬唐代。

一　高昌延壽六年（公元六二九年）三月劑刺薪殘條記
73TAM507:012/22-1

二　高昌張明憙入延壽七年（公元六三〇年）七月劑刺薪條記
73TAM507:014/4、014/5

一　高昌延壽六年（公元六二九年）三月劑刺薪殘條記

1 乙丑歲三月劑刺薪☐

本件無紀年，唯有干支爲「乙丑」。按通例只記干支者多屬麴氏高昌時期，又拆自同一紙帽中之唐代文書內見儀鳳二年（公元六七七年）紀年，上溯距此最近之「乙丑」，爲麴氏高昌延壽六年（公元六二九年），本件當寫於是年。以下諸件准此。

二　高昌張明憙入延壽七年（公元六三〇年）七月劑刺薪條記

1 庚寅歲七月劑☐車。參軍和洛〔一〕、主簿趙

2 張　令狐懷☐。張明憙入。

注釋

〔一〕洛：此爲自簽人名，似是「洛」字。下同。

六　高昌延壽八年（公元六三一年）六月劑刺薪殘條記
73TAM507:014/9-1

五　高昌延壽八年（公元六三一年）殘條記
73TAM507:014/9-3

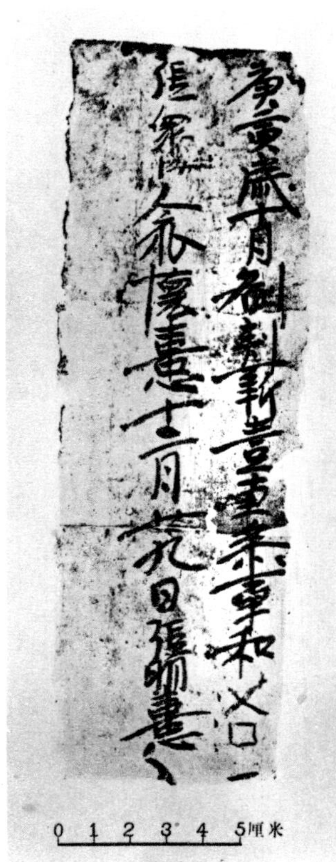

四　高昌延壽七年（公元六三〇年）十二月張明憙入十月劑刺薪條記
73TAM507:014/6

三　高昌延壽七年（公元六三〇年）十月某人入九月劑刺薪條記
73TAM507:014/3

三　高昌延壽七年（公元六三〇年）十月某人入九月劑刺薪條記

1　庚寅歲九月劑刺薪壹車參［　　］
2　善憙張　　令狐懷憙十月廿［　　］

四　高昌延壽七年（公元六三〇年）十二月張明憙入十月劑刺薪條記

1　庚寅歲十月劑刺薪壹車參軍和洛［　　］
2　張衆海　令狐懷憙　十二月廿九日張明憙入。

五　高昌延壽八年（公元六三一年）殘條記

1　□□海、令狐懷憙、辛卯歲［　　］

六　高昌延壽八年（公元六三一年）六月劑刺薪殘條記

1　□卯歲六月劑刺薪［　　］

七　高昌延壽九年
（公元六三二年）
正月劑刺薪殘條記
73TAM507：012/16-1

八　高昌延壽九年（公元六三二年）八月
張明憙入官貸捉大麥子條記
73TAM507：012/21

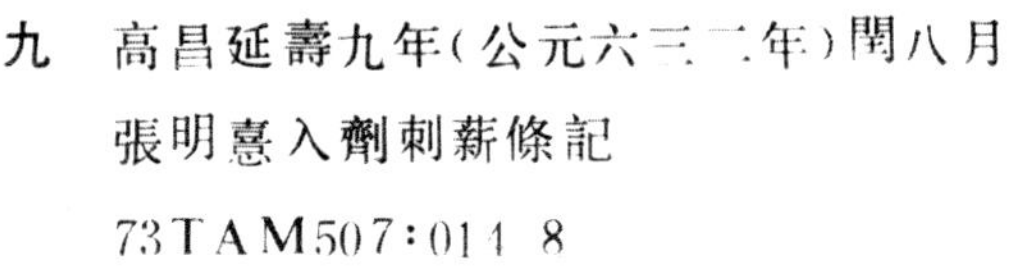

九　高昌延壽九年（公元六三二年）閏八月
張明憙入劑刺薪條記
73TAM507：014/8

七　高昌延壽九年（公元六三二年）正月劑刺薪殘條記

1　壬辰歲正月劑刺□

2　張衆海令狐懷□

八　高昌延壽九年（公元六三二年）八月張明憙入官貸捉大麥子條記

1　壬辰歲官貸捉大麥子張明憙伍斛參□

2　郭樂子　翟　汜延明八月七日□

九　高昌延壽九年（公元六三二年）閏八月張明憙入劑刺薪條記

1　壬辰歲閏八月劑刺薪壹車參軍和洛□

2　張　令狐懷憙廿三日張明憙□

一二　高昌張明憙入延壽十四年（公元六三七年）三月鹽城剷物條記
73TAM507:012/18

一一　高昌延壽十一年（公元六三四年）張明憙殘條記
73TAM507:012/20-1

一〇　高昌延壽十一年（公元六三四年）二月張明憙入剷丁正錢條記
73TAM507:012/19

一〇　高昌延壽十一年（公元六三四年）二月張明憙入剷丁正錢條記

1 [　　]丁正錢陸文，參軍孟仕斌[　　]

2 [　　]甲午歲二月十三日張明憙入。

---

3 [　　]月剷丁正錢陸文，參軍孟仕[　　]

4 [　　]懷，甲午歲二月十六日張明憙□。

一一　高昌延壽十一年（公元六三四年）張明憙殘條記

1 [　　　　　　]甲午歲

2 □月十一日張明憙入。

一二　高昌張明憙入延壽十四年（公元六三七年）三月鹽城剷物條記

1 鹽城丁酉歲三月剷[　　]

2 安養孟仕斌[　　]

3 歲二月廿七日張明憙入。

一三　高昌張明憙入延壽十五年（公元六三八年）三月鹽城劑丁正錢條記
73TAM507:012/14

一四　高昌延壽十五年（公元六三八年）十二月張明憙入劑丁束殘條記
73TAM507:012/17

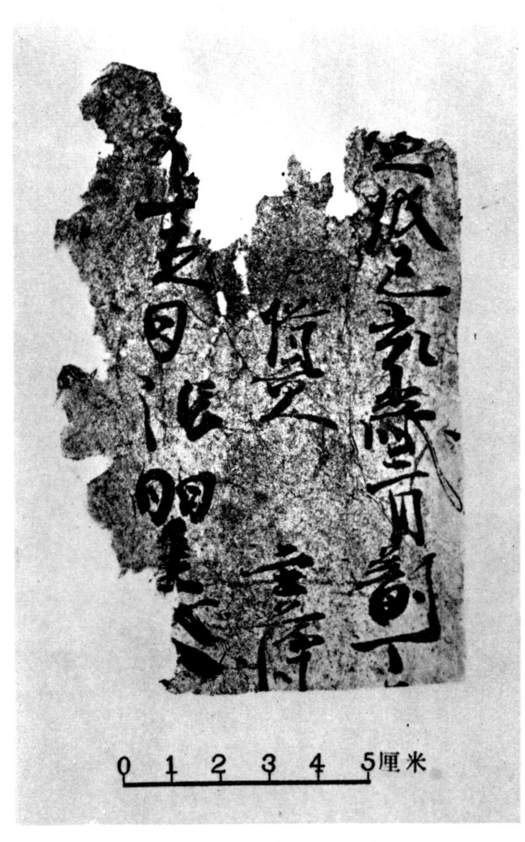

一五　高昌張明憙入延壽十六年（公元六三九年）三月鹽城劑丁錢條記
73TAM507:012/15

一三　高昌張明憙入延壽十五年（公元六三八年）三月鹽城劑丁正錢條記

1 鹽城戊戌歲三月，劑丁正錢□
2 □　陰　史何傚□
3 □德為張明憙

一四　高昌延壽十五年（公元六三八年）十二月張明憙入劑丁束殘條記

1 戊戌歲十二月卅日，張明憙□
2 戊戌歲三月劑丁束都□

一五　高昌張明憙入延壽十六年（公元六三九年）三月鹽城劑丁錢條記

1 鹽城己亥歲三月劑丁□
2 將孟　主簿□
3 □月十五日，張明憙入。

一六　高昌張明憙入劑刺薪條記
73TAM507:014/9-2

一七　高昌張明憙入物殘條記
73TAM507:014/9-4、012/16-2、014/9-5

一八　高昌某人入某歲二月劑丁正錢殘條記
73TAM507:012/20-3

一九　高昌某人入劑刺薪殘條記
73TAM507:014/7

一六　高昌張明憙入劑刺薪條記

1 [劑][刺]薪壹車，參軍[和]洛、主[簿][趙]□

2 □[明]憙入。若重消出，更不承。

一七　高昌張明憙入物殘條記

本件殘甚，入何物已缺，剩「壹車」二字。據前諸條記，知納刺薪以車為當量，本件所入「劑」物亦當是刺薪。

1 □壹車。參軍和□　[主][簿]□令孫懷憙□

2 □日張明憙入。

一八　高昌某人入某歲二月劑丁正錢殘條記

1 □[歲]二月劑丁正錢陸文，參[軍]□

一九　高昌某人入劑刺薪殘條記

1 □月，劑刺薪壹車。參軍[和]洛、主簿趙　張衆海、令

孫懷憙，六月□

二〇　高昌俗下科馬帳　73TAM507:014/2（a）

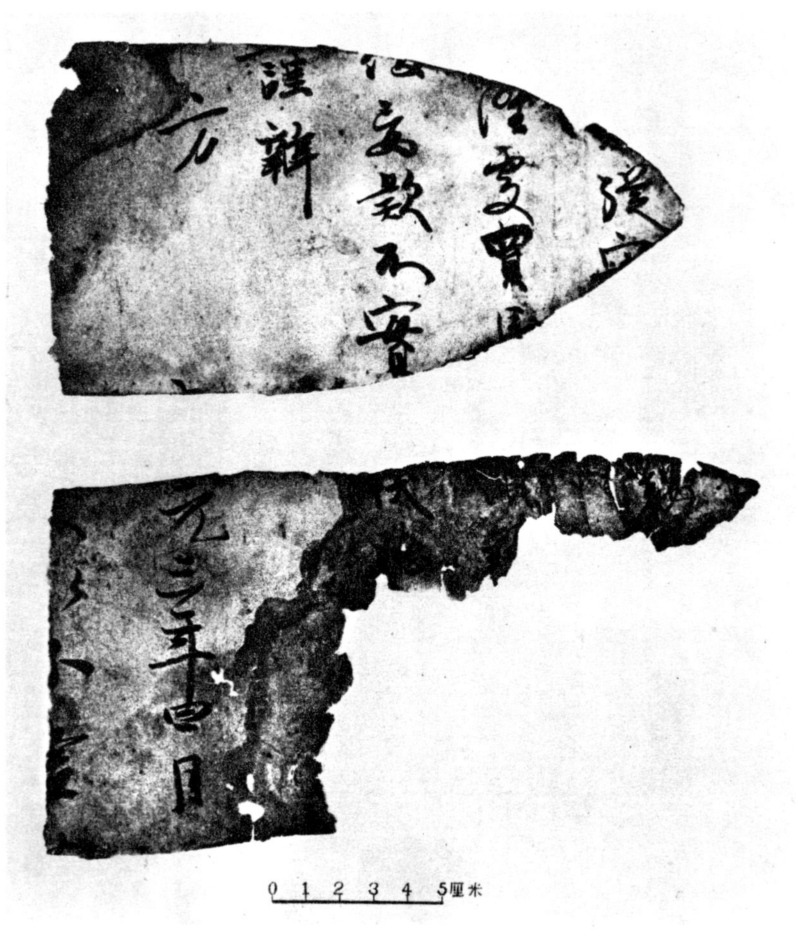

二一　唐上元三年（公元六七六年）某人辯辭爲買鞍馬事
73TAM507:013/3

二〇　高昌俗下科馬帳

1 [俗][下][科][馬]

2 張阿渴馬一匹　嚴寅守馬一匹　将零得[馬]

3 虎牙僧救馬一匹　傅寶子馬一匹　孫苟[　][馬]

4 合[俗]下[科][馬][八][匹]

二一　唐上元三年（公元六七六年）某人辯辭
爲買鞍馬事

1 從[安][　][鞍]

2 隆慶[買][馬][　]須[錢]

3 [後]妄款不實[　]伏聽

4 [　][　]謹辯。

5 〔上殘〕方　[上]元三年四月

二二　唐西州高昌縣□婆祝等名籍(一)、(二)　73TAM507:012/6(b)、012/8(b)

二二　唐西州高昌縣□婆祝等名籍

本件紀年已缺，其中王隆海見於阿斯塔那三五號墓《武周載初元年西州高昌縣甯和才等戶手實》。今列於《上元三年某人辯辭》後。

（一）

□婆祝　安猪□　宵貞表　[孫]□□

姚歡太　元嘿仁　白善行　康申住

趙敬法　關狐易　趙士嵩　辛僧奴

操　大女李資連　趙文嵩　史尾䶈

[都]　大女孫申香　張致奴　辛貞利

大女杜祀足　王貞住　張慶□

康以海　王隆海　宋跡[全]

隆　王駋子　王歡暉

祀豐　吳歡住　孫石奴　大女康申香

[田]憙[洛]　[大]女宋[春]香　張才富　尹[法]藏

（二）

梁乇娘　王奴子　田憧海　康阿伯

女史亥女　[孔]隆定

二三　唐儀鳳二年(公元六七七年)後西州殘差科簿(?)(一)、(二)　　73TAM507:012/2-1(a)、012/2-2(a)

二三　唐儀鳳二年(公元六七七年)後西州殘差科簿(?)

本件記諸人差行、破除等，疑是差科簿。紀年殘缺，但片(一)之十二行見有「儀鳳二年」，知必在是年後，今姑置於調露前。又本件上部殘甚，各項統屬關係不清。下部多有朱筆點記。

(一)

1　［　　］□武通
2　□　人　見　□
3　［　　］田漢富　張守緒　楊苟子　趙進□
4　［　　］安仁子　趙慶相
5　□　□　典　獄　並　差行、
6　［　　］□畔隨
7　□　□　坊　正、
8　［　　］
9　□　□　破　除　差　行
10　［　　］
11　□　人　見　任
12　［　　］□鳳二年十二月儀鳳二年十二月　師　成隆信　宋感行　氾毗〻
13　□　□　□　□

(二)

1　□　人　破　除　入　諸　色
2　□　人　補　白　□

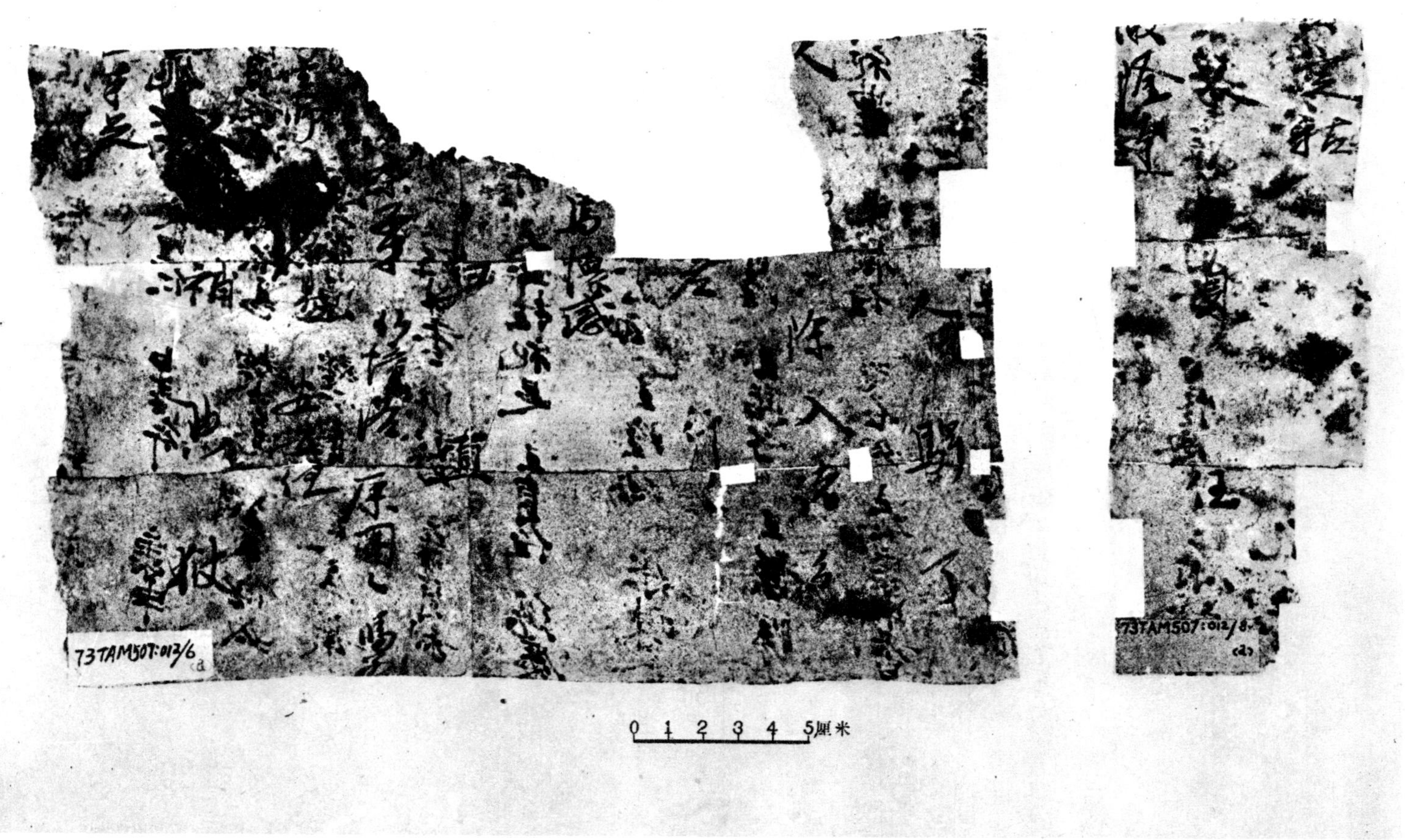

二三　唐儀鳳二年(公元六七七年)後西州殘差科簿（？）（三）、（四）　73TAM507:012/8(a)、012/6(a)

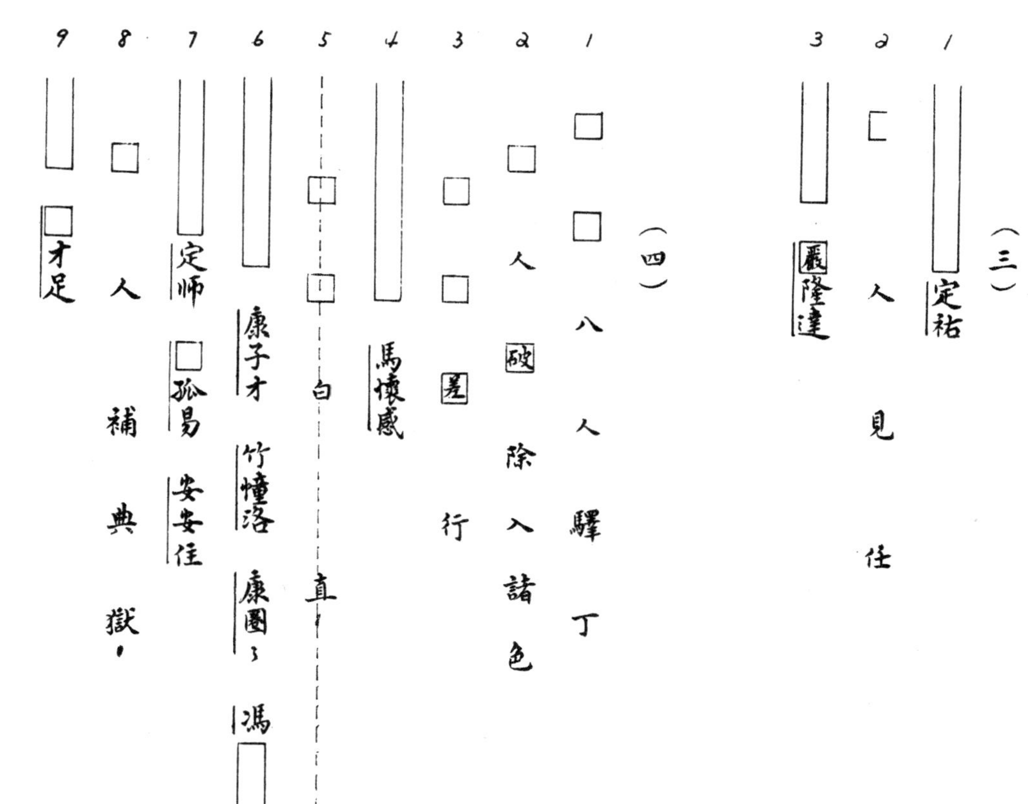

（三）

1 ［　　］定祐
2 □人見任
3 ［　　］麗隆達

（四）

1 □□八人驛丁
2 □人破除入諸色
3 □□差行
4 ［　　］馬懷感
5 □□白　直
6 ［　　］康子才　竹憧洛　康團〻　馮［　　］
7 ［　　］定师　□孤易　安安住
8 □人補典獄，
9 ［　　］□才足

二四　唐調露二年（公元六八〇年）某人行旅公驗　73TAM507:013/5，013/6

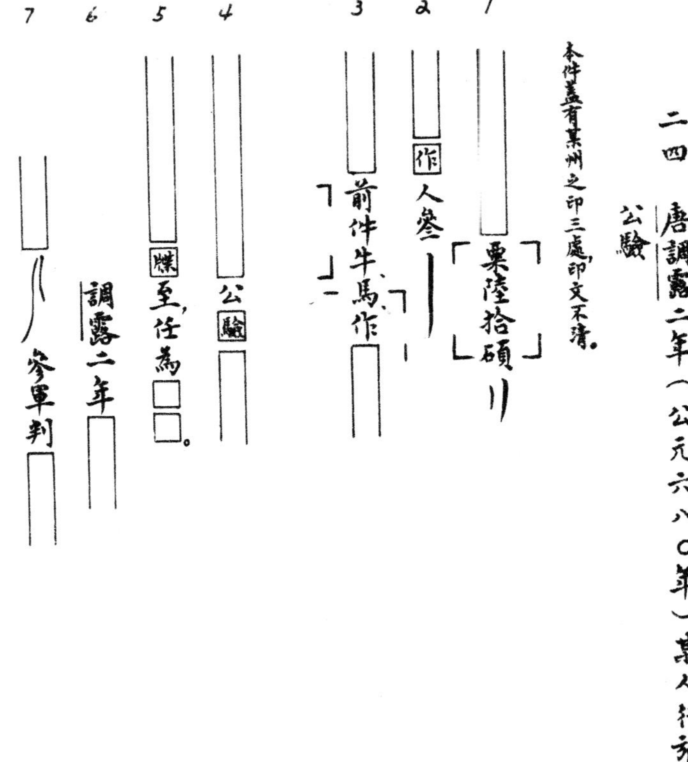

二四　唐調露二年（公元六八〇年）某人行旅公驗

本件蓋有某州之印三處，印文不清。

1 ［　　］粟陸拾碩‖
2 ［　　］作人參［　　］
3 ［　　］前件牛馬作［　　］
4 ［　　］公驗［　　］
5 ［　　］牒至任為□□。
6 調露二年［　　］
7 ［　　］‖參軍判［　　］

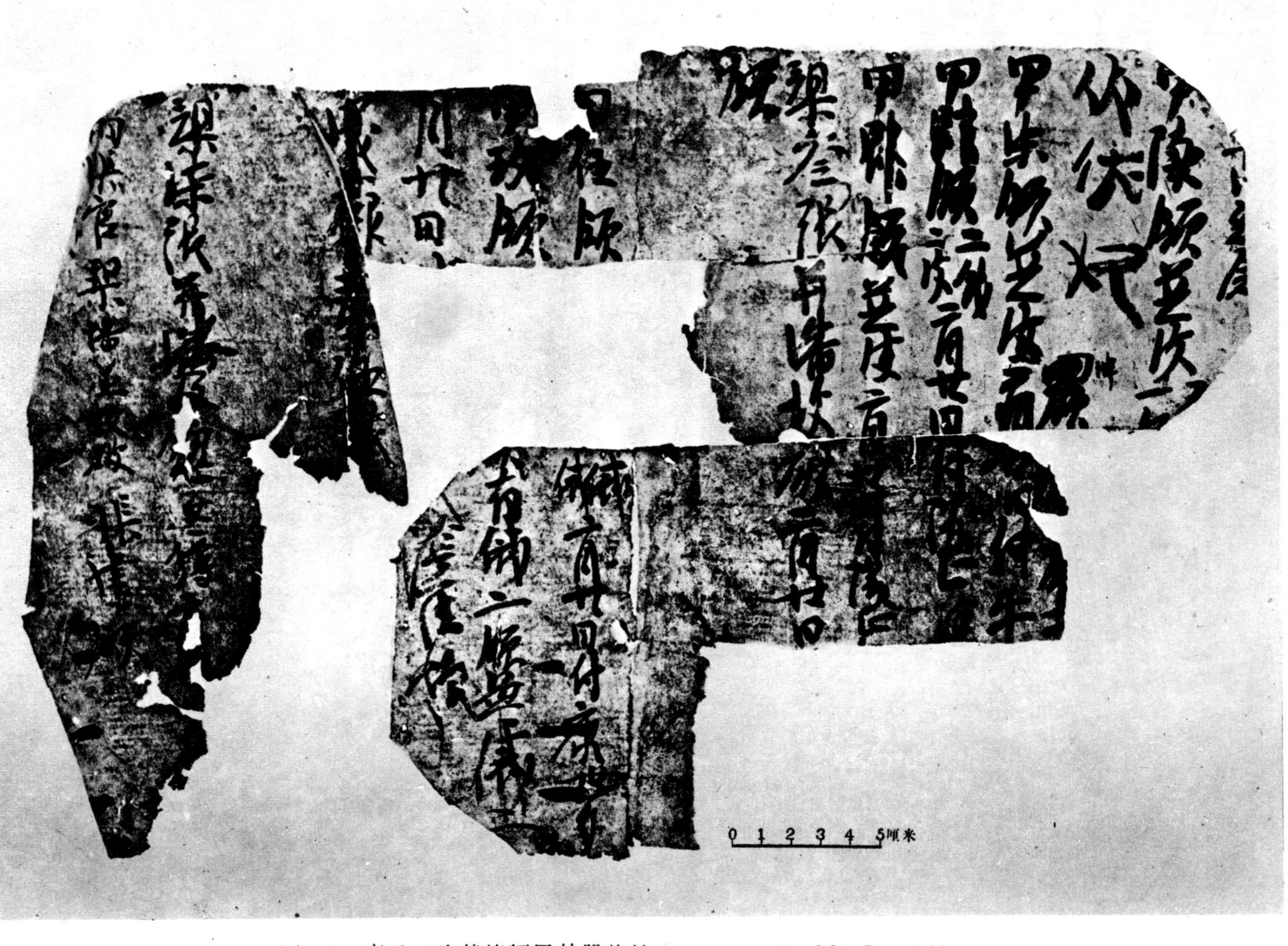

二五　唐隊正陰某等領甲仗器物抄(一)　73TAM507:014/1

二五　唐隊正陰某等領甲仗器物抄

(一)

甲陸領並皮一五□□
伏佐妣⊗肆
甲柒領並皮二月廿日付牛
甲肆領二鐵二皮二月廿日付隊正陰
甲肆領並皮二月廿日付隊正
槊叁張并播故破，二月廿日
領。

甲伍領　袋袋二月廿日付康世多。
甲玖領　面袋二領盐袋二
□月廿日　陰匡領。
□〇㊀領㊀槊㊀五㊀張
槊柒張并播及鎩(刃)無鐏二月廿日付
兩張宮槊，播並故破。張建領。

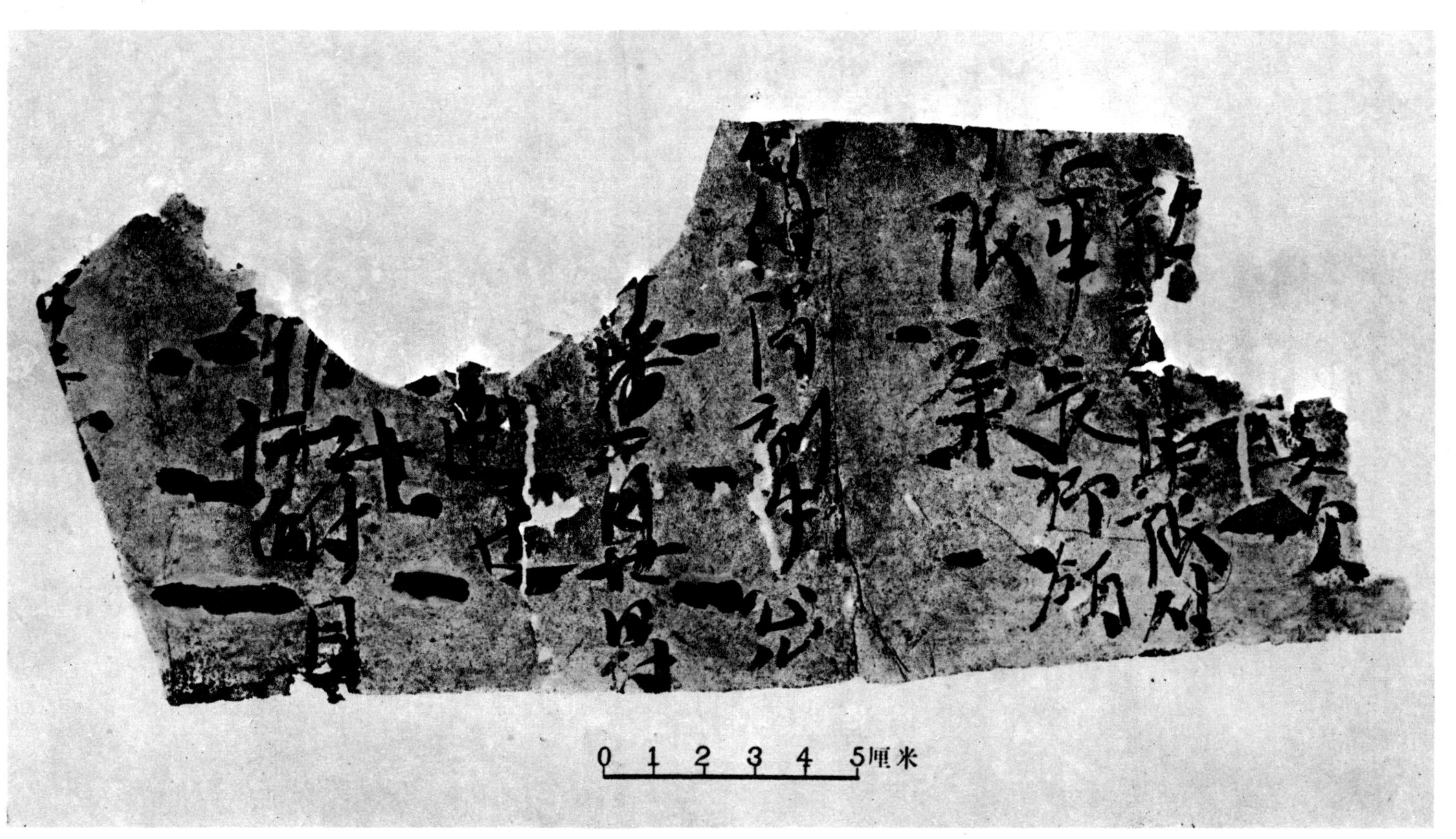

二五　唐隊正陰某等領甲仗器物抄(二)　　73TAM507:012/12 2

（二）

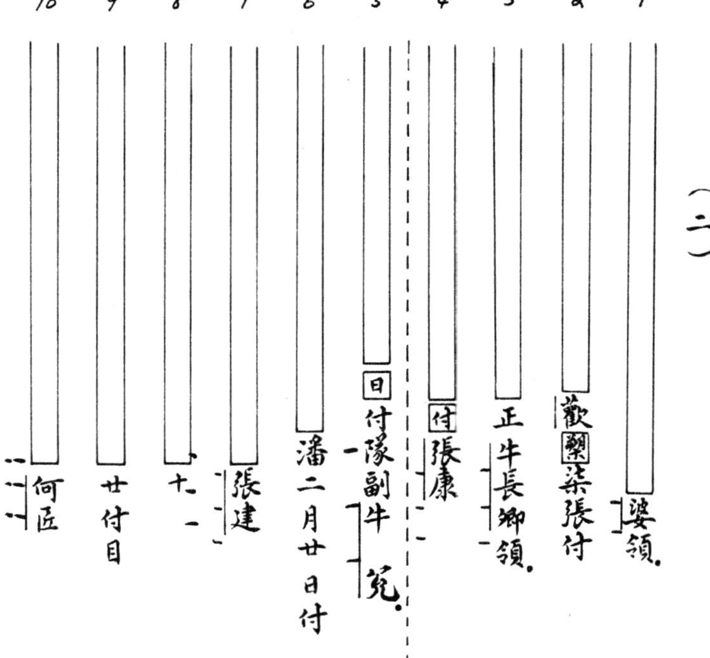

1 婆領。
2 歡[槊]柒張付
3 正牛長鄉領。
4 [付]張康
5 [日]付隊副牛 筅。
6 潘二月廿日付
7 張建
8 十一
9 廿付目
10 何匠

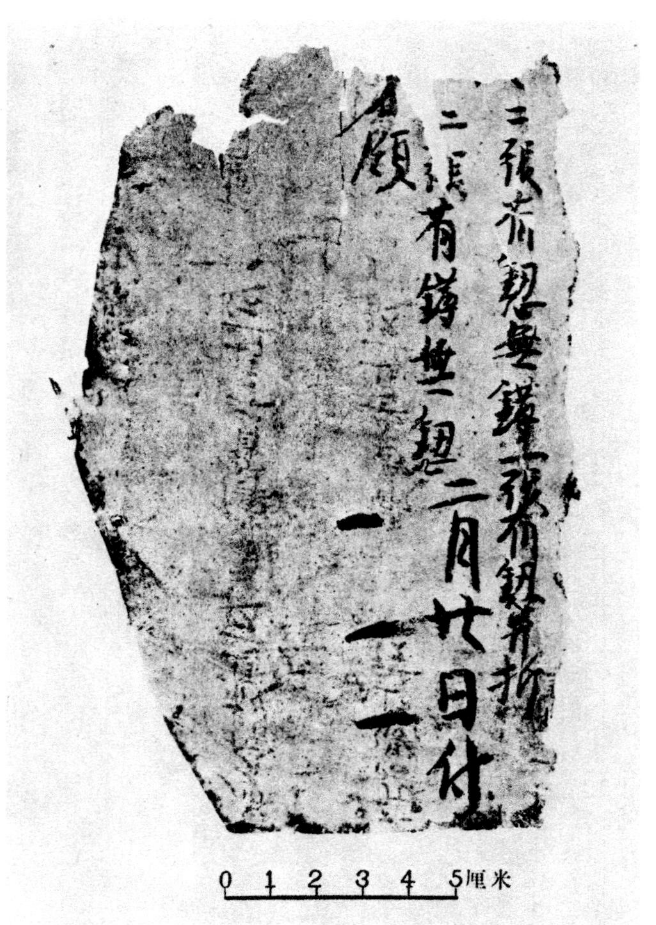

二六　唐某人領軍器抄　73TAM507:014/2(b)

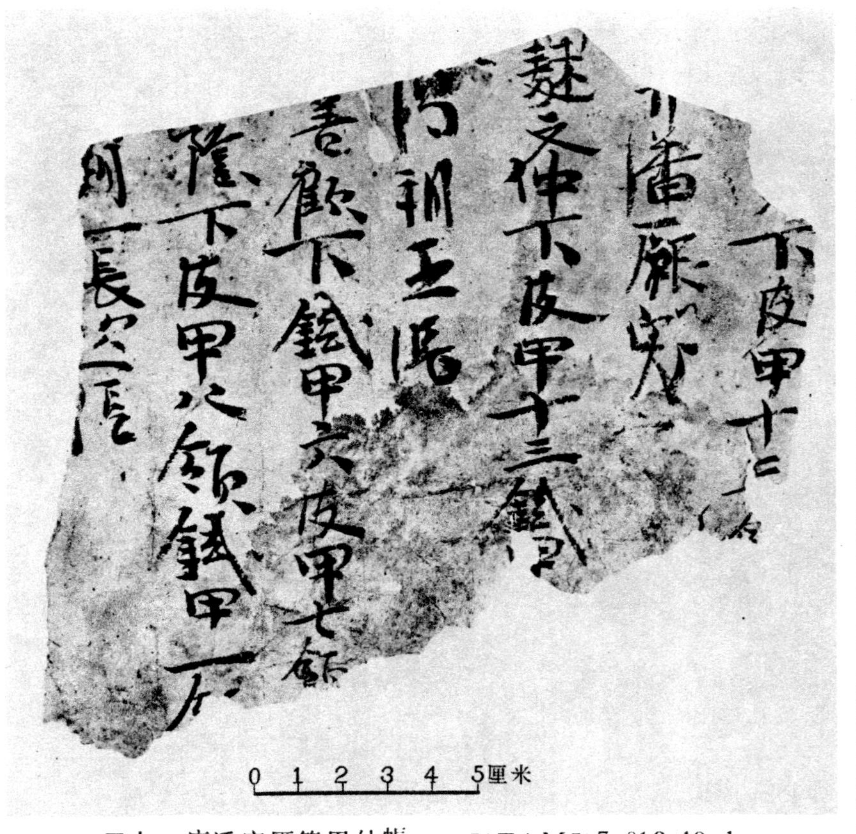

二七　唐潘突厥等甲仗帳　73TAM507:012/12-1

二六　唐某人領軍器抄

1 [　　]二張有鎩(刀)無鐏，一張有鉚并折，

2 [　　]二張有鐏無鎩。二月廿日付

3 [　　]領　　一一一

二七　唐潘突厥等甲仗帳

1 [　　]下皮甲十三[　　]

2 [　　]潘厥突

3 [　　]趙文仲下皮甲十三，鐵[甲][　　]

4 [　　]得(槊)䂍五張。

5 [　　]善歡下鐵甲六，皮甲七[領]，[　　]

6 [　　]隆下皮甲八領，鐵甲一[領]，

7 [　　][䂍]一[張]，欠一[張]。

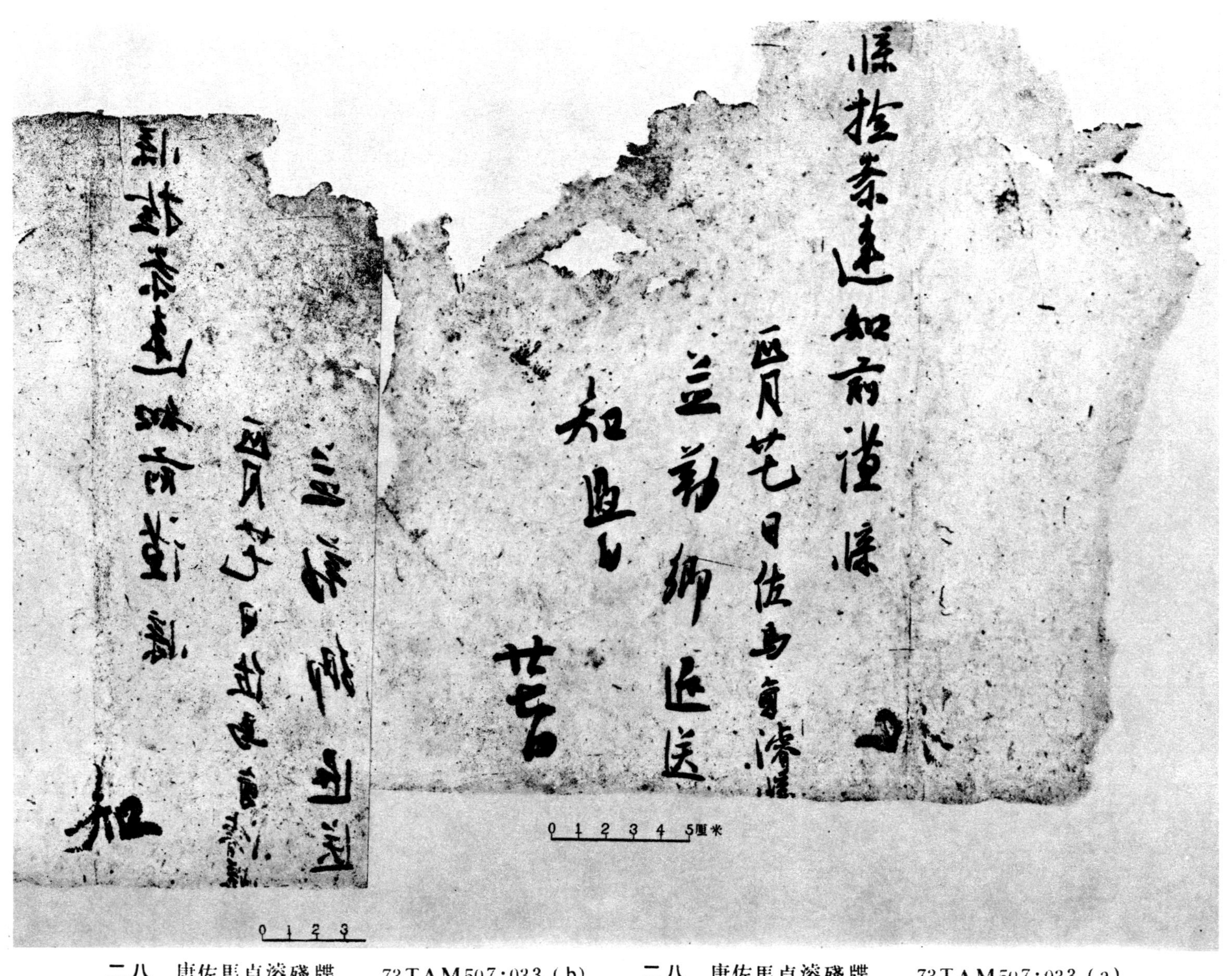

二八　唐佐馬貞濬殘牒　73TAM507:033（a）

二八　唐佐馬貞濬殘牒　73TAM507:033（b）

二八　唐佐馬貞濬殘牒

1 牒檢案連如前謹牒〔一〕

2 　正月廿七日佐馬貞濬牒

3 　　並勒鄉追送

4 　　知過白

5 　　　廿七日

注釋

〔一〕此處紙接縫背部押一「知」字。

二九　唐殘牒　73TAM507:012/9

三〇　唐史宋端殘文書　73TAM507:013/7

二九　唐殘牒

1 ［　］牒奉長官處分［　］
2 ［　］破損，更遣勘問，謹［　］
3 　　四月廿六日
4 　　［　］長官［　］
5 □好今總［　］

三〇　唐史宋端殘文書

1 ［　］月　日史宋端［　］
2 　　行尉權
3 ［　］相海次［　］
4 ［　］并帖［　］

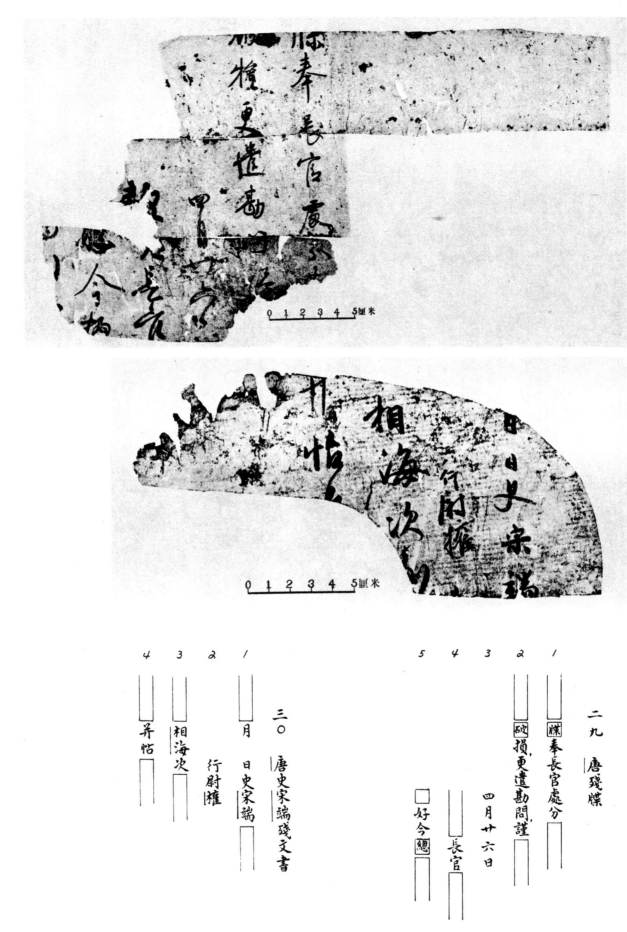

三一　唐録事麴濬殘文書　　73TAM507:012/4

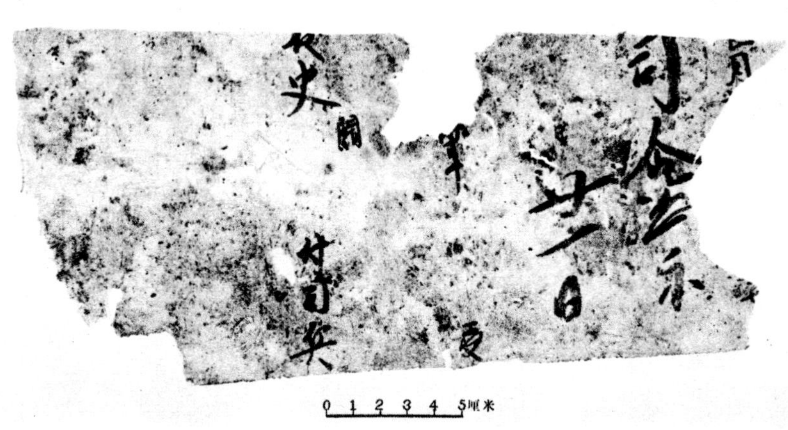

三二　唐殘牒尾　　73TAM507:012/13

三一　唐録事麴濬殘文書

本件另面有字二行：「麴濬」、「謹□」，與本件關係待考。

1 □會謹吏諮報[請]□

2 □近不具録事麴濬□

3 八月十六日

4 □前謂法師早發[遣]□

三二　唐殘牒尾

1 □[正]月□

2 □司倉參示

3 廿一日

4 □軍　　受

5 [長]史　聞　　付司兵

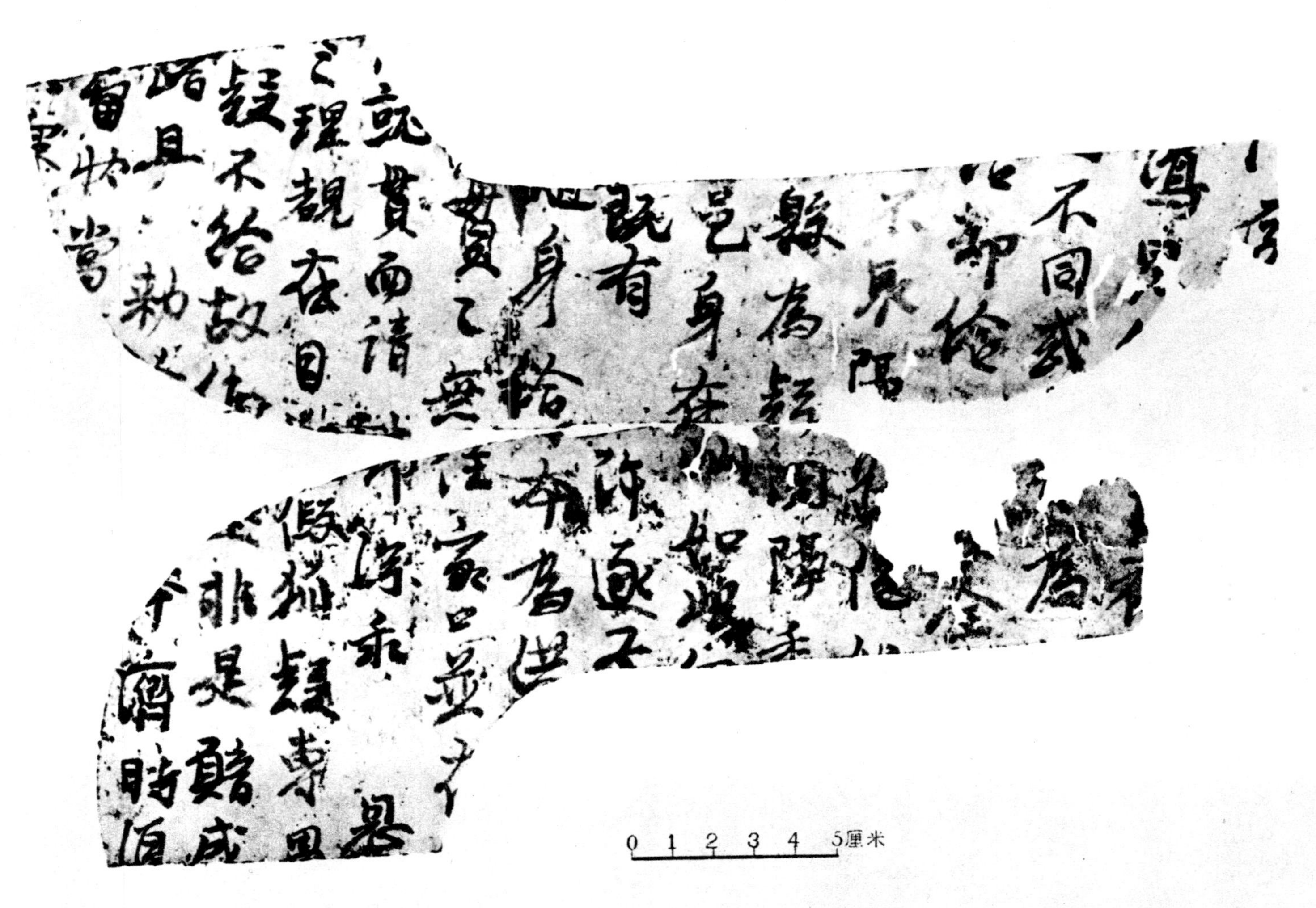

0 1 2 3 4 5厘米

三三　唐某人申狀爲注籍事　73TAM507:013/1

三三　唐某人申狀爲注籍事

1　［　　］□□［　　］
2　［　　］不同式［　　］爲［　　］
3　［　　］却給［　　］全［　　］
4　［　　］不取陽　𧾷□[絶]［　　］
5　［　　］縣爲疑關陽□［　　］
6　［　　］邑身在州，如此［　　］
7　［　　］既有　許逐子［　　］
8　［　　］[隨]身給本，爲供［　　］
9　［　　］貫〻，無注。家口並[在]［　　］
10　［　　］就貫而請□，深乖　息［　　］
11　［　　］之理，覩在目□假狐疑，專□［　　］
12　［　　］疑不給，故作□□非是贍成［　　］
13　［　　］且　勅［　　］濟時[須]［　　］
14　［　　］留狀當［　　］

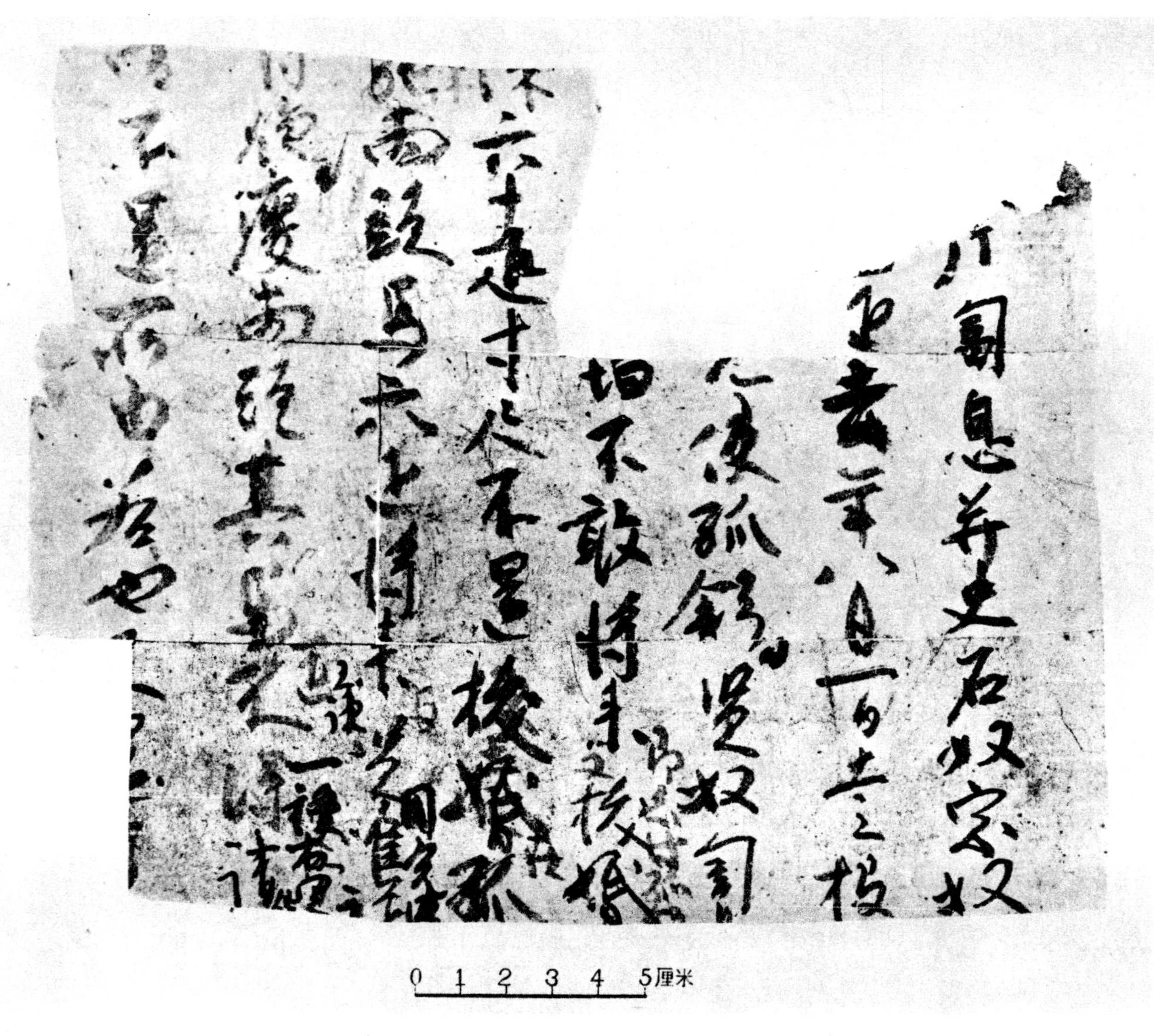

三四　唐某人申狀爲欠練、駞、馬事　　73TAM507:012/1

三四　唐某人申狀爲欠練駞馬事

1　［　　　］㑹息并史石奴家奴［　　　］

2　［　　　］疋。去年八月一日壹投［　　　］

3　［　　　］使孫資舒奴㑹［　　　］

4　［　　　］不敢將來拔婚（即分付孫□）（在）［　　　］

5　［　　　］練六十疋，寸尺不還。拔婚孫（与用充□）［　　　］

6　［　　　］駞兩頭馬六疋，將來資准前（一疋玉凍　一袚者定）［　　　］

7　［　　　］付瘦駞兩頭，其馬不得請［　　　］

8　［　　　］不還所由若也［　　　］

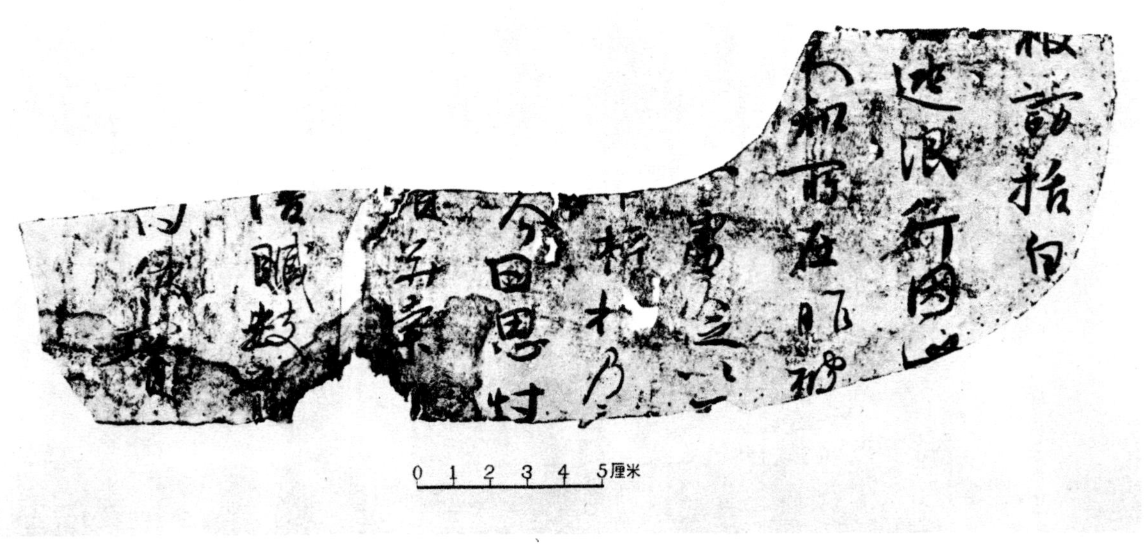

三五　唐殘辯辭　　73TAM507:013/2－1

三六　唐殘辭　　73TAM507:012－5

三五　唐殘辯辭

□[被]訪括白□
□逃浪行，因□
□不知所在。昨被□
□處撿以□
□括□乃□
□今日思忖□
□并索□
□贓數前□
□[問]依實□

三六　唐殘辭

□与改官正□
□當可收留□
□一處留身，亦不□
□辯司馬口問，約已道訖，計□
□[斥]即未歸，奏後□

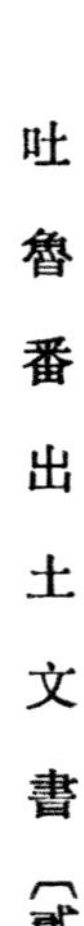

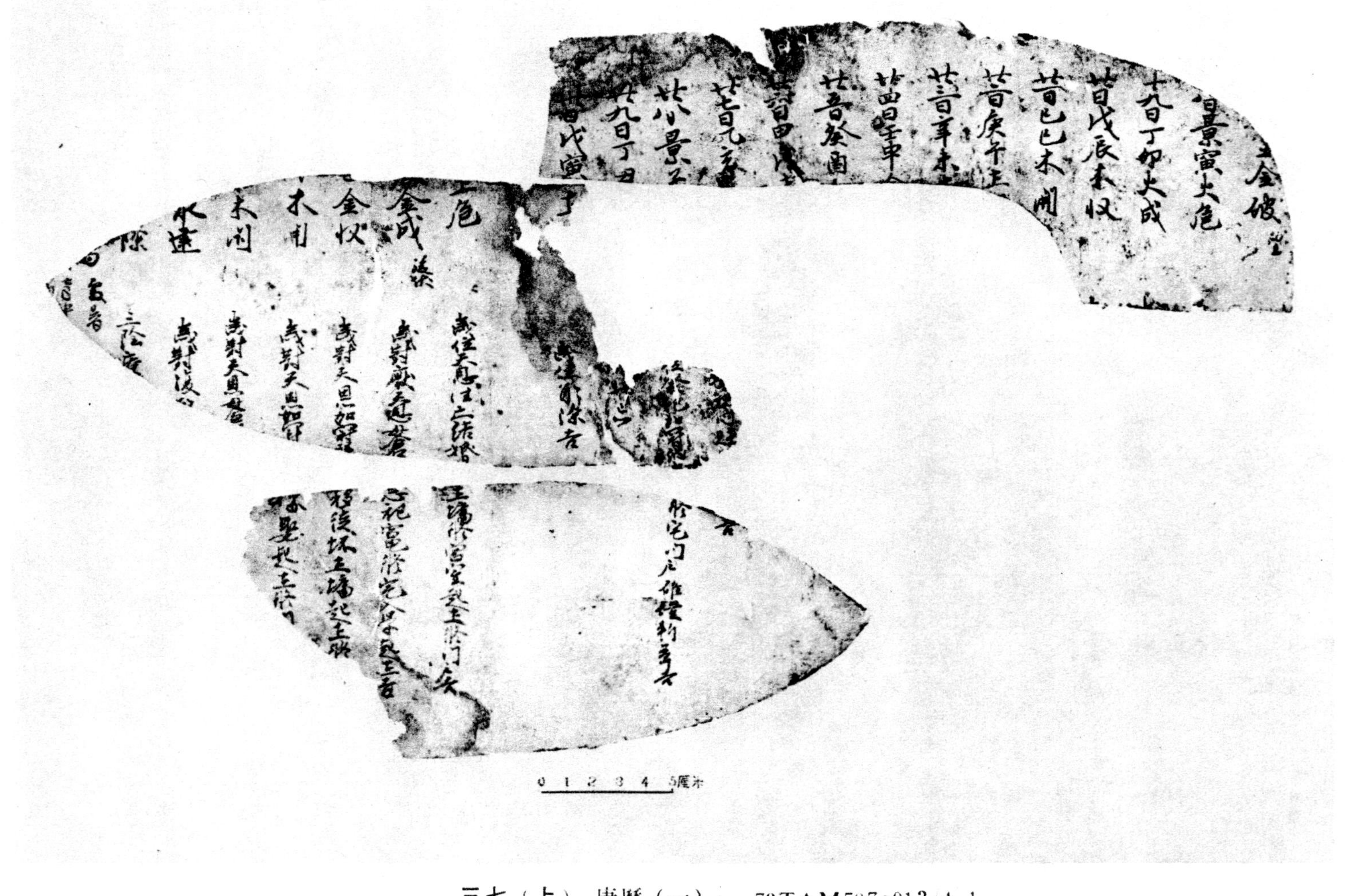

三七（上）　唐曆（一）　73TAM507:013/4-1
三七（下）　唐曆（二）　73TAM507:013/4-2

三七　唐曆

（一）

1 □[丑]金破望　□
2 □八日景寅火危　□
3 十九日丁卯火成　□
4 廿日戊辰木收　□
5 廿一日己巳木開　□
6 廿二日庚午土□　□
7 廿三日辛未[土]□　□
8 廿四日壬申[金]□　□
9 廿五日癸酉□□（一）　□
10 廿六日甲戌[土]□　□
11 廿七日乙亥[火]□　□□[祭]祀內財□
12 廿八日景子□□　□[位]祭祀加冠納□
13 廿九日丁丑□□　□□歸忌
14 卅日戊寅[土]□　歲位解除吉

- - -

15 □[土]危　歲位天恩往亡結婚□

||

16 □[辰]金成後伏　歲對厭天恩母倉□
17 □金收　歲對天恩加冠□
18 □木開　歲對天恩加冠□
19 □木閉　歲對天恩母倉□
20 □水建　歲對復□

21 □除　三陰[療]□
22 □[滿]　處暑七月中

注釋

〔一〕據六十甲子納音法，「甲戌」徵音屬「火」，此處寫作「土」，疑誤。

（二）

1 □　□吉
2 □草吉　□修宅門戶碓磑斬
3 □
4 □
5 □
6 □修門戶吉　□土墻修宮室起土
7 □起土吉　□[忌]祀竈修宅入學
8 □修□　□移徙坏土墻起土
9 □　□嫁娶起土修門□

（三）

1 □　□加冠吉
2 □　□[位]歸忌
3 □起土墻修宮室斬草吉　□徙
4 [宮]室門吉　□

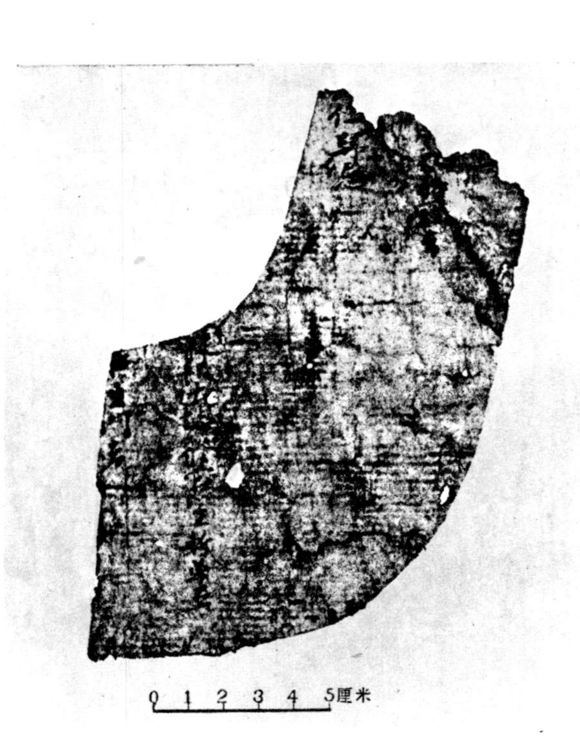

三七　唐曆（三）　73TAM507:013/4 3

（四）

……[瘵][病]……

三八　唐殘書牘　　73TAM507：012/3

三七　唐曆（四）　　73TAM507：013/4 4

三八　唐殘書牘

1 ……憂慮二……

2 ……寂為大……

3 ……用心承……

4 ……放兵散……

5 ……□極當憶歡，[今]……

6 ……賢信，即欲作銀胥帶……

7 ……且帶偷（鍮）石胥帶，待……

8 ……[銀]胥帶，汝聞視見君……

9 ……作書來問道　勅[到]……

10 ……署鎮准汝等……

11 ……汝母二箇妹……

12 ……[往]西州[迎]取……

13 ……往此囑付……

四一　文書殘片
73TAM507:012/10

四〇　文書殘片
73TAM507:012/7

三九　文書殘片　73TAM507:012/21(b)

四四　文書殘片
73TAM507:012/22-2

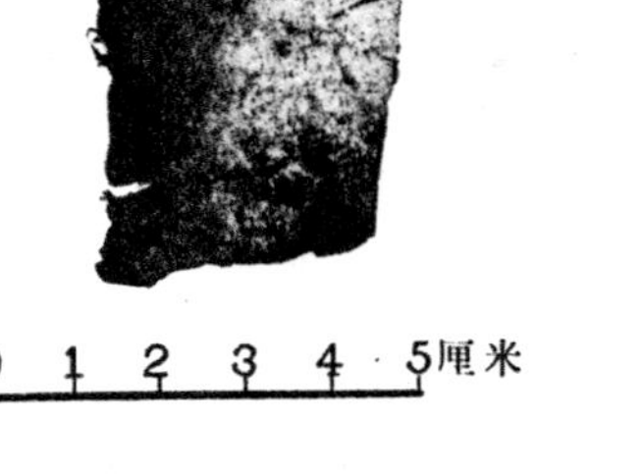

四三　文書殘片
73TAM507:012/20-2

四二　文書殘片
73TAM507:012/11

四六　文書殘片　73TAM507:013/2-3

四五　文書殘片　73TAM507:013/2-2

四八　文書殘片
73TAM507:014/9-6

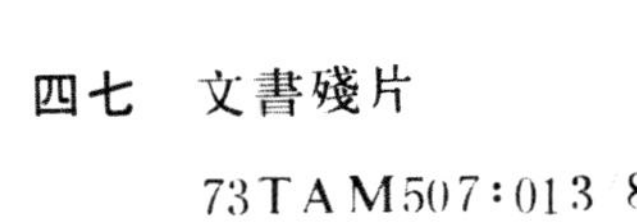

四七　文書殘片
73TAM507:013/8

阿斯塔那一一七號墓文書

本墓係合葬墓，出男女屍各一具。女屍在外，顯係後葬，有唐永淳二年（公元六八三年）張歡夫人麴連墓誌一方，屍身未出文書。男屍無墓誌，亦無隨葬衣物疏，據麴連墓誌，當即其夫張歡，其屍出紙靴一雙，內拆出文書一十三件，有紀年者，最早爲麴氏高昌丁亥歲，即延壽四年（公元六二七年），其餘多爲唐貞觀年間，最晚爲高宗□□元年。知張歡亦當卒於高宗世。

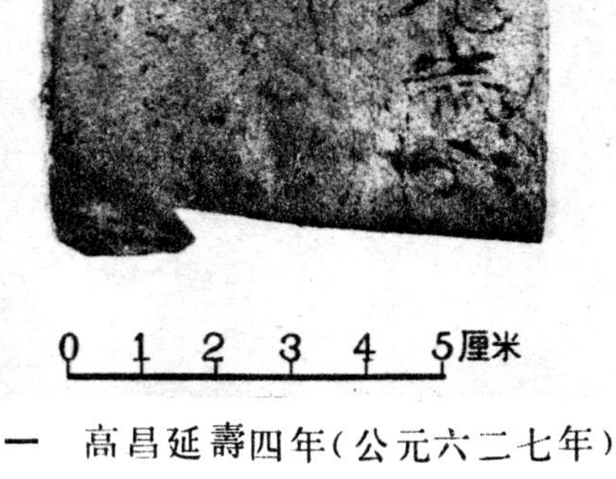

一　高昌延壽四年（公元六二七年）車慶元入錢條記　69TAM117:57/8-2

一　高昌延壽四年（公元六二七年）車慶元入錢條記

本件紀年殘存干支「丁亥」。同墓所出唐代文書中最早爲貞觀十六年（公元六四二年）夏田契，是年爲壬寅歲。上溯距此最近之「丁亥」，即高昌延壽四年。以下諸件准此。

1 □車慶元記丁亥歲六□

2 □錢了。

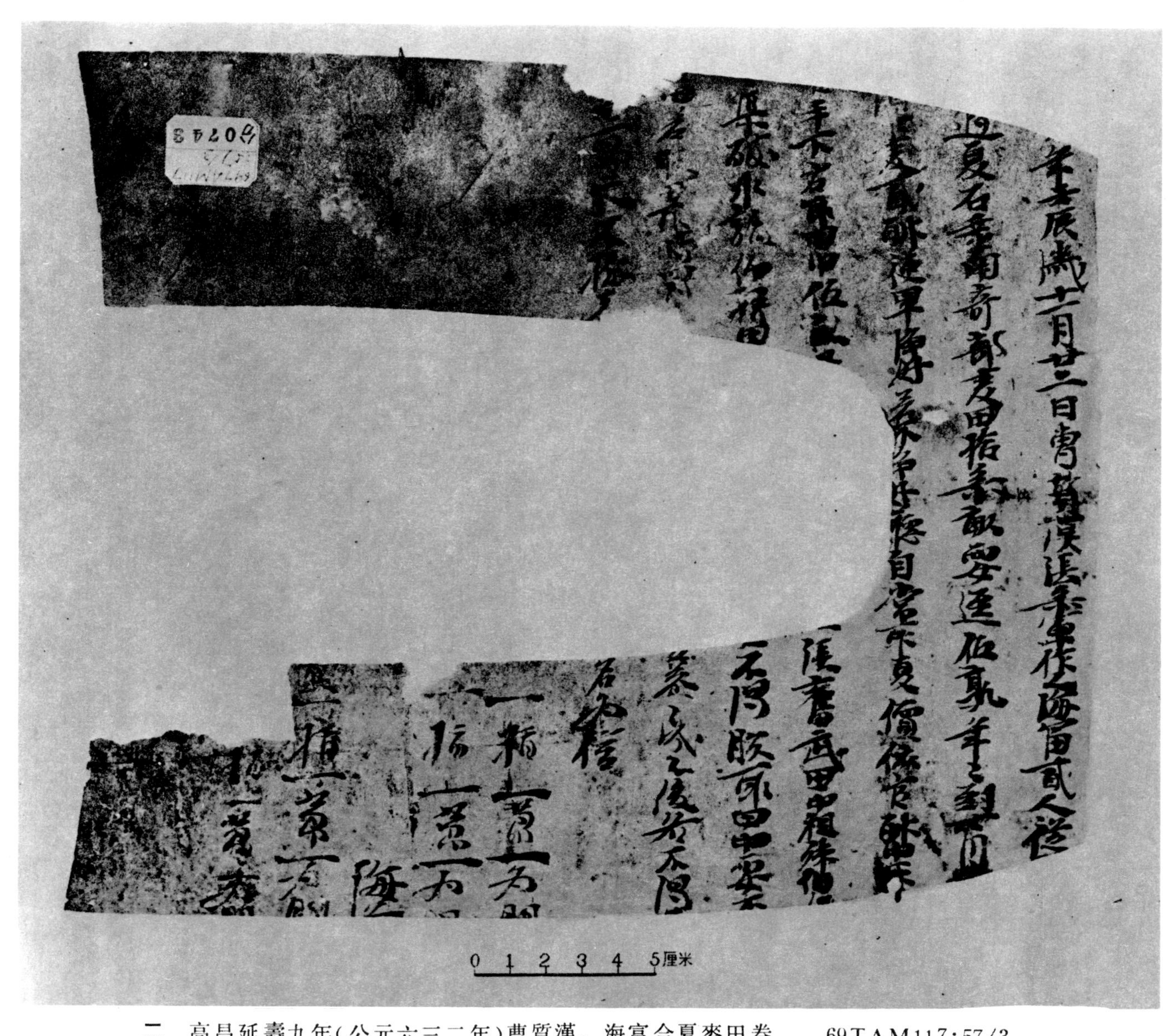

二　高昌延壽九年(公元六三二年)曹質漢、海富合夏麥田券　69TAM117:57/3

二　高昌延壽九年(公元六三二年)曹質漢、海富合夏麥田券

1 □□□年壬辰歲十一月廿二日，曹質漢、張參軍作人海
富，貳人從□□

2 □[邊]夏石宗南奇部麥田拾參畝，要逕(經)伍孰(熟)年。〻到七月
□□

3 □□麥貳斛(斛)，使畢，淨好，若不淨好，聽自常取。夏價依官斛(斛)
中取。□

4 □□手下宕取田中伍畝[　　]張奮武。田
中租殊(輸)伯(佰)[役]，□□□

5 □；渠破水讁，仰耕田[　　]不得脫取，田中
要[丕]□

6 □□若脫田取時，罰[　　][立]卷(券)，〻成
之後，各不得[返]

7 □，□[者]一罰二入不悔[者]。[　　]名
為信。

8 一為[明]　[　]一指一節

9 一為[明]　[　]一指一節

10 海□

11 一為[明]　[　]一指一節

12 一為[明]　[　]一指一節

三　高昌延壽十二年（公元六三五年）張阿歡入俗租麥條記
69TAM117:57/8-3

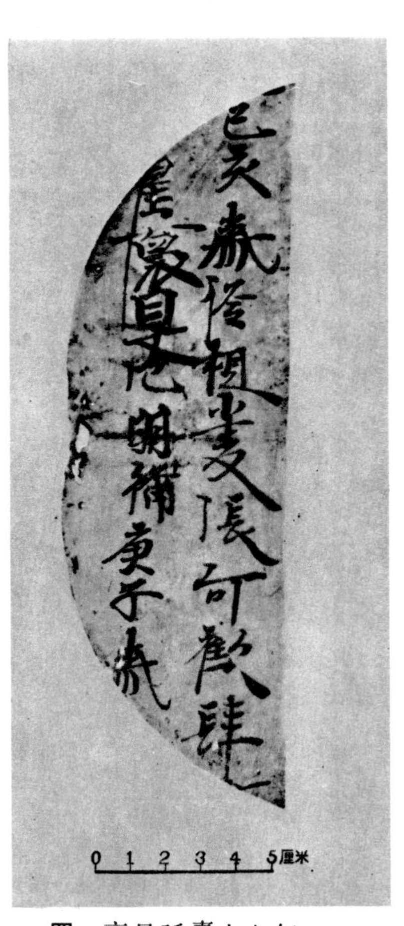

四　高昌延壽十七年（公元六四〇年）張阿歡入己亥歲俗租小麥條記
69TAM117:57/7

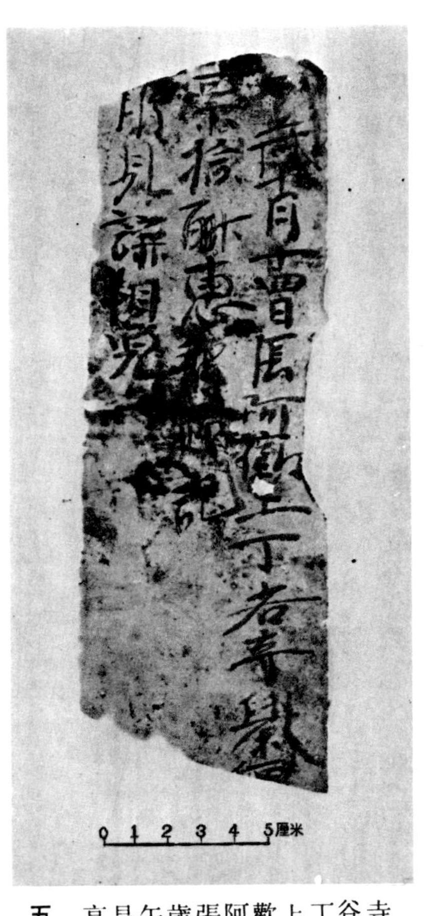

五　高昌午歲張阿歡上丁谷寺舉價粟條記
69TAM117:57/6

三　高昌延壽十二年（公元六三五年）張阿歡入俗租麥條記

本件人名張阿下殘損一字，據後《高昌延壽十七年張阿歡入己亥歲俗租小麥條記》所記，知是「歡」字。

1 高昌
2 田地乙未歲俗租麥張阿
3 八月十九

四　高昌延壽十七年（公元六四〇年）張阿歡入己亥歲俗租小麥條記

1 己亥歲俗租小麥張阿歡肆
2 翟懷旻、氾明偹庚子歲

五　高昌午歲張阿歡上丁谷寺舉價粟條記

1 午歲十月十四日，張阿歡上丁谷寺舉價
2 粟拾研（斛），惠智師記。
3 時見謙䄄兒

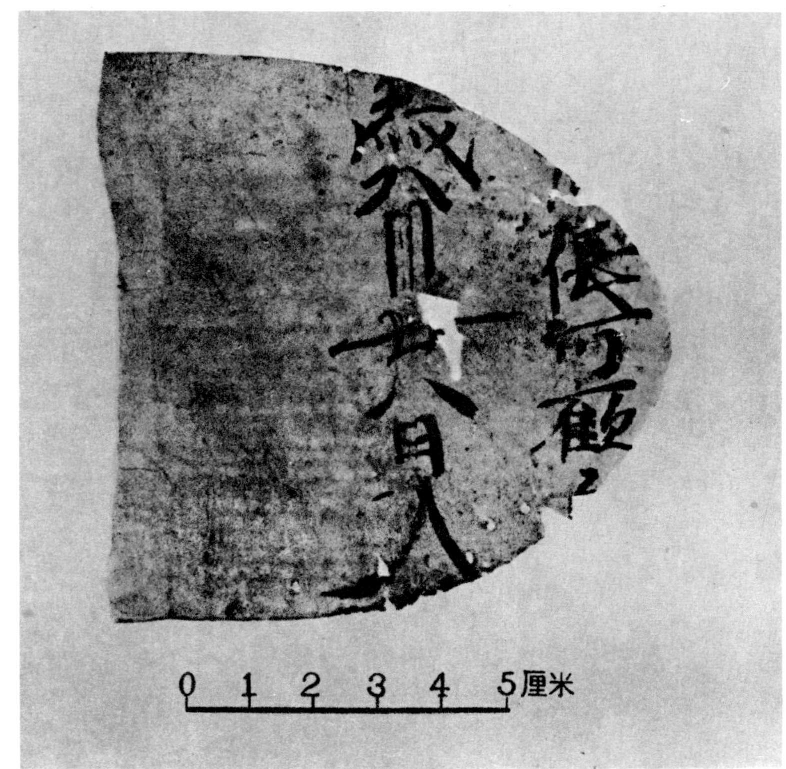

六　高昌某歲八月張阿歡殘條記　69TAM117：57/13

六　高昌某歲八月張阿歡殘條記

1 □張阿歡□

2 □歲八月廿八日入

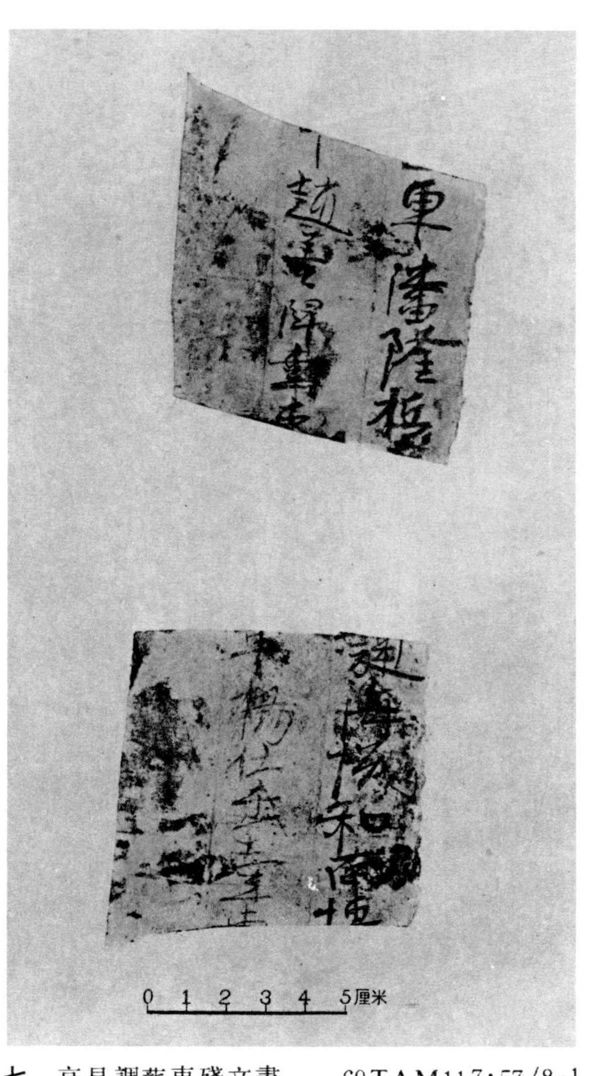

七　高昌調薪車殘文書　69TAM117：57/8-1

七　高昌調薪車殘文書

本件紀年已缺，據内容判斷係高昌時期文書。

1 □車，潘隆梹[壹]□麴海悅、和南□

2 □[車]趙善歸壹車，□車，楊仕武壹車，□

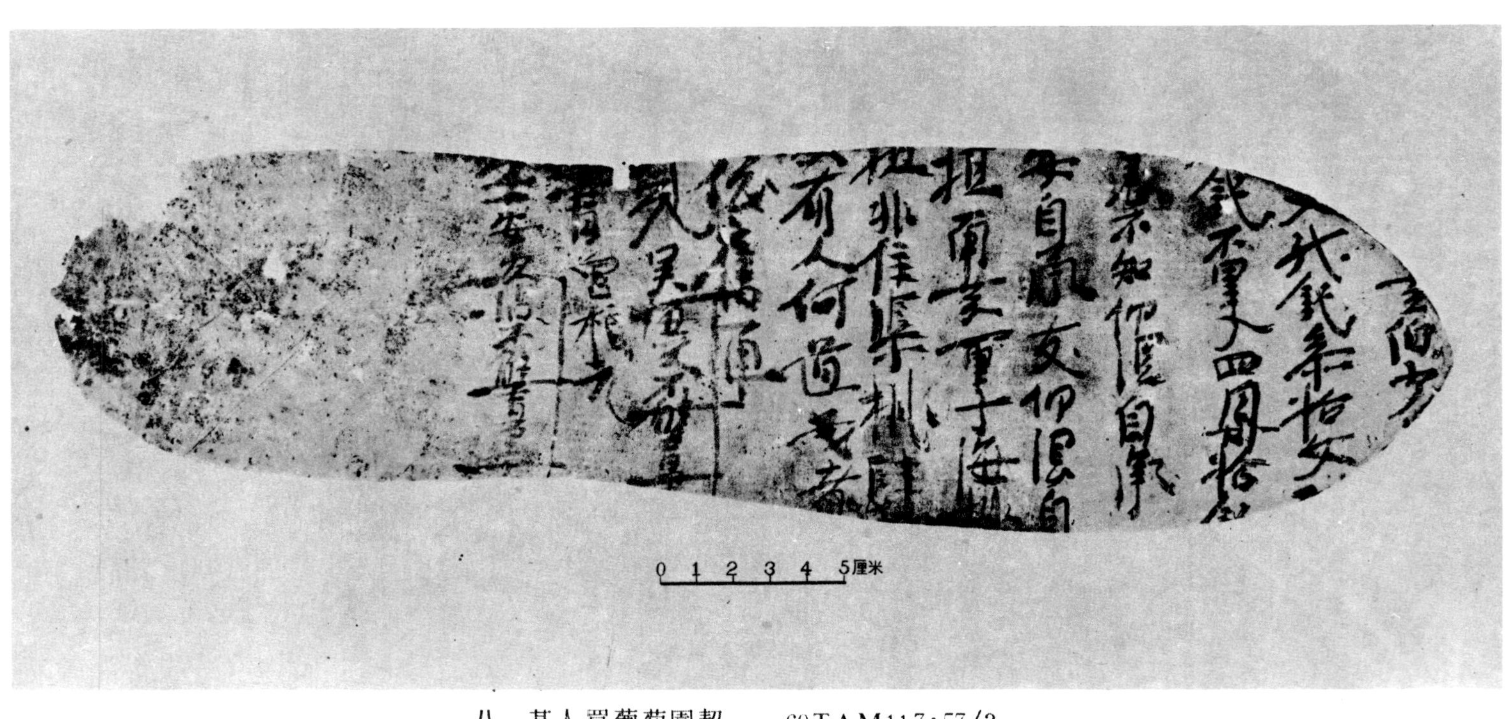

八　某人買葡萄園契　　69TAM117：57/2

八　某人買葡萄園契

本件紀年已缺，同墓所出兼有麴氏高昌延壽年及唐初文書。據契文「後有人何道」語，當是買賣契。契文於「四至」之後接寫「桃肆……」，以下殘損，當是「在之内」云云。因定本件為買賣葡萄園契。唐代未見買賣田園契，疑為高昌時物。

1 [　　][壹]佰步[　　]

2 [　　][交]孔錢叁拾文[　　]

3 [　　]錢不畢，入四月卅，〔一〕拾錢[　　]

4 [　　]悉不知，仰張自承[　　]

5 [　　]安自承支(祇)，仰張自[　　]

6 [　　]垣；南共董子海桃(萄)[　　]

7 [　　]垣。北住渠。〔二〕桃肆[　　]

8 [　　][後]有人何道(盜)○者，[　　]

9 [　　]依舊通。

10 □見　吳海兒不解書至[　　]

11 □書　曾相元

12 □[坐]　安客得不解書至[　　]

注　釋

〔一〕卅：此字下疑脱一「日」字。

〔二〕北住渠：住，疑是「至」字之誤。

九　唐貞觀十六年（公元六四二年）二月某人夏田契　69TAM117:57/11

九　唐貞觀十六年（公元六四二年）二月某人夏田契

□[觀]十六年二月

□□渠常田叁畝，要

□□價麦貳斛（斛）伍兜（斗）

□兜使畢，淨好，

□上量取。次康相

□□粟貳斛伍兜

□[主]了；渠破水讁，仰

□[得]先悔。立契獲

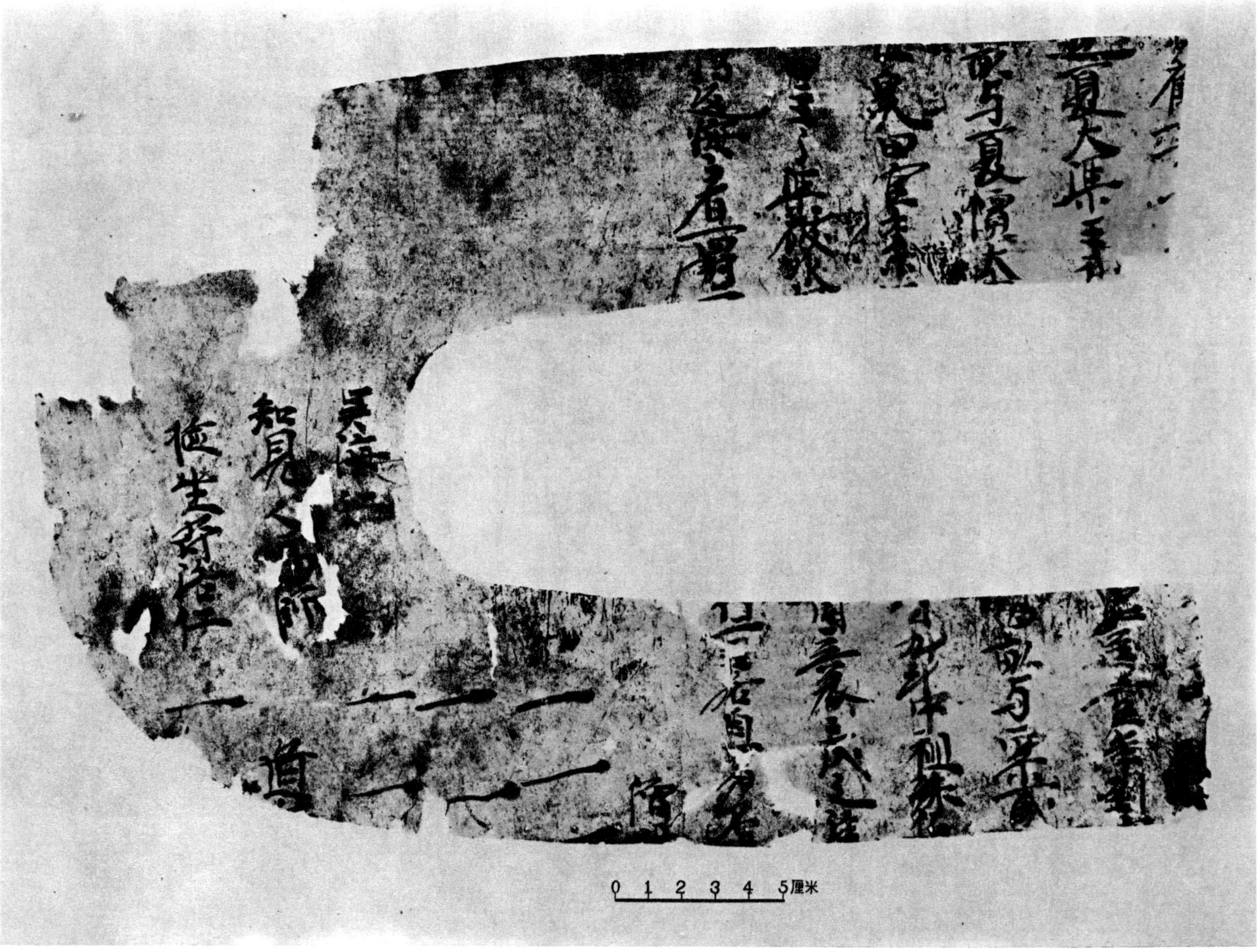

一〇　唐貞觀十六年（公元六四二年）某人夏田券　　69TAM117：57/10

一〇　唐貞觀十六年（公元六四二年）某人夏田券

1 □[觀][十][六][年]［　　　　］
2 [邊]夏大渠王〔一〕［　　　　］要逹(經)壹年到，□□
3 □畝与夏價大［　　　　］内，畝与粟貳(斛)□
4 [伍]兜，田宮索［　　　　］[寺]卄斗中。租殊(輸)佰□
5 □田主了；渠破水［　　　　］同立卷(券)，々成之後□
6 □得返悔，々者一罰二［　　］行二主，各自[署]名□
7 □。［　　］僧□
8 ［　　］—　—　—
9 ［　　］—　—　□
10 吴海仁　—　—　□
11 知見人[高]師　道□
12 臨坐苻洛仁　—

注　釋

〔一〕大渠王：疑是「大王渠」倒誤。

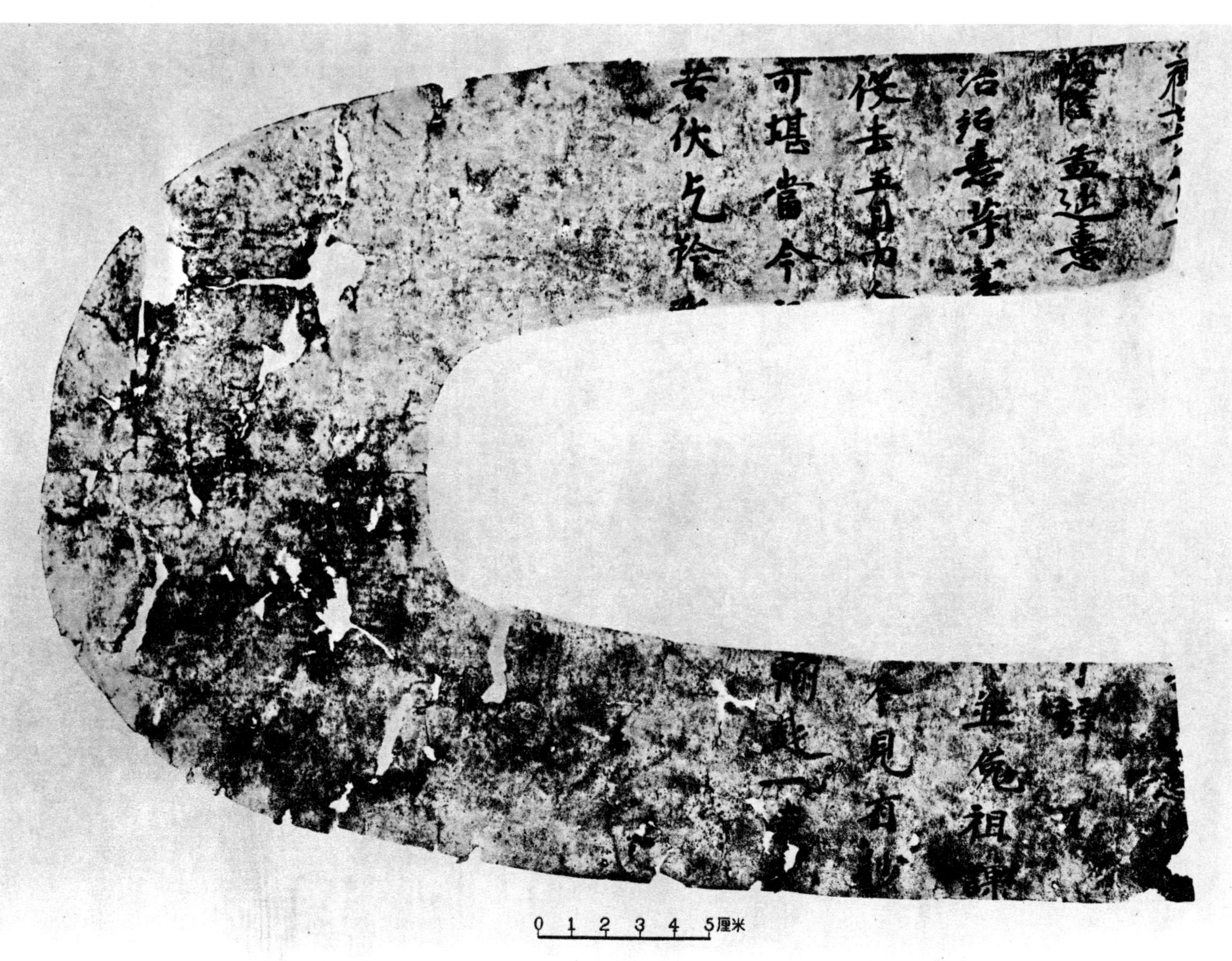

一一　唐貞觀二十年（公元六四六年）高憙伯等辭　　69TAM117:57/9

一一　唐貞觀二十年（公元六四六年）高憙伯等辭

1 □觀廿年八月□高憙伯□
2 □海隆　孟延憙□□等辭
3 □治、紹、憙等家□並勉(色)祖(租)課□
4 □役。去五月內□今見有抄，□
5 □可堪(勘)當，今□輸趂一車草□
6 □替，伏乞矜□

一二　唐殘辭爲買馬柳中報蒲昌府馬疋事　69TAM117:57 1

一三　唐□□元年某人夏田契　69TAM117:57 12

一二　唐殘辭爲買馬柳中報蒲昌府馬疋事

1 □[?]兵石（？）長□
2 □買[馬]柳中□日□
3 □[報]蒲昌府□前件馬□
4 □其鎮人□本□謹（？）□
5 □陳請[扑]□作辞草□

一三　唐□□元年某人夏田契

本件年號已缺，只存「元年」。據同出有《唐永淳二年（公元六八三年）魏氏墓誌》，文書不得晚於此年；又紀年不書干支，與高昌時期通例不合；疑必是唐高宗之某一元年。又，本件原文未完，恐非正式契約。

1 □□元年七月三日，寧□
2 □□夏王渠常田壹□□

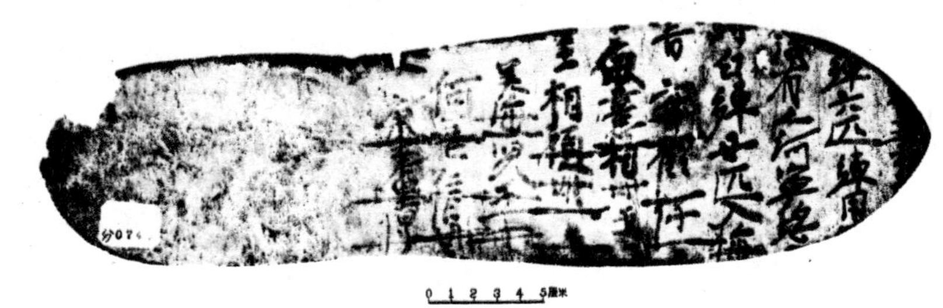

一四　某人用練買物契　69TAM117:57/1

一五　殘古醫方　69TAM117:57/5

一四　某人用練買物契

本件紀年已缺，今列於後。

1 [　　]妻相[　　]

2 [　　]練六匹，練用[　　]

3 [　　]後有人何(可)盜認(認)□[　　]

4 [　　]劉白練卄匹，入悔〔一〕[　　]

5 □書實歡保[　　]

6 [　　]白臺相卌五

7 [　　]王相願卌一[　　]

8 [　　]吳海覔五十

9 [　　]何善信卌[　　]

10 [　　]人　康重得

注釋

〔一〕入悔：此處疑有誤脫，據文義及慣例，「入」下當脫一「不」字。

一五　殘古醫方

1 [　　]二兩　鱉甲二兩[　　]□二兩　防己二兩

[　　]

2 [　　]薑一兩半[　　]沙四兩　才二[　　]

3 [　　]更二兩　集目二兩[　　]

一八　文書殘片
69TAM117:57　8-6

一七　文書殘片　　69TAM117:57　8-5

一六　文書殘片
69TAM117:57　8-1

一九　文書殘片
69TAM117:57　8-7

阿斯塔那二〇六號墓文書

本墓爲合葬墓，出有唐永昌元年（公元六八九年）張雄妻麴氏墓誌。知張雄葬於唐貞觀七年，即高昌延壽十年（公元六三三年），其妻麴氏後葬於唐永昌元年。所出文書的一至四號，九、十號，均拆自舞樂俑身上。本墓文書有紀年者，最早爲高昌義和五年（公元六一八年），最晚爲武周光宅元年（公元六八四年）。

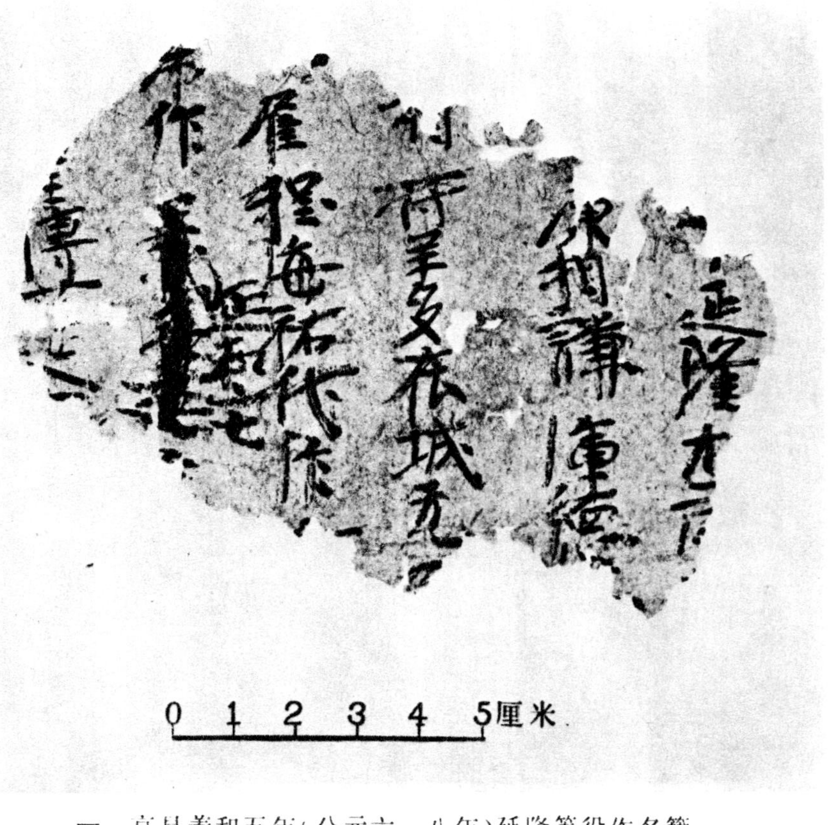

一　高昌義和五年（公元六一八年）延隆等役作名籍
73TAM206:42/7-1

一　高昌義和五年（公元六一八年）延隆等役作名籍

本件第五行「義和五」三字經塗去，改書「延和十七」年。

1 （前缺）延隆、左（後缺）
2 （前缺）康相謙、渾德（後缺）
3 （前缺）苻羊多、在城无（後缺）
4 （前缺）雇程海祐代作，（後缺）
5 （前缺）作。義和五年延和十七〔一〕（後缺）
6 （前缺）主簿范延（後缺）

注釋

〔一〕義和五年：「義和五」三字塗改爲「延和十七」。按麴伯雅之延和十二—十三年間（公元六一三—六一四年）曾發生政變，王位爲人所奪，六一四年改元義和，義和六年伯雅復位，復稱延和十八年。此處當是伯雅復位後追改。參見阿斯塔那一一六號墓三《高昌延和十八年夏田殘券》注〔一〕。

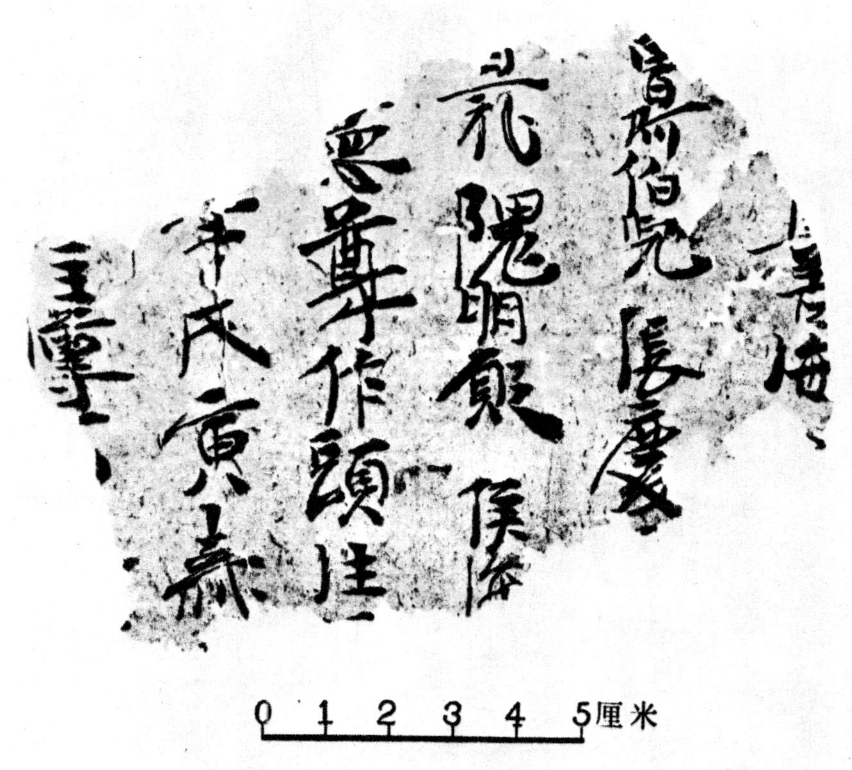

二　高昌義和五年（公元六一八年）善海等役作名籍
73TAM206:42/7-2

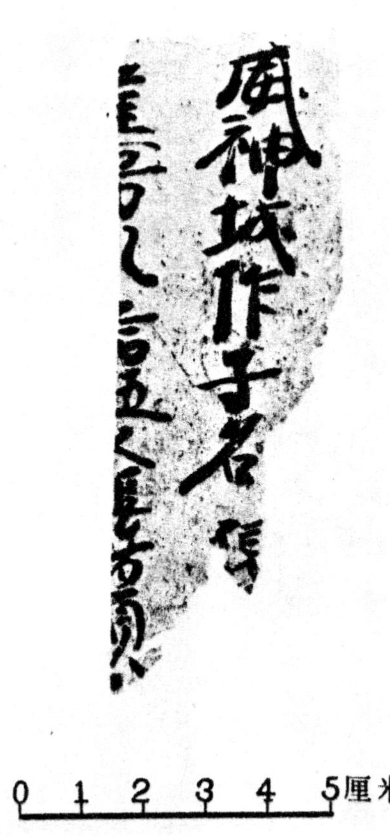

三　高昌威神城作子名籍
73TAM206:42/8-1

二　高昌義和五年（公元六一八年）善海等役作名籍

本件著有「戊寅」歲，當同上件為義和五年（公元六一八年）。

1 □□善海□
2 □[曹]阿伯兒、張慶□
3 □冠、隗明願、侯[海]□
4 □[德]尊作頭。住□
5 □年戊寅歲□
6 □主薄□

三　高昌威神城作子名籍

1 威神城作子名[張]□
2 □□□[合][伍][人]。[張][祐][願]□

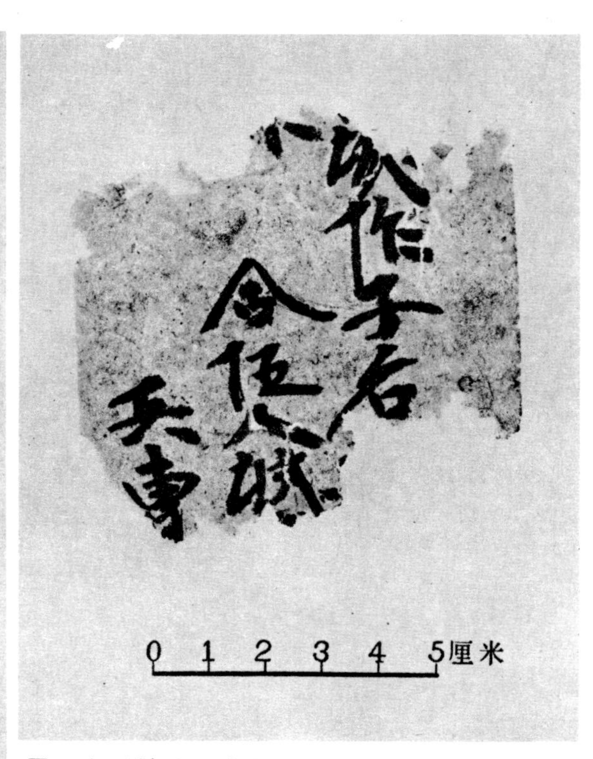

四 高昌城作子名籍 73TAM206:42/8-2

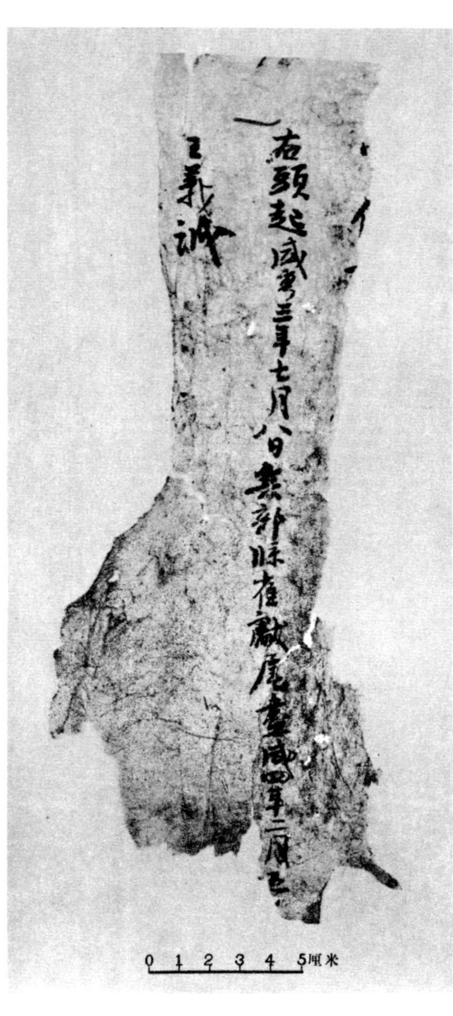

五 唐咸亨三至五年（公元六七二—六七四年）文官俸案文書（一） 73TAM206:42/3-2

五 唐咸亨三至五年（公元六七二—六七四年）文官俸案文書（二） 73TAM206:42/3-1

四 高昌城作子名籍

1 □□城作子名[ ]
2 [ ]合伍人城[ ]
3 兵曹[ ]

五 唐咸亨三至五年（公元六七二—六七四年）文官俸案文書

（一）

1 □官俸案
2 右頭起咸亨三年七月八日兵部牒崔獻尾盡咸四
年二月五日
3 王義誠

（二）

1 四日長上朱伏護
2 文官俸案
3 □□起咸亨四年十二月十五日吏部関康國安尾盡
咸五[ ]

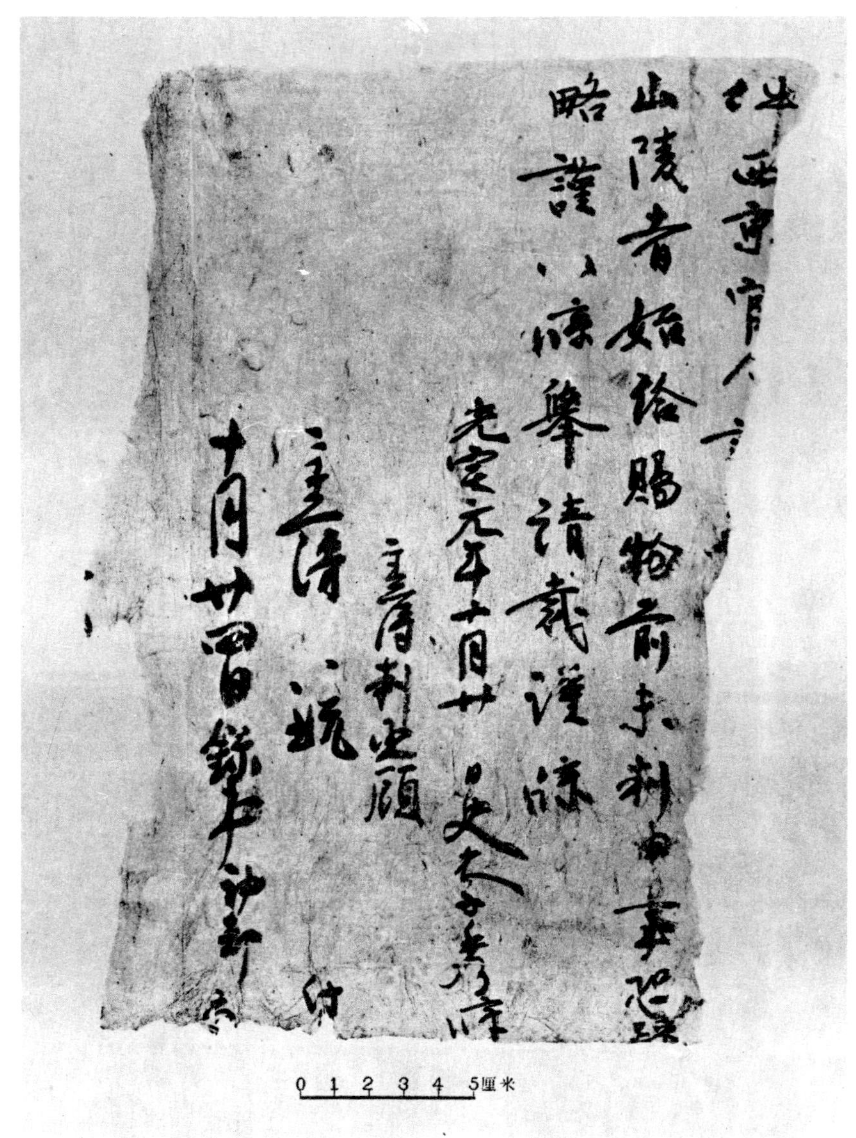

六　唐光宅元年（公元六八四年）史李秀牒爲高宗山陵賜物請裁事　73TAM206：42/2

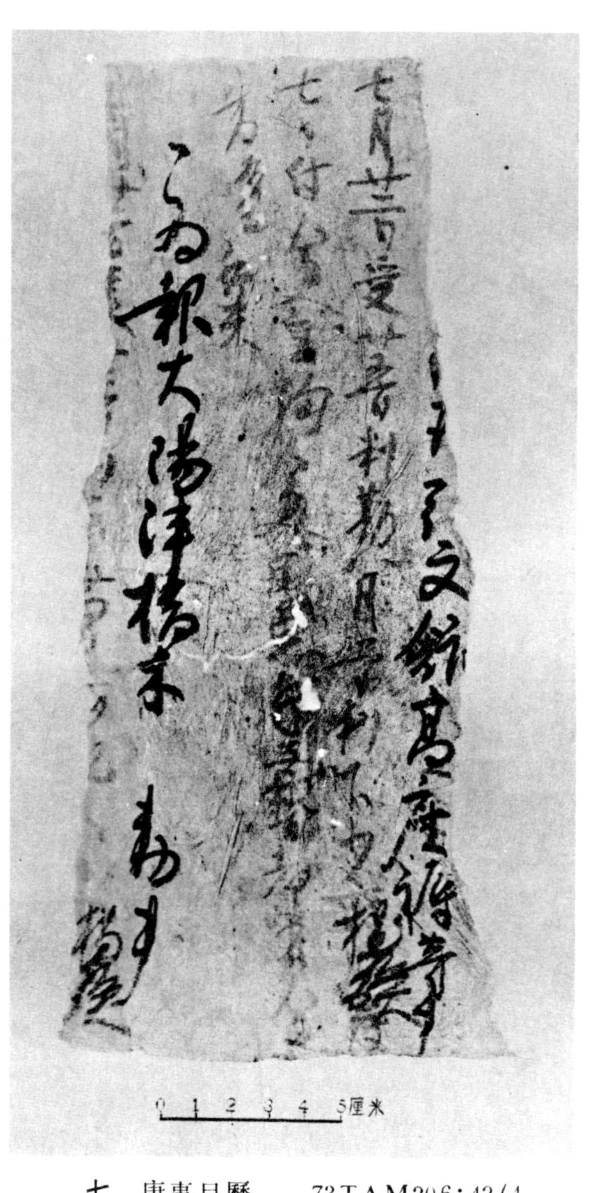

七　唐事目歷　73TAM206：42/1

六　唐光宅元年（公元六八四年）史李秀牒爲高宗山陵賜物請裁事

1 件西京官人訖□

2 山陵者，始給賜物，前未判申，事恐疎

3 略，謹以牒舉請裁，謹牒。

4 光宅元年十月廿日史李秀牒

5 主簿判丞　頠

6 主簿　沇　付

7 十月廿四日錄事　神都　〔受〕

七　唐事目歷

本件二至四行、七行均爲朱書。

1 □〔弘〕文館高座禕等事

2 七月廿二日受，廿五日判勘，八月二日判下少府監付，　楊璞

3 七日付倉史王絢，倉史馬思，行文稽都省倉史

4 高達行朿

5 事爲報大陽津橋木　勑事

6 楊璞

7 七月廿二日受〔廿三日〕〔判〕　〔廿四日〕□　〔倉史〕□

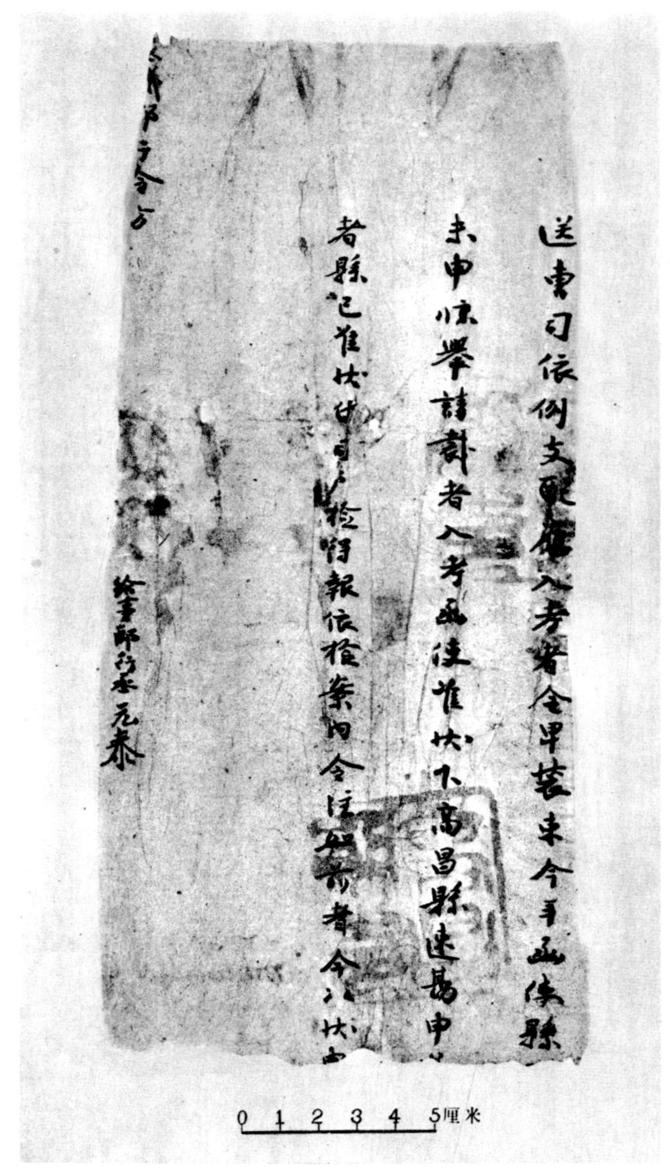

八　唐高昌縣勘申應入考人狀　73TAM206:42/5

九　唐殘符　73TAM206:42/6

八　唐高昌縣勘申應入考人狀

本件有朱印二方，印文為「高昌縣之印」。

1　縣　送曹司依例支配，應入考者令早裝束。今年函使

2　申　未申牒舉請裁者。入考函使准狀下高昌縣，速勘

3　者。縣已准狀付司戶檢，得報。依檢案內令注如前

者，今以狀申。

4　□議郎行令方　　給事郎行丞元泰

九　唐殘符

1

2　宜准狀，符到奉行。

3　府

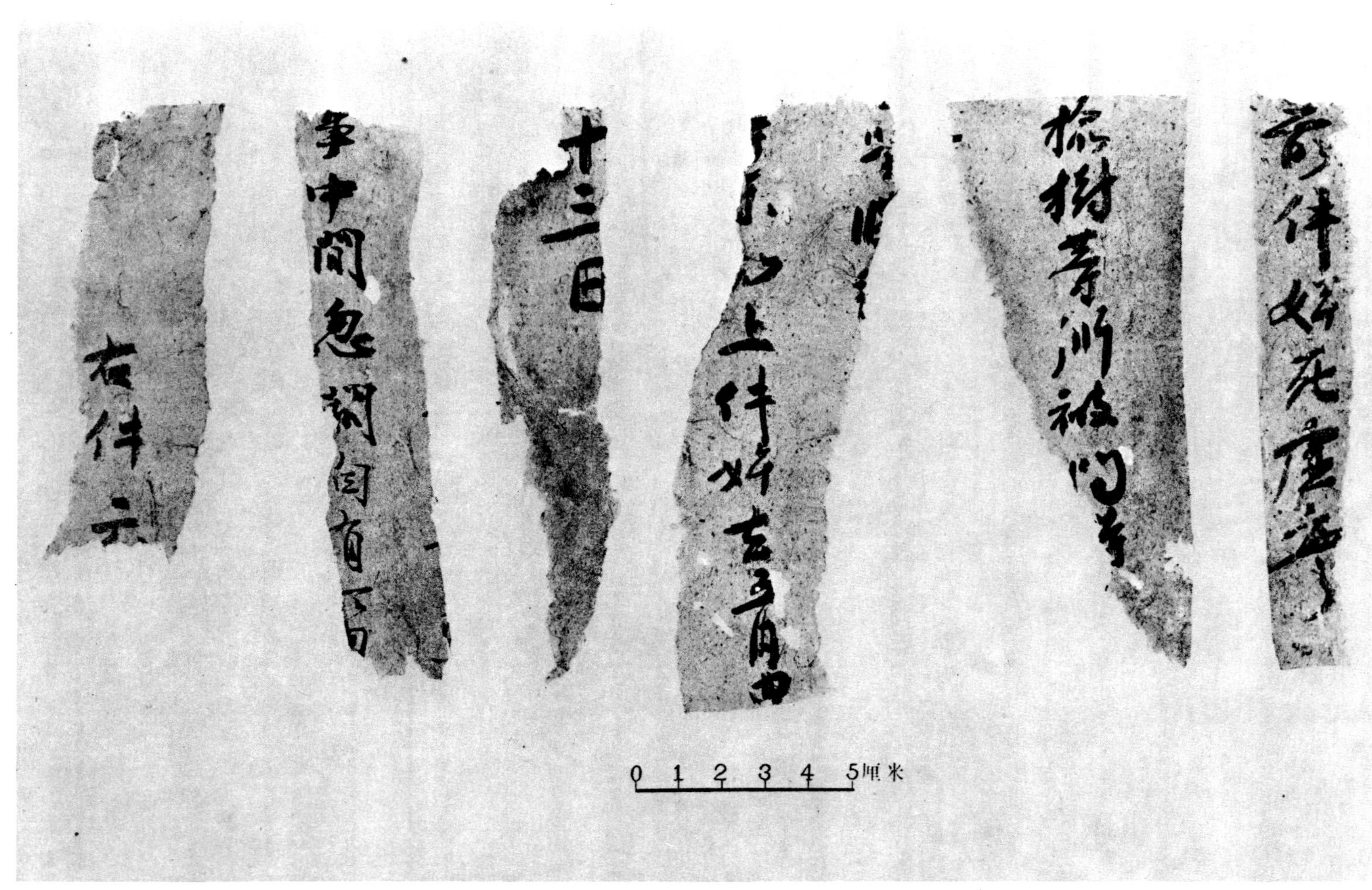

一〇　唐勘問婢死虛實對案録狀（一）、（二）、（三）、（四）、（五）、（六）
73TAM206:42/11-1、42/11-2、42/11-3、42/11-4、42/11-5、42/11-6

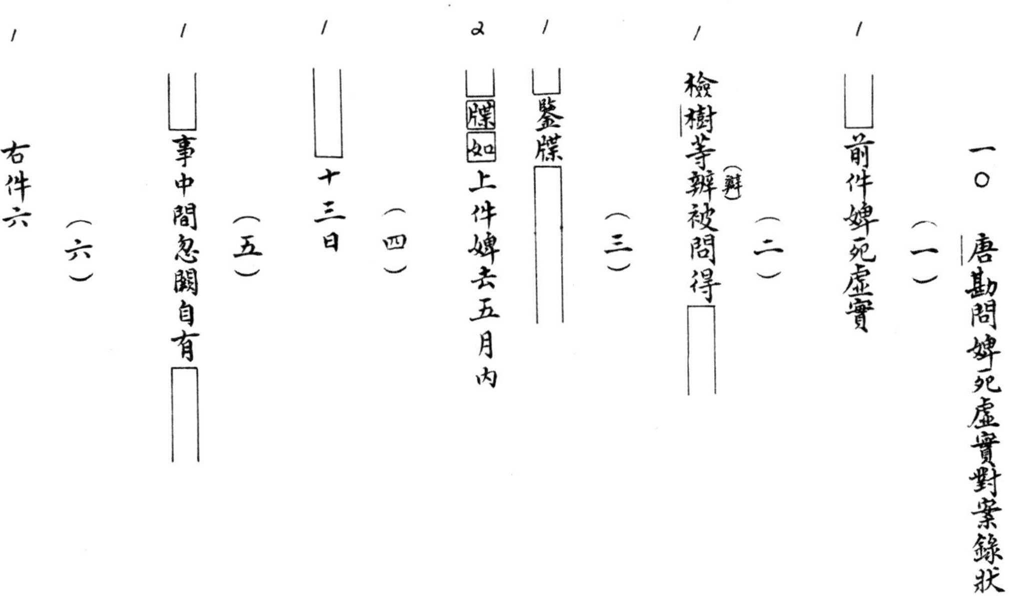

一〇　唐勘問婢死虛實對案録狀

（一）

1 ［　］前件婢死虛實

（二）

1 檢樹等辯(辭)被問得［　］

（三）

1 ［　］鑒牒［　］
2 ［　］牒如上件婢去五月内

（四）

1 ［　］十三日

（五）

1 ［　］事中間忽鬩自有［　］

（六）

1 右件六

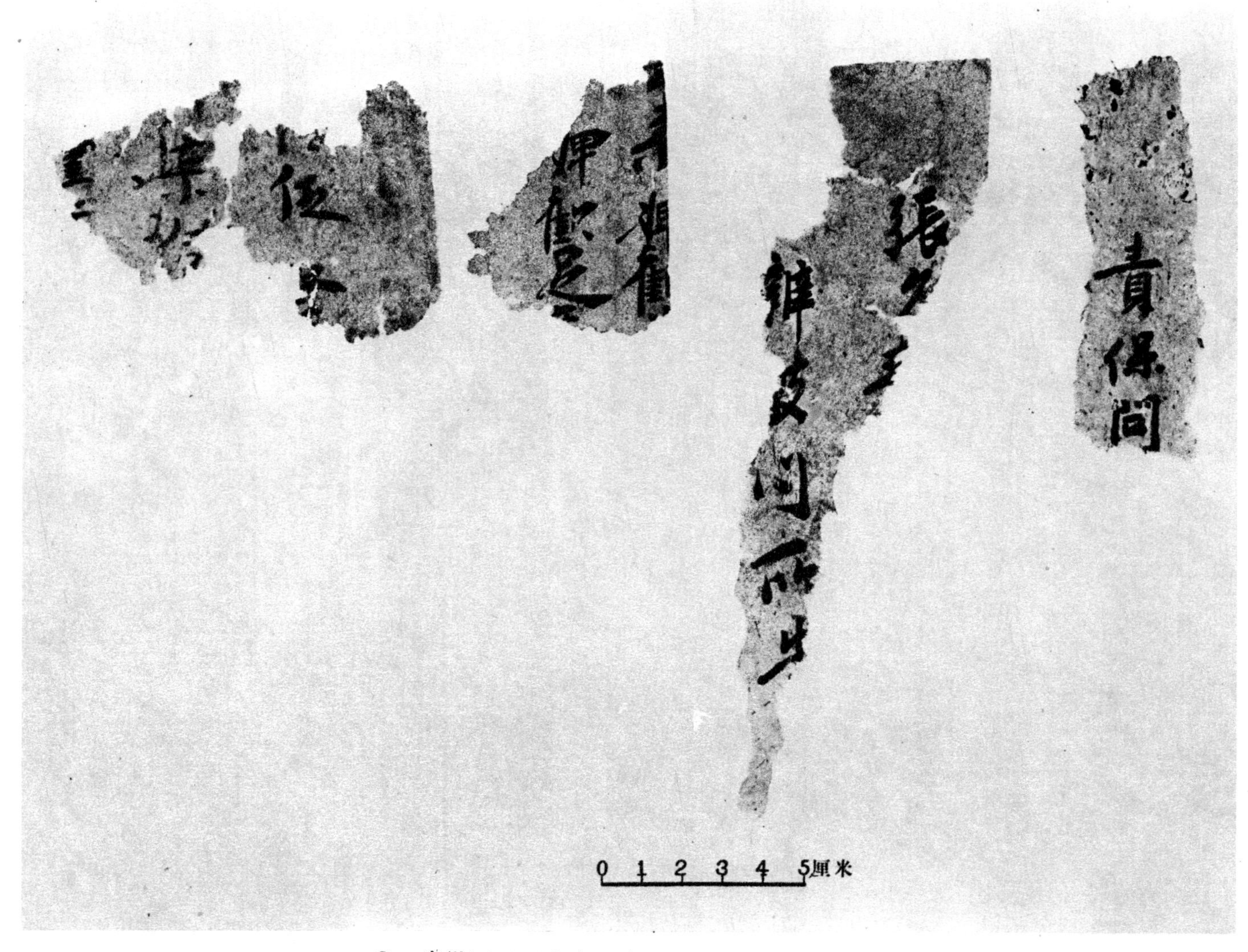

一〇 唐勘問婢死虚實對案録狀（七）、（八）、（九）、（一〇）
73TAM206：42/11-7、42/11-8、42/11-9、42/11-10

（七）

1 ［ ］責保問［ ］

（八）

1 ［ ］張久［ ］
2 辯被問所［告］［ ］

（九）

1 ［ ］婢歡［ ］
2 婢歡足［年］［ ］

（一〇）

1 ［ ］伍［拾］［ ］
2 ［ ］柒拾［ ］

一一　唐蘇致德等馬帳　73TAM206:42/1

一一　唐蘇致德等馬帳

本件四、五行人名右上有墨筆點記。

1 蘇致德等二人馬一疋，留、父、七歲。
2 張熹德等二人馬一疋，赤草六歲。
3 樊仕遷等二人馬一疋，赤草五歲。
4 安末奴等二人馬一疋，青忩敦五歲。
5 吴君住等㊁人馬一疋，赤父七歲。
6 杜阿定等二人馬一疋，赤敦七歲。
7 安才子等二人馬一疋，草留五歲。
8 張弥達等二人馬一疋，瓜敦□[歲]。
9 王隆歡等二人馬一疋，瓜敦六歲。
10 索德師等二人馬一疋，忩敦五歲。
11 竹石住等㊁人馬一疋，留草六歲。
12 [　　　]人馬一疋，留草五歲。

13 [　　　　　　]七歲。
14 [　　][等]二人馬一疋，騅敦九歲。

一二 唐課錢帳歷

（一）

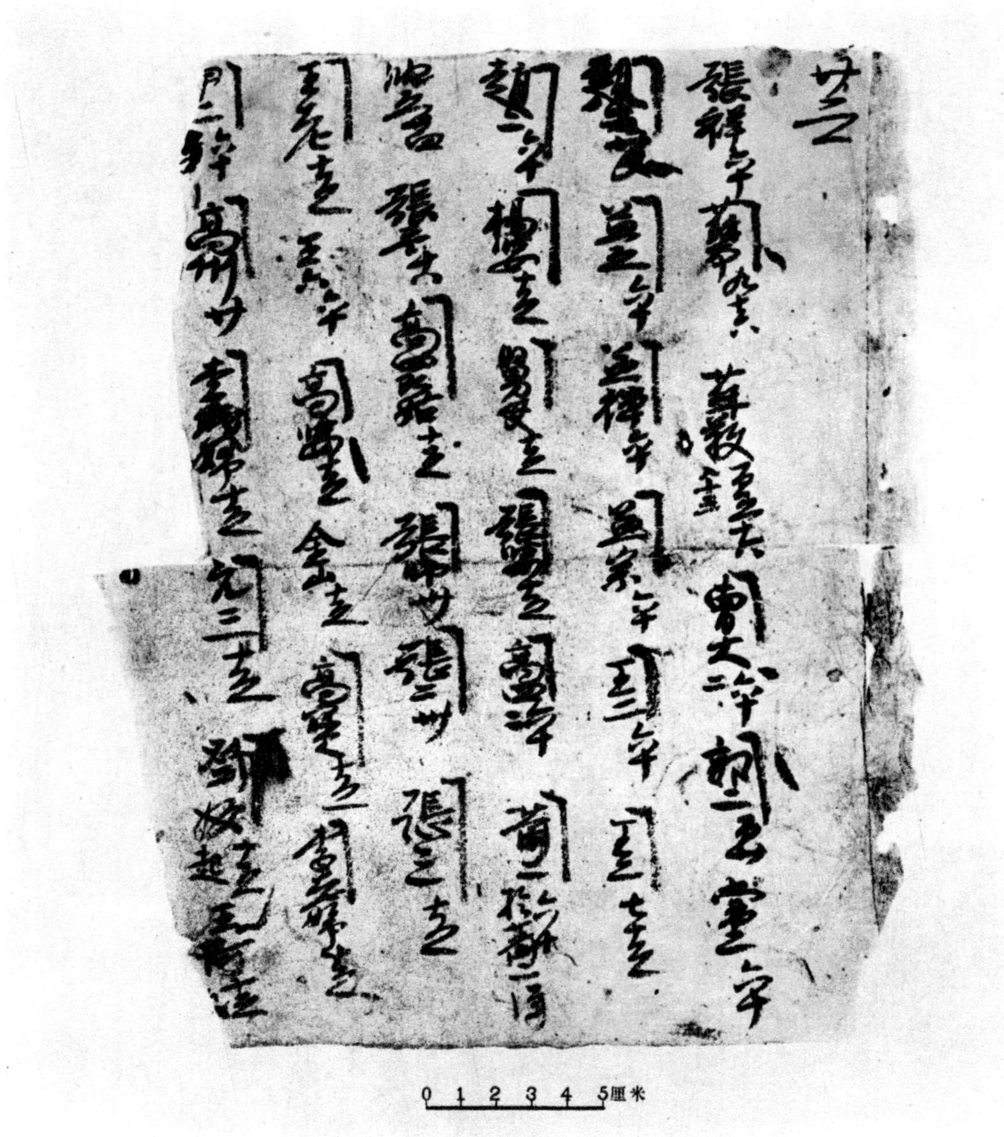

一二 唐課錢帳歷(一) 73TAM206:42/9-2

1 廿二日
2 張祥六十 蘇本九十六 蘇敬百五十六八十三 曹大、六十二 郭二、百廿
常二六十
3 劉八百廿文 孟五六十 孟禪六十 孟宗六十 王二六十 王二
七十五
4 趙二六十 楊婆十五 舅母十五 張婆十五 高四六十二 蕭二
六十於蕭二得
5 沈五廿四 張三十八 高四阿姑十五 張師卅 張二卅 張三
十五
6 王老十五 王六六十 高婆、十五 金山十五 高寶十五 李老
婦十五
7 尹二了六十 高州廿 李成婦十五 元三十五 鄧嫂赵十五 王阿
十五

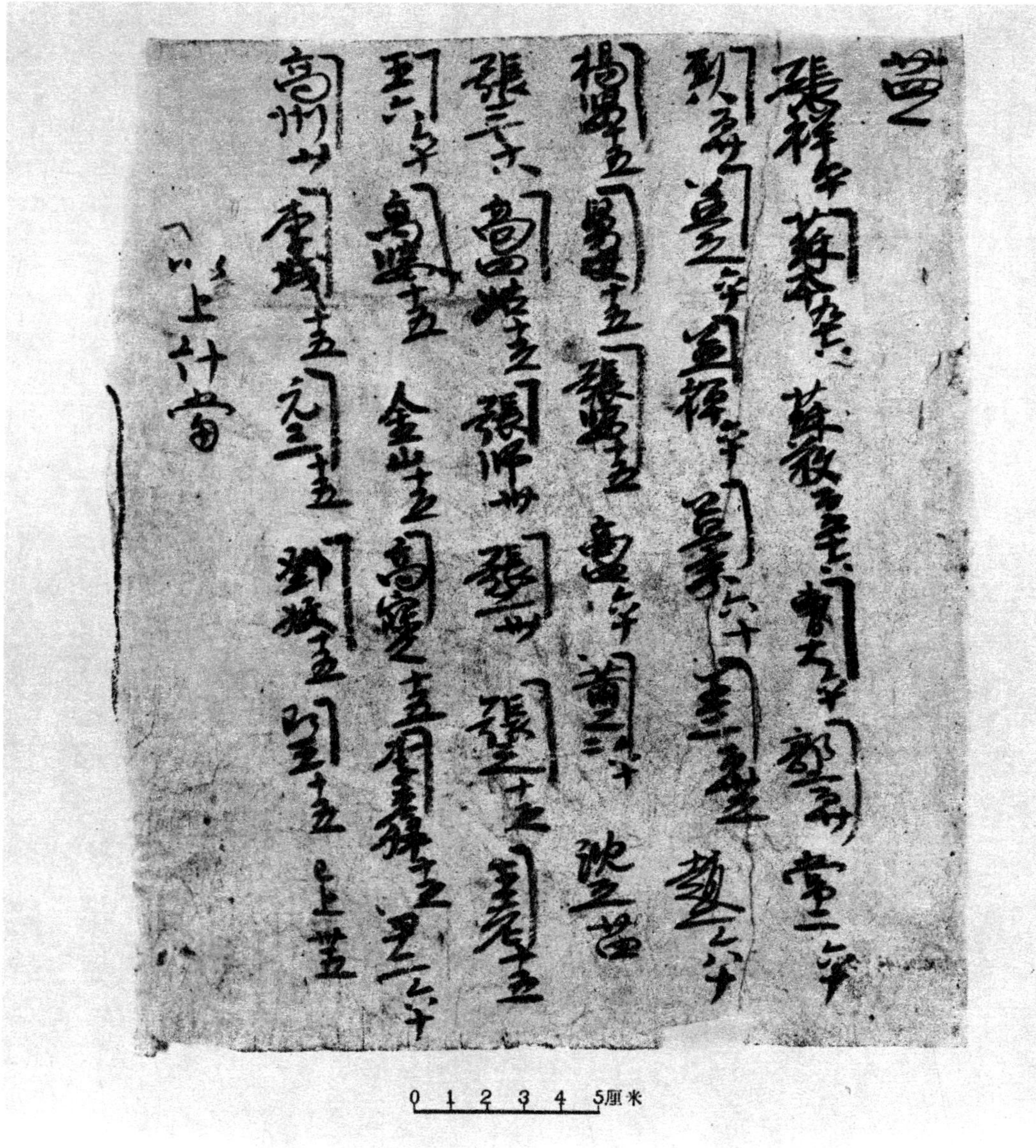

一二　唐課錢帳歷（二）　　73TAM206：42/9-30

（二）

1 廿四日

2 張祥六十 蘇本九十六 蘇敎百五十六 曹大六十 郭二百廿 常二

3 六十 劉八百廿 孟五六十 孟禪六十 孟宗六十 王二百卅五 趙二

4 六十 楊婆十五 舅母十五 張婆十五 高四六十 蕭二二六十 沈五

5 廿四 張三十八 高四姑十五 張师卅 張二卅 張三十五 王老十

6 五 王六六十 高婆十五 金山十五 高寶十五 李老婦十五 尹

7 二六十 高州廿 李城十五 元三十五 鄧㛂十五 阿王十五 已上卌五

8 以上計當

一二　唐課錢帳歷(三)　　73TAM206:42,9-25

（三）

1 楊婆

2 張三 十八 高四姑圭 張師□ 張二□ 張三□ 王老□

3 王六 六十 高婆 十五 金山 十五 高寶 十五 李老婦 十五 尹二 六十

4 高州 廿 李成 十五 元三 十五 鄧嫂 十五 阿王 十五 總二百卌五

5 以上計當錢

6 百文付藥直為三師付廿五余麸及小豆

7 廿付三奴八文□

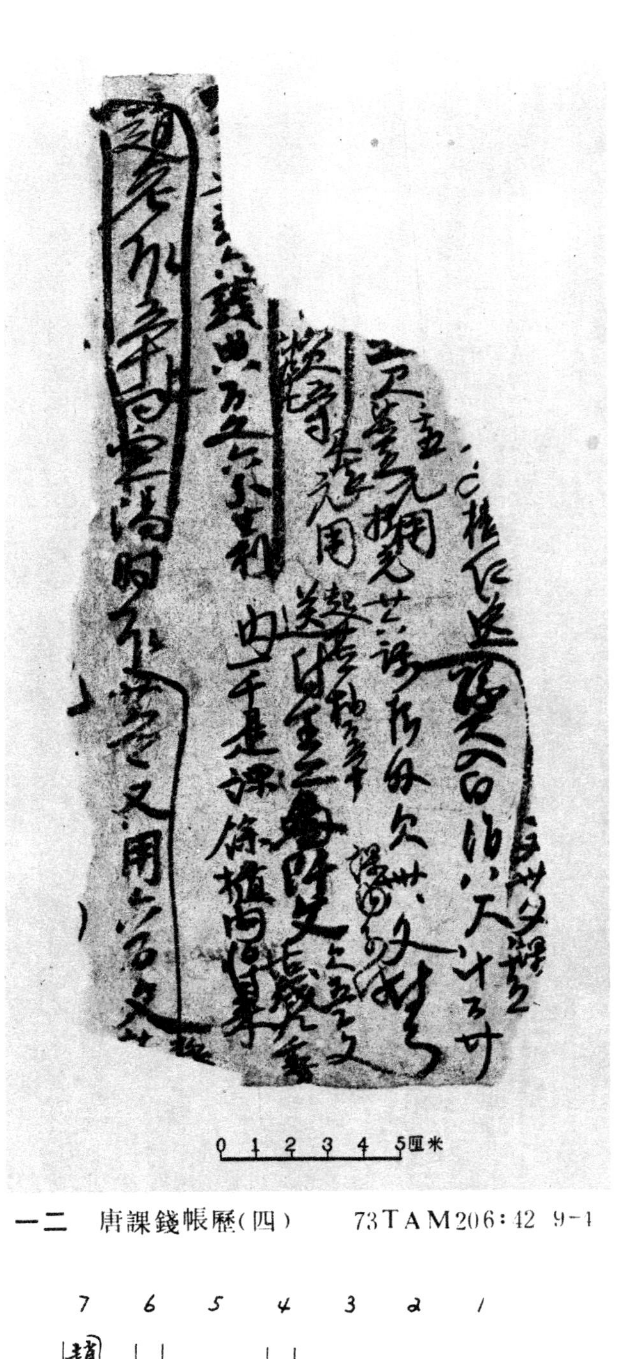

一二　唐課錢帳歷(四)　　73TAM206:42 9-1

（四）

1 □文卅文課

2 □文楊仁送孫大入白絹八尺計百廿（尺十五）

3 □五尺（尺十五）計七十五 元用 折充廿六課，折外欠卅八文付了

4 □六尺五寸（尺十五）計九十七 元用 趁廿七日抽百五十，課內分付

5 送付王二叁阡文（欠五百文 帖成九千五百）

6 □六錢典百文，六分生利。內一千是課，餘植內將來

7 趙老取五十（上）向宣陽時取。廿五日又用六百文 總 計

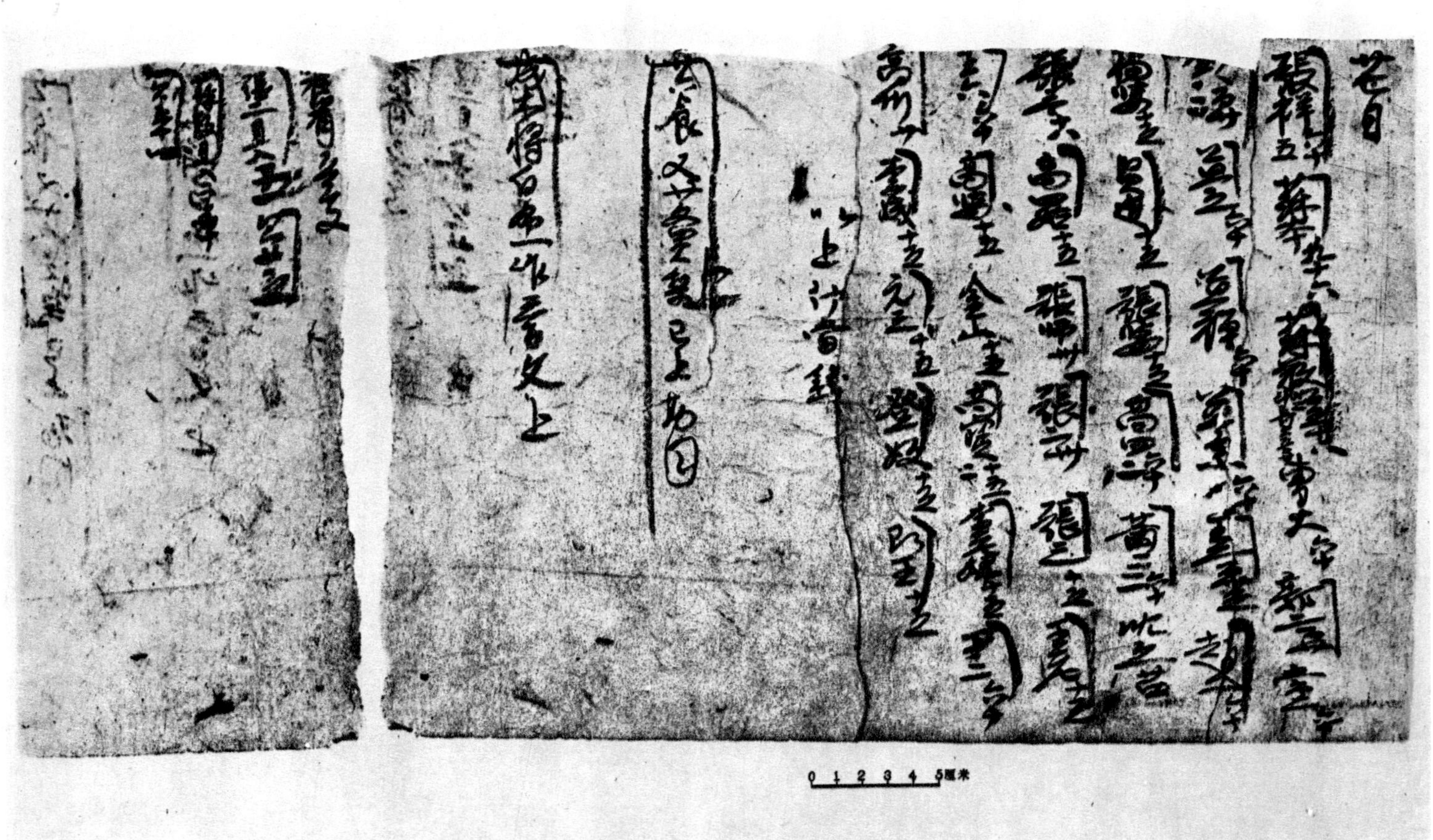

一二　唐課錢帳歷（五）　73TAM206：42/9-23(a)，42/9-22(a)

一二　唐課錢帳歷（六）　73TAM206：42/9-22(b)，42/9-23(b)

（五）

1 廿七日

2 張祥六十五　蘇本九十六　蘇敬百五十六訖已前欠五算　曹大六十　郭二百廿　常二六十

3 劉八百廿二　孟五六十　孟禪六十　孟宗六十　王二百卅五　趙二六十

4 楊婆十五　舅母十五　張婆十五　高四六十二　蕭二六十二　沈五廿四

5 張三十八　高四姑十五　張師卅　張二卅　張三十五　王老十五

6 王六六十　高婆十五　金山十五　高寶十五二　李老婦十五　尹二六十

7 高州廿　李成十五　元三十五　鄧娘十五　阿王十五

8 以上計當錢

9 廿六食又廿文買梨已上勘同

10 成大將白布一作三百文上

（六）

1 舊有五百文

2 張二月一入五欠廿五

3 蘇敬月一入二百五十

4 欠五十四

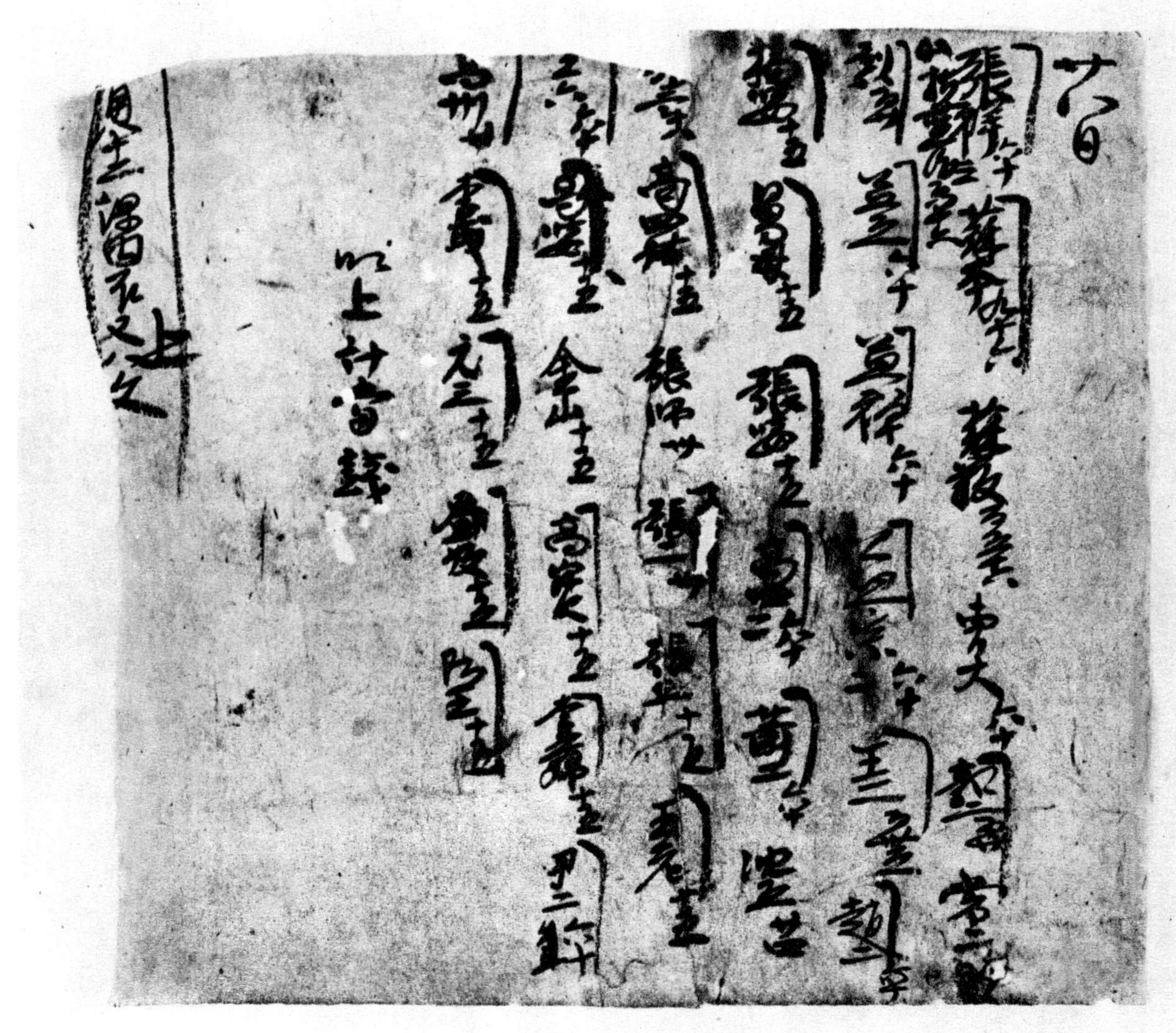

0 1 2 3 4 5厘米

一二　唐課錢帳歷（七）　73TAM206:42/9—31

（七）

1 廿八日

2 張祥六十三　蘇本九十六　蘇敬百五十六　曹大六十　郭二百廿　常二六十

山析藍絹百八十六

3 劉八百廿　孟五六十　孟禪六十　孟宗六十二　王二百卅五　趙二六十

4 楊婆十五　曾母十五　張婆十五　高四六十二　蕭二六十　沈五廿四

5 張三十八　高四姑十五　張師卅　張二卅　張三十五　王老十五

6 王六六十　高婆十五　金山十五　高寶十五　李老婦十五　尹二六十

7 高州廿　李成十五　元三十五　鄧娌十五　阿王十五

8 以上計當錢

9 □用八十二課內取又八文

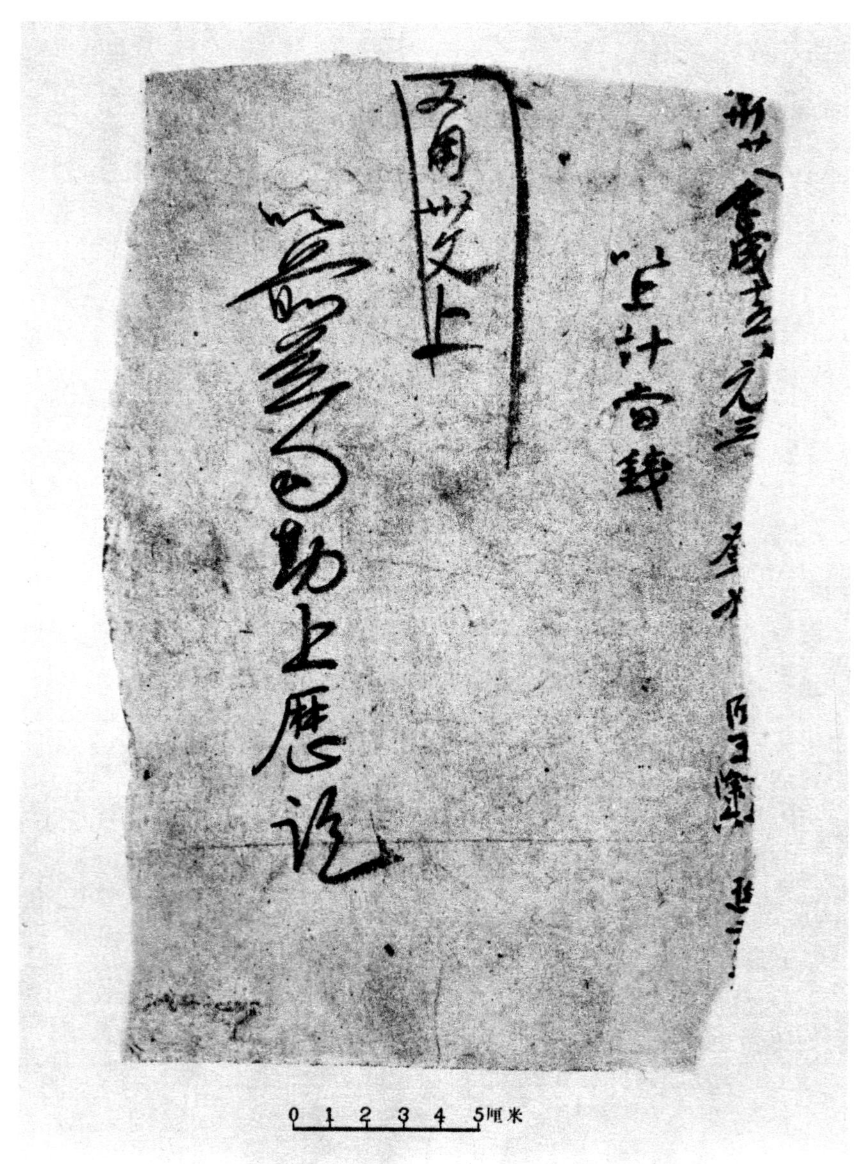

一二　唐課錢帳歷（八）　73TAM206：42/9-16

（八）

1 □州廿 李成十五 元三□鄧婢□阿王六□總六□

2 以上計當錢

3 又用卌文上

4 以前並勾勘上歷訖

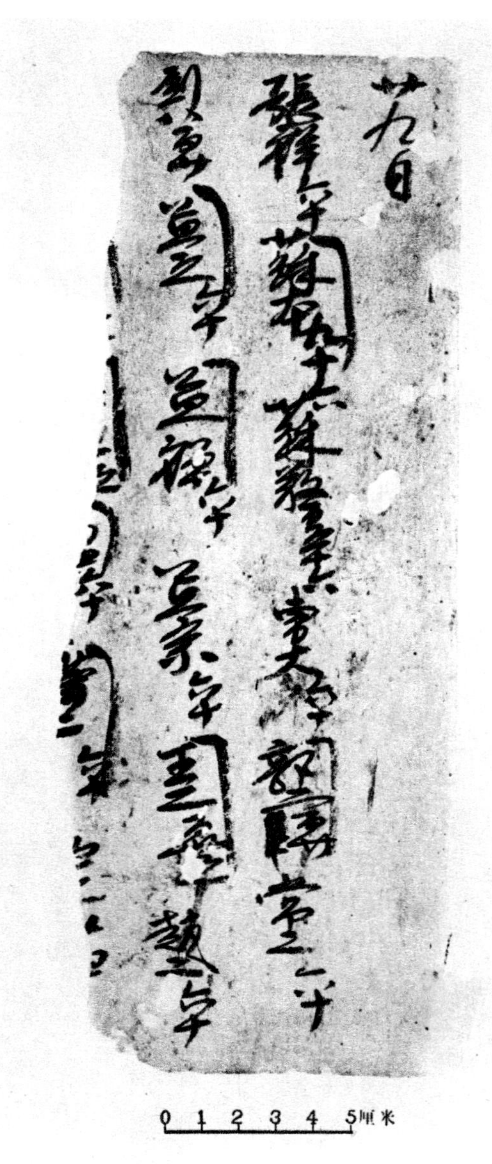

一二　唐課錢帳歷（九）　73TAM206：42/9-24

（九）

1 廿九日

2 張祥六十 蘇本九十六 蘇敬百五十六 曹大六十 郭二百卅（欠一） 常二六十

3 劉八百卅 孟五六十 孟禪六十 孟宗六十 王二百卅五 趙二六十

4 □五□四六十 蘭二六十 □□卅四

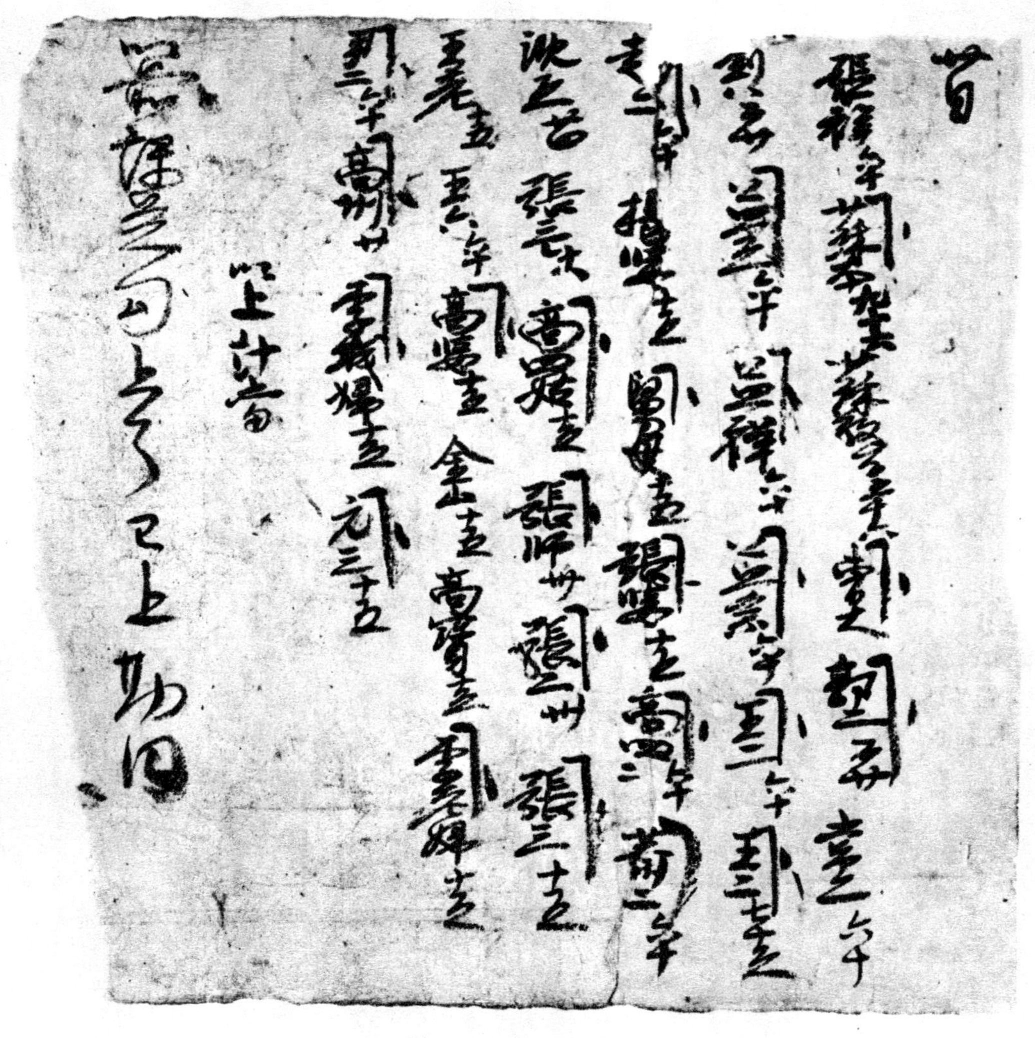

0 1 2 3 4 5厘米

一二　唐課錢帳歷（一〇）　73TAM206:42/9-29

（一〇）

卅日
張祥六十　蘇本九十六　蘇敬一百五十六　曹大郎　二百廿　常二六十
劉八百廿　孟五六十　孟禪六十　孟宗六十　王二六十　王二七十五
趙二六十　楊婆十五　舅母十五　張婆十五　高四六十二　蕭二六十
沈五廿四　張三十八　高四姑十五　張师卅　張二卅　張三十五
王老十五　王六六十　高婆十五　金山十五　高寶十五　李老婦十五
尹二六十　高州廿　李城婦十五　元三十五
以上計當
以前課並勾上了已上勘同

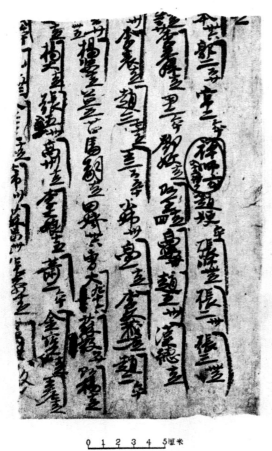

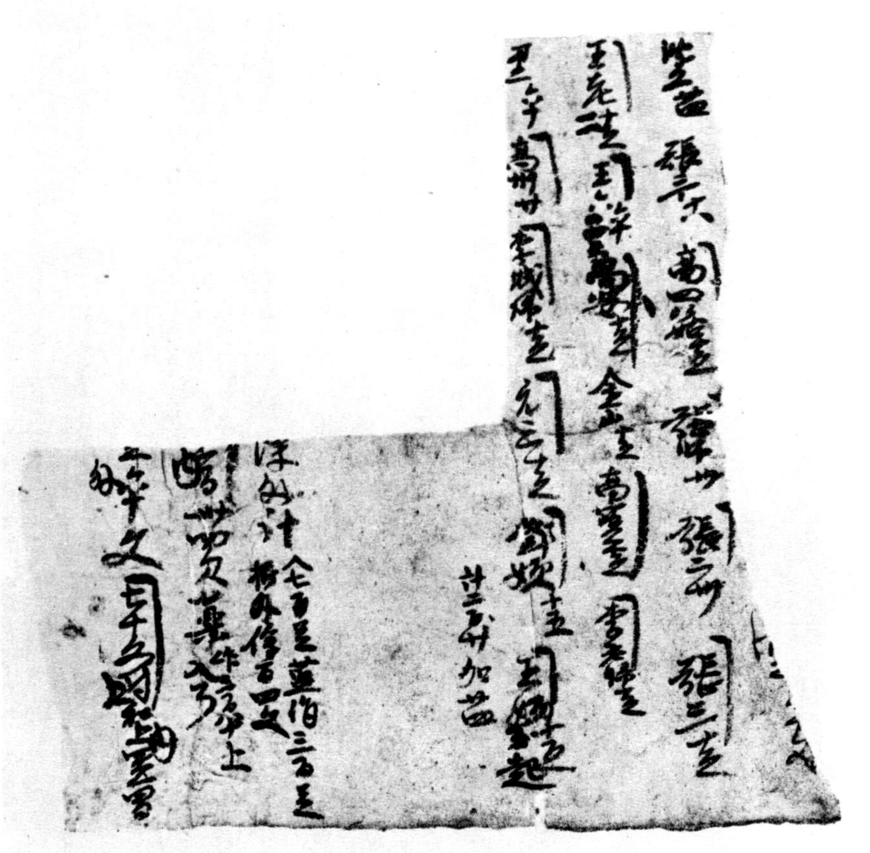

一二　唐課錢帳歷（一二）　73TAM206:42/9-3

一二　唐課錢帳歷（一一）　73TAM206:42/9-28

（一一）

1 沈五廿四　張三十八　高四　阿姑十五　張师卌　張二卌　張三十五
2 王老十五二　王六六十二　高婆十五　金山十五　高寶十五　李老婦十五
3 尹二六十　高州廿　李城婦十五　元三十五　鄧㛐十五　王㛐十五一日趂
4 計二百廿加廿四
5 課外計入七百足藍絹三百足折外餘百四文
6 內一百卌買藥作三百八十上入了
7 □外六十文七十文上付和上內買罒

（一二）

1 □日
2 □本卅六　郭二百廿　常二六十　禪師六十入十二課了　趙㛐六十　張
師卅五　張二卅　張三卅五
3 □十五百廿　李老婦十五　尹二六十　鄧㛐十五　阿王十五四　高婆卅一
趙五卅　漢德十五
4 □卅　李表十五　趙三七十五　王二百五十　小姊卅　高一十五
李文藏十五二　趙二六十
5 □百廿卅五　楊婆十五　孟五廿四　馬嗣十五　田㛐卌六　曹大九十六
蘇歆百卅　阿楊十五
6 □十五　楊大十五　張五卅入三　高州十五　李大娘十五　蕭二六十
金寶十五仙　王老十五
7 □六十　□□廿三　□□十五　大姊卅　蘇婆卅　□　張恭十五　□

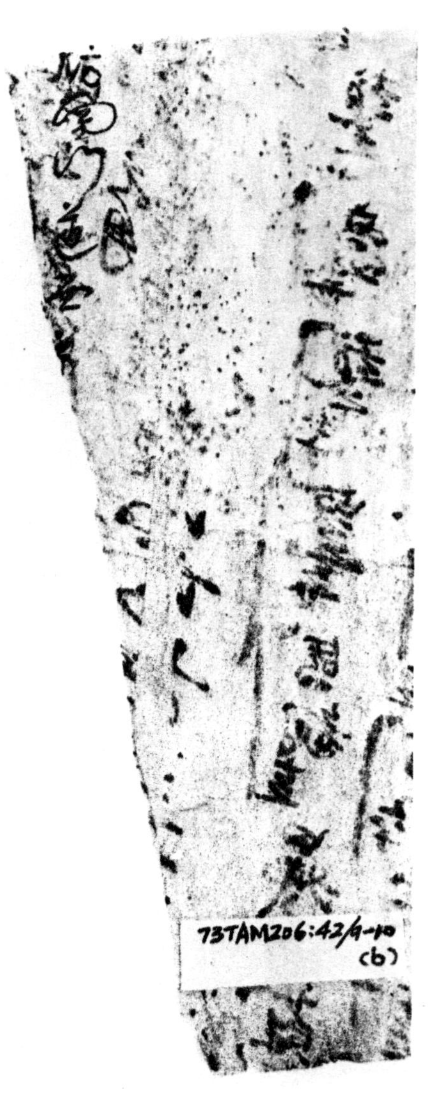

一二　唐課錢帳歷(一四)
73TAM206:42/9-10(b)

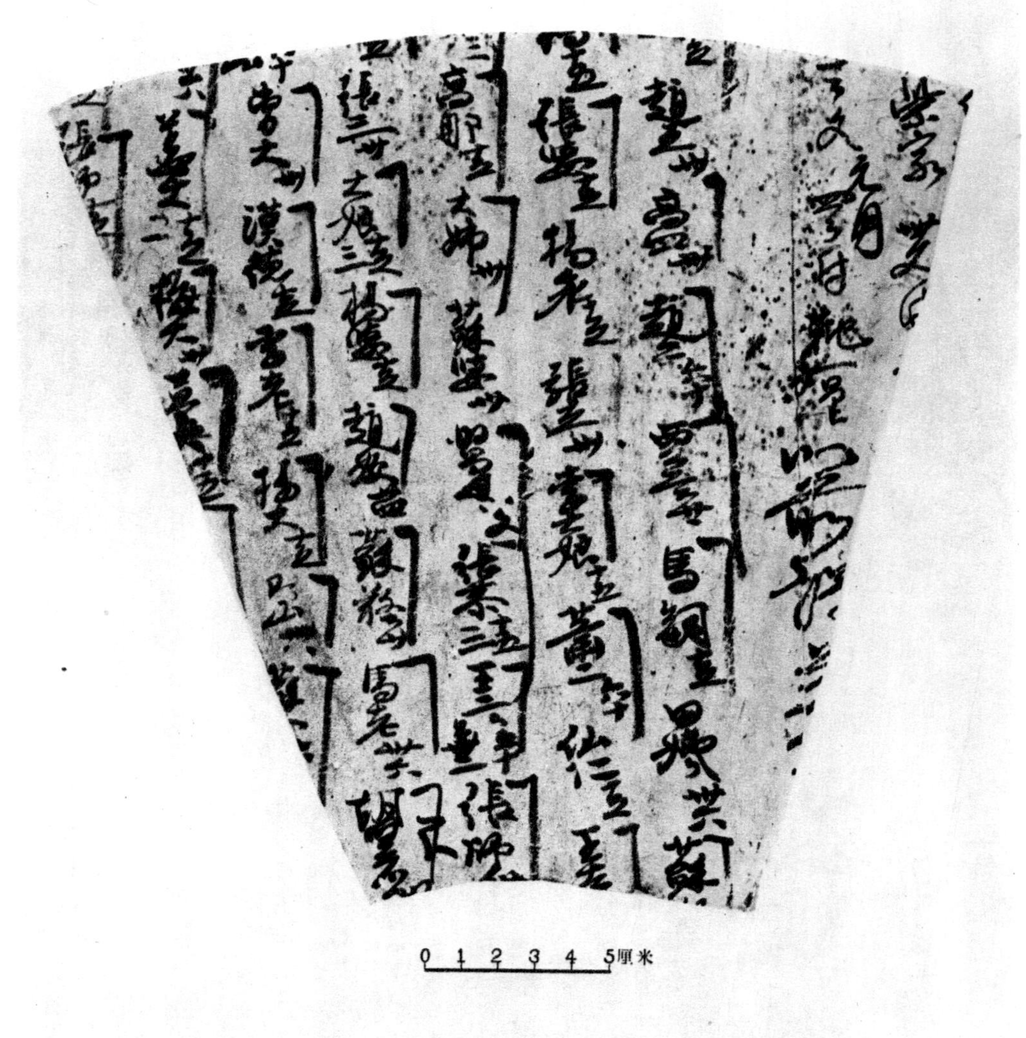

一二　唐課錢帳歷(一三)　73TAM206:42/9-10(a)

(一三)

1 □柴家　卅文　□
2 □一百文（元用四百付靴一量）以前課□
3 □五趙五　卅　高四　卅　趙二　六十　賈二　百廿一　馬嗣　十五　田姨　卅六
蘇□
4 □□楊　十五　張婆　十五　楊永　十五　張五　卅　李大娘　十五　蕭二　六十　仙
仁　十五　王老□
5 □三高郍　十五　大姊　卅　蘇婆　卅　舅母　八文　張恭　三十五　王二　百五十
張師□
6 □五張三　卅　大娘　三十五　楊婆　十五　趙娷　廿四　蘇敬　百廿　馬老　卅六
胡賢石　卅□
7 □六十曹大　卅　漢德　十五　李老　十五　楊大　十五　阿山　卅八　蘇□
8 □六姜大　二十五　梅大　卅　孟大　十五□
9 □張師　十五□

(一四)

1 □坊南門道西□

一二　唐課錢帳歷(一六)
73TAM206:42/9-32(b)

一二　唐課錢帳歷(一五)　73TAM206:42/9-32(a)

1 五日

2 尹二 六十二 高婆 十五 趙五 卅三 漢德 十五了 高四 卅 李表 十五 趙三 七十五欠卅

小姊 卅

3 高一 十五 李義 十五百七文 趙二 計 六十 賈二 百卅 馬嗣 十五 田姨 卅六二

蘇敬 百卅二 阿陽 十五

4 張婆 十五二 楊乖 十五 張五 卅 高州 十五二 李大娘 十五 蕭二 六十

仙人 十五百五十 王老 十五

5 元三 卅三 高郍 十五二 大姊 卅 蘇婆 卅 張恭 十五 舅母 八文 王二

百五十 張師 卅

6 張二 卅五 張三 卅 大娘 十五二 楊婆 十五 趙婢 廿四 蘇敬 百卅二欠十六

馬老 卅六 胡賢石 卅二

7 □□□ 十五 □老 十五 楊大 十五 阿山 卅八 蘇本

九十六 小姊 卅

8 (後缺)

百卅 高州 □

(一六)

1 蘇郎入百文

一二　唐課錢帳歷（一七）
73TAM206:42/9-21

一二　唐課錢帳歷（一八）
73TAM206:42/9-5

一二　唐課錢帳歷（一九）
73TAM206:42/9-15

（一七）

1 六日
2 張祥六十 蘇本六十 蘇敬百五十六 曹大六十 郭二百卅文
3 常二六十 劉八百廿 孟五六十 孟禪六十 孟宗六十
4 □□十五 □□十五

（一八）

1 八日
2 張祥六十 入二 蘇本六十 蘇敬百五十六 曹大六十 郭二百廿
3 □□六十 □□

（一九）

1 □日
2 □□高婆十五 趙五卅 高四卅 李表十五 趙三七十五 小姊卅
　高一十五 □□
3 □□十五 趙二六十 賈二百廿 馬嗣十五 田姨卅六 蘇敬百五 阿楊十五
　張婆十五 □□
4 □□張五卅 高州十五 李大娘十五 蕭二六十 仙人四十五 王老十五
　元三廿 □ □□
5 □□大姊卅 蘇婆卅 張恭十五 舅母八文 王二百五十 張師卅
　張三卅 □□
6 □□馬老卅 六 胡賢石卅
　張□□

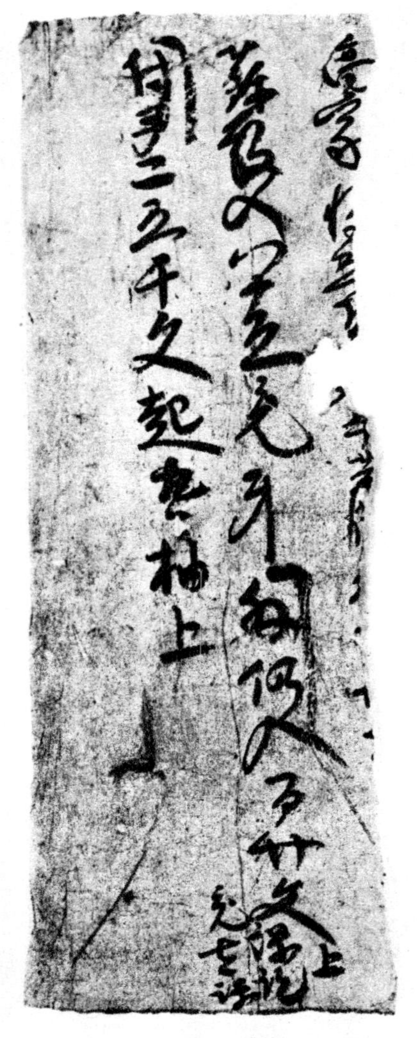

0 1 2 3 4 5厘米

一二　唐課錢帳歷（二〇）

73TAM206:42/9 20

0 1 2 3 4 5厘米

一二　唐課錢帳歷（二一）

73TAM206:42/9-19

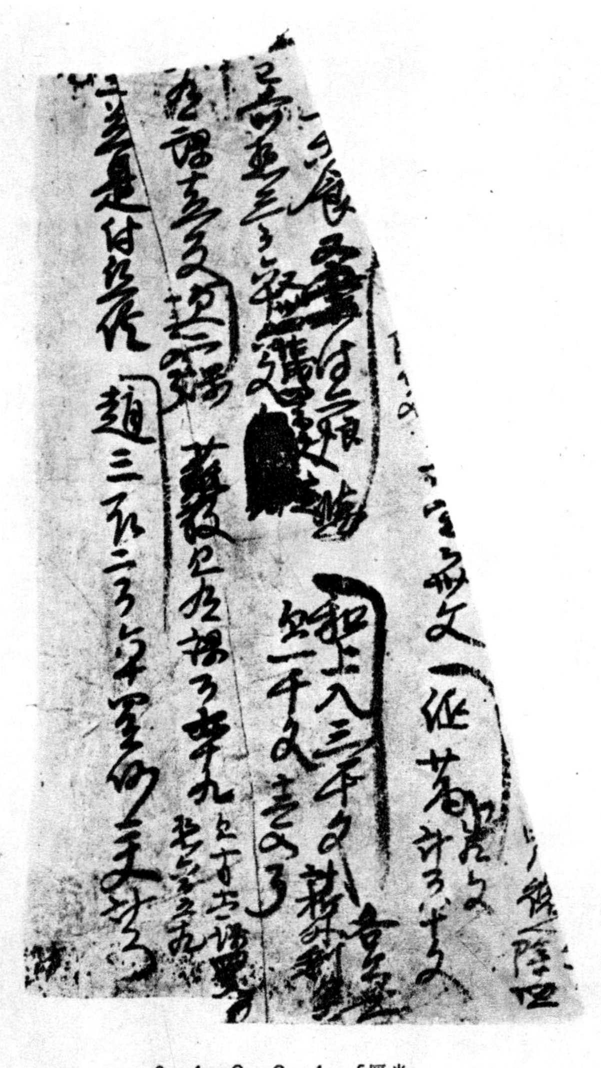

0 1 2 3 4 5厘米

一二　唐課錢帳歷（二二）

73TAM206:42/9 11

（二〇）

1 高家[將][五]□□[牛][黃]□

2 蘇敎入八十五充夛外仍入百卄文上（課訖 充七日課）

3 付尹二五千文起九日抽上

（二一）

1 □[二][百][八]十文　[付]□姊二千文上

2 □一日用二百九十雜市易

（二二）

1 □[裙][一]除四□

2 □定百卅文　絁卄兩上（：九文 計百八十文）

3 □食又五十付二娘婆（又卅四帖成四百文）　和上入三千文（各欠卄一 計折外剩欠十八）（欠一千文 十二日入了）

4 □已前總三百六十六文

5 □九日課十五文欠二課　蘇敬欠九日課百七十九（欠十月總六百）

（十八日課四百[八][十]五十九）

6 □二並是付絲值（十三日入了）　趙三取二百六十四文紗二丈計了

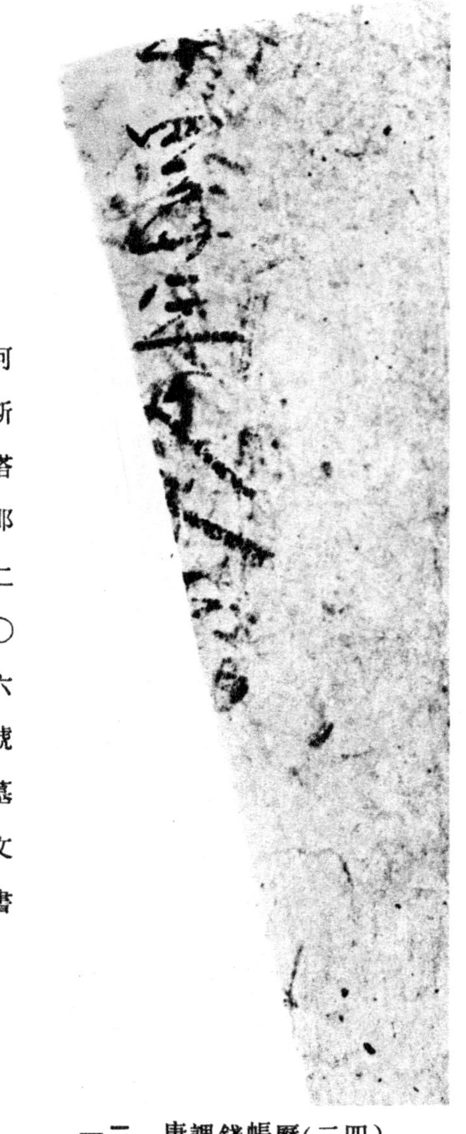

一二　唐課錢帳歷(二四)
73TAM206:42/9-12(b)

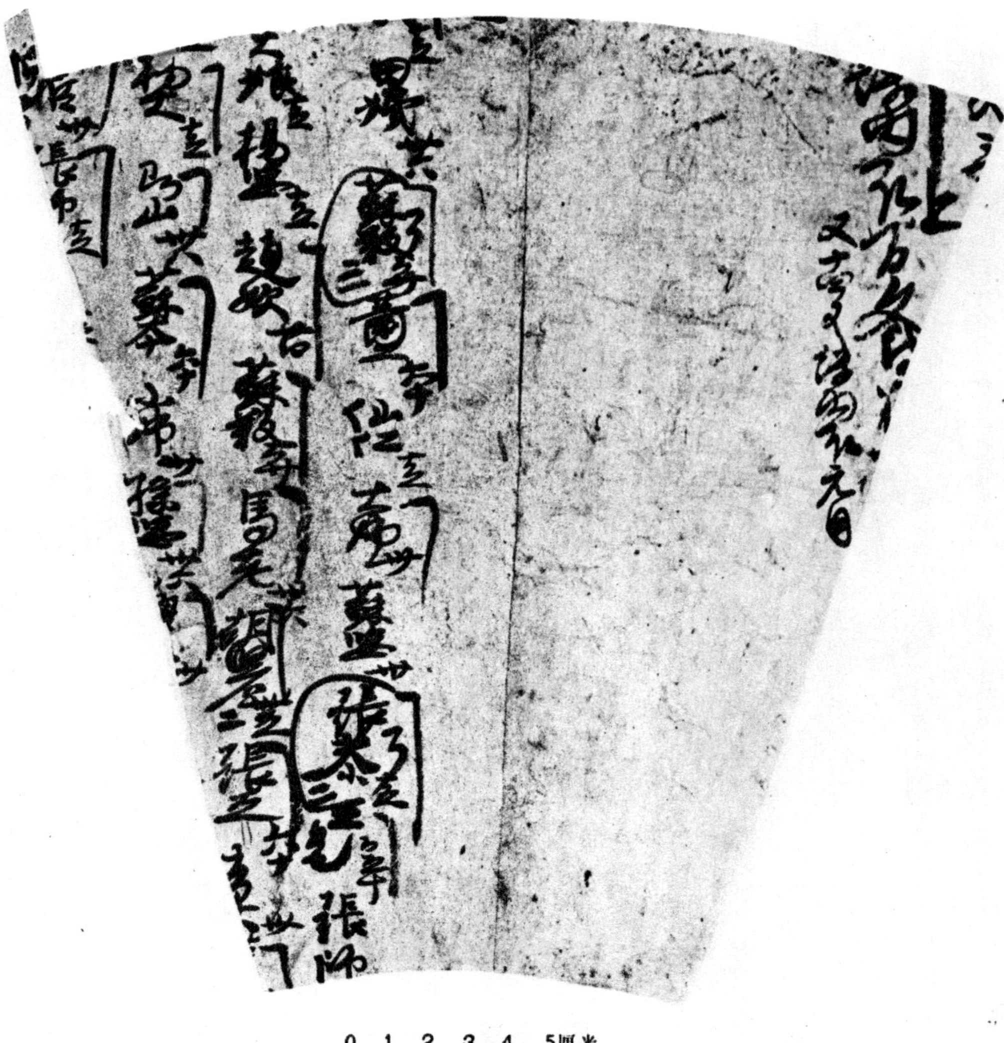

0 1 2 3 4 5厘米

一二　唐課錢帳歷(二三)　73TAM206:42/9-12(a)

（二三）

1 □入三□
2 □課内取（上）百文付□
3 又十四文課内取元用
4 □十五田娣卅六蘇敬（三）百卅蕭二六十仙仁十五大姊卅
蘇婆卅張恭（三）十五王〔一〕百五十欠七張師□
5 □大娘十五楊婆十五趙嫂卅四蘇敬百廿馬老卅六
胡賢石卅五二張五六十曹大卅□
6 □楊大十五阿山卅八蘇本六十小姊卅孫婆卅六□
7 □哲（折）卅張師十五□

（二四）

1 □千四百卌三文入□

注釋

〔一〕王百五十欠七：據前後帳歷文看，「王」下脱一「二」字。

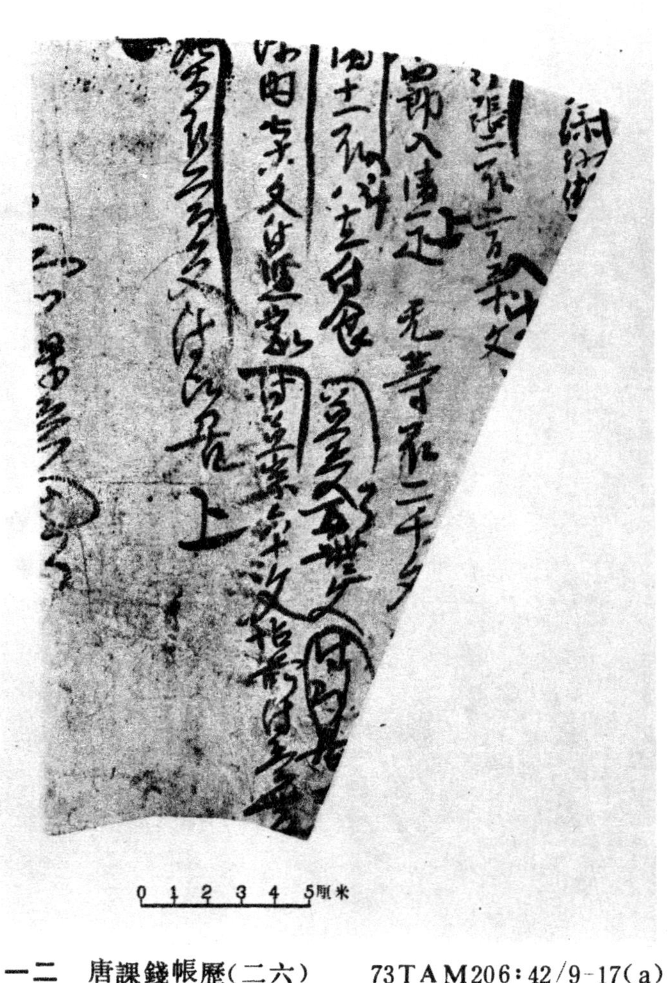

一二　唐課錢帳歷（二六）　73TAM206：42/9-17（a）

一二　唐課錢帳歷（二五）　73TAM206：42/9-18

（二五）

敬已前入五百文
元欠二千卅文又二百八十文總欠
□田十一白布一端價三百文，文付百五十王車家。
□□
五 田姨卅六 蕭二 六十 仙仁 十五 大姊 卅 蘇婆 卅 王二
百五十 張師 卅 大娘 十五 楊婆 十五
蘇敬 百廿 馬老 卅六 胡賢石 卅五 張五 六十 曹大 卅 漢
德十五 李老 二十五 楊大 十五 □□ 卅 八
姊 卅 孫婆 卅六 梅大 卅 孟大 十五 高年 十五 楊大 十五
十五 高卅 十五 更七文

（二六）

綠紗䌨
張二取二百五十文 入計
四郎入綾一疋 上 无等取二千文
□田十一取 入計 八十二付食 孟五入百卅三文。付阿居
□課內七十八文付憑家。付孟宗六十文。帖前付三百卅文。
□□大取二百文付阿居上
□前課□勾了

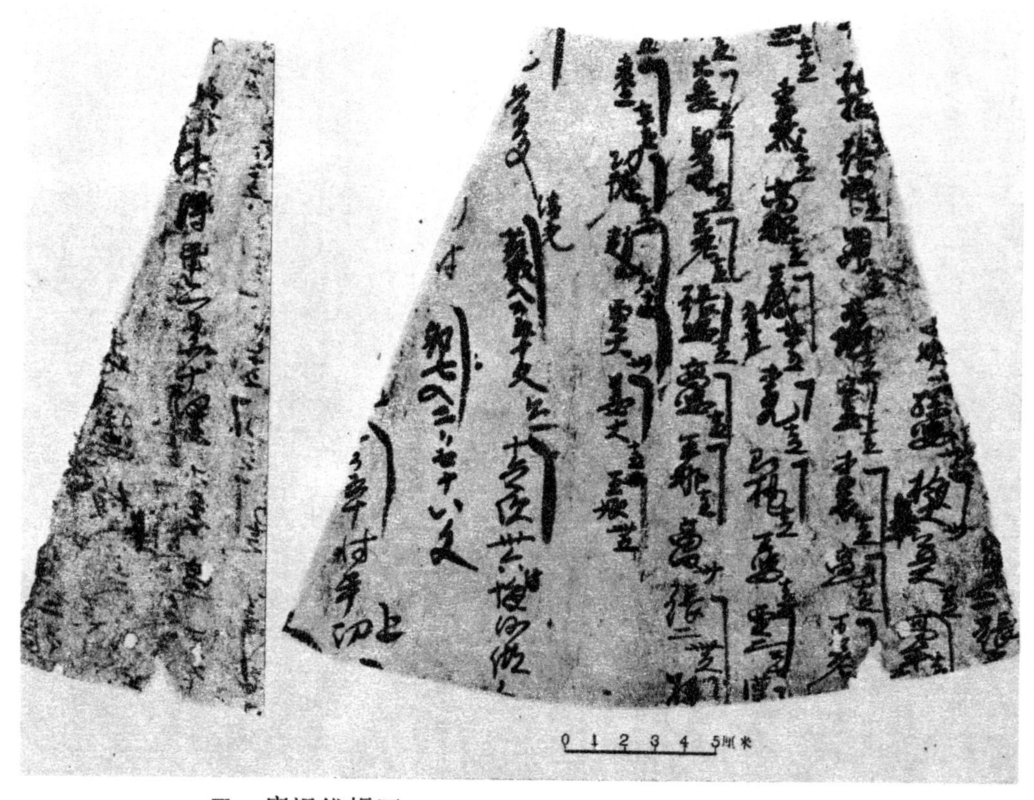

一二　唐課錢帳歷(二八)　73TAM206:42/9-14(a)
一二　唐課錢帳歷(二九)　73TAM206:42/9-14(b)

一二　唐課錢帳歷(二七)
73TAM206:42/9-17(b)

(二七)

課千四百八文又百五十七

(二八)

1 [　]胡賢

石二[　]張[　]

2 [　]小姊卌孫婆卌六梅大卌孟

大十五高年十五二[　]

3 [　]張哲[　]張師十五四娘十五高州十五大婆十五李

表十五高一十五王老[　]

4 [　]三七十五李藏十五高鄯十五王感七十五李九十五阿楊

十五王婆十五賈二卄五漢[　]

5 [　]五大婆十五舅母十五王老十五張婆十五高婆十五王鄯十五

高四卌張二卌五孫[　]

6 [　]五袁二七十五功德十五趙二六十賈大卌姜大十五王婢

卌五

7 [　]六百文　綾充　蘇敬入百五十文欠一十六日便卌

六付梅紗縜[　]

8 [　]付　郭七入二百七十八文

9 [　]百五

十付年功上[　]

(二九)

1 [　]計得千二百一十四

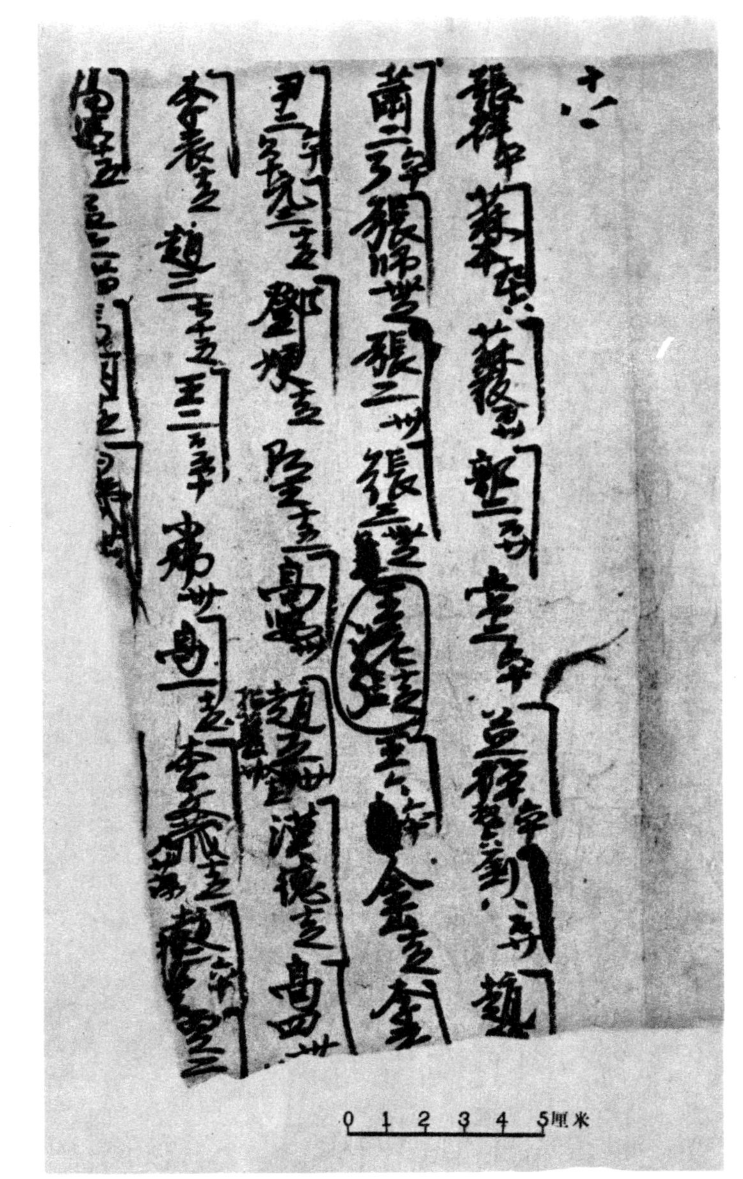

一二　唐課錢帳歷(三〇)　73TAM206:42/9-8

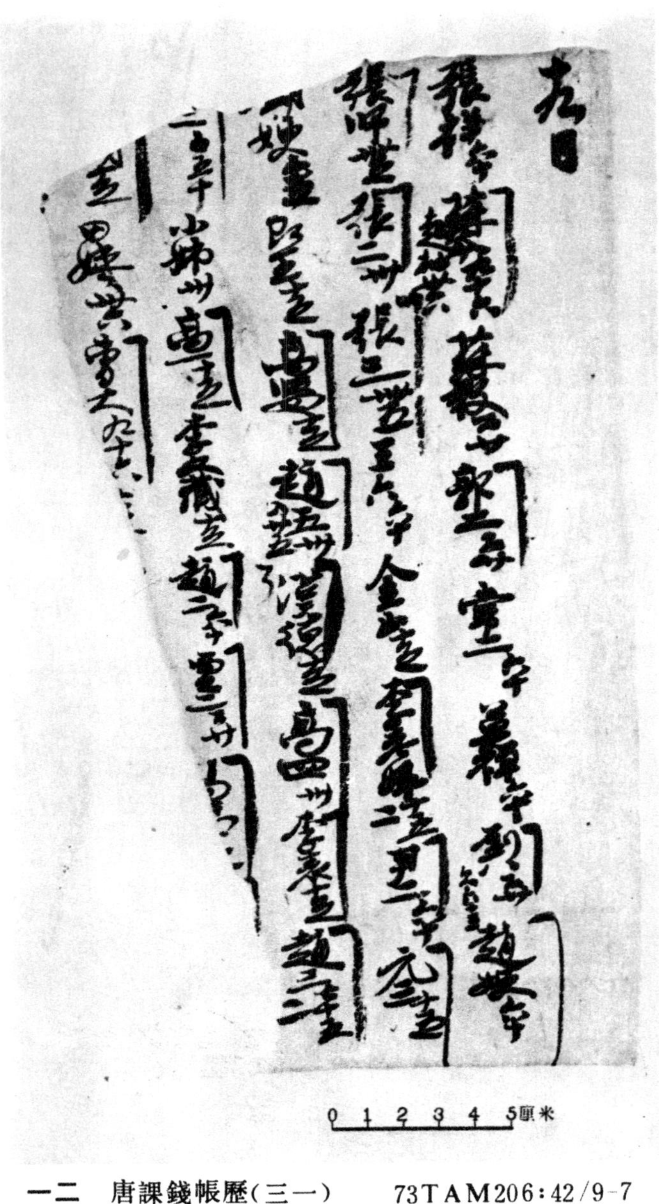

一二　唐課錢帳歷(三一)　73TAM206:42/9-7

（三〇）

1 十八日
2 張祥 六十 蘇本 九十六 蘇敬 百卅 郭二 百卅 常二 六十 孟禪
　總六 六十 劉八 百卅 趙□
3 蕭二 六十 了 張師 卅五 張二 卅 張三 卅五 欠七 王老 十五 計七十四了 王六
　六十 金山 十五 李[老]
4 尹二 六十 欠十 元三 十五 鄭㛂 十五 阿王 十五 高婆 卅 趙五
　卌 入十五 漢德 十五 高四 卅 □□
5 李表 十五 趙三 七十五 王二 百五十 小姊 卅 高一 十五 李文藏 帖蘇敬卅
　十五 入卅課 趙二 六十 賈二
6 楊婆 十五 [孟][五] 卅四 [馬][驹] 十五 [田][姨]

（三一）

1 十九日
2 張祥 六十 蘇本 九十六 蘇敬 百卅 郭二 百卅 常二 六十 孟禪
　六十 劉八 百卅 欠六十三 趙㛂 六十
3 張師 卅五 張二 趁伷卅六 卅 張三 卅五 王六 六十 金山 十五 李老婦
　二 十五 尹二 六十 元三 十五
4 [鄧]㛂 十五 阿王 十五 高婆 十五 趙五 卅 入廿五了 漢德 十五 高四
　卌 李表 十五 趙三 二 七十五
5 □[二] 百五十 小姊 卅 高一 十五 李文藏 十五 趙二 六十 賈二
　百卅 [楊][婆]
6 □□ 十五 田姨 卅六 曹大 九十六

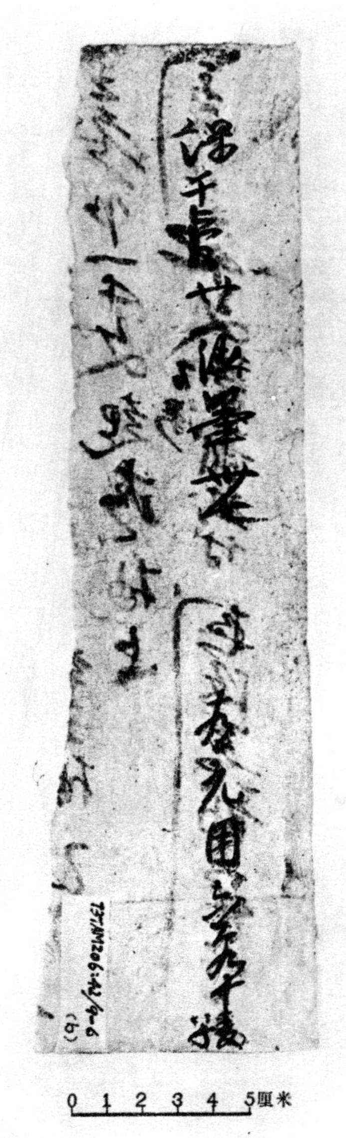

一二　唐課錢帳歷(三三)　73TAM206:42/9-6(b)

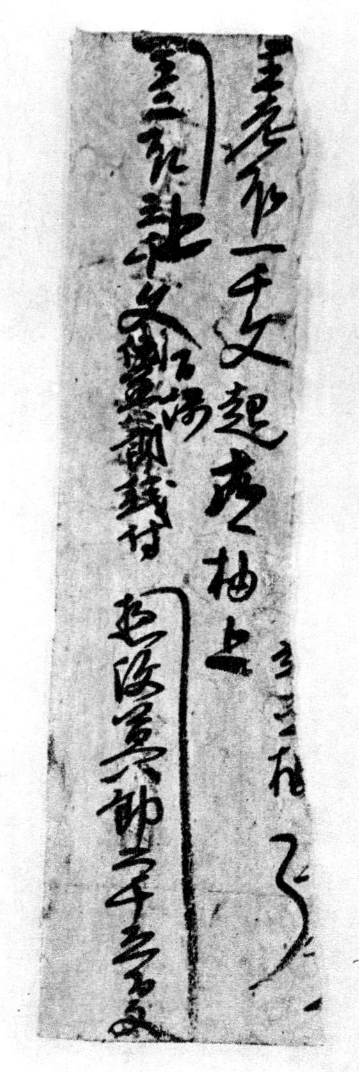

一二　唐課錢帳歷(三二)　73TAM206:42/9-6(a)

(三三)

1　課千三百卌　紙筆卌七　十九日元用六百九十子麦

(三二)

1　………………趙三□抽了

2　王老取一千文𧼈十八日抽上

3　王二取三[上]千文[一百課]便孟八郎錢付　總便孟八郎二千五百文

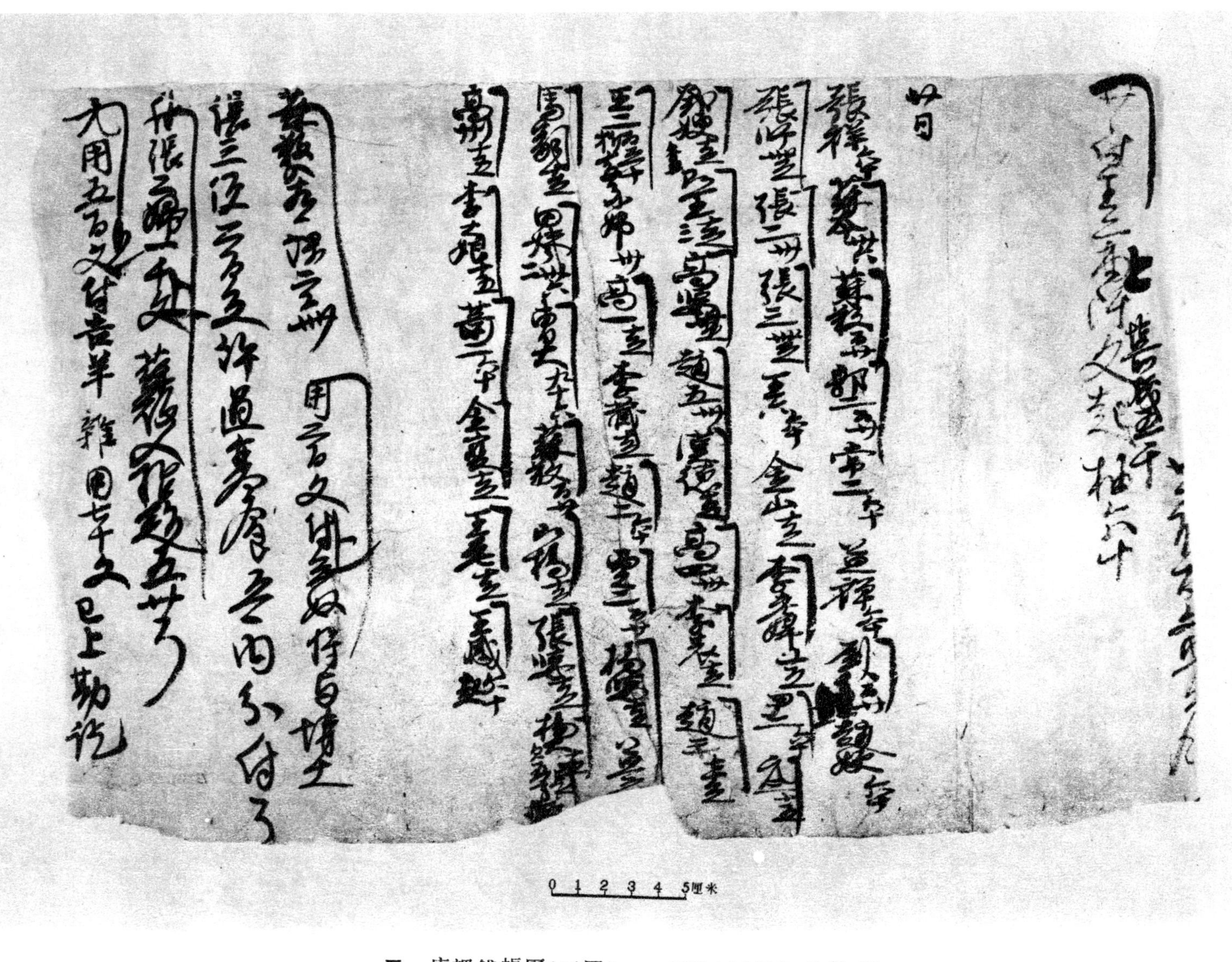

一二 唐課錢帳歷(三四) 73TAM206:42/9 27

（三四）

1 廿日取一百文□□□

2 廿日付王二壹阡文帖前錢五千趙抽六十

3 廿日

4 張祥六十 蘇本卌六 蘇敬百廿 郭二百廿 常二六十 孟禪六十

劉八百廿 ○ 趙婕六十

5 張师卌五 張二卌 張三卌五 王六六十 金山十五 李老婦

十五 尹二六十 元三十五

6 鄭婕十五 阿王·三十五 高婆卌 趙五卌 漢德十五 高四卌

李表十五 趙三七十五

7 王二百五十折十五了 小姊卌 高一十五 李藏十五 趙二六十 賈二百

廿 楊德十五 孟宗□

8 馬嗣十五 田姨二卌六 曹大九十六 蘇敬百廿 阿楊十五 張婆

十五 楊大欠十五 五 張五捕 □

9 高州十五 李大娘十五 蕭二六十 金寶十五 王老十五 王感

六十 趣

10 蘇敬入十九日課二百卌 用二百文付三上奴將与塼土。

11 張三便二百文，許過寒食五日內分付了。

12 付張二婦一千文上 蘇敬入帖趙五廿了。

13 元用五百上文，付吉羊雜用七十文。已上勘訖。

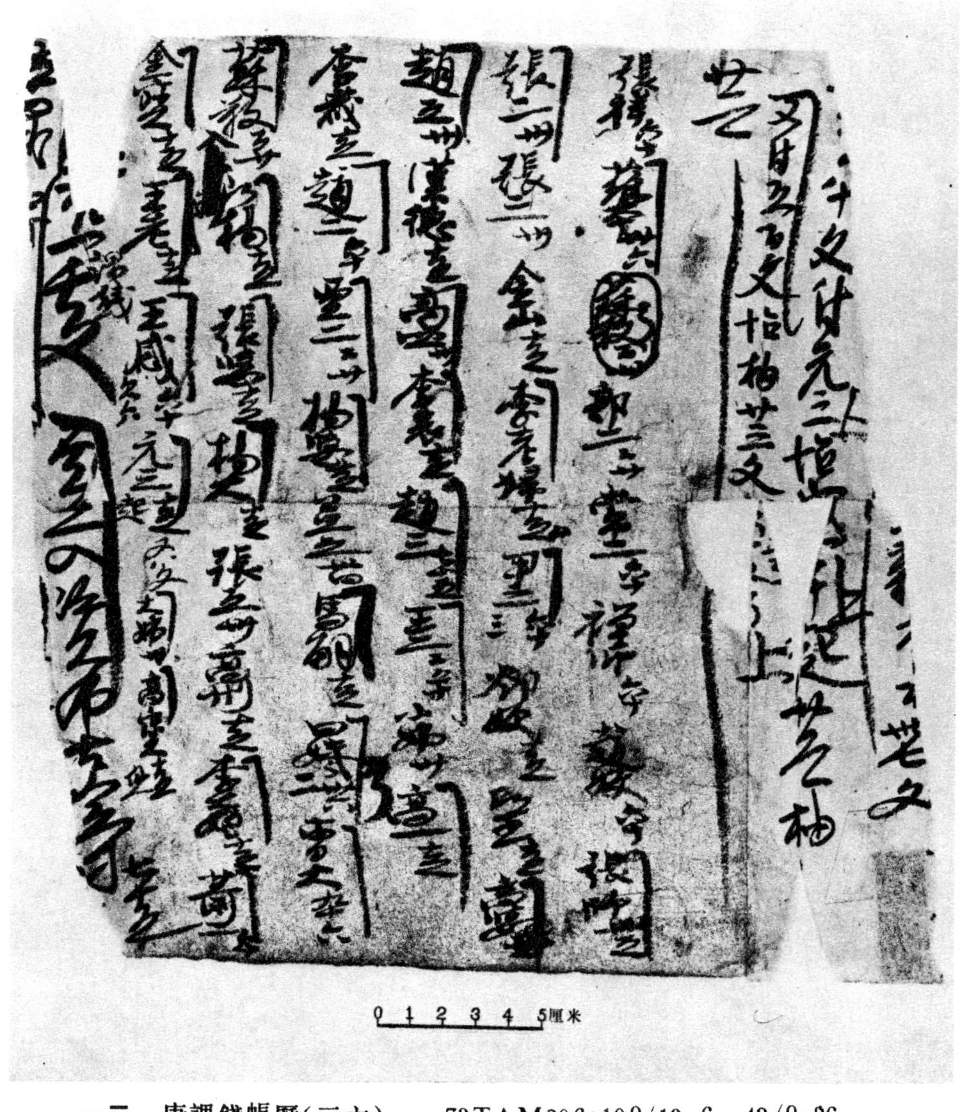

一二　唐課錢帳歷（三六）　73TAM206:109/13-6，42/9-26

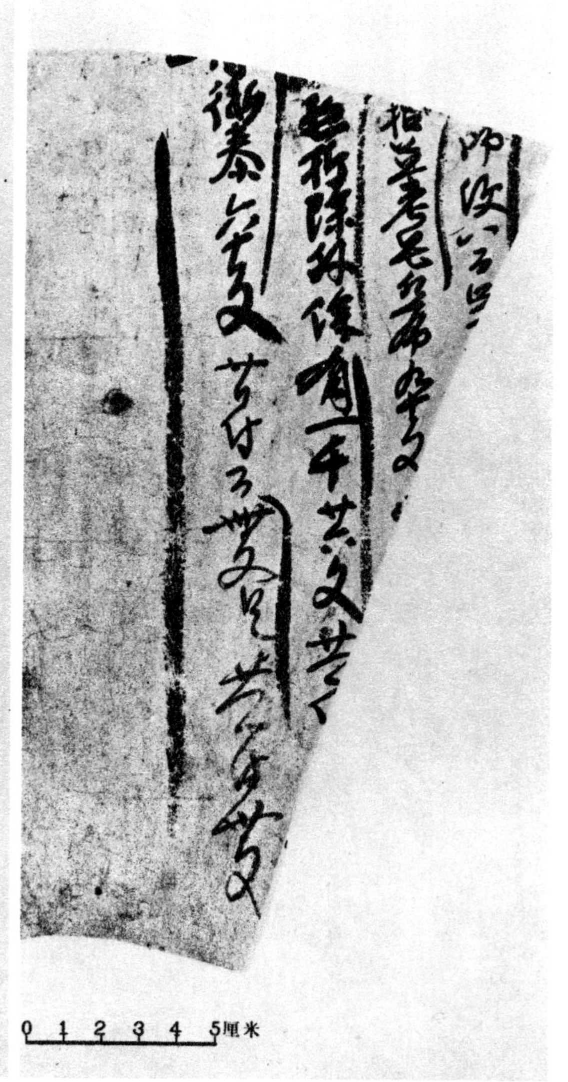

一二　唐課錢帳歷（三五）
73TAM206:42/9-13

（三五）

1 □師使八百四□
2 □粘孟老皂絲布九十文□
3 □揔折除外餘有一千廿六文廿一日付□
4 □衛秦六十文廿日付百卅文足廿一日付卅文

（三六）

1 □義抽一百卅七文
2 □八十文付元上三帖□一千趙廿二日抽
3 又付五百文帖抽廿三文□□了上 □□了（一）
4 廿二日
5 張祥六十 蘇本卅六 蘇敦了百廿 郭二百廿 常二六十 禪師
　六十 趙婕六十 張師卅五
6 張二卅 張三卅 金山十五 李老婦十五 尹二六十三 鄧婕十
　五 阿王十五 高婆卅
7 趙五卅 漢德十五 高四卅 李表十五 趙三七十五 王二百五十
　小娣卅 高一十五
8 李藏十五 趙二六十 賈二百廿 楊婆十五 孟五廿四 馬嗣
　十五 田嬈卅六二 曹大九十六
9 蘇敦百廿（八十五文）阿楊十五 張婆十五 楊大十五 張五卅 高州十
　五 李大娘十五 蕭二六十

10 金寶十五　王老十五　王感六十久六　元三起十五文八文　大姊卌　高寶

11 仙人十五　　　　取課錢一千文　賈二入資布七尺五寸七十五

注釋

〔一〕此處一至三行下部，即一行「義」字起，二行「帖」字以下，三行「文」字以下，乃另一殘片，出自與本墓相鄰之五〇一號墓（即張雄之子懷寂墓），據內容、字跡及文書磕口綴合。

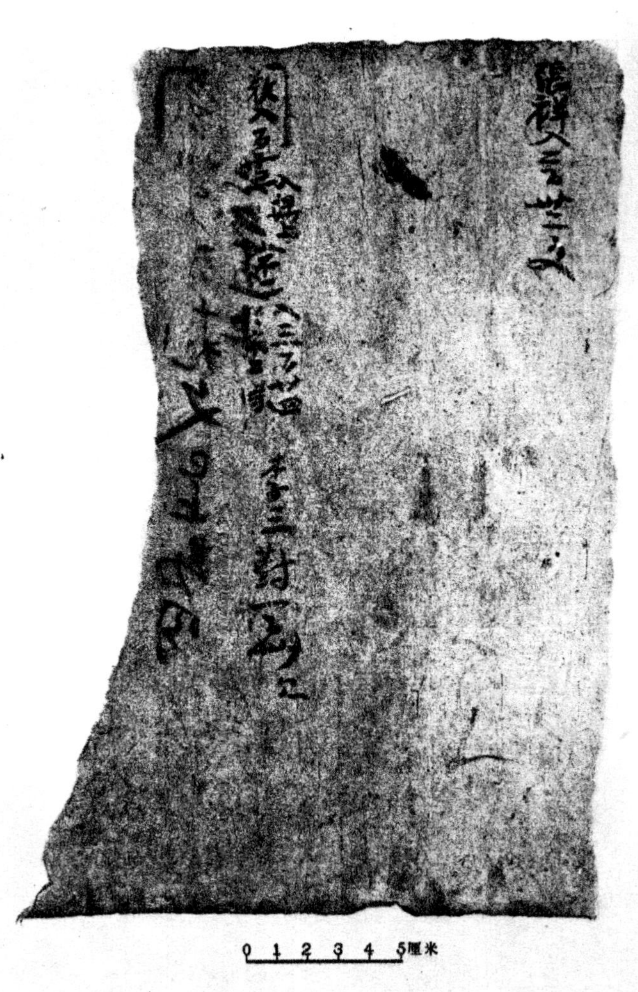

一二　唐課錢帳歷（三七）

73TAM206：42/9-1（a）

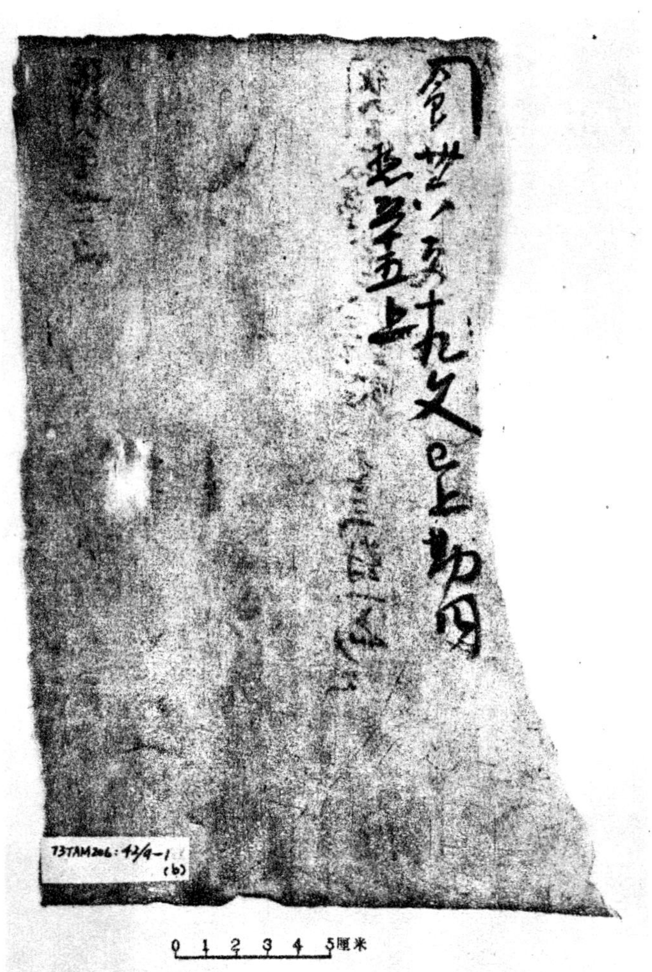

一二　唐課錢帳歷（三八）

73TAM206：42/9-1（b）

（三七）

1 張祥入二百卌二文

2 敬入百十三入課上　常二入二百卌於宋二得　李三對一百卌文

（三八）

1 食卌六更十九文。已上勘同

2 總五十五上

一二　唐課錢帳歷（四一）
73TAM206：42/9-33

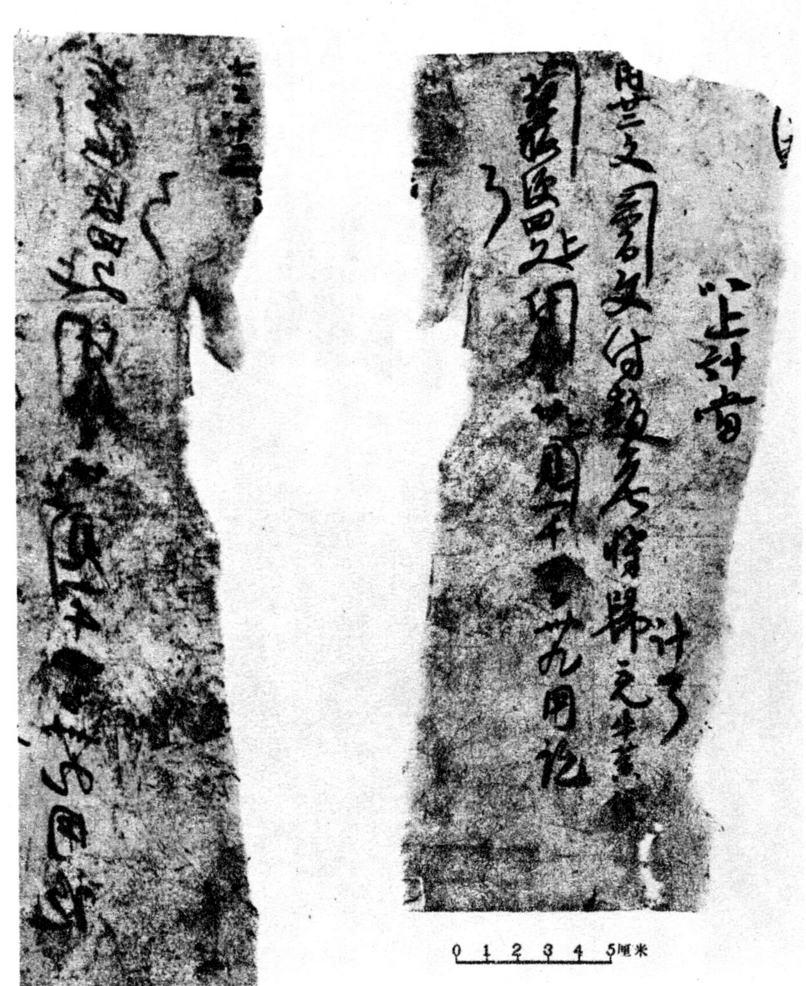

一二　唐課錢帳歷（三九）　73TAM206：42/9-9（a）

一二　唐課錢帳歷（四〇）　73TAM206：42/9-9（b）

（三九）

1 以上計當

2 用廿二文　三百文付趙老將歸充牛黃價（計了）

3 蘇敬便四（上）文付姉々　廿（上）見一千四百卅九用訖

4 了

（四〇）

1 七百八十三

（四一）

1 □廿文

2 用二百文又卅文

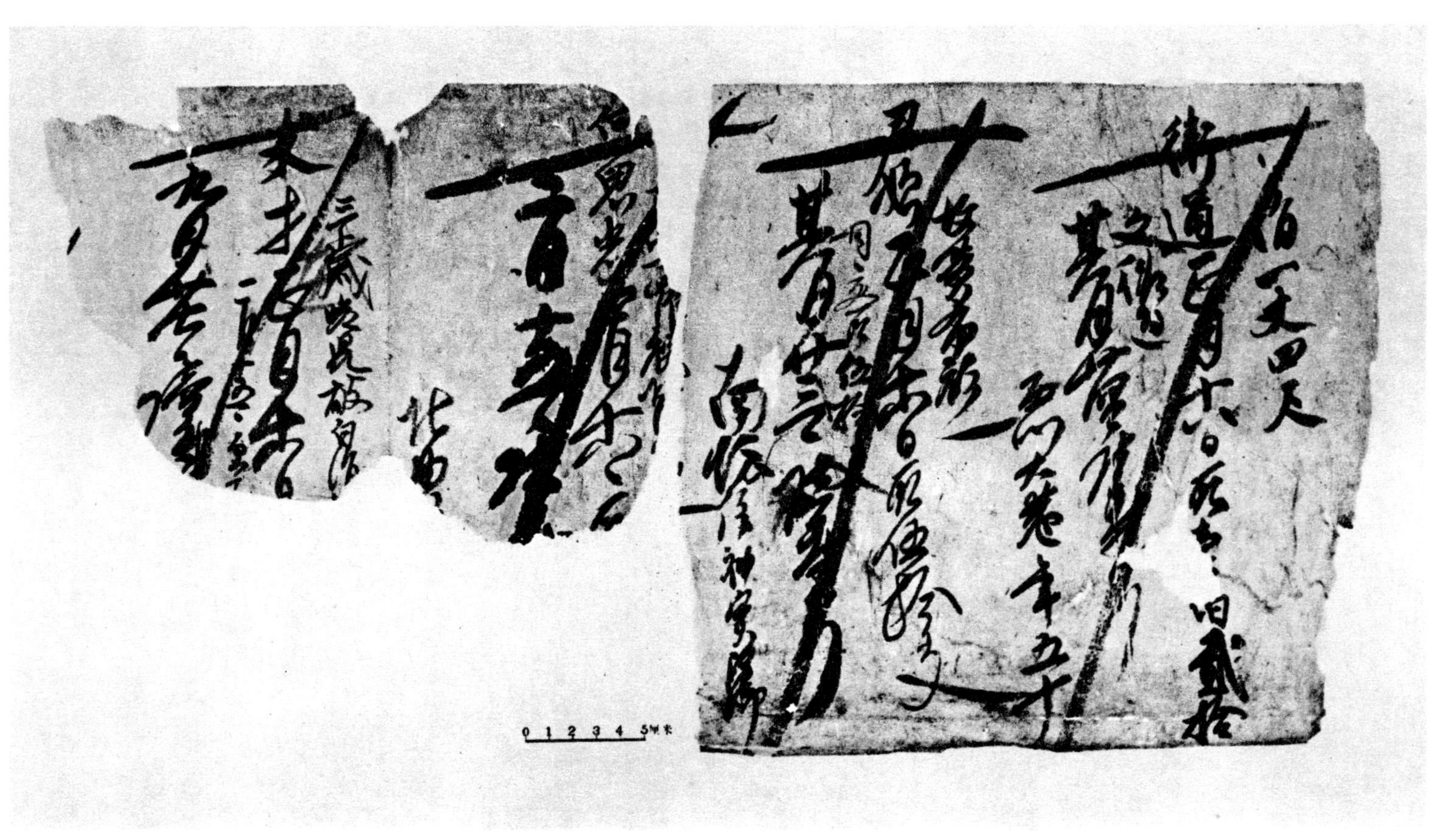

一三　唐質庫帳歷(？)(一)　73TAM206:42/10-1、42/10-15

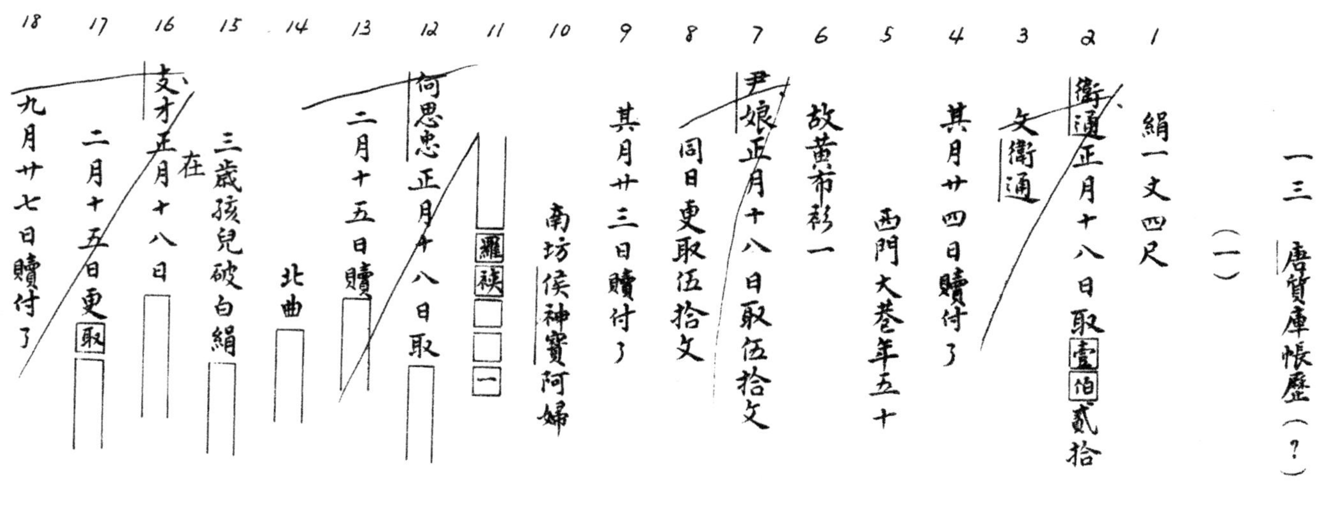

一三　唐質庫帳歷（？）

（一）

絹一丈四尺
衞通正月十八日取壹佰貳拾
文衞通
其月廿四日贖付了
西門大巷年五十
故黃布衫一
尹娘正月十八日取伍拾文
同日更取伍拾文
其月廿三日贖付了
南坊侯神寶阿婦
羅襖□□一
何思忠正月十八日取□
二月十五日贖□
北曲□
三歲孩兒破白絹□
文才在正月十八日□
二月十五日更取□
九月廿七日贖付了

一三　唐質庫帳歷(？)(二)　73TAM206:42/10-10

一三　唐質庫帳歷(？)(三)　73TAM206:42/10-2

(二)

故白小綾領巾一
楊二娘正月十八日取貳拾文
二月七日贖付了
北曲住年卅六
故白布衫一
張元爽正月十八日取壹伯文
南坊住叙
破白布頭巾一

(三)

□小綾衫子一
□阿四正月十八日取伍拾文
其月十九日贖付了
漢子布也
故紫小綾袷帔子一
李思慶正月十八日取壹伯貳拾文
二月十日贖付弟思泰

一三　唐質庫帳歷（？）（四）
73TAM206：42/10-8

一三　唐質庫帳歷（？）（五）
73TAM206：42/10-11

（四）

何七娘正月十八日取陸拾伍文
二月一日贖付母来去
觀音寺後曲年十三

（五）

李山頭住年□
故白小綾衫子一　銅鏡子一
馬四娘正月十九日取肆拾伍文
十月廿八日将鏡子更取柒拾文
十一月□十七日贖付鏡子去

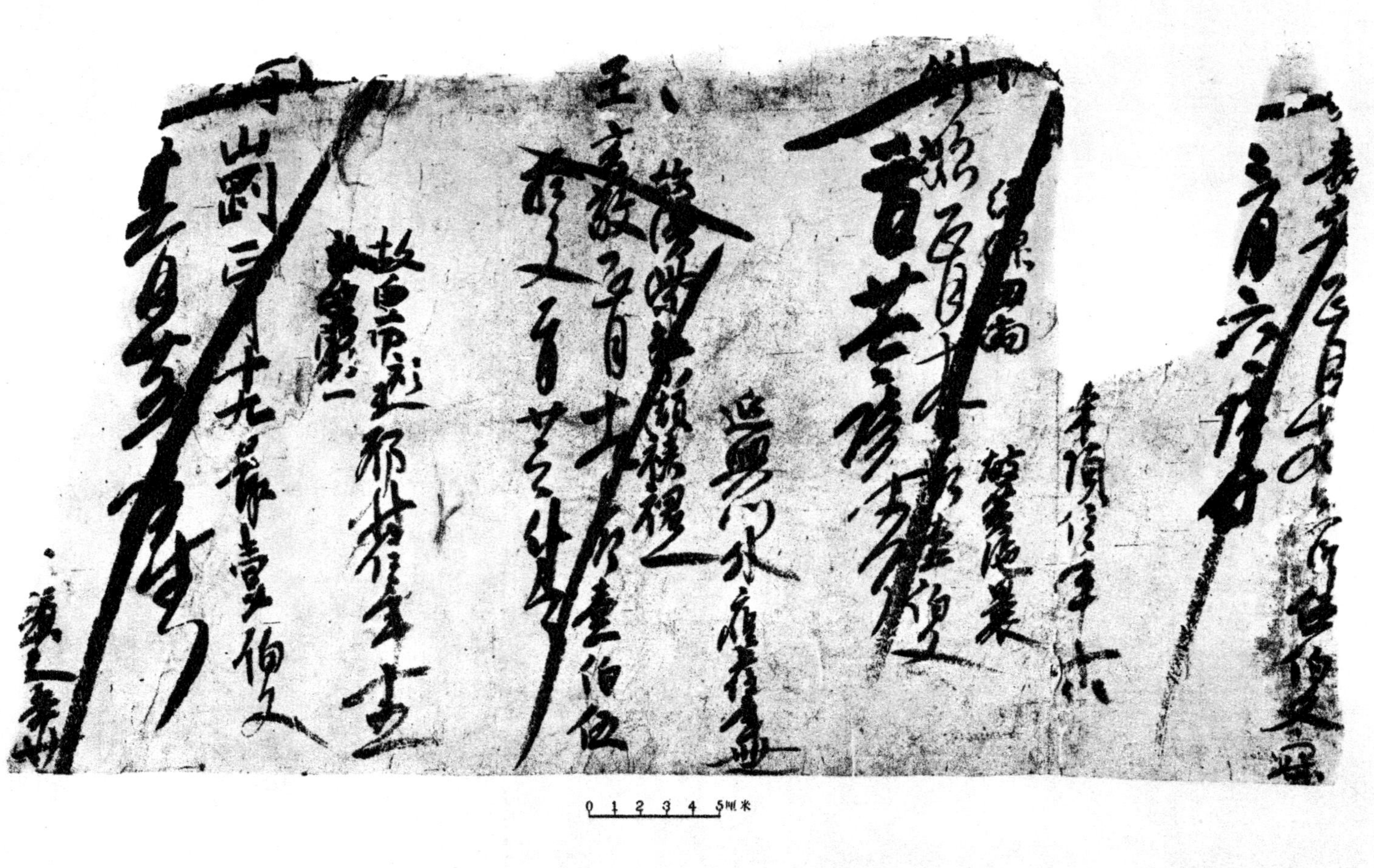

一三　唐質庫帳歷（？）（六）　73TAM206：42/10-14、42/10-9

（六）

□嘉□正月十九日取伍伯文舜
三月六日贖付
東頭住年十八
緣綠四兩　破黃絁裹
劉娘正月十九日取壹伯文
二月廿七日贖付了
延興門外店上住年卅二
故縵紫紅小纈袂裙一
王玄敬正月十九日取壹伯伍
拾文　二月廿二日付了
故白布衫一　王祁村住年十五
故□□衫一
何山剛正月十九日取壹伯文
其月廿五日贖付了
□頭人年卅

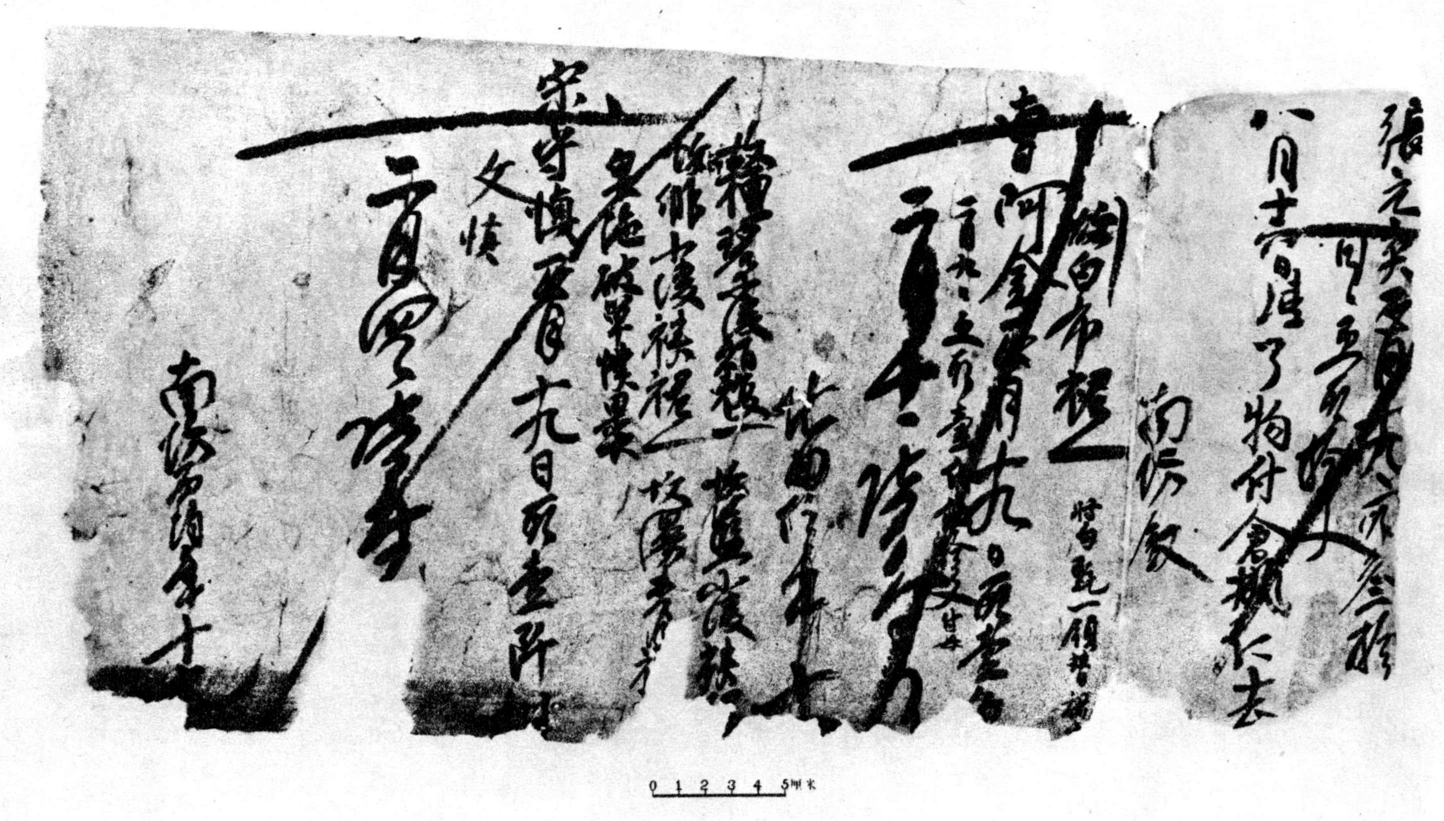

一三　唐質庫帳歷(？)(七)　73TAM206:42/10-13、42/10-3

（七）

張元爽正月十九日取叁拾□
同日更取拾文
八月十六日贖了物付倉桃仁去
南坊敍
故白布裙一　将白氈一領替裙去
曹阿金正月十九日取壹伯□
二月九日更取壹伯伍拾文　付母
二月十日贖付了
北曲住年十□
故檀碧小綾裲複一　故藍小綾裌裙□
故緋小綾裌裙一　故緆青衤□□
皂絁破單幞裹
宋守慎正月十九日取壹阡捌□
文慎
二月四日贖付□
南坊西場年十九

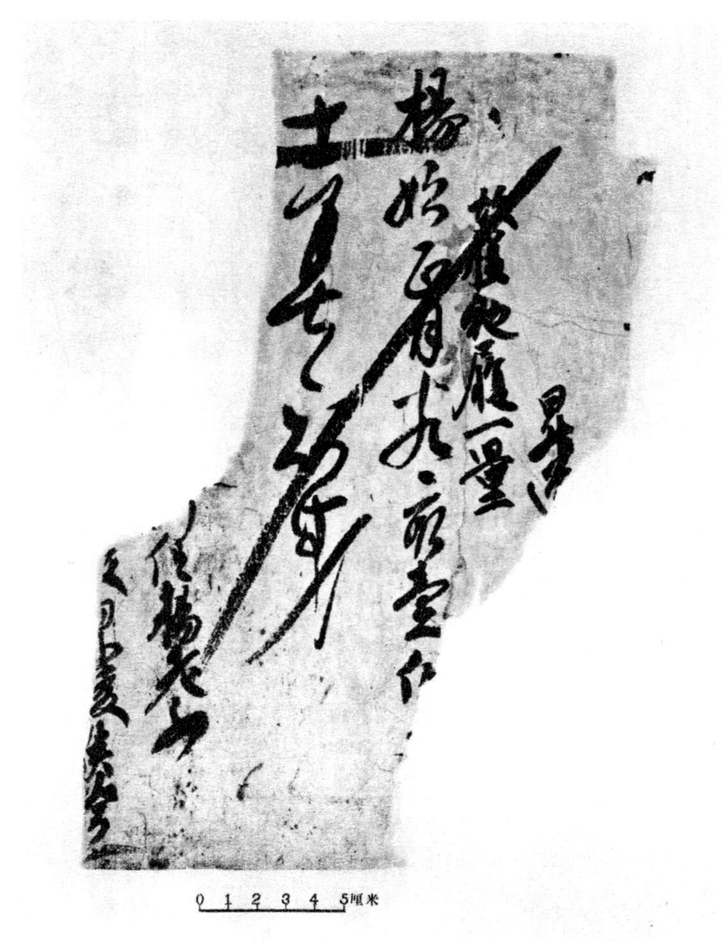

一三　唐質庫帳歷(?)(八)　73TAM206:42/10-4

(八)

1 昇道□

2 故緼袍履一量

3 在外　楊、娘　正月十九日取壹伯□

4 十二月七日贖付了

5 □佳楊老女

6 故白小綾袂袴一

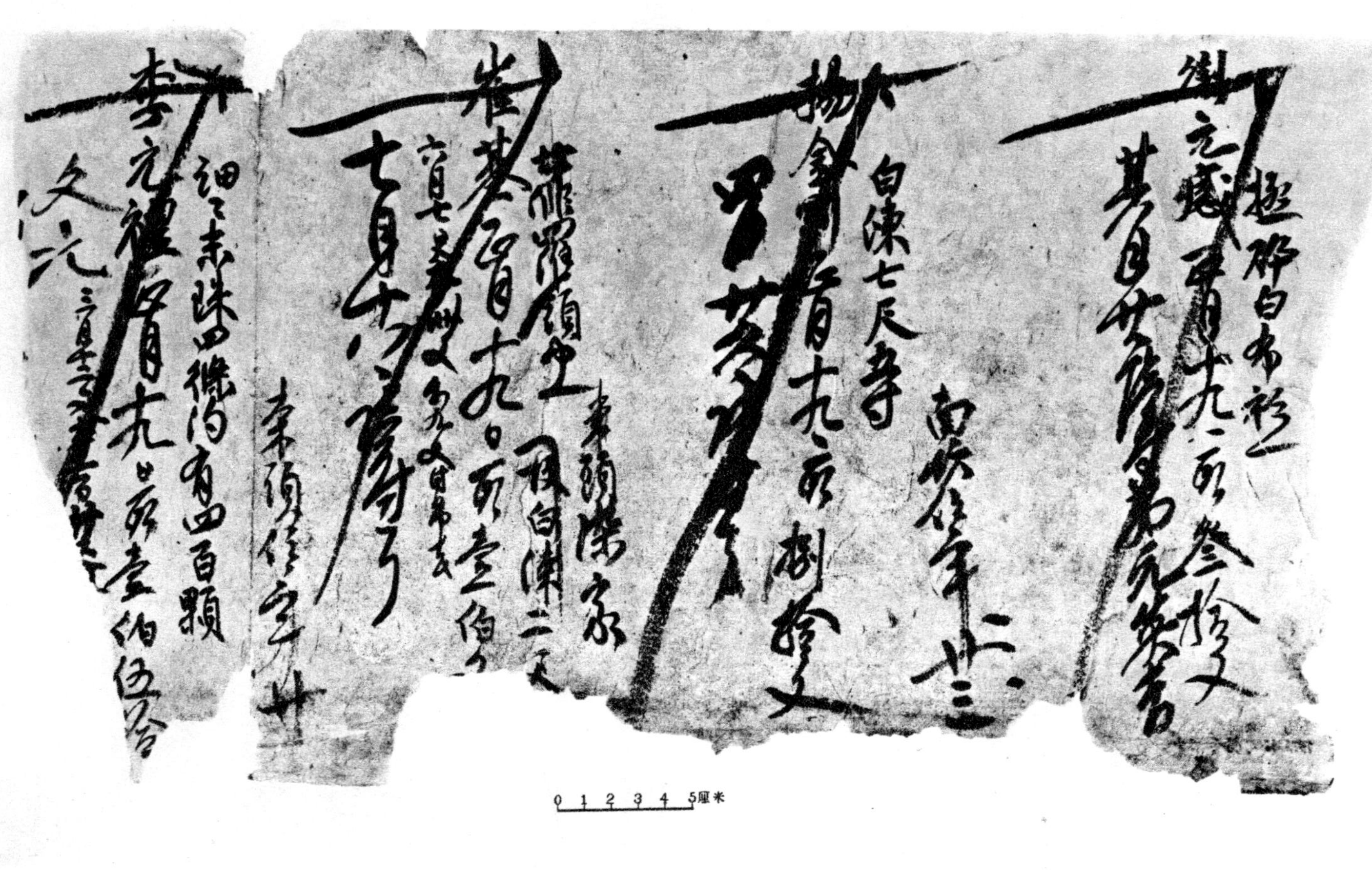

一三　唐質庫帳歷（？）（九）　73TAM206：42/10-5、42/10-17

（九）

極碎白布衫一
劉元感正月十九日取叁拾文
其月廿日贖付弟元英去
南坊住年廿三
白練七尺五寸
楊金剛正月十九日取捌拾文
四月廿六日贖付了
東頭染家
故緋羅領巾一（故白練二尺）
崔基正月十九日取壹伯〔文〕
六月七日入本卌文利九文付帛去
七月十八日贖付了
東頭住年卌
細々末珠四條約有四百顆
李元禮正月十九日取壹伯伍拾
文。元三月十二日入本一百廿□

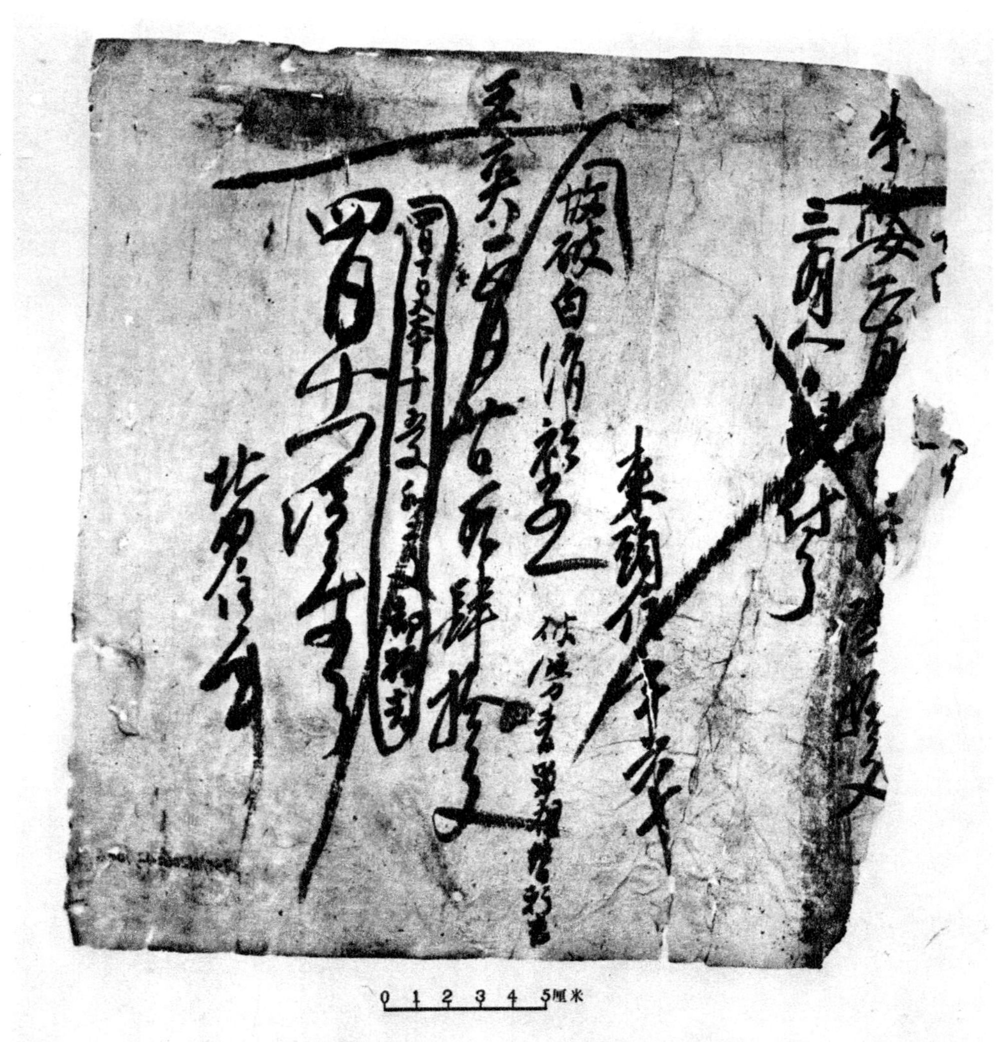

一三　唐質庫帳歷(？)(一〇)　73TAM206:42/10-6

(一〇)

牛婆正月廿日取陸拾文
三月八日贖付了
東頭住年六十
故破白絹衫子一　破縵青單裙替衫去
王爽正月廿日取肆拾文
四月十日又本十五文利二文却將去
四月十一日贖付了
北曲住年

一三　唐質庫帳歷(?)(一一)　73TAM206:42/10-7

一三　唐質庫帳歷(?)(一二)　73TAM206:42/10-12

（一一）

張元亮正月廿日取貳伯貳
拾文
其月廿五日贖付了
南坊鈫師
廿一日
白練輕汗衫一　故緋絁被表一　替汗衫去
□□、姉正在月廿一日取貳伯文
月五日更取貳拾文　三月十一日更取壹伯叁拾文付
六日贖了
孛山頭西壁上

（一二）

壹伯肆
□月廿六日贖付了
北曲住年廿
故青絁單裙一
王國仁正月廿四日取壹伯陸拾文
六月四日贖付主了　一一
苟家嘴小王村年卌

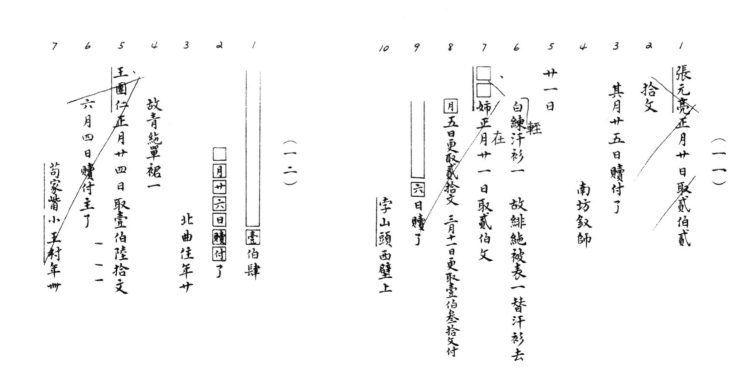

一三　唐質庫帳歷(？)(一三)
73TAM206:42/10-16

一三　唐質庫帳歷(？)(一四)
73TAM206:42/10-20

(一三)

1 麄〻麻鞋二[量]
2 董元　正月卅日取陸拾文
3 二月二日贖付了
4 [北][曲][住]

(一四)

1 □曲盂家
2 ……衫一故縵綠裙一替去
3 ……月十九日取壹伯文
4 ……[四][日]□付了
5 ……[昌]子西坊□□七

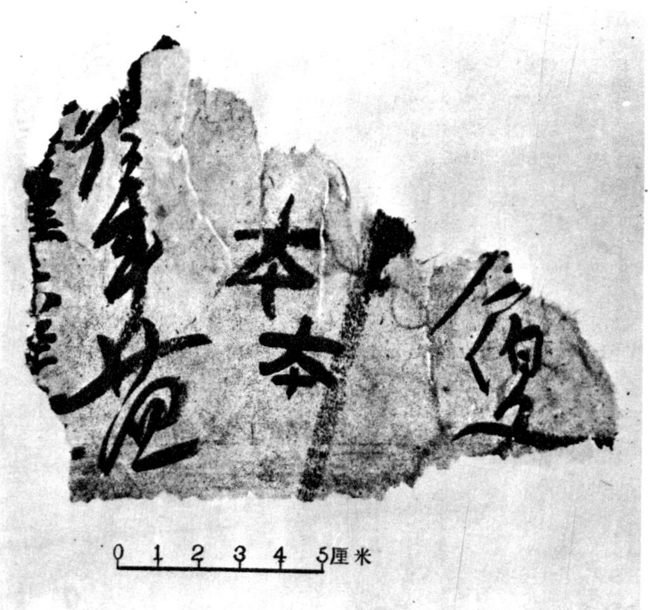

一三　唐質庫帳歷(？)(一七)
73TAM206:42/10-18

一三　唐質庫帳歷(？)(一六)
73TAM206:42/10-22

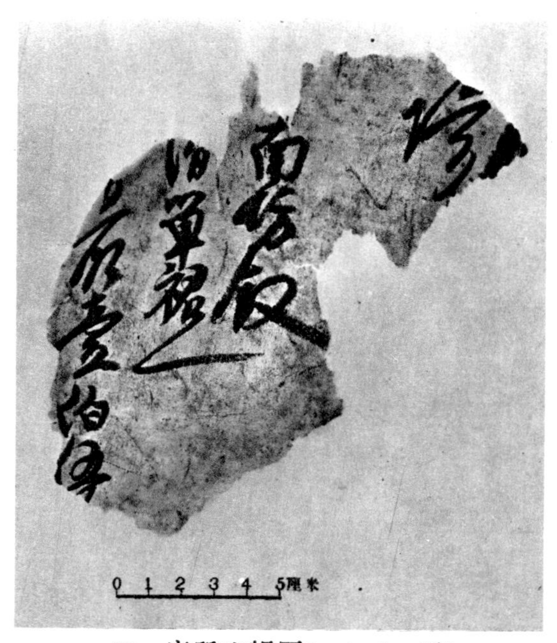

一三　唐質庫帳歷(？)(一五)
73TAM206:42/10-21

一三　唐質庫帳歷(？)(二〇)
73TAM206:42/10-25

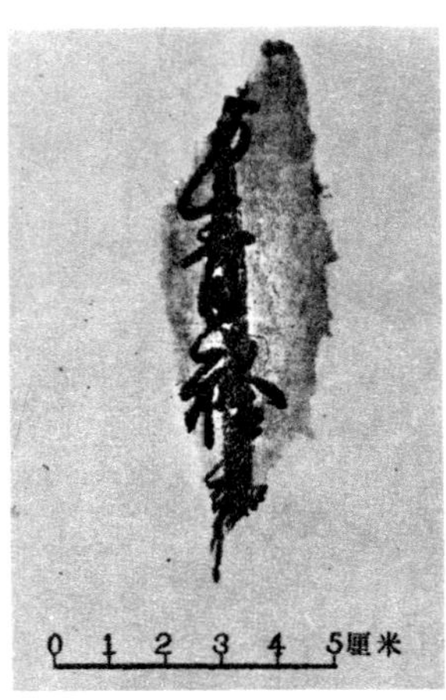

一三　唐質庫帳歷(？)(一九)
73TAM206:42/10-24

一三　唐質庫帳歷(？)(一八)
73TAM206:42/10-23

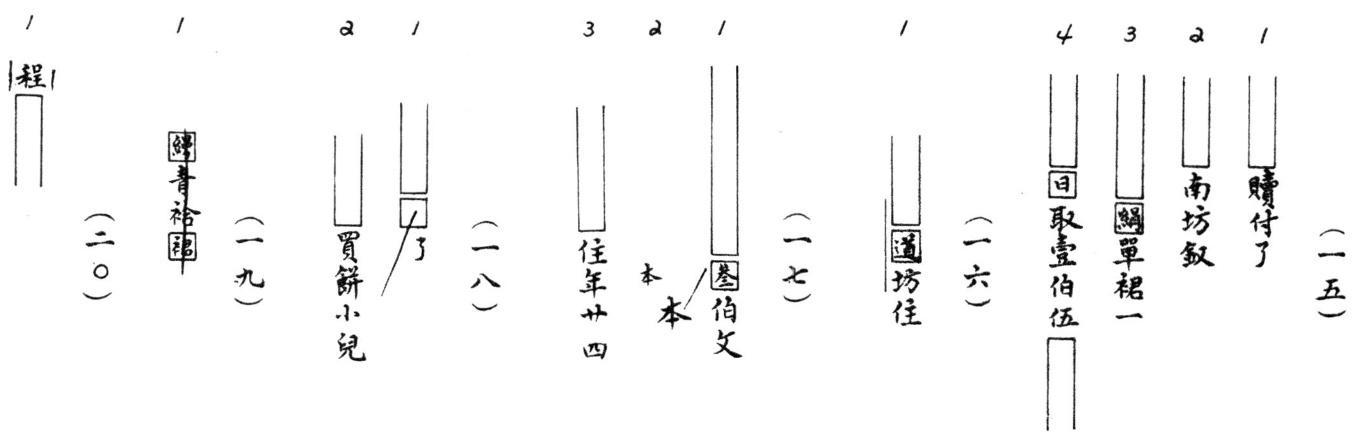

(一五)
1 ［　　］贖付了
2 ［　　］南坊叙
3 ［　　］緋單裙一
4 ［　　］日取壹伯伍［　　］

(一六)
1 ［　　］道坊住

(一七)
1 ［　　］叁伯文
2 本
3 ［　　］住年卅四

(一八)
1 ［　　］了
2 ［　　］買餅小兒

(一九)
1 緋青袷襦

(二〇)
1 程［　　］

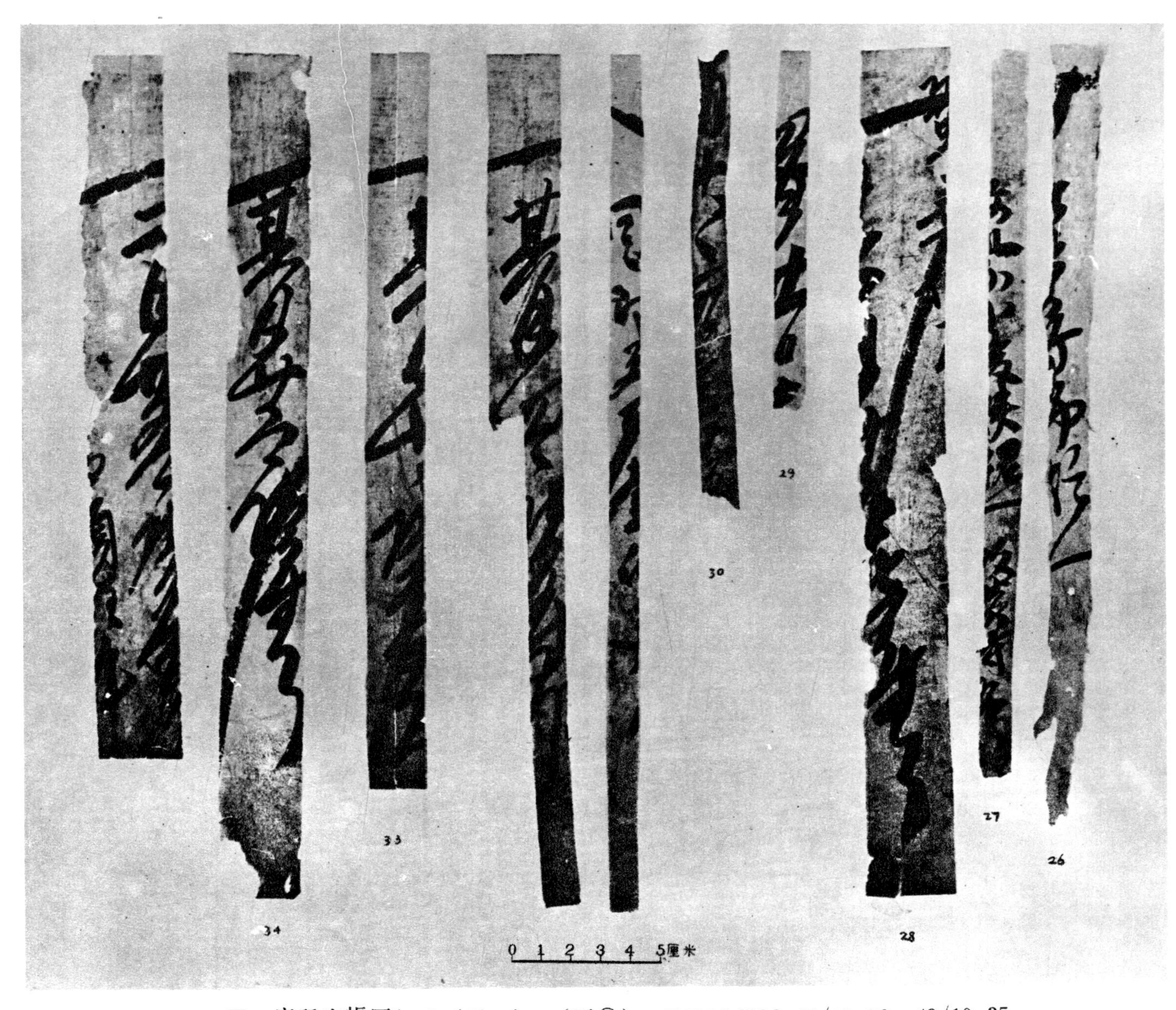

一三　唐質庫帳歷(?)(二一)~(三〇)　73TAM206:42/10-26~42/10-35

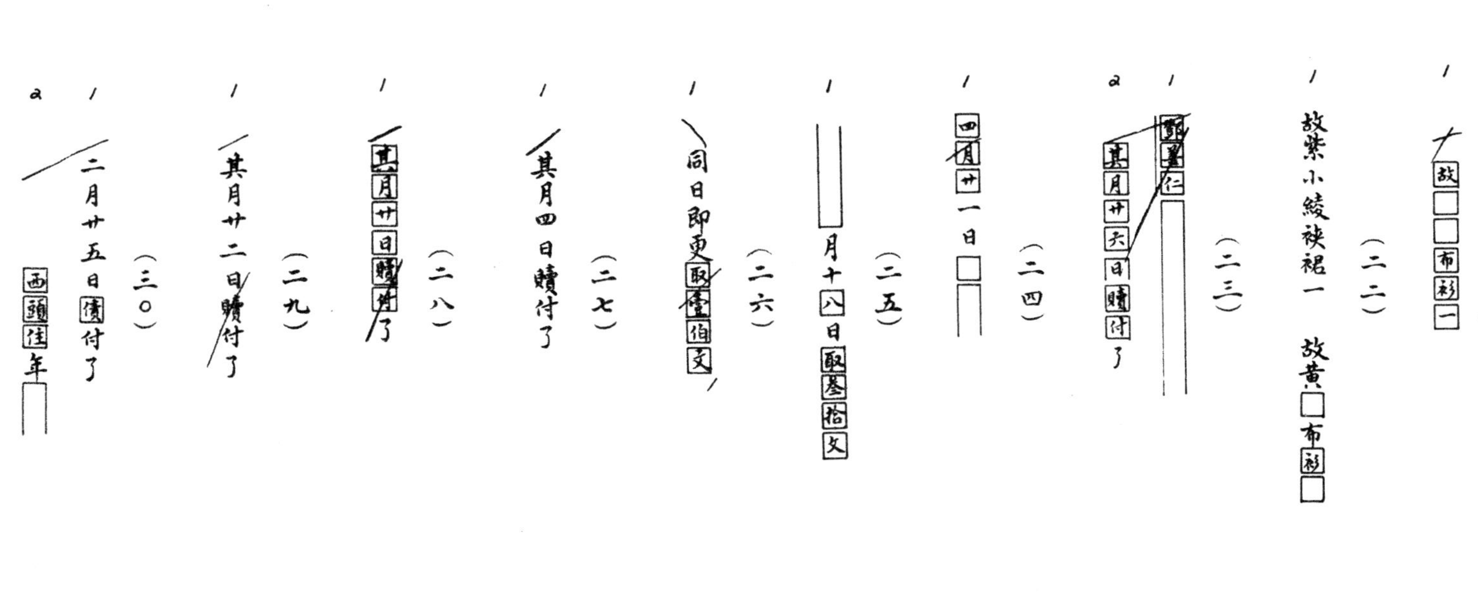

(二一)

1 □故□□布衫一

(二二)

1 故紫小綾袷裙一　故黃□布衫□

(二三)

1 鄧曾仁

2 其月廿六日贖付了

(二四)

1 四月廿一日□

(二五)

1 □月十八日取壹拾文

(二六)

1 同日即更取壹伯文

(二七)

1 其月四日贖付了

(二八)

1 其月廿日贖付了

(二九)

1 其月廿二日贖付了

(三〇)

1 二月廿五日儥付了

2 西頭住年□

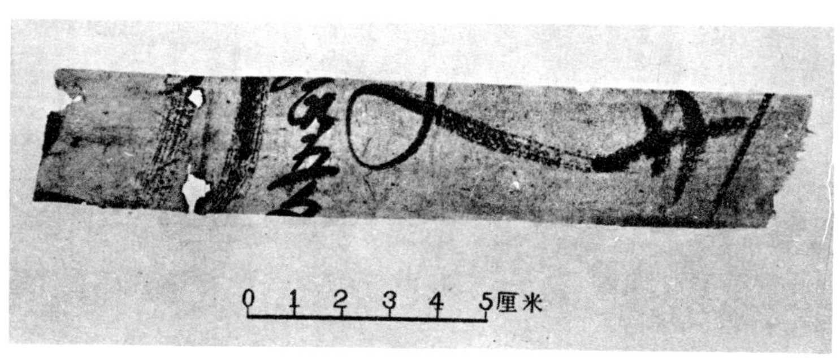

一三　唐質庫帳歷（？）（三二）　73TAM206：42/10-42

一三　唐質庫帳歷（？）（三一）　73TAM206：42/10-41

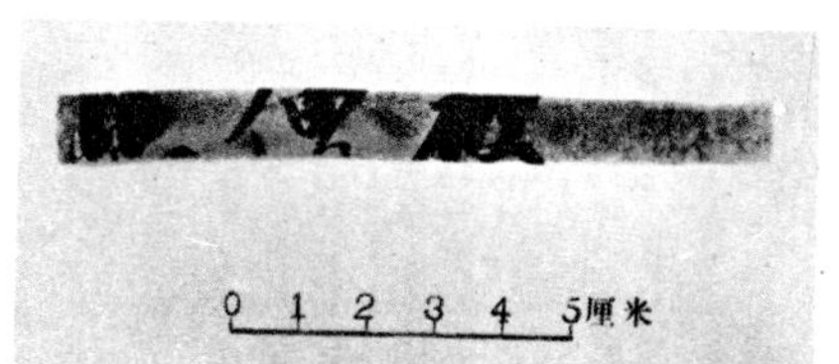

一三　唐質庫帳歷（？）（三三）　73TAM206：42/10-43

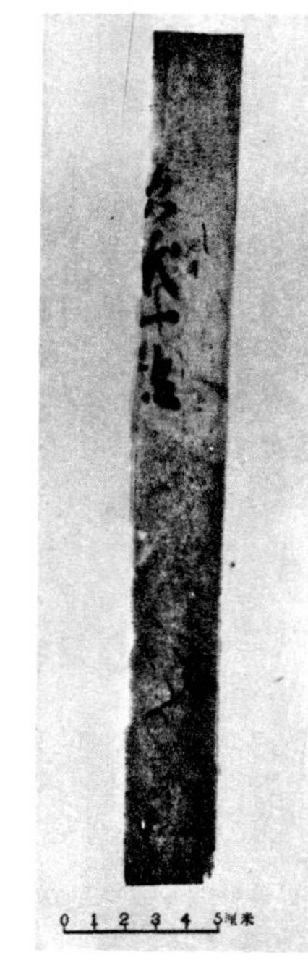

一五　唐領紙殘文書　73TAM206：42/12-2

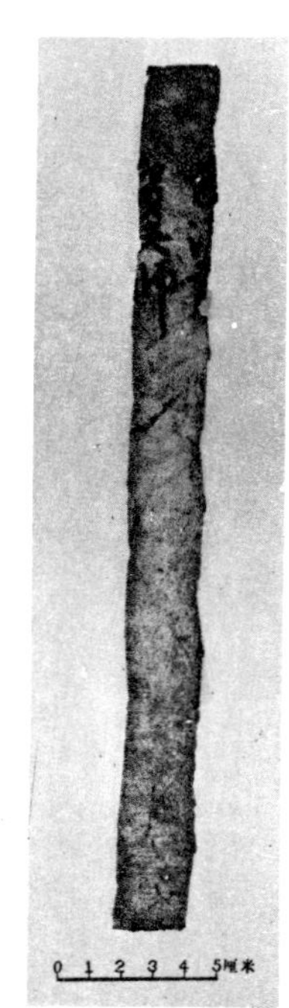

一四　唐李某殘名籍　73TAM206：42/12-1

（三一）

1 十八日

2 陸

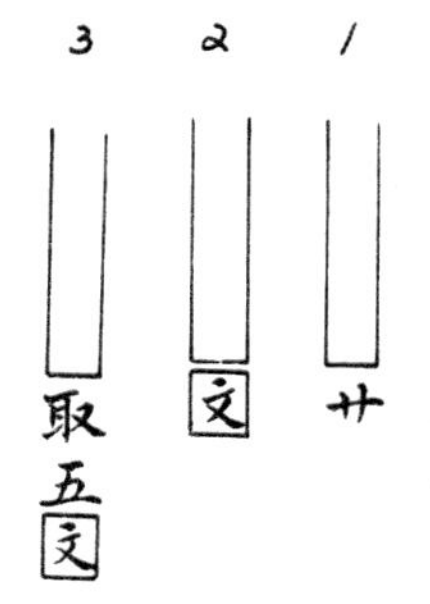

（三二）

1 卄

2 文

3 取五文

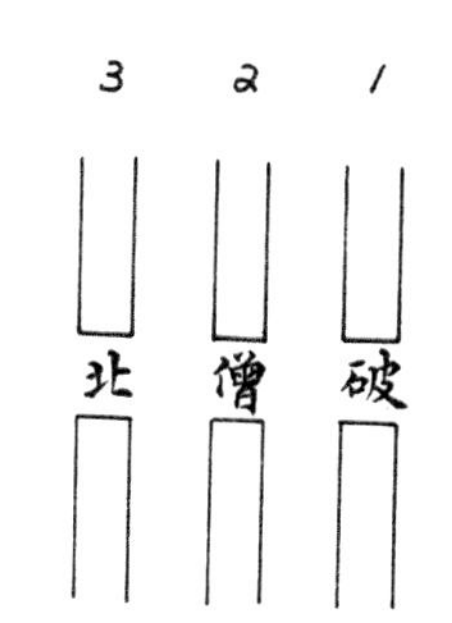

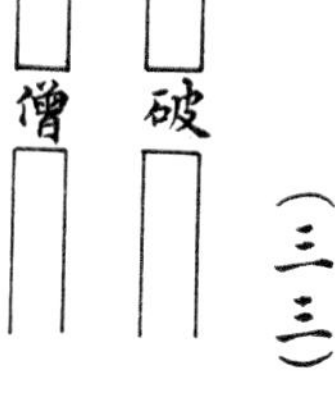

（三三）

1 破

2 僧

3 北

一四　唐李某殘名籍

1 李□□

2 賀㦸師

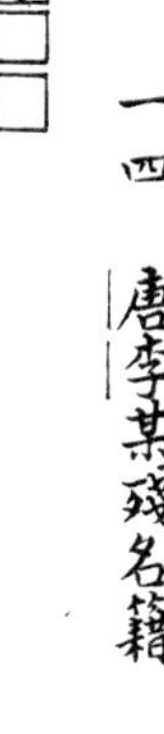

一五　唐領紙殘文書

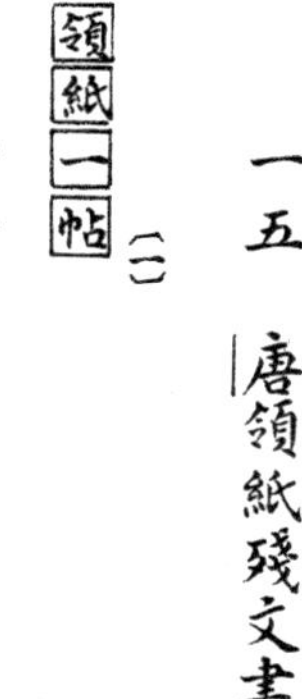

1 領紙一帖〔一〕

注釋

〔一〕領紙一帖：此四字原件僅存右半部爲「貝氏一占」。

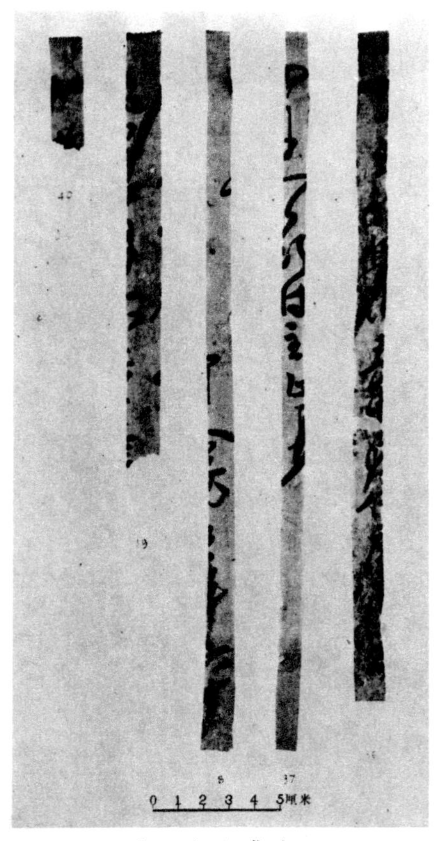

一八　文書殘片

73TAM206:42/10-36～42/10-40

一七　文書殘片

73TAM206:42/10-19

一六　文書殘片

73TAM206:42/9-34

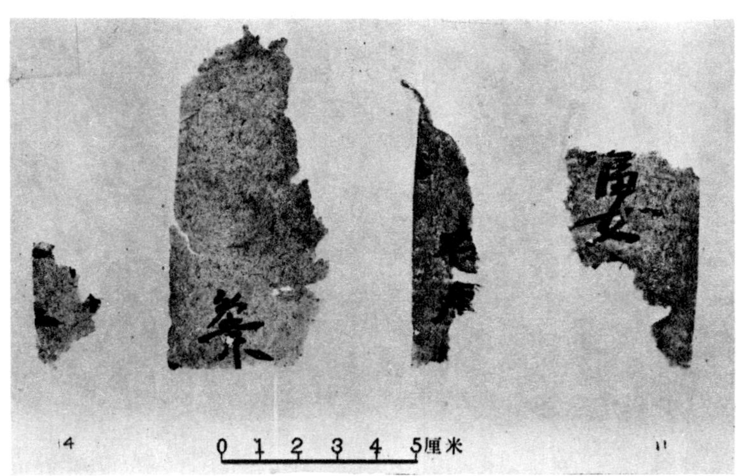

二一　文書殘片　73TAM206:42/11-11～42/11-14

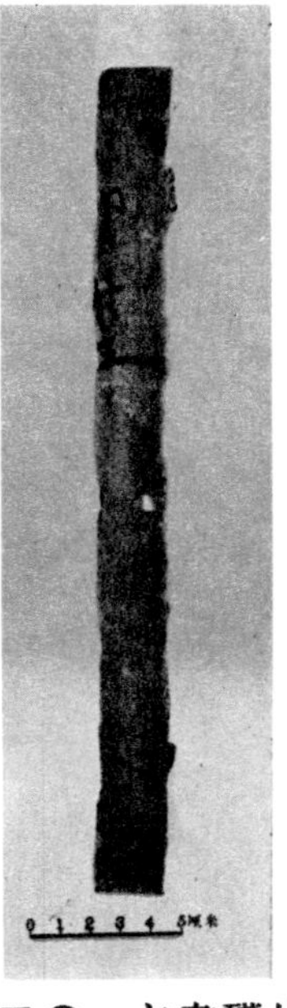

二〇　文書殘片

73TAM206:42/10-48

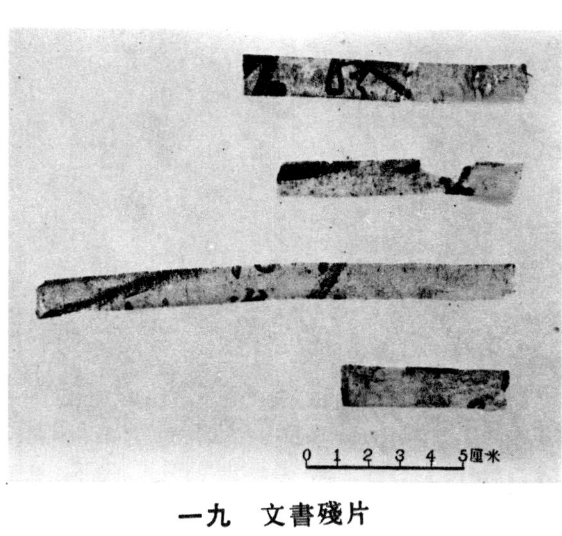

一九　文書殘片

73TAM206:42/10-44～42/10-47

阿斯塔那一九七號墓文書

本墓爲合葬墓，出有高昌延昌三十八年（公元五九八年）張難陀妻孟氏墓誌及唐貞觀十六年（公元六四二年）張難陀墓誌。所出文書在男屍頭部外側，當屬唐代。

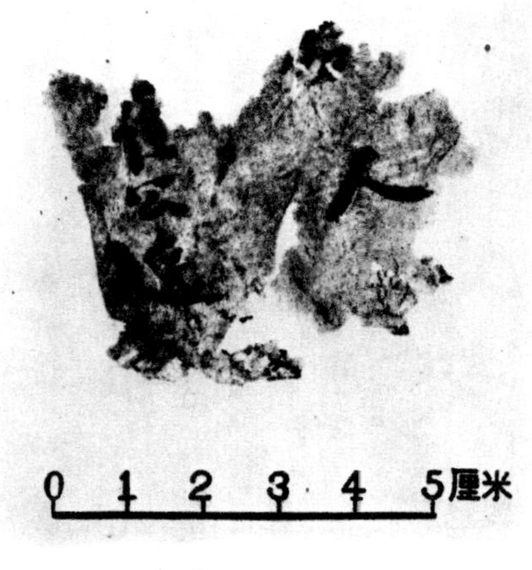

一　唐崔公逸殘文書(一)
73TAM197:59/1

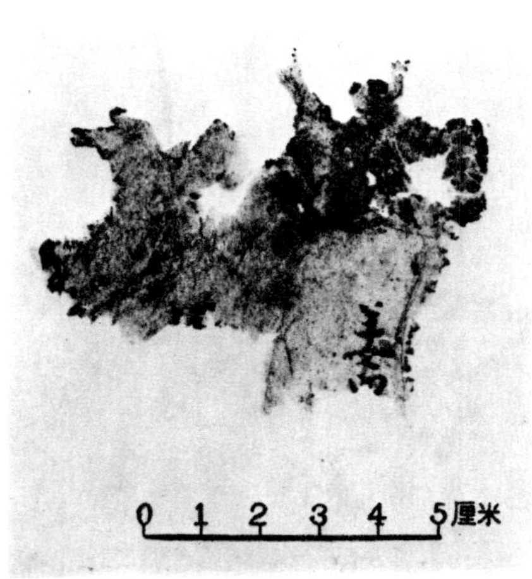

一　唐崔公逸殘文書(二)
73TAM197:59/2

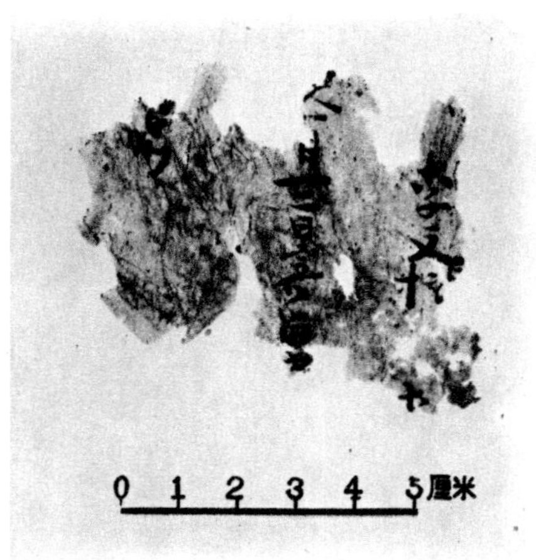

一　唐崔公逸殘文書(三)
73TAM197:59/3

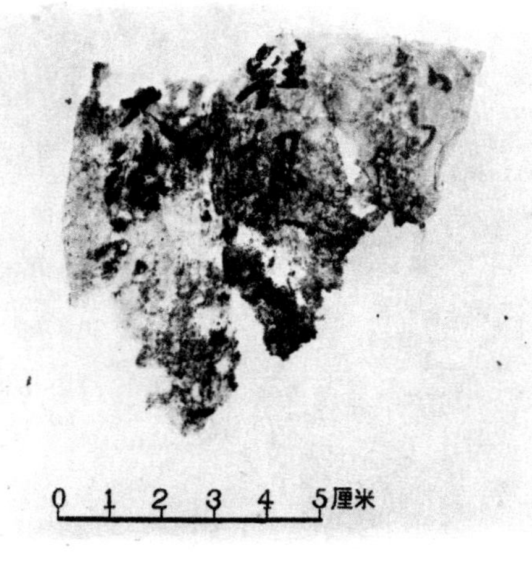

二　文書殘片
73TAM197:59/4

一　唐崔公逸殘文書

（一）

1 　　人
2 　崔公逸

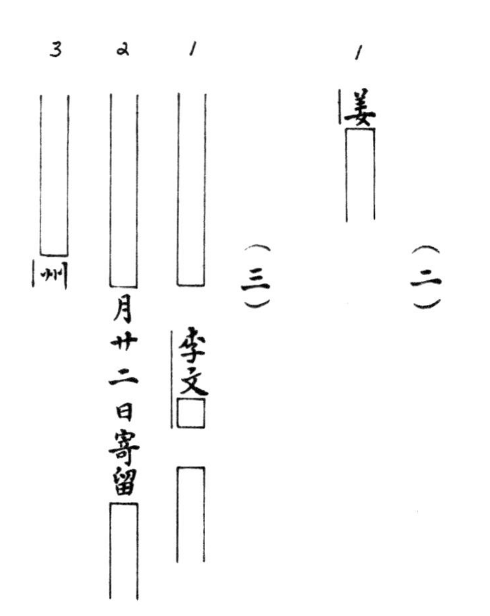

（二）

1 姜

（三）

1 　　李文□
2 　　月廿二日寄留
3 　州

阿斯塔那三一一號墓文書

本墓出人名墓塼一方，殘剩「跋児」二字。出衣物疏一件，亦殘，不知紀年及疏主名。據紙型時代較早，從後列於出有高昌文書之唐早期墓。

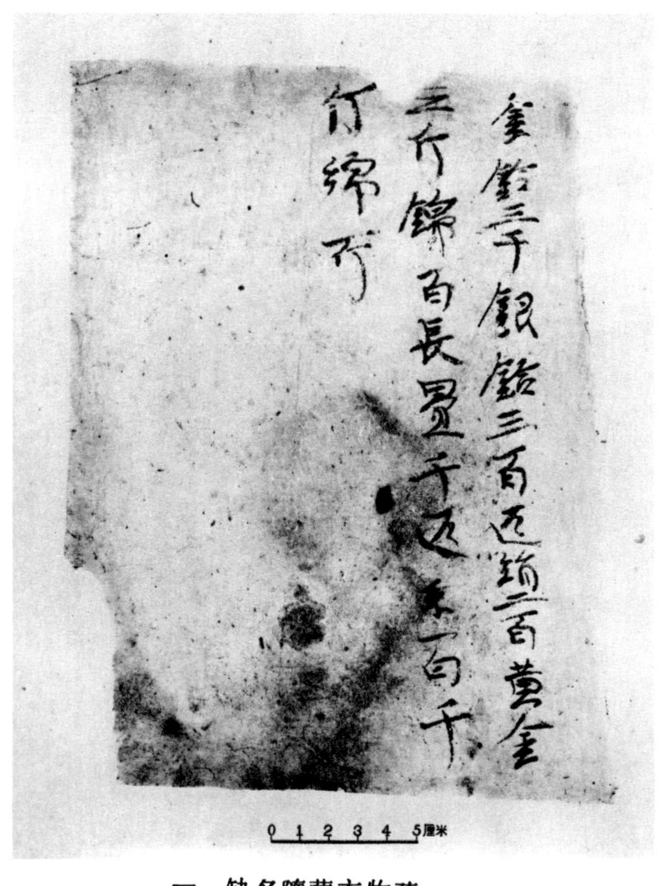

一　缺名隨葬衣物疏
60TAM311:13(a)

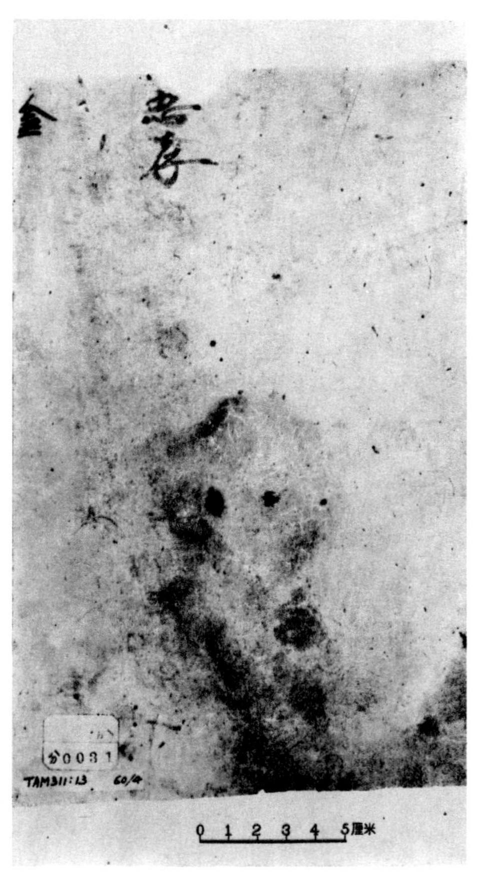

一　缺名隨葬衣物疏
60TAM311:13(b)

一　缺名隨葬衣物疏

本件另面殘存「忠孝」「金一」二行四字。

1　金鈴三千，銀鈴三百，疋絹二百，黃金
2　三斤，錦百，長(丈)疊(緤)千疋，糸百千
3　斤，綿一斤。

阿斯塔那五〇四號墓文書

本墓爲合葬墓，出有高昌延壽十六年（公元六三五年）張善哲墓誌及唐貞觀十六年（公元六四二年）張善哲妻麴法臺墓誌。殘存文書三片，據書法及内容，當屬高昌時期。

一　高昌奴得等負麥、粟、疊帳（一）～（三）　73TAM504:21/1～21/3

一　高昌奴得等負麥、粟、疊帳

本件（一）中一行「焦歡」二字間有横畫朱筆，二行有朱點。（二）中二行爲朱書。

（一）

1 □奴得負參軍索謙、焦歡伯二人邊官舉價小麥叁

2 □陸兜。負尼應□邊康官□

（二）

1 □小麥拾肆斛，次負弘磨寺左師疊首卌斤。

2 □年粟十二斛□□疊首九十斤

（三）

1 □官邊舉價小麥拾斛

阿斯塔那Ｘ二號墓文書

本墓無墓誌及隨葬衣物疏，所出文書亦無紀年。但名籍一內田海憧見於阿斯塔那三〇二號墓文書七《高昌作人名籍》，張洛子見於文書一八《唐張洛子等納錢帳》；名籍二內趙惡人見於阿斯塔那一三四號墓文書二《高昌趙惡人小科錢帳》，田石柱見於三〇二號墓文書一五《唐范都孤子等名籍》；名籍五內張延海亦見於三〇二號墓文書一五。故本墓文書年代亦應與一三四、三〇二號墓文書相近，屬高昌和唐之交。

一　□歡下等名籍　　TAMX2:01

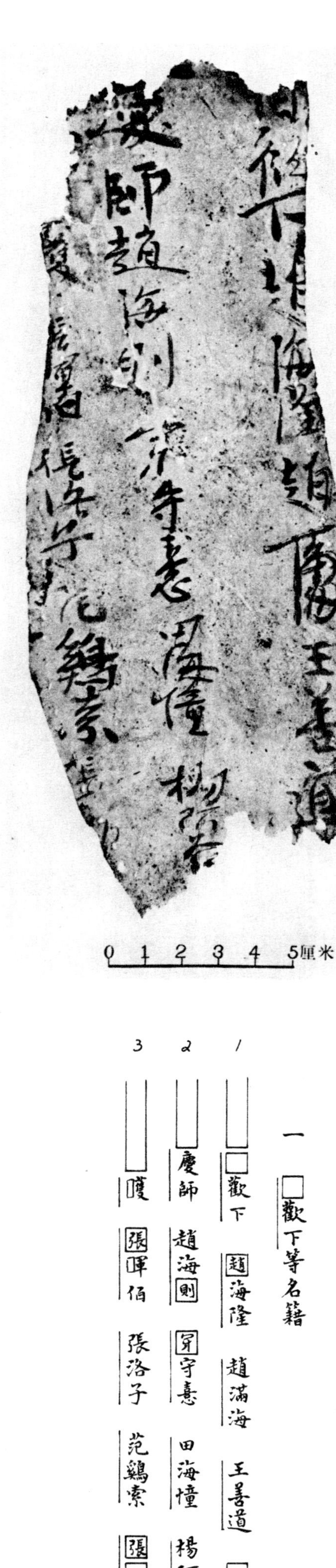

0 1 2 3 4 5厘米

一　□歡下等名籍

1 （前缺）□歡下　趙海隆　趙滿海　王善道　（後缺）
2 （前缺）慶師　趙海則　穷守憙　田海憧　楊阿岜
3 （前缺）護　張暉佰　張洛子　范鷄索　張□□

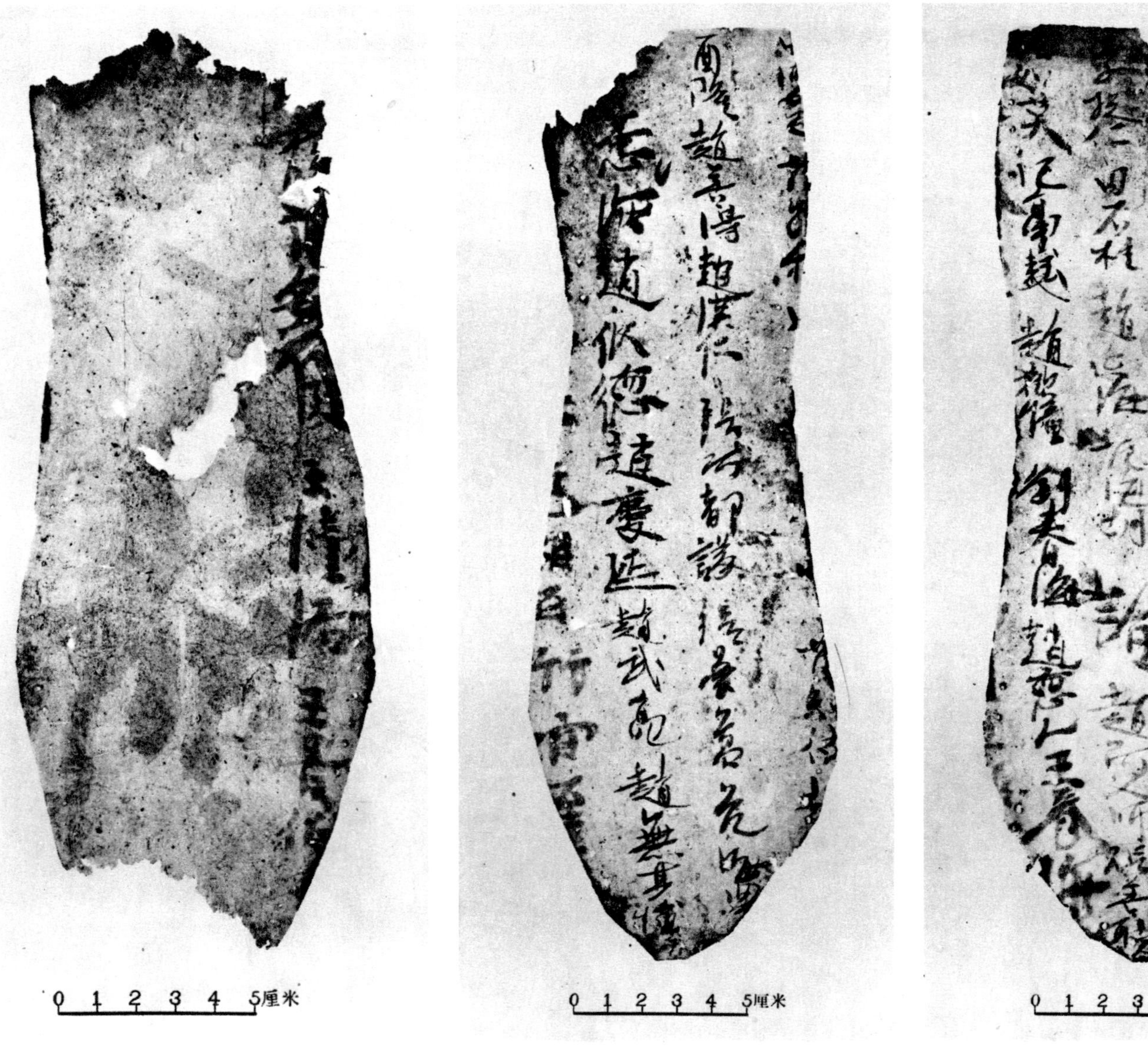

二　□延亮等名籍　TAMX2:02

三　□[知][德]等名籍　TAMX2:03

四　王憧洛等殘名籍　TAMX2:04

二　□延亮等名籍

1　□　[張]□　□

2　□延亮　竹延憙　張海百　張延緒　[嚴]　□

3　李捉仁　田石柱　趙延海　范海胡　諂　趙阿父

師　張善聽

4　張如莫　氾臺(臺)趂　趙徽憧　劉春海　趙惡人　王春

[海]

三　□[知][德]等名籍

1　□[婆]□　苟狗和　□　□[知][德]　起□　□

2　酉隆　趙善得　趙漢仁　張阿都護　張孚多　氾海興

3　□憙海✓　趙依德　趙慶延　趙武亮　趙無其　憧信

4　□　□百　竹宵[匠]　□

四　王憧洛等殘名籍

1　□　[范]多[伹]　王憧洛　王善伯

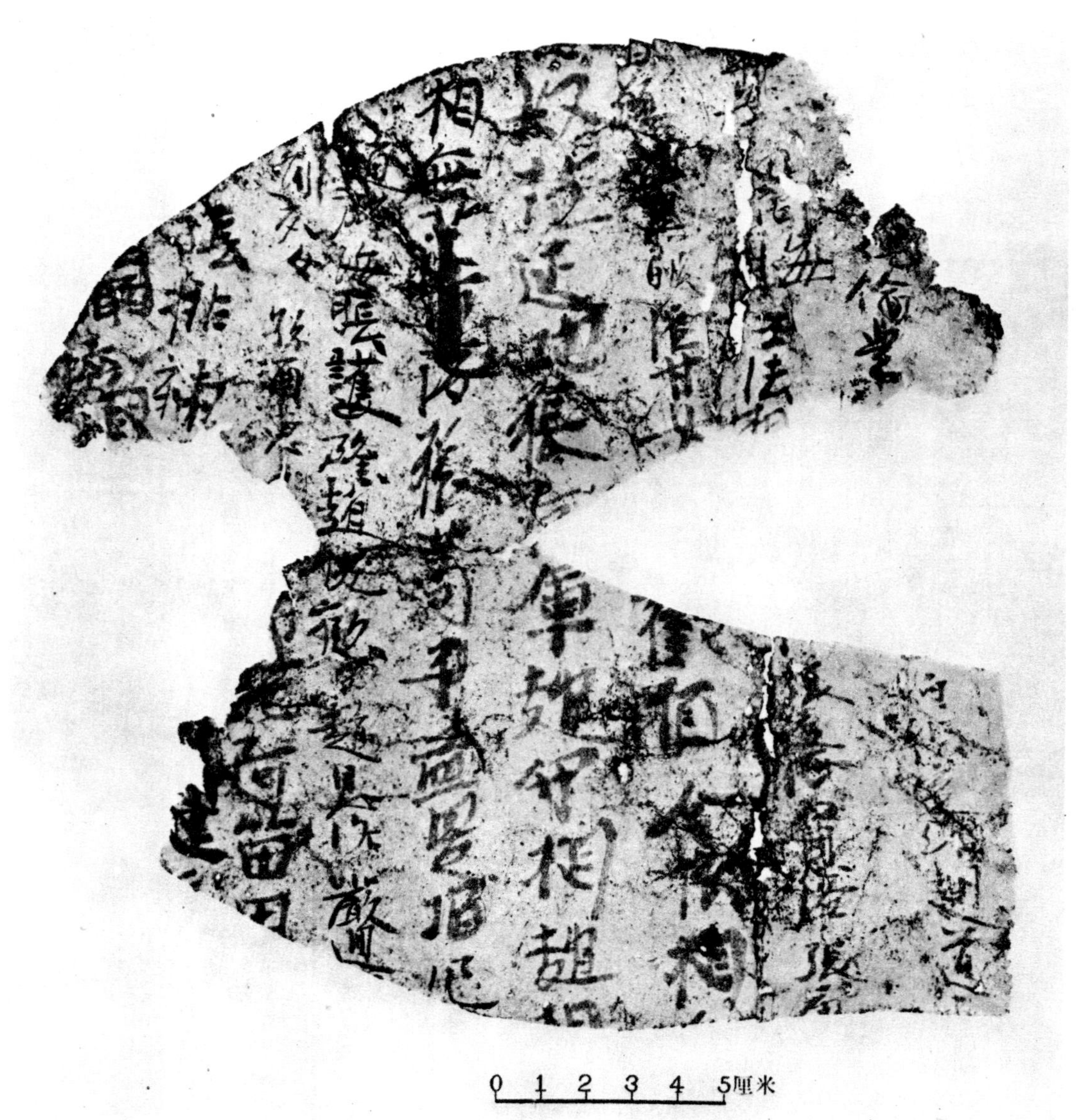

0 1 2 3 4 5厘米

五　張倫豐等名籍　　TAMX2:06

五　張倫豐等名籍

1 …… 張倫豐 …… 伯 張慶海

趙道□ ……

2 …… 子 田佶海 王法相 …… 張延海 白

恩洛 張畫 ……

3 …… 龐 趙豐畋(?) 張甘女 …… □歡佰 令

孫相□ ……

4 …… 奴 范延地 張□軍 趙守相 趙凷 ……

5 …… 相海 ~~蔣荷勝~~ 張世司 (守)孟妟佰 氾 ……

6 …… 趙隆海 張護隆 趙俒歡 趙恩洛 嚴廻

7 …… 解多女 孫酒惪 …… 范阿笛 畕 ……

8 …… 張排辣 …… 達 ……

9 …… 闞 ……

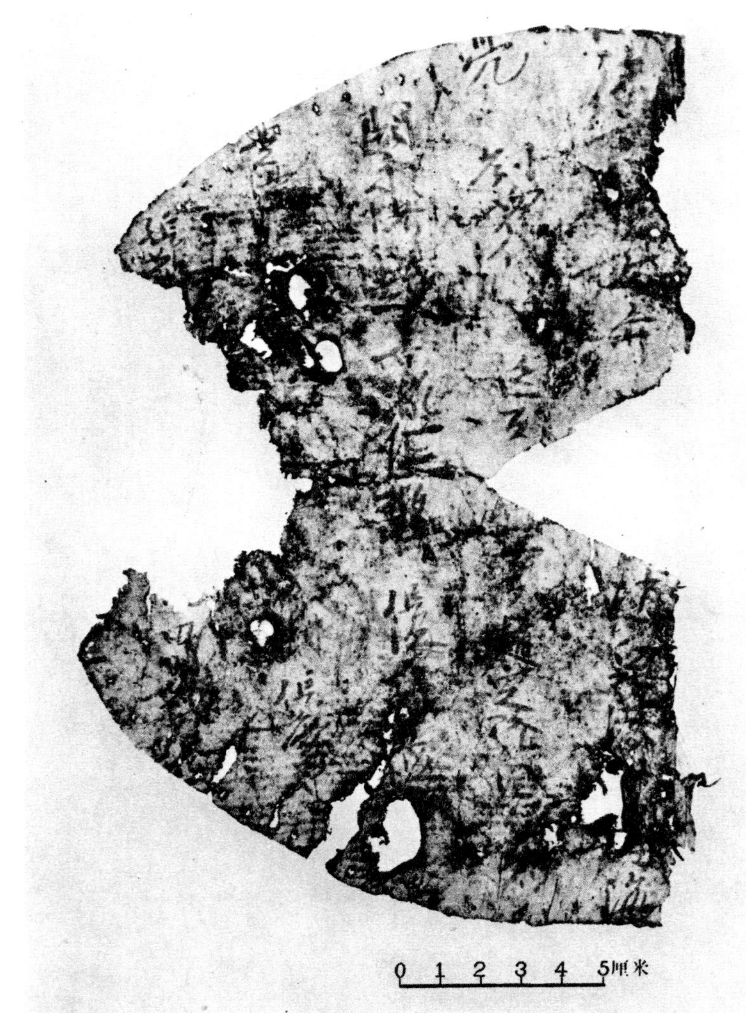

六　張伏弁等名籍　　TAMX2：07

七　王泛緒殘名籍
TAMX2：09

六　張伏弁等名籍

海

1 ☐渚☐　張伏弁 ☐ 趙衆漢 ☐☐

2 ☐亮☐　劉衆伯　☐延外 ☐ 趙定洛(?)　白仁

☐ ☐

3 ☐　闞永洛　趙善歡　張敬☐　張海子　☐海☐

4 ☐　豊[illegible]　張 ☐　張慶☐ ☐

5 ☐　張歡☐ ☐　田☐歡　張 ☐

七　王泛緒殘名籍

1 ☐　王泛緒 ☐

2 ☐咳 ☐

八　劉伯□等名籍　　TAMX2:05

九　文書殘片　　TAMX2:08

八　劉伯□等名籍

1　[　]□□典(?)　劉伯□　[　]　氾[　]
2　[　]劉不六　魏阿伯　[　]隆　趙定隆　闞[　]
3　[　]豊得　田姑□[　]　張延軌　張集叀　[　]
4　[　]趙慶洛　張□憧　趙德分　趙□亮　□[　]
5　[　]分　劉朋伯(?)　□□□　□□□　張豊□　[　]
6　[　]劉褢子　張海仁　□歡海　張[　]
7　[　]□□□　嚴達帚　[　]
8　[　]　張□□　[　]
9　[　]辰海　范□顛　□□[　]
10　[　]麩　馮□□　□□□　□□□　[　]
11　[　]錢(?)□□□徵(?)伯大[　]

阿斯塔那五二六號墓文書

本墓出有朱書令狐氏墓表一方，紀年殘缺。所出文書亦無紀年。

一　唐借錢殘契

73TAM526:9/2

二　唐買賣殘契　73TAM526:9/1

一　唐借錢殘契

本件書法不類麴氏高昌，姑定於唐代。

1 [用]□
2 新[興]□
3 交与[肆]□
4 □上錢使□

二　唐買賣殘契

本件書法不類麴氏高昌，姑定爲唐代。

1 □麻(?)三尺[刀]□
2 □[若]後有人寒□
3 □ミ□有□[海]□

封面設計　周小瑋
責任編輯　張慶玲

（京）新登字056號

吐魯番出土文書〔貳〕

編者　中國文物研究所
　　　新疆維吾爾自治區博物館
　　　武漢大學歷史系
出版發行　文物出版社
印刷　美通印刷廠
經銷　新華書店
一九九四年九月第一版
一九九四年九月第一次印刷
定價　四百元

787×1092　1/8　印張47　插頁1
ISBN 7-5010-0752-7/K·317